万科模式

控制权之争与公司治理

◎华生 著

人民东方出版传媒
東方出版社

万科之争的意义与遗憾（代序）

万科股权与控制权之争升级以后，不少人问我同一个问题：你作为一个别人眼中事业有成、家庭幸福的知名经济学家，为什么要蹚这一摊浑水，卷入这样一场混战，引起诸多争论和谩骂不说，还冒着声誉被诋毁、人身受威胁的风险。如若没有很大利益在其中，这样做是为什么？值得吗？

是啊，事过之后，出差归国的家人就问过我当时是为何拍案而起，我也曾问过自己。说为国为民，万科之争的起因并不大，也拔不到那个高度。说为利益，我当万科的独董5年多了，既从来没有拿一分薪酬，也与之毫无利益瓜葛。同时有明确规定独董任期不能超过两届，我那时也就只差大半年届满回家，确实并无所求。说为名声，万科之战最激烈的时日，我惨战于一线、伤痕累累，被人一时戏为网红，当形势渐渐明朗，我的许多意见也逐渐变为现实时，我却自然转向需要坐冷板凳的理论性研究，淡出公众视野。到底是什么让我这个平时还算沉稳也早不年轻的人，在万科风雨飘摇之际“路见不平一声吼”呢？

确实，想来想去，起因还就是一个“不平”。而且这个不平最初仅仅是因华润而起。

其实，万科股权控制权之争发生开始的近一年中，我除了对万科的公司治理模式表示肯定、对高杠杆资金收购表示疑问、对王石的某些言行提出批评之外，并没有发表什么有倾向性的意见。直到2016年6月17日的万科董事会上，华润方面在3月的股东大会上引入深圳地铁的重大资产重组已投下赞成票后，突然坚决反对深圳地铁进入的重组预案，让我大为惊讶，也很不理解。其会后高调声明质疑董事会决议的合法性，更是有违央企行事的常规。华润作为万科的原第一大股东，在遇到他人频频举牌、意欲强行夺取万科的控制权时，正常的反应是全力阻击。以华润作为主力央企的实力和影响，这本来并非难事。但华润其间除了只做了一次象征性的增持外，一直没有任何实际动作，反而在态度含糊和长期拖延后，要万科管理层接受宝能已成为第一大股东的现实。其实华润如果真欢迎宝能入主，只要能说清其对公司发展确有好处的道理，也不是不可以，同样可能获得董事会多数包括独立董事的支持。但华润对宝能不断举牌态度暧昧，而一旦听说别人要进入，就又坚称自己仍要当第一大股东。特别是对万科管理层引入深圳地方国资即深圳地铁集团的努力，令人费解地百般阻扰，甚至不惜以董事会的分裂和万科及华润自身的形象受损将分歧公之于众。这种不与敌意举牌者争夺、非与深圳地铁争第一大股东的事，确实让人费解。身为经济学研究者，又恰在此时为万科独立董事，这时自然不能当个花瓶，而要仗义执言，责疑大股东行为的不合逻辑与缺乏正当合理性。

当然，接下来发生的事情，更让人匪夷所思。早已落为差距很大的二股东华润为了阻扰深圳地铁进入，不仅在6月17日董事会前专门做许多独立董事的工作，给独立董事的投票施加了巨大的压力，而且在深圳地铁重组预案通过后，还花钱委托邀请法律界大佬为其否定重组的种种做法正名背书，以致不明就里的法律界名流事后被人责疑遭遇尴尬。6月23日深夜，宝能发出声明，声称万科已是内部人控制的企业，宝能将在万科股东大会上否决重组预案。华润微信公众号随即回应，采用了与宝能方面几乎相同的用语。6月24日，宝能正式提议召开临时股东大会，要求罢免万科全体董事包括华润派出董事和职工代表以外的全部监事。华润却对别人要罢免自己派出的全部董事沉默以对。6月27日，在万科2015年股东大会上，华润、宝能又共同否决了2015年度董事会报告和监事会报告。以致外界纷纷议论华润宝能已经联手，还传出了让华润方面的人担任万科董事长的名单。

到这时我才逐步知道，原来华润方面与宝能早有合作，并且正是在2015年7月，宝能首次举牌之时，华润还既是宝能地产的股东，又与宝能新签署了谈了两年、高达200亿人民币的前海开发项目。而且在宝能首次举牌万科之后，因为资金紧张需要筹集增持举牌的资金，无法按期出资，结果华润方面通过接受宝能股权质押的方式允许宝能暂缓出资履约，使宝能得以将资金继续用于对万科的增持收购。同时，在宝能2015年12月坐定万科第一大股东不久，宝能系还正式入主了华润前海有限公司董事会。

显然，华润宝能的行为已经涉嫌形成法规定义的一致行动人关系。6月27日我在《上海证券报》发表的第三篇文章中开始明确提出这一质疑。当日深交所就发函要求华润和宝能自查。华润方面虽然以下属公司行为、自己并不知情这样明显的假话否认指控。但是由于一致行动人质疑引起的舆论大哗和华润方面在万科事件中一再丢分的表现，不仅引起了各界责疑，也引起了上层领导的高度关注。华润被要求不得与宝能一致行动，不得再就万科事件随意表态，任何行动要预先征得国务院国资委同意。6月27日国务院国资委主任也按此精神进一步明确“只要有利于深圳的发展，有利于企业的发展，我们国资委就支持”，表达了支持深圳市和企业健康稳定发展的态度。在这个背景下，华润方面试图部分改组董事会、让王石先出局的意见也自然被上面否决。这样，到7月1日董事会开会讨论宝能要求罢免董监事的议案时，华润方面的董事开始首次投票反对宝能，并从此淡出万科之争直至最后完全退出，按相关协调意见将股权转让给其此前一直高调反对的深圳地铁。华润的淡出被认为是万科之争的一个重要转折点。

所以，持平而论，这次影响如此之大的万科股权之争，首先最失分的就是华润。因为其他参与方都有明确的利益诉求和逻辑，唯有华润，自己始终说不清楚其诉求是什么。要捍卫自己万科的原第一大股东地位？一直没有任何实质性的行动；欢迎宝能入主？从来也没有说出口；不满万科管理层？作为第一大股东完全可以通过董事会乃至股东大会进行批评直至撤换不称职的经营者，完全没有必要费这么大麻烦涉嫌违规借他人之手；为股权出售卖个好价钱？向深圳国资要一个高于市场的价、赚国资而不是市场的钱，这谈不上赚钱，况且华润还有那么多土地等项目在深圳，急功近利是赚还是赔还真不好说。

因此，华润在万科的黯然出局，说明了即便贵为央企，也不能随意妄为，更不能与市场上兴风作浪的资本投机大鳄扯得不清不楚，成为别人的遮挡与工具。更不必说华润的现行领导们只是国有股权的代理人，既不能利用权力中饱私囊，也不能滥用职权，意气任性。这可说是万科之争初始的首层意义。

当然，谈万科之争离不开主角宝能以及后来紧追者恒大。这就涉及保险资金和杠杆资金的使用以及上市公司收购的合法合规性问题。从万科之争伊始，保险资金和杠杆资金的激进使用就引起了巨大的争议。有人认为，法无禁止即可行，宝能把保险资金和杠杆用到极致，是人家财技高超，不应苛求。监管部门最初的检查似乎也得出了并不违规的结论。但当时很多人就指出，这种高杠杆的集中使用资金主要撬动的还是银行理财资金。所谓的基金或资管产品，往往做的不过是银行的对外通道业务，在目前银行理财产品几乎都是刚性兑付的情况下，隐藏着很大的金融风险。同时，如我当时在文章中指出的，保险资金入市投资股市是保值增值、分散风险增加收益的有效途径，当然应当值得肯定。但是用保险资金集中持有单一股票并进而配合实际控制人去收购控制上市公司，这不能不触犯风险管理、短钱长用和使用合规等一系列政策法规红线。

进一步的问题是，资本市场上是否就是简单奉行资金为王、赢者通吃？如果资金不问来路，靠金融投机、资本运作和杠杆财技就可以一夜暴富、成为名列前茅的福布斯富豪，而辛辛苦苦创造财富、创出品牌和干实体企业的人只是资本大鳄手中的玩物，随时都可以被掠夺、洗劫，那么谁还会安心辛苦创业，贫富的差距如何缩小，一个国家经济的基础还能稳固吗？保险公司与杠杆投机相结合在资本市场上兴风作浪，在法治健全的西方国家都不可能发生和允许，难道在社会主义市场经济中反而可以畅行无阻吗？因此资本市场必须有法治规范和功能导向，不能将有规未依、执法宽弛的不正常当成不违规的通行证。对实践中出现的新问题则要及时修补篱笆、完善规则，而不能放任纵容。对那些用各种隐瞒关联和代持方式违规控制保险公司、变相放大杠杆比例、涉嫌隐瞒一致行动关系、信息披露不真实的违法行为，必须监管到位，不能姑息养奸。故我当时指出，“纵容这些违法违规的现象发展坐大，我们就会承担更大的金融风险，而且可能影响市场和公众对全面从严治市的信心”。“看来，有关监管当局也要采取更加鲜明的态度和更强有力的措施，才能迫使相关涉嫌方幡然悔悟，回到遵纪守法的轨道上来，从而争取到社会危害最小的结果。否则一味姑息，最后的麻烦和损失反而更大。”

当然应当承认，当时确有不少人认为监管部门态度模糊和不干预是正确的，主张让市场自己去解决问题。一些人进而认为既然人家是利用监管的脱节和不作为、规则的漏洞打擦边球，这就说明本身并不违规，因而不必出手纠正。市场上更有人赞扬和崇拜资本大鳄这种高超的财技创新。的确，当问题还似乎仅仅出现和局限在万科这一家知名企业的时候，这种观点确实会有相当的市场。在我们多头监管的体制本身也存在推诿责任的空间时，就更是如此。但这些人也许没有想到的是，监管者可以警示观望，欲言又止，但尝到甜头的资本大鳄还会见好就收、不撞南墙也主动回头吗？

后来的情况正是沿着这个失控的方向发展。宝能把监管方谴责万科相关股东和管理层，对涉事方各打五十大板的动作看作是被最终放了一马的信号；把监管方为避免资金断裂、诱发局部金融动荡，默认宝能涂改遮盖九个杠杆型资管计划中的敏感条款，看成是自己借钱借到了大而不能倒，政府也有不愿惹火烧身的软肋；把拿到新的财险牌照看成是自己最终涉险过关、监管无牙的通行证，从而不顾有关监管部门的一再喊话，依靠万能险提供的源源不断的资金，在资本市场上不仅没有收敛，相反变本加厉，将股权相对分散、治理比较规范的实体优质企业纷纷列为自己可以去捞一把的可能猎物，致使许多知名行业龙头企业处于恐慌之中。所谓“搞再多年的实业赚不了几个钱，还是资本运作赚大钱”的说辞在媒体上传得沸沸扬扬。最后在深圳市政府已被受命协调股东各方以促进万科企业健康稳定发展的时候，还被媒体披露漫天要价。显然，这样一再挑战监管底线，就不可能总是侥幸得手，以致终于被人称为触犯“天威”，沦为被整肃的对象。

带着自己的算盘来救场的恒大，也是好事没做两天，就见财起意，被传在A股和H股市场用各种马甲收购万科股票，自恃财大气粗、背景不凡，不听监管苦心私下警示和领导多方招呼，图谋火中取栗。后来甚至进而将此作为赢利模式，挟险资四处出击，快进快出，一时间为众人侧目。显然，资本投机大鳄这样横行无忌，搅得实体企业惶惶不安，且多靠保险资金激进经营、靠高风险高杠杆迅速做大规模，弯路超车，若不加整肃制止，势必劣币驱逐良币，形成不良示范。长此以往，大中型险企有样学样，金融机构也加杠杆刀口舔血，将与国家鼓励发展实体经济、金融去杠杆和在国内国际复杂环境下特别谨防金融风险的指导思想背道而驰。

正是在这个背景下，中央高层明确表态，不能放任资本大鳄兴风作浪、巧取豪夺、火中取栗。中国证监会主席痛斥“妖精、害人精”的言论震惊市场，保监会部署全面收紧保险资金激进融资渠道，严禁保险公司与实际控制人联手收购上市公司、明确对违规者顶格处罚直至停业停牌的严格监管。情势急变之下，涉事者纷纷立刻转向，充满无辜地称屈服软，似乎完全忘记了自己先前的气势和威风。

因此，回过来看，正是万科之争最早触发了保险资金和杠杆资金使用边界的广泛争论，集中暴露了保险资金使用、上市公司收购法规和分头监管的漏洞，从而大大推动了金融包括资本市场监管的全面强化和制度健全，并让人们提高了纠正脱实向虚的金融投机与防控金融风险重要性的认识，这是万科之争的第二层意义。

万科之争另一个引起特别多分歧与争论的是公司治理结构问题。公司治理的本质是公司控制权的分配。在古典企业中，老板既是所有者又是经营者，所有权与控制权合一。但在现代股份公司特别是上市公司中，所有权和经营权控制权分离。上市公司的广大公众投资者几乎不参与也往往不关心公司治理，这样上市公司的控制权就很容易落到持股量较大的个别大股东手里。在中国的上市公司中，绝大部分是只持有少数股权的大股东掌控上市公司，成为上市公司的天然代表。上市公司的董事会、监事会和经营管理层往往只是大股东及其实际控制人的傀儡和道具。大股东就是上市公司的主人，实际控制人就是老板，经营者就是为这个老板打工，已经成了根深蒂固的成见。这样，当万科公司的管理层（其实他们本身也持有一定的股份，也是股东）不听命于大股东的号令，独立董事也不赞成大股东而罕见地发出自己独立的声音，就惹起了轩然大波。

不错，上市公司的管理层当然要对其主人或老板负责，但这个老板不是仅仅持有少数股权的大股东及其实际控制人，而是全体股东。同时，由于上市公司是公众公司，除了和为了要向股东负责，还必须向员工、客户、用户、代表社会利益的各监管方等利益相关方负责，否则作为最后剩余索取人的股东也会所剩无几。正因如此，上市公司治理才成为长盛不衰的课题和一门大学问。从上市公司治理结构的历史演变来看，虽然经理人支配与大股东支配都是流行模式，但应看到，经理人支配、所有者监督现已日益成为全球大型跨国公司主导型的治理形式。从一股独大走向股权多元分散也是资本市场发展的必然趋势。过去万科之所以被公认为治理结构透明规范的样板，就是因为其属于这种国际上很主流的模式。万科模式之所以能出现，主要是因为在国资国企改革的大背景下，其原国有大股东华润大股不控股、支持不干预造就的偶然个案。这样在大股东华润因人事更迭、态度骤变之后，万科管理层还想捍卫这种模式，捍卫自己管理的独立性，就自然被很多信奉资本为王的人视为大逆不道。

因此，万科之争是一场广泛和深刻的关于公司治理的大众知识教育和普及。上市公司不应当仅仅是大股东的工具，全体股东而非大股东才是上市公司真正的主人；股东和相关利益者也有依存关系与制约；一股独大、一手遮天不是上市公司治理的常态，股权多元分散又能形成良好稳健公司治理结构，才是资本市场法规体系建设健全完善的方向；公司管理层对全体股东及利益相关方有忠实、诚信义务；独立董事不是花瓶而应具有独立和独特的权利、功能作用，等等，这些过去长期被忽略被误解的问题，引起了经济学界、法律界、企业界、媒体乃至一般公众的强烈关注和热烈讨论。显然，公司治理的专业研究深化和知识大普及，是万科之争的第三层意义。

万科之争引出的最后一层更深的意义是关于国资国企改革。如我当时在文章中所说，万科长期以来其第一大股东是央企华润，多年来采取的大股东不经营、监督不控制的态度既使国资获利极其丰厚，也成就了万科这一被誉为业内标杆的上市公司。而正是因为华润新一届领导在万科股权控制权之争中令人不解的摇摆和反复，使华润既丧失了大股东地位，又与万科管理层走向对立，也给万科的发展带来了极大的危机。因此，国资国企如何当股东，就不仅仅是万科的个例或特例，而是一个中国改革发展的大战略定位问题。

我国近 40 年的国企改革虽然有过各种探索和尝试，也取得了相当的进展，但直到今天之所以仍然是个极具挑战性的课题，从现象上看，是我们一直没有能解决从改革之初就提出的政企分开问题，因而国资国企滞后于整个经济体制从计划到市场的转变，仍然处于“一管就死，一放就乱”的两难困境。国企领导也是亦官亦商，身份尴尬，饱受诟病。从根本上说，这是我们一直没有搞清国家出资办企业究竟是为了控制还是为了盈利。如果是为了控制，那么政企分开既不可能，也无必要。历次改革文件提出的政企分开的目标就是不可能完成的任务。国企上市也会造成目标多元冲突，导致市场功能紊乱。如果除少数特殊功能企业以外，办企业是为了盈利，那么资本回报就是主要的考量指标。控制干预就不仅没有必要，而且会破坏市场的公平竞争从而市场效率。这样，立法和法规就要营造经营者支配、所有者监督、股权多元的现代企业制度发育的环境，使得公有资本与其他类型的资本能平等竞争并享有共融合作的混合经济形式。由于在资本形态上和现代企业所有权与控制权分离的公司治理结构中，各类资本包括公有资本并无代理成本的差异，可以实现与市场经济的有机结合。

而公有资本的收益可以直接用于社会福利，有助于缩小贫富差距，又不会有使用税收等再分配工具带来的资源配置扭曲与效率损失。从这个意义上说，国资改革只有走向资本管理和运营，国有企业改革只有在现代混合所有制的经营者支配、所有者监督的公司治理结构中才能真正完成，才能构建社会主义市场经济的微观基础。政府直接或间接控制管理企业即本质上还是国营企业的制度模式或者 MBO 即管理者收购的模式，都是所有者和控制者合一的古典企业模式，因而国资国企改革都不可能从中找到出路，而只有所有权与控制权真正分离、让经营者唱主角、受监控的现代企业制度，才是国资国企改革的方向。

因此，对于怎样打破国企改革兜圈子循环，解决国企改革政企本来无法分开又必须分开、真分开后又必须有市场化的激励与监控的两难问题，万科模式给人们提供了思路和启示。国有资产证券化资本化的运营可以用市场化的形式实现国有资本的配置效率；在所有权与控制权分离的现代企业制度中，给了具有企业家精神的经营者以长袖善舞的平台却不失有效监督和制约，又可以实现国有资本的使用效率，这是万科之争提供的更深一层国资国企改革的意义。

持续一年半有余，吸引了众多眼球的万科之争，终于在 2017 年初迎来了解决问题的曙光。原大股东华润以股权全部转让给深圳地铁而正式宣告离场；始作俑者宝能从频频举牌直逼全面收购、要求罢免全部董事到声明作为财务投资者支持万科健康稳定发展，态度可谓来了个 180 度的大转弯；企图后来居上者恒大则公开声明，无意增持万科，并有多方消息透露其已向深圳市政府表态一切听从安排。所有这些，被视为万科之争接近尘埃落定的信号。惊涛骇浪之后，万科公司无忧，万科模式似乎还可持续，本来应当是皆大欢喜或至少旁观公众值得庆贺之事。不过从各方的反应来看，似乎还没人真正高兴起来。据说主要因参与各方本身均存在若干问题和瑕疵，各自都有难言之隐，局外人也都有困惑不解之处。除了万科管理层算是暂时勉强惨胜之外，结果并非是体面的妥协和各方想要的东西。

这里最大的遗憾当然是如很多人指出的，万科之争的解决结果既非通过市场本身达成均衡，也非因法规和监管自动引导形成的格局，而是在行政外力之下形成的逆转。故有媒体评论，万科之争谁输谁赢固然重要，但更值得关心的是万科之争将给中国商业生态带来何种影响，是榜样还是教训。因此，在万科之争的意义之外，究竟有些什么遗憾，确实有必要分析清楚。

不可否认，万科之争最后按照高层的意见，由深圳市政府出面协调，确实是有明显的行政性外力介入，否则，华润既不会轻易退出，宝能、恒大更不会一时间服软罢休。这种解决方式确实打上了当前这个特定发展阶段和宏观环境下深深的中国特色烙印。但这里的悖论在于，可以想见若无外力介入，按照许多人主张的政府不要干预，那就是放任监管者所说的“妖精和害人精”兴风作浪、火中取栗，将老老实实做实业的企业玩弄于股掌之间，洗劫跟风的中小投资者，高杠杆高财技高惊险，玩成了自己财富成倍翻番，玩砸了是社会承担金融风险，那样的结果虽然符合了一些人市场说了算的政治正确理念，却给经济和社会带来巨大伤害和隐患，孰轻孰重，显然不难衡量。我们要明白现代证券市场是按照法规塑造的规则博弈的，不同的规则导向会产生完全不同的市场说了算的结果。如A股过去长期在控制IPO、鼓励所谓资产重组规则下，中小盘乃至垃圾股股价被炒上天是市场说了算；改变规则导向，限制炒壳重组，壳资源股价将归零也是市场说了算。这说明在改革和建立合理规则的过渡期，我们不能简单排斥一切政府干预。因此，我们还不能因为有了“外力介入”，就矮化了约束投机资本兴风作浪的意义，就遮蔽了监管归位到位的意义，就抹杀了万科模式得以幸存的意义。从这个角度说，值得遗憾的并非是最后的外力干预，而是那些本来可以避免的一系列失误和漏洞为何一再得不到有关参与方的纠正和修补，为何规则和制度没有发挥主导作用，以至最终只能靠政府干预才避免了最糟的博弈结果。

会有遗憾的首先当然是万科管理层。2016年年初我接受媒体采访时就说过，万科这次面临的危机首先来自万科管理层自身的懈怠和失误。因为经营者支配的万科模式在国际上虽然很普遍，但在中国A股上市公司一股独大、大股东说了算的生态环境中是罕见的异类。过去的延续主要依赖大股东华润的开明，具有相当的偶然性和脆弱性。万科管理层在长期成功后有些飘飘然，对保证经营独立性的平衡股东结构在长时期中重视不足，对大股东也明显尊重不够。而在大股东因人事更迭态度变化、野蛮人敲门的情况下，又应对失当、出言轻率，使自己日益被动。虽然万科目前似已涉险过关，但事情并未结束，各种隐患仍存。万科管理层的代表人物王石一再说，自己个人的去留不重要，关键是能使万科文化和万科模式得以持续和发展。然而，由于在过去的历史条件下缺乏对创业和创新企业家的制度保护，加上他自己的选择、失误和风格客观上也增加了万科之路的艰难，万科模式的未来应该说也在未定之天，这是不能不令人感到遗憾之处。

其次不用说是华润及其领导人。作为声名显赫的央企及受任管理巨额国有资产的代理人，对自己旗下的行业标杆和管理领先的企业，仅因各种琐碎过节，竟与敌意举牌者走到一起，联手指控万科为“内部人控制”，让这家管理历来为人称道的优秀龙头企业，沦落为众人馋涎抢夺的唐僧肉。自己的各种涉嫌违规和逻辑混乱的举动引发高层干预、社会围观，既有损这家有着光荣历史央企的声誉，也增加了监管执法的复杂性。这实在令人惋惜遗憾。

再次，恐怕也是最主要的，是法治的滞后与监管的脱节和不到位。应当说万科之争真正让人觉得困惑和不畅，总感到缺少了什么的是法规的缺失与监管的若即若离。从宝能举牌伊始，各方面对宝能的高杠杆和保险资金的使用方式就有诸多责疑，但据说调查的内部结论是其行为擦边而不违规。2015 年年底保监会领导公开批评大股东将保险公司当作融资平台的问题，给人的感觉似乎宝能的做法又涉嫌违规越线。本来违规就当纠正，不违规那就是可行。监管层这种警告喊话而又不明确划线执法的情况长期伴随着万科之争的进程。2016 年 7 月万科控制权之争进入高潮，宝能还获批了新的财险牌照，姚振华担任前海财险董事长任职资格被核准公告，似乎一切已尘埃落定。其间万科长期持股的小股东对宝能、华润涉嫌违规的实名举报也是泥牛入海。另外据称恒大系用各种马甲在 A 股、H 股大量收集万科股票，在媒体和市场上传的沸沸扬扬，也未见有任何公开查处和追究。但到了 2016 年 12 月则风云突变，“妖精、害人精”的谴责令形势全面逆转，对资本大鳄的声讨更是声势浩大。但这当中究竟谁违了规，违了什么规，该担什么责，人们迟迟不得要领。这样连当事人都似有委屈，旁观者自然有遗憾之感。

当然也许可以注解的是，万科之争伊始，争夺的就是全国知名的行业龙头企业，主角既有级别很高的央企华润，又有手握多个金融牌照、能量极大的潮汕系知名企业宝能，其间还有风靡收购市场的安邦保险插足，后来者更有规模名声了得、扶贫和足球都搞得很转、背景莫测的恒大。故从万科争夺战开始，就有各种“野蛮人”卷入和阴谋论的传言扑朔迷离，让人真假难辨。而且涉入企业的资金杠杆高、负债规模大，稍有不慎就可诱发局部金融风险，这些或许都是分头监管的相关部门欲言又止、出手忌惮的原因。但事情的最终发展表明，只要立足全局，力行大道，事情的逻辑并不复杂，各种兴风作浪的流言和妖风并成不了阳光下的主流。如果我们的各监管部门从一开始就统一协调、依法治市，严格依规则办事，有漏洞也是及时修补规则，让市场参与者明确规则界限，言出必有据，师出必有名，这样受罚者无话可说，参与者和旁观的大众都会受到教育，哪里还有什么遗憾之说呢？

其四，关起门最感遗憾的恐怕是似乎被贴上“妖精”标签的宝能恒大一族。我在最初的文章中说过，“宝能迄今也算个很成功和很大规模的民营企业，奋斗到今天肯定也来之不易，应当有所珍惜和节制……不能投机心太重，更不能觉得自己一时得势就忘乎所以，以为就可以战无不胜、横扫一切了。利令智昏的结果往往会搬起石头砸自己的脚”。恒大进入时我也评论过，说其是打着自己的算盘来万科救场。这两家都是身手不凡，开局一招即奇兵制胜，然后就开始忘乎所以，攻城拔寨，收不住手了。结果人算不如天算，到头来还要犯愁如何全身或瘦身而退之策，并又似乎被戴上了“妖精”“资本大鳄”的帽子。其实，“因嫌纱帽小，致使锁枷扛”，这是许多人的前车之鉴。如果自己的贪欲总是不断膨胀，不出事不停手，那最后就必然出事，而且出事越晚，往往跟头摔得越大。所谓金融家与资本大鳄只有半步之遥，希望有关当事人这次能真正学到一课，亡羊补牢，犹未为晚。

最后，也许正是因为以上的这种种复杂原因，万科之争对于市场和社会的最大遗憾恐怕是其吸引了如此高社会关注度和经历如此长时间的持续讨论，最后达到的共识并不很多。诸如对万科模式的认识，对上市公司治理中的大股东与经营者各自的功能作用，对资本市场收购兼并法规的修订包括上市公司收购和反收购者各自的权利和适用规范，更不用说对现代公司治理结构的国资国企改革意义，人们的认识还有很多盲区和诸多分歧。这也折射了我国的上市公司治理、国资国企改革和资本市场发展来日方长，还会有许多曲折和挑战。对于这种历史发展阶段的局限，就不是人力可以强求的了。

至于在万科之争中由于我自己一时冲动的卷入，既招来了一堆要求有关部门查处追责的投诉，也在社会上引起了对独立董事身份作用毁誉参半的评价，作为个人来说，本来无足轻重。而且如我后来回答朋友询问时所说，虽然当时奋笔疾书未及多想，但若事情重新再来，我想以我的性格还是别无选择，无怨无悔。当然如果有人以此为鉴，得出结论说独立董事与其招惹是非，不如随大流当个花瓶，那就反倒真成了一个遗憾了。

尽管有着这些不足和遗憾，如前所说，万科之争几经曲折，最终走到今天这个看来有惊无险的结果，特别是它多方面的重大意义远远超过了遗憾。人们对其多重意义的认识也会随时间而深化。相信万科股权控制权之争作为题材难得如此丰富的经典案例，会载入中国上市公司治理和资本市场风云的历史史册，成为人们可以长期受益的宝贵教材。

目　录

附　录

作为独立董事在万科董事会投票立场的说明

——我为什么不赞成大股东意见（一）

在2016年6月17日前举行的万科董事会上，对管理层提出的万科引进深圳地铁的重组预案，四名管理层及外部董事投了赞成票，大股东华润的三名董事代表全部投出反对票，四名独立董事除一人要求回避外全部投了赞成票。独立董事成为中国证券市场上罕见的关键少数，决定了表决结果，引起市场的震动和热议，也引起了对独立董事定位和作用的争论。在万科股票复牌之前，尽可能全面公开地披露关系到现有股东和潜在投资者切身利益的真实信息，是证券市场公平公正原则的要求，也是广大投资者的要求和权利。因此，我借《上海证券报》这一指定信息披露媒体尽可能就我作为一名万科独立董事所知晓的情况，对我作为独立董事的投票立场和理由做一个说明，希望有助于推动上市公司信息披露的公开化，促进上市公司治理结构的进步，进一步厘清独立董事的职责和作用，并对那些关心万科收购这一中国证券市场经典案例的教学研究人员也有所助益。

被逼入困境的万科独立董事

万科这届的独立董事，从简历上看，应当说都是各界的成功或知名人士。我和其他人至今都不很熟，听说这些独董是分别由公司管理层和大股东华润推荐的。只有我这个独立董事算个特例，因为我与华润和万科的人原本都不认识，是深圳证监局时任局长张云东推荐的。记得五年以前有一天，张云东局长突然给我打电话，说想推荐我当万科独董，我当时想都没想就拒绝了，我说我们认识多年但我真不是不给面子，我从来不给上市公司当独立董事。后来云东劝我说，万科是中国证券市场里治理结构非常优秀也非常独特的企业，希望我能例外支持一下。并说，万科这个企业在深圳局辖区内，他本人很了解，他们非常珍惜企业形象，很爱惜自己的羽毛。

也许是云东所说的“爱惜自己的羽毛”的话触动了我心底的软处，放下电话，我又重新思考了一下。因为我从来相信法人与自然人的本性都一样，一半是天使一半是魔鬼，我自己也不例外。但是，不同之处就是一个人如果爱惜自己的羽毛，会有做人做事的底线。于是后来我给云东回了一个电话，我说我愿意当这个独董，不过有一个条件，就是不拿任何薪酬和津贴。这倒不是因为我高尚或钱多，而是因为我是做经济包括资本市场研究的，我不想因为当这个独立董事而影响我发表观点的公正性。现在看来，我当时这个自敛和谨慎的决定还真并不多余。

刚当独董前后，记得万科总裁郁亮来拜访过我，他给我的印象很好，故这几年我与万科的联系几乎全是通过郁亮。至于王石，应当说我和他除了会上寒暄与他履职见我，没有任何个人来往。其实这倒也不是因为我记仇。记得还是七八年前吧，在黑龙江亚布力的中国企业家论坛上，当时气温零下二三十度，会间代表们外出滑雪，出门时我打个冷战说，“这天真冷”。王石在旁一副英雄气概，当众嘲讽地说：“哈哈，这个博士还怕冷?!”因为见多了企业做大了说话口气也大的成功人士，我也没有吱声和在意。不过说实话，我真不太喜欢这种高调的派头。上次为宝能举牌接受媒体采访时，是我首次不点名地批评王石。我当时说，“当企业存在很大风险和隐患的时候，你还高枕无忧、轻松潇洒，那之前你肯定是失察，是懈怠，是麻痹大意，是自满自得”，后来见到王石在媒体上回应，说到他此次事过以后该出游还出游，可见他对我的批评并不以为然。因此有人说我投票支持管理层是因为与王石的关系好，真是说反了。

由于我对大股东华润在万科的作用评价从来很高，故在 2016 年 3 月华润就程序问题首次对管理层质疑挑刺之后，我就提醒郁亮一定要搞好与华润的关系。直到此次董事会之前一两天，郁亮告诉我他们仍在积极与华润沟通。华润会前几天派代表出席万科与深铁的合作仪式后，我便预期会有积极的结果。加上太太出差，孩子还小，所以此次董事会我并未到现场，只是电话出席。

在董事会开始不久讨论重组预案时，华润方面的董事代表首先发言，宣布他们已决定要对议案的主要内容投反对票。这使我极为震惊。故在华润董事代表发言后，我首先要求发言说：

“我想发表一点意见。我刚才听华润董事代表发言感到非常惊讶，跟我们原来外面的想法、看法相差很远。我现在有两个问题，分别是给我们的管理层董事和华润董事。

“首先对管理层董事，我从来不当任何上市公司独立董事，到今天为止也只当过万科这一家。当时是因为深圳证监局张云东局长专门给我打电话动员了几次，动员的主要理由就是这个公司管理得非常规范，股权结构比较好，而且是中国上市公司中一家很特殊的、符合现代管理架构的上市公司，希望我支持。后来我同意了，但是有一个条件，不拿任何报酬。但是今年以来这个情况，让我非常奇怪，应该说也比较失望。在宝能举牌以后，我们董事会一直没有就宝能举牌举行过任何正式会议进行讨论，我认为是不应该的。无论是管理层还是华润作为大股东，都应该要提出召开董事会。因为在成熟市场我们看到，对有人举牌特别是举牌已经成为大股东情况下，唯一有权威的发言人是董事会。董事会一直没有开会研究。反过来，管理层却以个人名义发表意见。我对管理层一些做法是有公开批评的。

“现在我想问的是重组搞到现在，管理层跟大股东华润有过沟通没有？尽过努力没有？怎么会到今天表决议案的时候，大股东表示反对？这个很荒唐。是管理层过于高傲或者太过疏忽，不去沟通，激怒了华润，就像外面传得沸沸扬扬的那样，把个人关系搞坏了，还是怎么回事？在这当中，究竟跟华润进行过哪些沟通，这些沟通分别都是什么结果？为什么会走到今天这个地步？因为如果今天这个议案表决出来，整个社会哗然，对万科的形象、品牌都是很大打击，包括对我们作为董事会的成员，都要面临中小股东无数的问题，所以本着对广大股东负责任的态度，我希望今天管理层能做详细解释。

“其次，深圳地铁是深圳市全资子公司、大国企，能够跟他们达成协议，说明深圳市政府对这件事是全力支持的。我们万科的董事有没有在自己沟通不利或者无效情况下，通过深圳市政府和华润进行过磋商和沟通？是没有还是磋商沟通无效？无效的原因又是什么？”

另外是对华润方面的董事。我说：“我在接受媒体采访的时候说过万科能取得今天的发展，跟华润作为第一大股东同时又不直接干预公司的经营，使得这个公司有一个现代企业的框架进行运行是有莫大关系的。所以虽然平时华润在万科发展当中不怎么发声，但是它的作用和功劳是巨大的，这是我以前的第一印象。但是这次从宝能举牌以来，华润的表现让大家摸不着头脑，不知道他们到底是什么意思。一开始宝能不断举牌，而且显然就是要夺万科控制权，华润作为第一大股东，除了最初做了一个很小的增持以外，没有做任何的表示，也没有采取任何反击性措施，或者提请董事会研究，让大家知道其真实意图，似乎是要放弃这个企业。而宝能，我不认识宝能任何人，但是作为同行业中比万科要差很多的地产企业，它来收购控股，会给万科带来同业竞争、关联交易、利益冲突的一系列问题，华润为什么不站出来表明自己的态度？

“第二个问题，当宝能似乎退缩以后，管理层经过努力找到深圳地铁这样的合作伙伴，根据我看到的材料和他们今天介绍，我认为从万科广大股东利益出发，现在引进深圳地铁对于万科的长远发展意义重大。刚才华润方面说的道理，市场上也有不同分析判断。同时这个得失绝对不是从一两块地的价值上多一点、少一点。我们这些董事都有商场上的实践经验。一笔交易根本不是一个土地多一点、少一点的价值，而是说你跟这个合作伙伴将来有多大的战略协同，能不能抓住今后十年、二十年中国经济特别是房地产市场发展的新机遇。这是关键。

“刚才华润代表的发言给我的感觉是，就像前一阵提程序等问题一样，不知道真实的目的是什么。现在华润反对整个重组，是准备欢迎宝能坐实第一大股东呢？还是说你们自己要牢牢控制这个公司？我作为独立董事都不清楚，我更不知道广大投资者会怎么想。如果华润一定要做第一大股东不可，那一直到今天为止，你们在干什么呢？你们完全可以增持，完全可以做许多工作，你们现在什么都不干，只是反对、反对。如果华润态度是欢迎宝能做大股东，那要给出为什么欢迎，说出为什么宝能进来对万科的发展、对广大股东有什么好处。要说清楚这个道理。如果是华润要自己坐实第一大股东，即使过去错失了机会，那今天要拿出实际行动来，你用什么样的战略性的资产，你用什么样的资源能够保证万科在今后十年、二十年有一个更好发展，比深圳地铁作为战略伙伴更好，能够给广大中小投资者带来实际的利益。如果说今天预案被否决马上复牌后，投资者肯定会受到巨大损失，而对这个前景，对万科向什么方向发展，谁是第一大股东、谁准备做什么，大家都不明白。不要说广大投资者疑虑重重，我作为一个独立董事也几乎什么都不清楚，不知道你们葫芦里面卖的什么药。信息披露是证券市场的生命。我们当时看中万科这个品牌和形象，来同意担任独立董事，现在把我们陷到这个里面来，我认为非常不应该，特别对广大投资者是不公平的。我建议今天我的提问以及公司管理层董事和万科董事的答复要全面在媒体上披露，让广大投资者充分了解这个信息，到底万科发生了什么情况，下一步会向什么地方发展，这样才是对市场和对投资者负责任的态度。”

在我提问后，万科管理层和华润方面分别也做了详细答复。万科管理层答复的内容大体为：宝能举牌后，万科与华润一直保持频繁的沟通接触。最初在万科请求下，华润做了少量增持，但表示华润有自己的情况和困难，只能酌情增持万科，不反对引入新的战略投资者。第二阶段万科筹划 H 股增发，曾向各位董事汇报，但最终遭华润否决。第三阶段宝能已增持为第一大股东，万科谋求华润支持包括与其旗下华润置地整合，但在可行性论证阶段也遭华润否决。由于股票连续涨停，公司又谋求重组，故按有关规定先行紧急停牌。第四阶段停牌后，万科与华润沟通，华润方面表示现在拿不出资源改变局面，建议万科接受宝能。万科提出另寻国企参与重组，华润后来表示可以，但华润希望重组后仍保持第一大股东地位。深圳地铁参与重组后，华润总体并未反对，但在程序等细节问题上有不同意见。万科已请深圳市主要领导与华润多次沟通协调。

华润方面的答复大体为：华润为保持大股东地位，做了很多工作。没有说只是因事情未完成前不便对外披露。华润最初做了少量增持，并也采取实际步骤支持管理层增持。华润搁置万科 H 股增发方案，是怕摊薄股东权益。华润后来没有在二级市场大量增持是因为华润作为央企，不能在高价增持帮助别人高位套现。华润也积极接触了持股较多的多家大股东，探索直接转让的可能，但因种种原因均未有结果，并直到现在还在与中证金、中汇金积极联系，接手他们手上的股票。华润置地与万科整合的涉及面和难度都太大，因而并不可行。华润不反对万科和深圳地铁的合作，但在没有具体交易框架时，华润不方便提出具体意见。对于万科停牌并没有预先向华润打招呼，与深圳地铁合作的框架协议未经华润同意披露，在这些问题上华润认为万科是有很多缺陷和瑕疵的。宝能现已是万科第一大股东，万科的任何重组没有宝能同意很难推进。华润已与宝能接触，宝能不反对华润成为第一大股东。华润也与深圳市政府有很多沟通。在最近的协调会上，华润表示，如果按照目前公司的增发规模，影响华润恢复第一大股东地位，又较大摊薄宝能的股权，也没有解决股权分散问题，宝能很可能投反对票。华润因此表示不赞成。如果一定要增发股权，华润希望把华润恢复第一大股东情况一并考虑，并提出一个方案。

说实话当时一边听我一边在想，这么多重要的信息，许多并非不可或不应披露，但连我这个董事会成员都一无所知，难怪中小投资者总要埋怨赔钱了。我们的信息披露工作真该大力改进。因此，在万科和华润方面答复后，我又进一步提了两个问题。第一个问题，我还有一点不清楚，目前矛盾焦点是不是华润和深圳市政府方面争第一大股东，双方没有达成一致？我认为价格倒是次要问题，因为这是一个大的战略合作，价格可以通过评估和各种办法协商。我听了半天，这一点还不是很明确，双方是否在第一大股东位置上达不成妥协？我想它们都是国企，都是公有制企业，怎么就不能协商呢？

我理解比如说万科可以用现金去买深圳物业一部分资产，但这跟市场的预期有比较大的距离。因为只是买卖关系。那万科和深圳地铁的合作就比较低层次。而且即使是小股权，合作层次也是比较低。对于万科想通过轨道交通来进行一个战略上大发展肯定会有比较大的困难。

第二个问题，我主要关心的是广大中小投资者的利益。如果否定深圳地铁重组预案，华润方面又没有有吸引力的资产注入或其他方案，会造成股价大幅度下跌，对广大中小投资者利益造成损害。华润在这方面有没有什么对策？

华润方面回应，关于谁当第一大股东的问题，这两天华润与深圳市已达成一致，同意恢复华润的第一大股东地位。但具体实现的环节比较复杂，华润主张现在不搞股权重组，可以用现金购买资产，待此完成后，再考虑择机向华润和深圳地铁定向增发比如 10% 的股票。对我问的第二个投资者保护问题则没有回应。

听到这里，我才算完全明白了各方的真实态度和意图。显然对立双方在预案上的矛盾是根本性的，不可能马上调和。独立董事别无选择，要么赞成，站在管理层一边，要么反对，站在大股东华润一方，甚至连弃权都不行。因为任何一张弃权票都会使赞成票不够数，从而实际上等于反对。而投票的任何结果，公布出来都是对公司整体利益的伤害。独立董事真是被逼入进退两难的困境。

无奈之下，表决前我急中生智，又提出最后一个建议。我说鉴于现在董事会分歧意见很大，强行表决会对万科品牌等各方面造成非常不利的影响，而从表面上看各方诉求已接近一致似乎并无多大矛盾，建议能否推迟表决，再给各方沟通妥协的机会和时间。因为方案被否投资者会严重受损，即便勉强通过，但大股东投了反对票，这种情况下也是给监管部门出了大难题。因此我建议当天是否表决预案先不做表决。但是，公司相关人员回应说，投票当天已是半年期即 6 月 18 日前的最后一天，按规定，董事会当天若通过重组预案，预案报深交所审核通过后复牌；若否决，公司必须立即宣布重组失败，下个交易日即复牌。

进退两难又限期将至，我还真没遇到过这么尴尬的局面，心里真恨不得骂人了。现在四名独立董事，一名提出回避表决，一名在前面发言时说自己现场考察过预案涉及的土地项目，赞成预案，另一名委托我投票。对立双方现已各自阐述了自己的理由，而我既没可能再去一一验证各方的依据，又无法回避投票，手中的票还决定着已停牌半年的重组预案的命运，到底怎么投？作为并无一股的独立董事，我有权帮股东决定这么大利害关系的事情吗？

为公众股东争取发言和表决权利的投票

——我为什么不赞成大股东意见（二）

如前所述，几个小时的董事会开到最后，我自己觉得已经听明白了万科管理层和华润方面各自的真实诉求。在对立的双方中被迫选边站，首先要看谁的立场更有道理，更符合公司和股东的整体利益。

就万科管理层来说，他们的诉求应当说始终比较一致，其站位也可以说是“司马昭之心，路人皆知”。从光明面说，他们是为了继续保持在一个规范的现代公司治理框架下自主经营的独立性。从阴暗面讲，是管理层想长期地保持自己对公司运行的实际控制权。不过持平而论，管理层的这个私心也只是维持现状，而万科这几十年的脱颖而出正是因为这个“私心”，其也提供了创业型企业家对公司成功和伟大的不懈追求、与时俱进的应变和创新以及为了企业的辉煌而自我激励自我约束的持续动力。这才使万科从当初一个不起眼的地方小企业发展成为中国乃至世界上最大的房地产公司之一。因此他们的这点自私心与公司发展并无实质冲突。用现代经济学的术语来说，他们与企业的发展目标激励相容。这就如亚当·斯密说市场经济一样，正是因为依靠人的自利心，社会上千千万万的人才尽心尽力自愿地为满足他人的需要而劳作，辛勤地提供别人需要的产品和服务以换取自己的利益，结果反而达到了资源配置最优的境界。再说这次整个事件也确实并非因他们而起，只是因为“野蛮人”入侵，敌意收购，他们被迫防守反击。当原来的第一大股东华润无力或不愿进一步支持时，才去寻找新的同盟者。他们的最大的问题就是其标杆领头人王石，他虽然曾经对万科的发展起了关键作用，但近些年来在光环照耀下有些自觉不自觉地飘飘然。特别是在这次股权争夺战中，应对失当，出言轻率，树了许多不应该树的敌，加重了万科的困境。

宝万之争出乎所有人意料地演变为华万之争，还缘于以王石为首的万科管理层对自己原来赖以生存的生态即与华润集团的关系处理失当。须知原第一大股东华润的“大股不控股，支持不干预”的态度，既与当时经济社会氛围有关，也与前几任华润掌门人的个人性格、判断和偏好取向直接相关。万科的管理结构在全国的国企作为第一大股东的公司中几乎是个孤例。万科的管理层绝对不能习惯成自然，觉得过去的惯例也就是今天的必然。由于国企是全民所有制的企业，而全体人民不可能自己来管，所有者缺位，通常是由政府及其官员管理。因而国企开门主要是对上级领导负责，关起门来，就是人人都要对本企业领导负责。这样极易形成真正的内部人控制。所以我们看到在行政化管理的有些国企中，往往一朝天子一朝臣。搞坏了关系，惹恼了现任领导，什么国家利益股东利益都可以是放在嘴上的，给人穿起小鞋来可以不惜代价。在这种对上负责的行政管理体制中，干得好不好至多是能力问题，同时也可推给天灾人祸。但对领导态度如何，那是立场问题，说大就大到天上。以王石的高调做派，与现任新领导关系搞僵，并不奇怪。特别是这新一代华润领导并没有与万科长期交往的经历和相互理解，其对万科管理层各种也许不大但令人恼怒的不恭和轻慢的反感难免会日积月累。这就会动摇万科治理结构的根基。

万科接人待物的态度完全是现代企业冷冰冰的成本和效率考虑，能省就省事，对此我早有切身体会。我觉得自己好赖也算个人物，别人花多少钱请我去外地开会我都一概拒绝，但这些年我到深圳去开万科董事会，多早多晚到机场，只有一个一言不发的司机把我直接送住处。万科从上到下，连个人影都见不着，电话问候也没有，更不用说其他照顾服务了。咱是可以忍了，自愿的嘛。但有些国企大家知道，尤其领导出动，没有亲自迎来送往、恭敬伺候，那真是不想干了。万科的管理层大模大样惯了，自诩自己是治理结构和文化独特的现代企业，既不懂国企的规矩，又没有私企的殷勤。更要命的是，万科把法规中可以或应该预先知会和请示的事项本着法无规定皆自主的精神，统统自己就做主办了。虽然华润方面多次表示不悦，后来甚至大动干戈告到监管部门，虽总是因难以裁量定论而不了了之，但身为大股东的领导不满则可以想见。万科股权争夺刚开始时，还有所谓赵家人插手的阴谋论传得活灵活现，现已销声匿迹。其实许多大事乃发轫于末节。中国过去讲关系，现在更时髦的名词叫情商，往往更决定成败。从这个意义上说，如果王石等万科管理层最后打败这一仗，一朝崩溃四散，这将是万科从此走入下坡路的转折点，也可以说是成也萧何败也萧何。

进一步分析，万科当时仓促停牌，没有预告原第一大股东华润，也没有迅速召开董事会通报和决策，这是很大的失误。为了自保并在无具体可靠的重组标的情况下火速停牌，是为自己过去一系列轻敌和失误付代价。但这种准备不足与无明确并购标的的长期停牌，应当说至少不符合公众股东的短期利益（因为中长期看，就如我曾撰文指出的，即便宝能收购万科最后成功，也只有利于少数敢于投机冒险并及时获利了结的人，绝大多数万科股东最后会因公司衰落而受损，因为宝能既然在地产上做得只是一般，我们实在无法认为他们控盘会比现在万科管理层干得更好）。果然，万科在情急停牌后，病急乱投医，找过包括华润置地在内的各个重组对象，均先后告吹，就是验证。

万科不幸中的最大幸运在于，其最后找到的深圳地铁反而恰恰是最理想的合作对象。这真应了那句“踏破铁鞋无觅处，得来全不费工夫”。因为中国的房地产市场经过这近20年的飞速发展，正面临巨大风险和变盘。万科这家房地产市场1.0时代的恐龙，能否在2.0时代还能生存乃至凤凰涅槃，能否抓住大城市圈时代轨道加物业的先机，确实至关重要。这还不用说，万科、深圳地铁以及原先的敌意收购人宝能都正好同在深圳市的地盘上，光是与深铁联姻，如果不与华润对立，就已经可以震慑宝能三思而行。有这样的运气，应当说具有相当的偶然性。这样的机遇，可以说暗示万科气数未尽，也可以说已明示其命悬一线。

至于华润的立场和态度、意图，直到这次董事会前，这半年多来确实让人摸不着头脑。华润最初确实也为保持第一大股东位置做了一些努力，但后来也准备适可而止乃至顺水推舟。在宝能似乎知难而退后，华润的态度也不断变化，准备重新坐稳第一大股东宝座。应当说这种因势利导、随机应变在商场上也无可厚非。

从台面上看，华润不同意重组预案的主要理由是深圳地铁的这两块地作价太贵，发股会摊薄现有股东的权益，因此华润不仅是为自己还是为了全体股东要否决重组预案。同时，摊薄和伤害了股东权益换来的并非是与深圳地铁的全面合作而只是换来了并非物有所值的两块地。其支持者还问：两块地就换一个中国乃至全球最大地产公司之一第一大股东宝座，是否太便宜了深圳地铁而伤害了万科股东们的利益？故而华润主张与深圳地铁只做项目合作或至多日后对深圳地铁少量发股。但仔细一推敲，不对了。即便不说华润自己当年入股成本之低，就是宝能 2015 年抢了万科第一大股东位置，也只不过花了包括保险资金和杠杆融资的几百亿，现在深圳地铁以更货真价实的几百亿土地，也换个大股东位置，怎么就是损害、就是不公呢？如果真重视与深圳地铁这样的轨道交通大拿长期稳定合作、占据下一波房地产 2.0 时代轨道加物业的先机和优势，股权当然是最好和最锁定的结盟方式。按照重组预案，深圳地铁成为万科新晋第一大股东，这不是全面合作还有什么是全面合作？至于说这两块地估值贵不贵，我不是内行，无法判断。但看到房地产业的分析师们普遍给的估值价不低。更重要的，证券市场的常识是，大城市土地也好，其他优质资产也好，作价注入上市公司换大股东股权一般总要大打折价，因为注入者醉翁之意不在酒。但同样的东西，若是到市场上论价，那对不起，这个价格根本拿不着。华润嫌深圳地铁这两块地太贵，主张万科举债融资去买，就是没有竞拍，谁都明白没有高得多的价格根本买不来。花更大的价钱又没有与深圳地铁结盟，落个里外两头亏，不是对公司和股东利益的更大损害吗？其实自己也有很大房地产业务的华润不会不明白这点常识。因此我当时判断他们说的理由似乎是拼凑出来的，自相矛盾，并站不住脚，显然不是他们的真心话。

那么，华润是否在宝能止步于全面收购之后，把最主要战略考量放在恢复第一大股东地位上，由于预案与其目标不同，故而不论对公司利益如何，自己非要否定呢？如果真是这样，虽然自利了点，但也还算理性。这也是我最初的推测。但董事会上双方一解释，原来也不是这么回事。华润谋求洽购的中央证金等国家队手上的股票，若成行，即便按重组预案实行，华润在重组后仍为万科第一大股东。国家队持股，只是为了稳定市场。有人接盘特别是自家央企亲兄弟接走，当然乐见其成。只是现在万科在停盘前股价被股权之争推得有点虚高。亲兄弟也要明算账，大家都有财务考核，谁都不愿也担不起让利给对方自己吃亏的责任。故按什么价格转让要在股价复牌落地后才好商量。更何况据介绍，深圳市政府已明确承诺也愿意今后转让部分股权，支持华润的第一大股东地位，宝能也表示愿意支持华润恢复第一大股东地位，既然如此，那么华润方面不顾一切非要否决重组预案，这究竟是为了什么呢？

这一点从华润董事代表在董事会上答复我的提问中可以看出端倪。华润说对深圳地铁发股，不能改变万科股权分散的局面。也就是说，华润此次谋求的，不仅是第一大股东的地位，而是能够控股和控制万科，使万科名副其实地变为华润旗下的下属央企控股企业，服从华润的一元化领导，拨乱反正，根本结束过去华润身为第一大股东而又说了不算的局面。然而由于华润客观上短期不可能在万科增加持股到50%以上，成为绝对控股股东，故而要实现华润说话算数的目的，就必须改变现行万科治理架构，赶走长期实际控制的公司管理层。听说有人已经放出话来，华润主导后，按央企管理，王石必须走人，郁亮等人可以留下，但受不了新的国企管理办法，也可以选择离开。这个底气当然也可以理解，咱这大家大业还怕没人来？

这是为什么华润可以容忍“野蛮人”宝能，但绝不能让深圳地铁进来。因为宝能与万科管理层的对立和交恶已经众所周知，而深圳地铁是由万科管理层引进，后台是深圳市政府。深圳市政府的目的是让深圳地铁与万科强强联合，形成深圳企业在国内乃至世界上同行业的领先地位和品牌。深圳市政府当然不会自毁长城，支持改变万科这么多年来已被证明是成功的管理构架和优秀团队。我猜想这恐怕是华润方面无论采用什么理由和办法，对万科乃至华润作为央企的形象造成多大的负面影响，不惜代价，也要否决重组预案的原因。否则如果只是对王石个人有意见，那么提议召开董事会，重新协商选举一下董事会主席（叫这个主席而不是董事长，也是不必要的惹人不悦），对王石个人有个符合其功过的公平安排，本来并不困难。搞到现在这样剑拔弩张的多输局面，就毫无必要了。

决策的真实意图摆不上台面，搞得华润这样有着特别辉煌历史的央企被别人看来好像成了怨妇，专找枝节和程序问题四处发难告状，实在令我这常常帮国资说话的人心酸。本来，华润、深圳市政府和万科管理层各有各的利益、角度和诉求，这并不奇怪。但万科管理层和深圳市的利益诉求是可以摆上台面的，而在我看来华润台面上的理由实在站不住脚，而台面下的诉求又很难搬上台面。因为万科多年来的治理架构和经营团队是万科成为业界标杆企业的核心竞争力所在，人们可以讨厌和数落王石个人的无数失误和不是，但根本颠覆万科的治理结构和改变经营团队在我看来并不符合万科公司股东们的利益，道义上也难以得到社会各界的认同。

正如我在董事会上发言所说，独立董事并无预设立场。华润方面否定重组预案也可以，其一理由要自圆其说，不能自相矛盾；其二是一定要本着对投资者负责任的态度，拿出一个有吸引力的方案，以保护广大股东利益，防止股价过大幅度地下跌。但华润提出的方案，是要废掉万科与深圳地铁已达成的初步协议，主张几乎不可能的用现金买地。其实谁都明白，如果双方达成的协议由于万科自身的原因被撕毁，地也买不成，深圳地铁日后怎么还有兴趣再来掺和万科的事，当个小股东呢？特别是华润提出的否决重组预案，在没有任何可行替代方案或其他有吸引力的前景下让股票复牌，再加上宝能的收购题材没了，万科股价势必连续暴跌。而华润想当第一大股东，拿出的不是在二级市场上增持的方案，而是提出待事过落定再对华润增发股份的方案。这难免在我耳朵里面听起来就像是说“待股价跌到位后再对华润定向增发”。作为一个职守在保护中小股东利益的独立董事，我怎么能赞成这样的方案？我猜想，这也许是华润推荐的独董张利平在内外重重压力下，又迫于良心所在，无奈只能逃避投票的苦衷和原因吧？这也是我在微博上一时冲动，痛斥华润方面太过自私的原因。

当然分析各方自己的真实立场和理由，千万不可漏掉另一个主角即现在正宗的第一大股东宝能。宝能当初气势磅礴，有备而来，大有一举拿下万科的气概，但后来则多少偃旗息鼓，甚至在 2016 年 3 月的股东大会上对引进深圳地铁重组、继续停牌的议题还投了赞成票，态度来了个 180 度的大转弯。背后又有哪些隐情？一种传言说，宝能当初借助金融杠杆特别是旗下保险公司收购万科，已经跨到政策边缘，受到关注和警示。到此打住，也就罢了，若再生事，则越过政策红线，自找麻烦，故而收手。据华润方面在董事会上介绍，华润方面与宝能接触沟通很多，还有不少项目合作，关系并非一般。我之所以曾在微博上说“在宝能只求全身而退的情况下”会如何如何，而不去假设“在宝能仍然志在必得的情况”，因为如果是后一种情况，不仅万科的重组预案毫无意义（宝能与华润在今后股东会上联手否定预案，谁也无力阻挡），而且华润提议以后对自己定向增发的方案也是无稽之谈。我既不能无端怀疑宝能向华润承诺愿意让出第一大股东是假话，更不能也不愿去设想华润方面的全部说辞和动作都是假的，只是为了帮助宝能暗度陈仓，这样未免就太低估华润的领导水平和央企的纪律约束了。其实如果当天董事会上华润方面出示宝能也准备否决重组预案的意见，独立董事们显然会一致同意没必要再通过预案。可见当时华润认为自己有十足把握否决重组预案。华润方面在表决结果出来后，表现得极度恼火，不惜撕破脸一定要否决重组，这时宝能自然会权衡利弊，看站在哪边对自己更有利，反正宝能持有万科股票与华润一样，至少今后半年内被锁定，股价的涨跌与己无关。而宝能一旦出手，以其过去风格，肯定相当彪悍。从而使今后的变局更难预测。这也是我一直主张从监管和市场公平的角度，宝能应被要求公开披露其真实意图的原因。

分析思考到这里，我当然应当支持通过深圳地铁重组案。不过自己判断，代表自己发言，言责自负，当然没有问题；而代表公众股东表态，万一我的信息不全，判断失误，以小人之心度君子之腹，怎么办？即使我的判断全是对的，我有权代表广大公众股东决定这份预案在当天会上的命运吗？

我不是公众股东选举产生的，很难说我有权越俎代庖。那股东们的态度如何呢？A 股在停牌，从 H 股股东和市场投资者态度来看，3 月引入深圳地铁消息公布后，H 股股份上涨强劲，这确实部分反映了投资者和市场对重组的态度。

可是，我这个独立董事毕竟代表的是 A 股股东。H 股的表现只是旁证，不足以支撑这关键的投票。那么，在董事会没有代表的广大 A 股股东对此重组预案是什么态度呢？我无法猜度。当然，3 月的股东大会对引入深圳地铁重组、继续停牌的议案已投票表决通过，这显示了股东们还是乐见重组有个积极结果的。但华润方面现在说，当时他们也投了赞成票，只是现在最终拿出的预案太差，会损害广大股东利益，故而又转为反对。应当承认，华润方面这一条说得有道理：当时投票赞成推进重组继续停牌确实还并不等于就赞成今天拿出的重组预案。

千回百转中，一个思路浮了上来，让我脑子一亮：华润说预案不好，我们若赞成否决了，重组即宣告失败，等于是剥夺了大多数股东参与意见的权利，等于是让华润这个只持有百分之十几的大股东代百分之百的股东做了决定。我们投票支持预案通过，其实并没有真正代广大股东做什么决定，而是在其后提交股东大会时让他们自己决定。我们的赞成票只是为广大公众股东争取到了发言和表决权，防止了个别大股东利用在董事会的优势绑架公司决定，而这正是独立董事真正的功能职责和作用所在。想到这里，我这票怎么投已经不言自明。我不禁觉得自己之前的疑虑和煎熬太傻了。

万科的四名独立董事，三名投了赞成票，一名在外人难以体会到的巨大压力下实际上也支持了多数独立董事意见，等价于投了赞成票，为公众股东争取了自己决定的机会和权利。至于最后股东大会上股东们自己怎么决定，无论结果如何，即使预案被否决都是全体股东自己意志的表达，独立董事的赞成投票仍然有价值。因为股东有权自己决定与无权被别人决定命运是根本不同的。这就是现代市场经济的规则和程序正义。况且独立董事的投票和发声已经迫使华润乃至宝能也许不断被迫披露自己的真实意图，从而避免了重组预案遭到否决，股票在周一复牌时投资者毫不知情地盲目应对和受人摆布。因此有人开玩笑说这届独立董事不行，而我则真诚地愿意为他们每一个人包括张利平先生点赞。因为他用完全合法合规和宁可个人受难的方式，在巨大利益胁迫下表达了他不想否定重组预案的真实意愿。这也是另一种形式的勇敢和不屈。中国上市公司的独立董事如果都像这样履职，中国证券市场就真有希望了。

时至行文的最后一刻，听说尚未提议人选进入董事会的宝能，基于自己的利益盘算决定公开出手，并严厉指控为他们争取到对重组预案发言和表决权的“独立董事丧失独立性，未能诚信履职”。即使这样，我们也无怨无悔。所以当时投完票，我长出了一口气，精神大爽，赶紧去补上当天的乒乓球训练。我那时完全没有想到这场投票背后还有我未知的大量隐情，乃至我自己很快也被拖入旋涡，而且这后续的剧情跌宕起伏，还进一步揭示了更多和更深刻的制度拷问。

没有人能够一手遮天

——我为什么不赞成大股东意见（三）

万科董事会的表决，以独立董事实际全部支持和放行重组预案而结束，阻止了持股仅 15%左右的二股东出尔反尔，利用其在董事会的话语权否决已经在 2016 年 3 月全体股东大会通过的推进与深圳地铁重组的决定，把决定重组命运的权利再次交回给不久将召开的股东大会，保护和捍卫了绝大多数股东的权益。独立董事投票的合法合规和正义性不言而喻。所以我投完票，心情也大大放松，以为这事就已经结束了。

张利平独董回避权之争的实质

由于投票和律师见证宣布表决结果一切都很平静，听到宣布会议结束我就挂断了连通会议的电话。但没有想到的是，会议结束，估计在华润方面董事代表回去汇报了表决结果后，华润先是阻挠万科发布会议结果的董事会决议公告，在万科公告发布后，华润方面又于次日凌晨发表声明，质疑表决结果，认为张利平独董的回避表决理由不成立，应计入未赞成预案的董事人数，因此，该重组预案并未依法通过。华润后来进一步向沪港两地交易所和相关监管机构提出正式投诉，认为决议通过不合法，要求裁决重组预案通过无效。此事迅速引起了经济界、法律界人士的热烈讨论。

我这人不爱拉关系，开了这么几年的会，与张利平先生还是不熟。那天张利平从海外回来，飞机晚点，董事会为等他推迟了半个多小时。飞机落地后，张利平拿着手机边出关边参会讨论。到预案表决时，不知他是因正在过关检查还是别的原因紧张，话说得我听起来有点语无伦次。我记得他上来的原话是：第一个声明是我新的工作在黑石，目前对两大股东都有交易，特别是目前有一个数额较大的和万科在进行，所以我已征求我律师的意见，我有利益冲突，所以我弃权。万科的高管何等精明职业，知道回避利益冲突与投弃权票这可有天壤之别，可决定重组预案的命运，说得含糊不清怎行。张利平话音刚落，董秘朱旭马上追问：那您这样的话，属于利益关联，您就属于回避表决，是这样吗？张利平答：没有错。朱旭又确认：回避表决？对吗？张利平回答：对。朱旭再跟进：那我要提醒您的是关于独立董事，您做出回避表决的话，必须给我们书面回避理由，签字，然后我们会在公告里公告。张利平最后答：就是我刚才讲的理由，因为利益冲突，所以我必须回避表决。我会提供书面意见，你们给我一个时间，我会提供。这就是大家看到的后来公告里的张利平要求回避议案表决给董事会确认函的背景。

这里要回答的第一个问题是，张利平独董要求回避合法有效吗？理由充分吗？若理由不充分，决议通过就无效吗？其实这里的答案本来是极为明确的。法规要求有利益冲突的投票人回避，有利益冲突的人不回避是违法违规。投票人本着安全谨慎的原则，对自己认为可能引起利益冲突的某项议案要求回避表决，是保护自己的合法权利。即便当场有人提出异议，只要当时董事会没有通过决议认为他不存在利益冲突并为其参与投票表决免责背书，张利平先生均可拒绝任何个别人的不同意见，坚持回避。

而实际情况是，当张利平提出回避时，在场没有董事提出异议，更无董事会决议为其参与投票免责，因此张利平要求回避，本人一点错误和责任都没有。至于事后任何一方因自己认为张独董的回避理由不足而否定董事会表决的合法性，当然是绝对不行的。因为历史是不能倒转的。不要说张利平的回避要求完全合法合规、毫无瑕疵，就是真有问题，那也只是影响今后别人对他的看法和评价，投票结果仍然有效。就如关系无数人重大利益的世界级足球比赛，运动员犯规及裁判误判，只要没有当场纠正，事过即便有录像铁证如山，也不能改变已经发生的比赛结果。试想，如果事后谁都只要自己找个理由来就想推翻规则、改写历史，这个世界上还有秩序吗？

退一万步说，张利平回避投票是董事会上大家同意的。如果说现在大家又不同意他回避了，那也是或者重新开会，或者要他补投票。你怎么能假定他参与投票后一定投的是反对或弃权票？他的真实意愿已表达了不想阻挠预案通过，那样他非得投票的话自然是投赞成票。没有反思自己影响独立董事投票的行为不当，相反不加掩饰地直接将其归入否决议案的弃权票，这就有点太过分了。

其实对于华润这样的大型企业来说，对自己曾经投过赞成票的重组进程现在转而反对，不会在关键性会议的表决上不做好准备工作，而肯定是胜券在握、胸有成竹才来开会投票的。这也是华润方面董事在预案讨论环节一开始就抢先发言，拿出事先准备好的稿子，宣读反对的各项理由。

我猜想张利平先生新的工作单位黑石，如他自己所说，与华润和万科这样的巨型企业很难没有偶尔的业务交集。而张利平当年作为华润方面推荐的独立董事，在重重巨大压力下想必已答应华润，自己会在表决时弃权。而华润方面以为只要有这张弃权票，否决重组预案便大功告成。没想到张利平先生是良知驱动，还是焦虑压力下为自己回避找的理由出了岔。因为他先说的利益冲突与投弃权票是完全矛盾和会导致相反结果的两件事。万科的董秘素质到位、技高一筹，让他自己澄清了表述，表达了他本人不愿因自己原因否定重组预案的真实意愿。所以说，魔鬼往往就在细节之中。华润方面虽然家大业大、人多势众，但从上到下参与此事的决策人执行人，业务不精、预先功课没做到家，对出席会议的董事的交代中漏掉了微妙的关键之处，同时决策反馈又不灵，结果技不如人，让煮熟的鸭子飞了。这就不难理解华润方面为什么事前稳坐泰山，会上有备而来，但在董事会表决失利后，一下子气急败坏撕破脸大动干戈，不惜一切代价和影响，到处兴师问罪。但其滋事的理由实在是无理取闹。我们若不论对错，从打仗的角度看，在自己一方具有优势资源下把关键前哨仗打输，导致后患无穷，这实在是让华润这个有着光荣历史和辉煌贡献的央企蒙羞。试想这样的企业倘若在国际市场上遇到深谙规则惯例，并不惜在可行性研究上花大钱的真正外企，那还有多大取胜的希望？国企真是不改革不行！

第二个问题是，若张利平确有利益冲突、需要回避，他是否早就没资格当独立董事、早该罢免了呢？这其实也是一个很大的误解。因为回避制度并不是为独立董事专门设立的，而是一个应用很广泛的制度。回避制度主要是说执行公共事务的官员特别是如法官、检察官等，当与当事人或事件有利益关联从而与执行公务有利益冲突时，应当实行回避制度，因而这是一种法规的强制要求。回避制度也进而推广至一般社会上的如财务会计等执法或执业人员。因此，需要对某项特定或特殊当事人回避的公务或社会执业人员，并不影响其正常的公务执法或执业人员的身份资格。对上市公司的董事来说，《公司法》第一百二十条规定："上市公司董事与董事会会议决议事项所涉及的企业有关联关系的，不得对该项决议行使表决权。该董事会议由过半数的无关联董事出席即可举行。"可见，上市公司董事无论是独立董事还是其他董事，当董事会讨论所涉及的企业有关联关系的（在张利平的情况下，重组预案所涉及企业为万科与深圳地铁两家，而张利平任职的黑石公司与其中之一的万科因正新近策划合作一大型商业物业合作项目而产生关联），就应在此事上回避。这种回避并不影响董事任职资格。因为当一个董事任职时，他并不知道他本人或他就职的单位（也可能日后有改变，如张利平任独立董事期间，其任职单位就在 2015 年 7 月从原瑞士信贷转至黑石公司）是否将来会与担任董事的企业中的某人或某事有关联。故当某事项关联时，应要求回避。只有在关联关系今后长期持续存在，乃至其不得不持续回避从而影响其作为董事的正常履职时，此人就可以提出辞职。张利平因他刚任职不足一年的新雇主最近策划一个他本人参与的与万科合作的项目，目前并不影响其独立董事任职资格。

综上所述，万科这次讨论重组预案，表决程序和结果合法合规，无懈可击，且当场无任何董事、监事提出异议，现场见证律师确认决议结果合法有效。在这种情况下，华润方面事后质疑决议结果的有效性就有点近乎小儿科了。更有意思的是，沉默了很久但仍在不断窥测方向和调整立场的宝能，现在看到有华润这个根正苗红的大块头撑腰和遮风挡雨，终于按捺不住认为机会又到，是大展身手的时候了，公然指控“独立董事丧失独立性，未能诚信履职”，并进而发展到要求罢免董事会全部董事，以便重新洗牌，实在是让人啼笑皆非。按照宝能的逻辑，董事会通过了符合上次股东大会决议方向的议案，给它这个未进董事会的第一大股东争取了重组预案发言表决的权利，是“内部人控制”、不能均衡代表股东利益，那否定预案、否定上次股东大会绝对多数让推进的事反而就是代表了全体股东的意志？现任董事会中，管理层只有三席，二股东华润也有三席，其他四位独立董事和一位外部董事基本上是华润推荐或同意的，如果这次独立董事跟着只持15%左右的二股东一起否决预案，人们是否更有道理指控董事会是被少数外部股东控制呢？其实宝能迄今也算个很成功和有很大规模的民营企业，奋斗到今天肯定也来之不易，应当有所珍惜和节制。因为历史反复提示，个人也好，企业也罢，都不能投机心太重，更不能自己觉得一时得势就忘乎所以，以为就可以战无不胜、横扫一切了。利令智昏的结果往往会搬起石头砸自己的脚。

闭门家中坐，祸从天上来

本来即便拿张利平的投票问题说事，也没有我的事了。没想到万科董事会投票通过重组预案的第二天，尽管是周末，我的新浪微博上最后一篇关于杨绛先生的评论上突然出现了一批就万科事件攻击我的言论，说我给万科重组预案投了赞成票是给广大股东带来灾难，是屁股指挥脑袋，问王石给了我多少好处，竟然出卖人格、晚节不保，等等。我看了非常奇怪。独立董事按照自己的判断投票是合法权利和正常履职，况且推进与深圳地铁的重组。而且宁可继续停牌也要等，是3月股东大会以97%以上的高票通过的意见，5%以下的中小股东支持率虽然低点，但也超过93%，怎么等到胜利在望了，突然冒出这些希望重组失败的人呢？

所以我当时觉得很不理解，挺天真地发了一两条新微博，简单解释几句我投赞成票的原因和理由，说明我在万科并不领报酬。不料这招来更猛烈的谩骂攻击，说你没半毛钱关系发什么声？独立董事都拿薪酬，你不拿只能说明你更心怀叵测，其心可诛。你说不拿薪酬肯定会有其他更大利益，否则我死都不信。还有人威胁我透露了内幕信息，要追究法律责任，等等。这才使我警醒：重组预案通过一定触动了一些人的深层利益，特别是有人想利用信息不对称浑水摸鱼，否则何必怕我说话、威胁我闭嘴？我一去了解才知道，这次投票不仅华润方面的态度来了个大翻盘，从赞成推进深铁重组进程到坚决反对，而且其他不少独立董事预先都有很多人做工作。有位独立董事告诉我，有人要他投反对票，说这是某位领导让带的话。还有的告诉我，这次投票得罪了很多人，包括几位交情很深的老朋友。只有我，也许因为我一个人远在北京，整天闷在家不怎么交往，也许怕我名气不大但嘴太快，也许已经搞定了足够的票数也就懒得来理我，总之，似乎只有我是蒙在鼓里的。一看这里利害相关的水很深，而微博字数有限，说不清问题还会被人歪曲扣帽子，况且确实也不够正规，我当即删去这两条微博，但我并不怕事，声明我将写长文正式说明我们独立董事投赞成票的原因和理由。

这是由于我自小是“黑五类”子女备受歧视，养成了个不服输的倔强性格。如那年参加亚布力企业家论坛，我做的演讲题目是“挣钱与花钱的意义”，尽管坐在台下的一位大佬讽刺地在旁边问“这个教授来给我们讲钱，他见过钱吗”，我还是在演讲中鲜明阐述了自己的观点：在市场经济中，挣钱体现一个人的能力，花钱体现一个人的价值。这也是我自己的金钱观。我自己每年都会做公益捐赠，生活上要求则比较马虎。但一说起政策理论问题、学术模型问题，如何讲清道理、辩个明白，马上来劲。1988年与几个同伴在《经济研究》连发三篇数万字长文，指名道姓与吴敬琏等人辩论，前两年还和周其仁老兄就土地和城市化问题大辩了一场，为此也得罪了不少人。但天性如此，看来这辈子也改不了了。

故而这次通过电话出席万科董事会并参与投票，事后无端地被拉进矛盾旋涡，还有人威胁我泄露了内幕信息，半只脚已经进监狱，我的蛮劲就又来了，天天半夜起来写文章。现在监管部门将信息披露视为头等大事。按《公司法》的规定和要求，上市公司的董事等应当保证上市公司所披露的信息真实、准确、完整。从我的文章可以看出，这次万科董事会会议公告的信息实在少得可怜，大量对公众股东和市场投资者至关重要的信息均未公布。故我当时就要求公开董事会会议记录，但大家显然意见不一。然而公司股票很快将复牌，这种对信息披露的不准确、不完整因而必然不能全面真实的情况，只会有利于少量知情者，对广大公众股东和潜在投资人极不公平。在一时激情的正义感推动下，觉得即便个人付出点代价也要打破上市公司这种普遍存在的对关键信息披露的不准确、不完整因而也很难真实的局面。这样我才选择了《上海证券报》这一指定信息公布媒体刊登了这系列文章。

有人说，除了上市公司及其董事会，其他人无权发布信息。那我看许多上市公司包括这次万科的大股东、二股东就自己发了不少声明，也从没有人说他们越权。我的文章就是我作为独立董事发表的声明，有何不可？还有人威胁说，你擅自透露大量内部信息，是违法的，应予追究。但在中国境内施行的《中华人民共和国证券法》第七十五条对内部信息的定义是："证券交易活动中，涉及公司的经营、财务或者对该公司证券市场价格有重大影响的尚未公开的信息，为内幕信息。"但万科境内的股票并不在"证券交易中"，已经长期停牌，故不符合内幕信息的前置条件。

究竟是谁涉嫌违规？

说到违法违规，应当说这次万科重组倒可能有人涉嫌。华润本来是万科的第一大股东，而宝能是不请自来抢万科第一大股东的，本来这两家应当是利益相反、冤家对头，后来的事情让所有人都大跌眼镜。这本应对立的两家最近宣布将在下次股东大会上联手否决引入深圳地铁的预案，共同在深夜以“内部控制人”的罪名指控万科管理层，并在彻底否决万科这几十年形成的公司治理模式、撤换经营管理层的目标下成为同盟者和一致行动人。现在如果将历史回溯，这种逻辑的截然矛盾，也许就可以开始有了合理解释。

所谓冰冻三尺，非一日之寒。华润与宝能本来就有若干重要项目合作与关联。网络上广为流传的华润前海项目的合作方就是宝能，并说华润通过项目合作和提供融资资金等方式为宝能提供了重要帮助，该传言至今尚未得到华润方面和宝能的澄清与反驳。因而有人推测华润一些人本来就对万科这种与国企格格不入的治理方式和作风看不顺眼，怀疑宝能与华润管理层也许很早就有默契。宝能入局举牌收拾万科管理层，华润方面表面上半推半就，但实际上是乐观其成。故而华润或坐视不救，或做点表面文章，不断否决万科管理层提出的各种自救方案，拖延时间。当兵临城下、火烧眉毛之际，还对万科管理层决定紧急停牌倍加指责。后来眼见宝能离成功收购只剩一步之遥，干脆亮出底牌要万科管理层接受宝能入主的现实，达到自己兵不血刃就清洗了万科管理层的目的，凭空坐收渔人之利。只是由于万科管理层的顽强阻击和工作，加之宝能借助保险和杠杆资金吞并万科的企图也许触碰政策红线，被迫停止收敛。而此时万科管理层又运气极佳地找到了深圳地铁这个独占天时地利、背景强大的同盟者。若让其成功，显然华润方面和宝能的计划就要泡汤。

照此逻辑，小兄弟不行，大哥只好亲自出马，准备在董事会上就让预案胎死腹中。无奈人算不如天算，在董事会表决功亏一篑。恼羞成怒之下，使出各种重手，也大失身份和章法。而宝能毕竟年轻冲动，认为押宝站队的时候到了，公开与华润方面并肩作战，大打出手，以泄憋了一肚子的怨气。但不料这样一来，狐狸尾巴也就露出来了：宝能与华润本来就是一致行动人。按照这个思路去探究，许多原来不清晰和不可理解的现象也就有了合理的解释：原本表面上对立的双方，关系越来越不一般，甚至相互礼谦，把万科这样一流企业的第一大股东宝座，让来让去。感情好到这种地步，真让外人看得眼热。

但这样过分招摇也有麻烦。华润方面与宝能有这么多接触密谈，关联和交易，已经涉嫌形成关联和一致行动人关系。如此，在未披露关联关系的情况下，华润方面与宝能对万科的股票你增我持，已涉嫌违法违规，可以被投诉调查。双方所持股份在调查清楚和做出处理之前，可以申请冻结表决权。

再进一步，华润方面在隐瞒这些所有信息的情况下，在董事会上完全翻脸，企图强行否决重组预案，让万科股票随即复牌。这种行为和意图，当时如果得逞，市场会以为万科的股权保卫战已经失败，宝能唾手可得，从而误导大批以为宝能还会乘胜继续收购的投资者火中取栗，而知晓内情的各种关系人和利益集团，可以高位出逃，坑死根本不知宝能已承诺将第一大股东还给华润的大量无辜投资者。待真相大白、股票暴跌到位、套人无数后，再按计划对华润定向增发，使华润重新做回第一大股东。这样的意图及其可能的严重后果当然也不能轻易放过，应当调查清楚。所以难怪有明眼的朋友劝我说，这事和你一毛钱关系没有，你浑不论不知深浅地进去一搅和，坏了人家有巨大利害关系的好事，又给自己带来很大风险，这是何苦呢？我嘴上回应说，我自己本来有一大堆大课题做不完，哪有空研究万科这点事，但谁让他们招惹我呢？心里在想，社会主义市场经济和需要推动的法治社会，朗朗乾坤下，如果有点钱就能肆意妄为、里外通吃，破坏规则，不要企业家精神，只是玩玩资本就可获暴利，那证券市场还有公平正义公道良心吗？中国的经济能有希望吗？

文章写到这里，本该结束。但这次华润与宝能甩出以为能克敌制胜的“内部人控制”大棒以及企业改革、独立董事功能等重大问题，乃至有人对我文章中观点的批评质疑，还没有来得及展开回应。故而这文章看来还得续下去了。

大股东就是上市公司的主人吗？

——我为什么不赞成大股东意见（四）

“我为什么不赞成大股东意见”前面已经写了三篇，最后还引出了对万科的两大股东即宝能和华润闭门交易第一大股东地位的质询。这整个事件中即便最后有人被监管部门的调查坐实违法违规，应当说也还是一个个案，意义是有限的。揭出内幕甚或黑幕，与其说是经济学家的职能，毋宁说只是履行一个正直公民的义务。万科公司股权和控制权之争的真正意义和价值，是其引出了现行信息披露制度的改进、上市公司所有权与控制权的规制、独立董事的功能及其发挥作用的条件等深层问题，这些都是关系到中国企业制度的建设与改革、上市公司的治理架构和政策指引等一系列重大的理论和政策问题。深入探讨这些问题，澄清广泛流行但未必正确的观念，进而引出相应的制度改革和政策建议，这才是经济学家和学者们的本来职责。这也是在万科之争已经成为少有的持续社会热点，引出了那么多争论、流言乃至混乱后，它能给社会带来的最后价值、回报和贡献。这次系列文章写完，我还会带着博士生就现代公司治理及所有权控制权配置问题建模，力争写出几篇有质量的学术论文。就此而言，我在文章中曾分析了万科之争各方当事人的立场和私心，这也可说是我作为一个学者花这么大气力、冒着这么大风险深究不放这个案例的一个私心所在。

万科之争到底在争什么？

在与万科事件并无或很少利益关联的人当中，这次也明显地分为两个观点对立的阵营，可称为拥万派与倒万派。很多人将其归结为情怀与规则之争。据称，“情怀派”认为，王石等万科公司管理层创造了独特的万科文化，使万科成为中国公司治理的典范，并使万科在地产界脱颖而出，几十年来成长为目前最优秀的龙头企业和业内唯一一家即将进入世界500强的巨人企业。因此，王石并不是一般的职业经理人，他还是万科的创业企业家。破坏这样一家企业改革标杆的公司治理结构、炒掉管理层有违常情，不符合万科公司和股东利益，也会产生不良的社会影响和示范，乃至加剧经济脱实向虚的蜕化。有人强调，蔑视资本权利是可悲的，只讲资本话语是可怕的。

与此对立，“规则派”则认为，即便承认“情怀派”的全部或大部分的理由，但规则就是规则。遵守现行法律和规则是现代市场经济健康运行的基础。王石作为创业企业家在股改时放弃了股权，选择当职业经理人，无论当时是情怀高尚还是犯了错误，留下今日之隐患，现在就得承担这种选择的后果。“规则派”认为，别说王石近年来行为不像经理人而像老板一样去四处招摇，2015年在遭遇敌意收购后仍然自我作大、言语伤人、失误不断，就是什么毛病也没有，只要大股东或外来资本依法取得控股权，不管管理层或个别人有多重要，不管你是不是创始人，想换就可以换，这就是游戏规则，人人都得遵守。有人把“规则派”观点发挥得淋漓尽致，“再说彻底一点，包括宝能在内的任何一个股东，无论他出于什么目的，干掉万科也好，赶走王石也好，高位套现也好，抑或是为了其他利益——只要不违背法律，这都是可以的。这是上市公司的规则赋予股东的权利。不管这个公司缺了王石之后是衰落，还是比以前更好，这都是法律赋予股东和其他利益相关方的权利”。当然，在这两种观点之外，也有些人游离于这两派之间，采取调和态度，希望有个各方妥协的结果。

显然，如果仅就以上两种相互对立的意见争论而言，双方不在一个频道上，似乎很难争出什么结果。但在我看来换个角度，万科事件之争并不是什么情怀与规则之争，而是人们对这里产生的合法不合理、合理不合法的困惑。因为情怀这个东西，说重要太重要了，但具体落实很难把握，且不同的人有不同的情怀。市场经济中人们要正常交换，必须要有统一认同的规则，否则买卖做不成，做成了发生纠纷也难以解决。从这个意义上说，我是彻头彻尾的“规则派”。尽管如此，我们也必须认识到，法律和规则都不是从天上掉下来的。法律是道德的底线，规则以情理为基础。脱离了一个社会大量不成文但实际起作用和普遍认同的习俗、道德和情理，任何法律和规则都会缺乏实施的支撑。成文法和正式规则总是在与大量的习惯法和深入人心的道德情理共同作用维持社会运转。

那么，在万科事件中，合法性与合理性是如何发生了冲突呢？在“规则派”看来，万科两大股东的行为至今只是受到监管部门的关注而并未查处，因而其要罢免全部董事或改组董事会、重夺公司控制权的一切动作就都是在规则之内，完全合法，这一点我也同意。在此合法利用规则之下，在我看来产生了四个关于合理性的困惑：

一、万科是业内规模最大、业绩最好的企业。有人统计其各项主要经济技术指标均领先同行。万科股票上市以来股价复合上涨了几百倍。近年来股票价格徘徊，是受市场大环境左右，并非其本身业绩增长缓慢。有人计算很多年来其平均年销售和利润增长均在20%~30%，近年来业绩更呈爆发性增长。2015年在深圳上交的各项税收就达323亿，与华为相差无几。有人说万科前几年分红少，其实高成长企业一般分红都少。有人拿乔布斯当年被苹果董事会解职来类比王石。其实乔布斯那时被解职是因为当时苹果的老产品生命周期将尽，推出的新品接连失败，苹果董事会认为乔布斯的一意孤行会导致公司更严重的困境，故而将其解聘。世界上还没听说哪家正在快速发展和不断创出更优秀业绩的管理人被股东罢免。

二、万科的治理结构、公开透明度和企业文化一直被认为是国内现代企业制度的典范。华润原来长期作为其第一大股东的积极不干预态度成就了万科的成功。华润以及宝能现在指控万科是内部人控制，等于是完全否定这一大股东不干预、管理层主导的模式。这一模式过去长期被大家推崇，现在又被指控为坏东西，是我们大家过去长期一直看走了眼，是非颠倒了吗？把万科的治理模式改回到现在占上市公司99%以上的大股东控制模式就是拨乱反正？现存的国企行政管理模式本来正要改革，而透明度差的家族经营模式本来也亟待规范和透明化，万科模式原本被视为给企业改革提供了样本和启示，现在反过来彻底否定，那大家都重返旧的模式？这样企业改革还要改吗？往哪里改？

三、万科的管理团队一直被业内公认为非常优秀，属于高产出、低成本的职业经理人队伍。找这样一批有理想、有追求又有能力做成基业常青伟大企业的团队，可谓可遇不可求。现宝能说前几年他们还没当股东时，王石薪酬拿多了要罢免他，这个理由提得太怪了。王石拿多少是那时的董事会和当年的股东大会决定的。后来人需要翻历史书为古人担忧吗？宝能今天作为大股东以后一样可对高管薪酬有表决权。何况有人贴出业绩和薪酬对照表，以万科行业龙头的业绩，王石、郁亮一年1000万上下的年薪报酬别说与恒大地产行政总裁2015年1.68亿元的年薪没法相比，比起许多差很远的地产商也差一大截。万科2015年全体董事薪酬、前五名最高薪酬占归属母公司净利润比例均在0.3%以下，远低于其他主要房企平均1.3%的水平。万科管理层薪酬低，拿了钱又去买本公司股票，把自己和公司长远发展拴在一起，不用其他股东们烦心其长期行为，这样的好事别的企业求都求不来，有什么可指责的呢？

万科管理层不仅薪酬低，职位消费也少，花钱小气。对我们这些外部和独立董事都抠门得很，舍不得花点钱。好多年前国家审计署派了一批人来查了万科几个月，也没发现啥大问题。谁当老板不想用这样既能赚钱又自律的经理人？反观前些年真正被内部人控制去谋取自己私利的华润，其前任领导宋林能力虽强，开始也做了不少贡献，但后来逐步就把企业变成自己的独立王国，任人唯亲，贪污受贿，挥霍浪费，结果中纪委一查就抓出一大串贪官。据几位华润中层领导告诉我，前几年宋林在鼎盛时期，到集团各企业视察，下属企业不论是主动献媚还是迫于攀比的压力，都是像国家接待外国元首那样铺红地毯迎接，其奢侈铺张的程度令人瞠目结舌。这样的企业虽然名义上顶着国企的光环，实际已成为蛀虫的乐园，幸亏中央的强力反腐将蛀虫清除。相比之下，能干而自律的万科管理层由理想主义驱动，在标准的公司委托一代理框架中属于激励相容而又便宜称职的代理人。这些人无论有多少个人作风问题和令人生厌之处，社会上自有法律民俗管着。作为企业来说赚钱事大，股东若非另有所图，为什么不喜欢这样的管理层呢?

四、市场经济中收购兼并包括敌意收购，都是正常现象，有助于淘汰低效或贪婪的代理人即管理层，促进资源优化配置。故一般是以大吞小，或强强联合。偶尔也有虽小但强、生机勃勃的创新型企业吞并虽大而暮气沉沉的老企业，上演蛇吞象的壮观。尽管经济学家们对发达经济体证券市场上收购兼并效果的事后统计分析莫衷一是，但理论上经济学家们一般肯定收购兼并所造成的公司控制权市场，对于激励和淘汰职业经理人的积极作用。然而，在成熟市场中，绝难出现落后吞并先进、弱小吃掉强大企业的现象。而据联合信用评级有限公司最近刚刚为宝能地产发债所做的信用等级公告，宝能地产在2013年至2015年的营业收入分别为12.73亿、9.7亿、14.55亿，2016年一季度的数字才为1.13亿。其净利润近三年则分别为5.6亿、1.79亿和4.93亿。这与万科这几年每年直逼2000亿的营业收入（2016年上半年仅半年已近2000亿），直逼200亿净利润的业绩有天壤之别（说实话，作为冷静的经济学旁观者，我再是铁石心肠，看到在2016年来大股东猜忌攻击、企业内外交困、可能被马上罢免走人的情况下，这支队伍还有这样的坚守精神，还有这样的骄人业绩，写到这里也真是为他们动容)。悬殊如此巨大的以小吞大、以弱吞强在任何正常的市场和法治环境下都是不可想象的。如果只要借助在金融领域的垄断牌照，就可以高杠杆高付息动用巨额资金来收购万科这样首屈一指（账上堆着400多亿现金）的行业龙头企业，若是财务投资，有人算过连利息都还不上，得不偿失。只有以二级市场炒作牟利或控股后掌握调配万科资源为己所用为目的，才可以理解。这对宝能来说也许是理性选择，乃至也被有些人颂扬为顶级高明的资本运作。但对于社会来说，却实在是劣币驱逐良币和资源配置的严重恶化。人们当然要问：难道我们法律和规则的设定不是为了推动经济特别是实体经济健康发展，鼓励创新和持续不懈的企业家精神，而是限制和伤害真干事、干实事、干大事的人的手脚，相反让金融投机和资本运作的冒险大行其道、所向披靡吗？

有人假借 20 世纪七八十年代极有影响、我本人也很尊敬的华人经济学大家张五常先生的名义评论说，按市场规则办，万科即便毁了，也给市场和其他人带来警醒，故其毁了也有价值。这个逻辑确实雷人。万科之争，即便至今，给市场各方带来的警醒教训启发难道还少吗？什么样的市场规则非要毁了万科这样难得的中国标杆企业才能奠旗呢？文章又说，即便恶意收购人真是违规作恶，将来市场自然也会将其淘汰，不用去管。这种推论难免也太幼稚奇葩。若违规者真一路通行，其他人势必纷纷效仿，社会失去公平正义，那时要求矫枉过正、极端平均主义的诉求必渐成气候，社会震荡不安，哪还有什么你的市场力量将来的自我淘汰？现在西方不少发达国家尚且因为政策失当、社会不公导致极端主义思潮兴起，中国作为一个正处在关键转型期的发展中大国，更经受不起那样的折腾。

显而易见，在这样的一些令人困惑的真实问题面前，滥抒情怀无济于事，空谈规则也无法服人。我们需要进一步地深究这其中的原因和奥妙。

当然，在合法与合理、规则与情理发生矛盾冲突的时候，我们也不能简单下结论就说规则有问题。因为这里存在各种可能，需要逐一仔细辨别和剥离。

合法不合理的几种情形

第一种情况，合法不合理未必真合法，只是有法不依、执法不严的假象，因而首先是执法到位。

被民间誉为财经奇才的重庆市长黄奇帆就持这一看法。在他看来，万科这件事并不复杂，只要执法到位。就万科事件而言，宝能筹集的巨额资金，自有部分只是很少数，绝大多数是银行理财和保险资金。有专家问，这种高杠杆的集中使用资金推高和长期驻守一个特定企业的股票，一个宝能可以，十个百个是否会急剧放大国家金融风险？这是政策法规应予以鼓励支持还是要警惕规范的现象？当然我们也可能错怪了相关监管部门。据传宝能从大举增持到转而投票赞成延期停牌，推进与深圳地铁的重组，继而愿意拥戴华润重做第一大股东，正是因为受到相关监管部门的警告。但执法不能含糊，若真是如此，也应让市场知晓，以明确政策法规边界。其实，就如我在此前提到，保险资金入市持有上市公司股份是保值增值、分散风险、增加收益的有效途径，当然应当肯定。但是利用保险资金去帮助其实际控制人的公司集中购买一家同业竞争、利益冲突的企业股票，以实现长期控股为目的，这就不能不穿越如黄市长所说的短贷长用和使用合规等一系列政策红线。

再如就证券市场来说，第一大股东易主是最大的内幕信息，通常都会对股价造成很大波动。华润方面自己在董事会上承认，其有关人员与宝能在这个问题上多次接触谈判，有过第一大股东多次易主的协议或默契，但至今秘而不宣。今后到底谁做第一大股东，双方至今也未公开披露。若宝能再次增持，更会让市场和投资者一头雾水。如黄奇帆市长所说，这在证券市场上是根本不可以的。特别是此次不顾一切地非要否定重组预案，让股票在股东和市场投资者完全不知情的情况下复牌，不能不让人怀疑是否另有内情。现在有长期多年持股并想继续与公司共同成长的小股东实在坐不住了，其实名投诉即便有差漏之处，也不应求全责备，更不宜以单位名义乱扣帽子，而应诚恳回答投资者提出的众多实质性问题，澄清事实，重树市场信誉，挽回负面影响。

有人说，政府至今不出手干预是对的，希望继续如此，让市场规则自己起作用。甚至美国《华尔街日报》隔着太平洋的万里重重迷雾也发声说，中国证券市场上的敌意收购很罕见，应当让市场决定，暗指政府不应卷入。这种观点的正确性是建立在相关方并未违法违规的假定之上。这时政府当然不应该行政干预市场博弈的结果。但是对违法违规的查处则是政府部门维持市场秩序的基本职责，这一点美国政府机构的监管处罚比我们要厉害得多。《华尔街日报》仅从宝能的相关股份是从公开市场买入，就轻易假定其“并未做任何自由市场上不寻常的事”，显然是过于草率和带着对中国政府监管职能的先入之见。其实这么严重的情况若发生在美国证券市场，恐怕早已查了个底朝天。我们应当坚持违法必惩、违规必纠的精神，排除干扰和压力，切实推进证券市场的法制建设。

第二种情况，似乎合理其实并非真有道理。

比如此次在万科之争中，有很多人拿王石说事，以王石定是非，划分所谓的“拥王派”和“倒王派”。“拥王派”指出王石不仅是职业经理人，还是万科的创业企业家，言外之意是因此要另眼相看，给予特殊优待。“倒王派”则历数王石个人包括私生活的种种不是和失误，故今日一切困境皆咎由自取。有人痛斥他时至今日竟然还为一己私利顽抗，打工者排斥大股东主人上位，破坏市场游戏规则。有人甚至喊出了“王石出局，中国有望”的口号。确实，如果这真只是一个人的问题，再多的情怀也成不了道理。

但是万科之争真的只是争王石个人吗？如果是那样，作为从第一天就没把他看顺眼的人，我早就会在董事会上提议请他荣退或迫其走人。这一点王石自己倒也说了，个人进退已无所谓，关键是万科的治理结构和万科文化能否延续。对此，估计大股东给个有法律保障的承诺，王石明天就会光荣引退，当个精神领袖和战略顾问（这也是万科公司应给其创始人的礼遇），恰如他近几年来已经开始扮演的角色。但是这个承诺，大股东会给吗？所谓“规则派”会赞成吗？明摆着都不会。因为宝能和华润的共同指控并非针对王石个人，而是所谓“内部人控制”的万科模式。“规则派”要坚持的也正是大股东无需理由可以炒掉管理层的这一在其看来不可挑战的市场规则。

显然，回避这个核心问题，好心的朋友希望有个妥协和多赢的结果，恐怕没戏。至于说打够了再谈，估计也谈不出结果。宝能的做法是霸王硬上弓，非自己人一次或分步统统血洗。华润方面的方案就文明得多，只是提出改组董事会。有人告诉我华润方面本已通知万科准备在上周五讨论和否决宝能罢免案之后就提出自己的董事会改组实施方案，内容无非是让王石出局、替补两名独董（海闻已提出辞职多时，张利平独董任职7月到期不再续聘）等等。这样兵不血刃，让董事会控制权易手。不过据说事先与管理层的沟通遭到反对，理由也很简单：万科之争，本由宝能杀入引起，宝能现稳居第一大股东宝座，你华润现又否认与宝能为一致行动人，你怎么能就这样特自然地代表了第一大股东来安排董事会构成呢？你们二者到底是什么关系？不知道是碰了钉子还是硬闯的做法被上面驳回，到了第二天的董事会上华润方面突然一字不提改组、替补董事的事，让大家颇为惊讶。

华润方面重组董事会的尝试，自己进退倒是自如，据我知道吓坏了万科管理层。因为这被视为不动声色的定点清除，万科管理层被分化瓦解、逐步收拾只是时间问题。试想郁亮等靠自己力量闯入世界500强的一干管理人是怎样一等一的聪明：无论王石有多少错误，刀架在脖子上牺牲创始人和精神领袖王石以自保，这样的污名可谓这辈子跳进黄河也洗不清。现在拍着你肩膀说“今后万科就是咱俩的了”的大佬，将来必然过河拆桥，卸磨杀驴。他们怎么会不明白这点江湖道理呢？故而听说万科管理层连夜加班，赶写最后的悲情宣言，待次日对方正式提出重组董事会方案后公布。一位年轻的管理人员曾激动地给我来电称，万科人会严格遵守游戏规则，同仇敌忾，咬碎牙齿往肚里咽。这里不留爷，自有留爷处。一场谁也不愿见到、鱼死网破的摊牌几乎就要上演。幸亏机缘巧合，避免了一场提前到来的多输结局。这样看来，合法与合理的矛盾，还真不是旁观者善良的妥协愿望就能改变的。

第三种情况，对规则的误解或规则本身的缺陷。这里先说对规则的误解。

现代企业理论是建立在基于委托代理关系上的契约理论。按照这一主流理论，股东中心主义的传统资本主义信条得以延续和贯彻。近年来虽有企业的利益相关者理论声名鹊起，但仍难以动摇股东中心主义的正统。我个人认为，股东是企业最终的剩余索取人，因此尽管企业的经营确实涉及和必须对各利益相关方利益做出负责任的回应，但这只是给股东的主导地位施加了外部约束条件，并无法颠覆股东的中心地位。没有股东作为最终剩余索取人去承担投资风险和寻求自身利益也即企业长期利润最大化，公司治理结构就缺少了核心动力和基石。我们的社会主义市场经济的基础也是股东主导决策，资本说了算。只是我们这里有公有资本、公众资本还是私人资本之别。故我说我是完全的“规则派”。

但是，前述所谓“规则派”逻辑的最大跳跃是把大股东等同于股东。尤其在上市的公众公司，这个误读会带来潜在的巨大问题乃至灾难。就按股东中心主义的逻辑推论，任何上市公众公司的真正主人是全体股东，而绝非仅持有部分股权的大股东。中国的上市公司几乎全是大股东说了算。大股东坑害广大中小股东也即公司利益的事比比皆是。中国证券市场普遍存在的并不是管理层控制的罕见个案，而是大股东利用自身优势操纵董事会、号令管理层，因而失去制约和监督地为所欲为。因此，与前面引述的所谓任何一个大股东，即便毁掉万科也都有权赶走管理层的论断恰恰相反，按照《公司法》都是不可以的，也不可能不违背法律。因为任何一个大股东，即便是绝对控股的股东，也不能损害公司整体利益和中小股东权益。而在万科这个案例中，华润这个所谓的大股东只持有15%左右的股权，宝能多一些，也不足25%。按照现代企业治理架构，管理层必须听命于股东，是为全体股东打工的，但绝不等同于听命于握有少数股权的大股东。因此，现在流行的所谓打工的管理层要流氓，不让大股东这个主人上位的市场规则是完全的曲解和误读。大股东控制和经理人主导支配是现代上市公众公司并存的两种流行模式。其各自利弊和在不同情况下的适应性，后面的文章将会详细解读。美国的大公司就是以经理人主导支配为主流模式。中国因为刚冒出一两个孤例因而被视为大逆不道，其实只是井中之见。

在这个意义上，王石所说中小股东就是我们的大股东也并没有说错。因为万科的中小股东占有总股权的60%，是真正的多数股东。在万科3月的股东大会上，除去拥有投票权的大股东，有近40%的中小股东行使了自己的投票权（这几倍于一般上市公司的公众股东投票率），并且93%以上都是赞同推进引入深圳地铁的重组（这意味着一定要对深圳地铁发新股，否则用钱买资产根本不属于重大重组，也完全不用再停牌几个月）。在刚刚召开的年度股东大会上，到会的绝大部分中小股东都站在了管理层一边。这充分说明个别大股东出尔反尔的态度及其另有所图的利益，与广大中小股东并不一致。其实只要他们利益光明、稍微讲点理性和逻辑一致，大家坐下来一起讨论和修订绝大多数股东已经赞同的引进深圳地铁的重组预案，这条阳光大道的多赢唾手可得。但是，在他们一意孤行、不肯回头的情况下，接下来的问题自然是，为什么持有公司多数股权的广大中小股东，在我们现在的规则制度框架内，不能成功地表达其意愿反而只能利益受损呢?

这就涉及现行规则本身的缺陷。换句话说，假定宝能和华润这次完全没有合谋，也没有任何违法违规，但个别大股东的意愿与大多数中小股东的诉求并不一致，而管理层又违抗大股东的意志，捍卫自己认为的多数股东权益，在这种更纯粹因而也更典型的情况下，规则和制度应当怎样改进和设计，才会使公平的市场博弈导致多赢即经济学所说的帕累托改进而不是多输的结果，这才是对政府监管者的真正拷问，也是对经济学和法学研究的真正挑战。

万科的独董丧失了独立性，还是首次体现了独立性

——我为什么不赞成大股东意见（五）

这次万科股权与公司控制权之争中，由于独立董事的意外出镜，其功能和作用引起了社会的广泛关注和热烈讨论。有人认为这打破了我国上市公司中普遍存在的花瓶独董的一潭死水，也有人认为万科公司独董们的表现大失水准，不是推诿卸责，就是越位胡言，应当追究其违法违规责任。有人甚至提出不起作用和乱起作用的独立董事制度不如干脆取消。万科公司的大股东们也公开指控万科已成内部人控制的企业，独立董事丧失了独立性，未能诚信履职等。由于独立董事制度是现代上市公司治理结构中的一个核心环节，因此，了解独立董事制度的来龙去脉，厘清独立董事的功能及其发挥作用的条件，对于我国上市公司治理、证券市场的发展壮大和法规改进意义重大，作为经济学（其实也包括法学以及对一般公司治理问题关切的）研究者，人们当然不可错过万科之争提供的这一难得良机。

独立董事制度从何而来，为何在此水土不服？

我们知道，在资本主义从封建或宗法的农业社会中产生出来的初期，最初的企业是私人业主的形态，即资本家就是企业家，自己亲力亲为，并对企业盈亏和债务负有无限责任。在这种制度下父债子偿乃至经营失败被迫卖身为奴，都是并不罕见的现象。企业制度发展的伟大革命和飞跃是有限责任法人公司的

法律创造。在有限责任下，投资人承担的亏损和债务仅以其出资额为限。从而把自然人与法人区别开来。当有限责任公司的设立在19世纪从王室的特许权逐步变为民间的普遍权利时，现代公司便迎来爆发性的增长和空前的繁荣，成为现代市场经济的细胞和主角，所以，还是十几年前，我在当时的一篇研究论文中写过：现代经济的惊人增长，与其说是资本主义对中世纪的胜利，毋宁说是公司即法人有限责任公司对自然人生产经营者的胜利。

更重要的是，有限责任公司的创造，即使创始人及其家庭免受无限责任的重压和困扰，也开拓了一个新的无限广阔的投资人之间合作的可能，这样也就产生了所有权与经营权（更准确地说是控制权）之间的分离。这一点随着有限责任公司投资人即股东数量的增长而日益明显。大家知道，现代经济学的鼻祖亚当·斯密本人对此是极为疑虑的。他说“只有少量股东小额资本的股份公司，其性质与私人合伙企业相近，从而在经营上，几乎和合伙公司同样谨慎、同样注意”，但“要想股份公司的董事们监视钱财用途，像私人合伙公司那样用意周到，那是很难做到的——所以股份公司没有取得专营的特权，成功的固少，即使取得了专营特权，成功的亦不多见”（见亚当·斯密：《国富论》，商务印书馆1997年版，第303、305页）。故而他总结，若平等竞争，股份公司能竞争得过私人业主或合伙企业“那就违反我们一切的经验了”（同上书，第307页）。

现在我们知道，斯密的这一判断和预言并不正确。而且恰恰是得益于亚当·斯密在《国富论》中提出的分工和专业化的巨大效益，规模越来越大的股份公司能充分利用资本集聚和专业化人才的优势，如马克思、恩格斯在《共产党宣言》中所说，使得自然力的征服，科技的大规模应用，轮船的行使，铁路的通行，电报的使用，整个大陆的开垦，河川的通航，巨大的人口，都仿佛被用法术从地下呼唤出来一样。尽管如此，我们也确实看到，当年亚当·斯密对股份公司激励机制的怀疑，对股份公司规模扩大后所有权控制权分离危险的担忧，依然独具慧眼，几百年来始终是大型股份公司治理问题挥之不去的困扰。同时，这个问题随着证券市场的出现和流行而更加严重：股东空前分散了，他们往往互不相识，来去匆匆，甚至不知道他们投资的公司具体干什么，门朝哪儿开。

独立董事制度正是在这个背景下，由资本市场发育最成熟最强大的美国首创。独立董事制度最初兼有防范上市公司大股东滥用权力、损害公众股东利益的作用。随着美国立法和监管法规越来越限制大股东特别是金融企业对上市公司的控制和不当干预，大公司的股权日益分散，上市公司的控制权越来越落入职业经理人之手（美国 20 世纪 30 年代，就出现了讨论经理人资本主义的一批有影响的论文）。独立董事制度就逐步成为制约企业经理人滥用权力的核心机制。

我国的独立董事制度于 21 世纪之交引入。早在 1999 年，由于我国有相当一批大型国有企业（当时新经济的民企还未崛起）在美国上市，国家经贸委与中国证监会联合发布《关于进一步促进境外上市公司规范运作和深化改革的意见》，要求境外上市公司董事会换届时，外部董事应占董事会人数的二分之一以上，其中应包括两名独立董事，以满足国际上的监管要求。但这一规定并未应用于境内的 A 股上市公司。2001 年 8 月 16 日，在时任主席周小川的大力推动下，中国证监会发布了《关于上市公司建立独立董事制度的指导意见》，在当时是颇为大胆和需要勇气的重大改革举措。遗憾的是，这一尝试性的指导意见后来并未按照实施的情况和暴露出的问题进行与时俱进的修订。因此，独立董事制度实施 15 年来，虽然也多少起了一定作用，但出现了人们广为诟病的“稻草人”“花瓶独董”的现象。

美国是世界上第一大经济体，由于投资者有较好的法规保护，其证券市场深厚活跃，不仅满足美国企业的市场化上市，还敞开大门，承载了世界上几乎所有主要经济体的企业赴美上市。我们中国现在已是全球第二大经济体，正处于从中等收入向高等收入阶段转化的关键时期和实现中华民族伟大复兴梦想的征程中，但公众投资者的利益难以得到有效保护，证券市场极其羸弱，不仅不能对外开门，就是自己的企业，也要排队若干年，经受无穷考验和狭窄小门才能上市。中国证券市场极度虚弱的根本原因是融资者与投资者关系的严重失衡。这与我们证券市场的现行法规及其执行和公司治理结构过度倾向融资者而非公众投资者直接相关。真正说清这个问题需要对上市公司治理结构的法规体系进行全面的梳理和广泛的国际比较。在这里我仅就我国移植的独立董事制度做一个中美的比较对照，来看看制度上的失之毫厘如何造成了运行效果的巨大差距。

首先，从独立董事占董事会人数的比例看，美国纽约交易所和纳斯达克交易所的规定均为半数以上，实际执行情况有最新的统计显示独立董事平均约占董事会人数的三分之二。美国一些著名的大公司如美国通用电气公司，独董在16席董事会中占15席，可口可乐公司在15席中独董占13席，通用汽车公司在13席中独占10席。新型高科技公司董事会中独立董事占比要低一些，但均过半数。如谷歌公司在12席中独董占7席，苹果公司和脸谱公司均是8席中占5席，微软公司是11席中占8席。中国证监会的上述指导意见是董事会中独立董事比例不低于三分之一。执行情况有人在前几年做过统计，中位数是0.3333，平均值也相差无几，总之死死守在底线上。由于美国上市公司董事会中独立董事占大多数，是决定力量，中国上市公司中独立董事仅占三分之一，是陪衬因素，运行结果当然也大相径庭。

其次，从独立董事提名程序看，美国两大交易所都要求新任独立董事只能由现任独立董事组成的提名委员会推荐提名，大股东或经营层均不得染指。而我国关于独立董事指导意见的规定是“上市公司董事会、监事会、单独或合并持有上市公司已发行1%的股东可提出独立董事候选人”。由于我国99%以上的上市公司均是由一股独大的大股东控制，上市公司的任何重大事项都要追溯到所谓“实际控制人”，因此，我国的董事会监事会包括独立董事人选通常均由大股东与实际控制人一手安排，候选人往往出于装点门面和照顾符合条件的关系户的考虑，独立董事成为花瓶自然也就并不奇怪。

最后，从独立董事的职责和运作方式来看，就美国证券交易委员会和纽约、纳斯达克证券交易所的规定综合而言，一般要求在董事长不是由独立董事担任时，独立董事必须选举自己独立的负责人。独立董事们每年至少要举行一次无外人参与的独立董事会议。纳斯达克交易所规定，独立董事每年至少召开两次与公司经营层的会议，且公司 CEO 等核心高管不得参加。两大交易所均规定，董事会的审计委员会、薪酬委员会和董事任职资格审定与公司治理委员会均必须全部由独立董事组成，各委员会不得少于两名成员等等。而我国的独立董事在各个委员会中都只是帮衬，没有自己独立的组织和领导，更谈不上独立召集经营层的指定人员开会或担任公司董事长。

综上可见，我们的独立董事制度作为一个舶来品，移植的完整性有很大差距，更没有结合我国上市公司的实际情况与发展阶段（普遍是大股东控制公司董事会)。上市公司所有权、控制权分配和公司治理结构及水平更类似美国 19 世纪下半叶至 20 世纪初大股东专权的状况，但又直接嫁接了 21 世纪现代化的证券交易工具和信息传播手段，这就产生巨大的不适应和冲突，这也是我国证券市场总是弱不禁风，不敢敞开大门，政府也动辄得咎的重要原因。

万科的独董丧失了独立性，还是首次展现了独立性?

正因为在现行的法规框架和市场环境下，独立董事无论自身素质如何，往往难免成为花瓶或摆设，故我从来拒绝出任上市公司独立董事的邀请。当初破例担任万科的独董，从根本上说还是因为万科是中国上市公司中的罕见的“无实际控制人”的奇葩，因而独立董事并非摆设，必要时能够发挥作用。

这次万科之争中独董的作用，之所以引起如此大的关注和争论，一是因为在“无实际控制人”的上市公司，独董确实在董事会分裂的时候，第一次扮演了关键的少数，从而一改人们对花瓶独董的成见，二是因为张利平独董的回避表决和我被称为“跳出来的不断爆料”。

独董张利平的回避表决，由于事后华润的反悔而引起了广泛争论，我不是法学专家，但对某些法学界权威们的推论感到实在无法理解。张利平因自称有利益冲突而提出回避表决，当时董事会上并无人提出异议，也就是说他回避表决的要求是得到了董事会认可和批准的，这有什么可争论的呢？董事会结束后有人反悔，就能推翻已经形成并经律师当场见证通过的董事会决议吗？有人引经据典说，若董事会决议违法违规，可以向法院申请撤销该决议。这当然可以，不过其一，董事会一致同意自己一名董事回避表决的小事，没看出这能有什么违法违规。其二，此事并未见有任何人申诉，在有人申诉并得到法院支持、判决结果出来之前，该决议也还依然有效。其三，即使法院判决张利平回避理由不成立、董事会不该同意其回避，因而该次会议关于重组预案的决议无效，那董事会还得重新开会，在不允许张利平回避的情况下讨论重组预案并表决，其结果如何尚不知道，怎能就预先假定张独董参与投票就一定投弃权或反对票呢？其实，深交所在按程序审核了万科董事会决议材料，充分听取专业意见后批准万科按决议通过复牌，已经是整个事情的句号。一些人还要在此事上做文章，就毫无意义了。

应当说，万科的独立董事们在董事会发生严重分裂和对抗的罕见情况下，从最大限度减少公司声誉损失和保护中小股东利益的角度出发，不顾各种威胁利诱，按照自己的专业判断投票支持重组预案通过，应当说表现了很高的道德水准和专业能力。

当然，对我的公开表态和披露信息的责疑批评就更多，需要逐一回答。

第一个责疑是说独立董事没有准备，会上临时犯难，不知该如何投票，是不具备职业水准的表现。其实，董事会上要讨论的材料已提前发给各位董事，我们当然早已看过，并形成了自己的专业判断。这次董事会的突发情况是大股东华润突然改变其早先赞同引进深圳地铁、在股东大会上投赞成票的态度，而且据财新媒体报道，直到会议前的最后一天，华润的领导拒绝听取深圳市领导和国家国资委意见，突然决定投反对票。这种特殊情况我们自然无法预料，只能临时应对这种董事会分裂必然会损害公司声誉的困难局面。

第二是说我文章中曾提到我们对重组预案投赞成票，实际上并未做任何实质性决定，而只是为股东在股东大会上再次审议争取了权利。有人责问，独立董事应当有自己的价值判断，而不应推卸责任。如果凡事都推给股东大会去表决，还要独立董事干什么？这是一个很大的误解。独立董事当然要有自己的专业判断，并依据这个判断去投票。我在万科当独董几年一直是这样做的。但是，在董事会内部发生分裂，独董的投票将决定重组预案的命运的特殊情况下，这时格外的谨慎是必要的。当自己的判断与股东大会先前赞同的方向一致，果断决定投赞成票，使重组预案有机会让股东大会再次审议，显然是正确的选择。这不但不是推卸责任，而是在大股东反对的压力下，从公司整体利益考虑和维护在董事会无代表的所有股东权利勇敢地承担了责任。万科的独董们在投票支持重组预案通过前后，受到了许多明枪暗箭的攻击，也充分说明了这一点。

第三个责疑和批评是关于独董是否有权随意披露董事会内部信息。我的回答非常明确：一般情况下当然不可以。我在万科已做了五年独立董事，从未对外泄露过董事会任何的内部消息。因此，这次董事会上当华润方面的董事出尔反尔，不惜投反对票造成董事会分裂和公司信誉的损失时，我的心情是非常沉重的。在我推迟表决的建议也无法实现的情况下，我认为鉴于董事会会议记录中已经明确显示公司的两大增持股东存在内幕交易和一致行动人嫌疑，若不公之于众，将会严重影响市场判断和现有公众股东及潜在投资者利益，也违反了法律法规关于信息披露的完整、准确和真实性的要求。故我在董事会上郑重提议公开此次董事会记录，在此要求没有被采纳后，按照前述证监会指导意见赋予独立董事的“特殊职权”，即当“认为可能损害中小股东权益的事项时”，“独立董事应当对上市公司重大事项发表独立意见”。“如有关事项属于需要披露的事项，上市公司应当将独立董事的意见予以公告，独立董事出现意见分歧无法达成一致时，董事会应将各独立董事的意见分别披露。”我在自己的意见不能被董事会接受并单独公告的情况下，选择了《上海证券报》这一证监会指定信息披露媒体发表长文，披露董事会会议的真实情况和表达我的观点，而后来我在微博上发表的评论均在总体上没有超出那几篇文章的内容范围。因此这种披露绝非随意，而是在判断不披露会严重损害公众股东利益的特殊情况下，履行独立董事职责的必要步骤和合法行动。

最后也是最重要的，一些人说华润、宝能两大股东一致谴责万科是内部人控制，而我这个独立董事却恰恰站到内部人即管理层一边，说的都是大股东的问题，却不揭管理层的短，因而是“独立董事丧失独立性，未能诚信履职”的证明。

我在之前就说过，我在万科当独董，坐了五年冷板凳，开会发言征求意见，也是属于倒数的两位，和万科管理层素无交情。上次董事会后这一个多月，据说王石等人多次来京，我与王石直到前几日才见了一面，而且好几次他说完一段话，我还是直言不讳：你的观点我并不赞同。因为正如我文章中说，我一向认为万科走入今天的困境，以王石为代表的公司管理层负有不可推卸的责任。特别是2015年宝能举牌以来，应对失据，一错再错。万科至今可说已内外交困，但王石还在唱着让郁亮等在一线应对锻炼的高调。有人指责万科举报宝能的九个资管计划违规，目的是打压股价，而万科又恰恰是在宝能护盘岌岌可危的时候，发布分红派息方案，使宝能可获得近20亿资金的及时雨支援。万科股价也当日应声改变颓势。所以在我看来万科管理层被人猜度为老谋深算，其实也可被说成是迂腐得可以。可能是自己干的行业真懂，其他的就不怎么懂，否则真无法理解他们是怎么把企业做进世界500强的。

不过，很多人说我偏袒管理层，倒也列出了几条证据，也需要逐一回答。

首先是说万科的仓促停牌，停了半年之多，损害了中小股东利益，指责我并未批评声讨。其实所谓万科管理层在重组标的并不很肯定的情况下仓促停牌，大家援引的都是我文章中的批评和信息。我文章中的批评并非是因为我真知道什么情况，而是从万科董事会上各方回答我责疑的话中得出的判断。当时我听上去的感觉是万科管理层平时不烧香，临时抱佛脚。但是这种停牌，是否违规，是否有负中小投资者，则是完全不同的问题。万科管理层当时不愿意接受宝能举牌控制，作为文化差异极大的两家公司，这无可厚非。为了救场，我感觉万科确实是火速接触几家潜在重组方，来敲定和形成协议。公司在有重组意图和动作的时候，又遇到股价明显异动，先行紧急停牌是监管部门的要求，也是各重组企业的常规做法。至于说这种停牌使炒得火热的市场股价一时冻结，对公众投资者的影响则难以简单结论。因为如果不停牌，按当时盛传宝能全面收购的市场氛围，万科股价上冲到30元也不无可能，这对于及时获利了结者自是好事，但对当时冲进去的投资者，今天的损失恐怕也更巨大。故而对公司行为的评价，主要是看其是否合法合规合理，而不能以短线市场价格波动为标准。

其次是引入深圳地铁的重组，现两大股东均指责为摊薄股东权益，损害了全体股东利益。与深圳地铁合作，也可以用融资买地的方式进行。但是引入深圳地铁、继续停牌的决定，管理层并无权力，是2016年3月的股东大会决定的。而且经查记录，尽管这次会议上中小投资者投票率极高，且高票赞成，但如果当时华润、宝能这两大股东不是投赞成票而是投反对票，这个决定根本通不过(78亿股的赞成票中，这两大股东就占了40多亿票)。

现在两大股东又以重组预案不好，宣称将在下次股东大会上联手否决。这就奇怪了：所谓预案就是可以修改，况且深圳市也表示支持华润的第一大股东地位，因为还可以商量的细节问题就不惜出尔反尔，否定重组？至于说发新股摊薄权益、损害老股东利益更是无从说起。哪间公司重大重组不发新股？通常只听说老股东一听重组便欢欣鼓舞，没听说谁希望重组失败的。况且担心摊薄权益不发新股，只是花钱买项目，那根本就不构成任何重大资产重组，3月开始的继续停牌就毫无必要和意义，这是证券市场最基本的常识。华润、宝能为什么要投赞成票让股票白白多停三个月呢？

再次是万科的几个持股计划。有人指责我只说两大股东的一致行动人，闭口不提万科内部更恶劣的一致行动人问题。这种说法完全混淆了视听。万科的合伙人计划和职工持股，当初都是公司各层级职工用自己的薪酬和奖金公开购买的。公司职工在二级市场上用市场价格自愿购买股票，在世界各国都受到鼓励，谈不上什么内部人夺权。在我国，允许和推进职工包括经营层持股也是中央已确定的国企改革的重要内容。我国21世纪初的MBO（管理层收购）之所以被叫停，并不是因为内部员工持股，而是因为用不对外的价格廉价收购国企资产，化公为私，原经理人一夜暴富，因而引起社会的极大反感和反对。相反，只要是以市场公允价格公平地在公开市场上购买本公司股票，把职工利益与公司长远发展结合起来，都是好事。至于说这几个不同层次的持股计划是否构成一致行动人，他们自己说不是，如有不同意见可向监管机构投诉举报。只是这几个计划从2015年停牌前披露的持股情况来看，设立后只买进不卖出，而且加起来据说也只有7%~8%。是否被认定为一致行动人对市场及他们自己影响都不大（按有关监管规定，对从二级市场买入的股票，即便是5%以上重要股东，只要超过半年，减持也不受限制）。公司的董事、高管在停牌前只有几人买进、无人卖出，中层管理人员倒是有个别人买进也有人卖出。因此，所谓内部人“精准减持”并不存在。

与此完全不同的是，若华润、宝能为一致行动人，由于二者合计持股已过40%，必须履行要约收购义务。万科股价复牌后这20天最高价就已达20.78元。由于这之前半年是停牌，半年内最高价的时间回溯到哪里，需要监管机关认定。鉴于两大股东已明确表示反对摊薄权益向深圳地铁发新股，故万科3月至6月的三个月停牌完全是二者操纵蓄意所为，故这三个月停牌理当去除。这样要约收购的价格就要向24.43元靠拢。显然，无论这哪个价格都与目前的市场价格有相当距离，与广大中小股东的利益关系重大。作为被要求特别关注中小股东利益的独立董事，我当然不能对此轻易放过。因为独立并非凡事各打五十大板的中立。那样不分是非，不分合法与非法、合规与违规，反而是丧失了独立性。

从现在情况看，如果说我在2016年6月27日发表的文章中还是仅仅依据两大股东的密切配合和双方在万科控股股东地位上的内幕交易，责疑二者的一致行动人关系，那么，后来各方面揭示出来的更多证据就使事情发展脉络更加清楚了：2015年7月11日，宝能系旗下前海人寿在近半年多的反复进出后，首次举牌万科。就在此月，华润巨资拿地并与宝能谈判了两年之久的华润前海中心开发项目，也正式与宝能签署了50∶50的合作开发协议。7月16日，由于签署了协议的宝能不能按期出资，宝能的核心企业钜盛华公司质押 20.2 亿股权给华润（深圳）有限公司。7 月 24 日，无钱按期出资的钜盛华公司有了华润同意欠款的融资帮助，巨资再度举牌万科。在此后进程中，华润方面除了进行一点象征性增持外，拒绝了万科提出的各种重组自救方案，包括将万科与华润置地整合合并为由华润控股企业的方案。而宝能系则不断增持举牌万科，直至 2015 年 12 月成为远超华润的万科第一大股东。

进入 2016 年，华润开始明确要万科管理层承认现实，接受宝能作为万科新的控股股东。华润并在此前后将华润前海公司的控制权转让给宝能，并由宝能方面出任公司董事长、法人代表，华润方面转为交叉任职的副手。

2016 年 3 月，在万科管理层拟通过发行新股引入深圳地铁作为重大资产重组方之后，鉴于宝能利用旗下保险公司参与举牌控股上市公司，违反了保险资金的合规使用范围，受到保监会警示，再加上宝能难以正面对抗深圳地铁这样的当地政府核心企业的情况下，宝能对万科从志在必得转为适可而止，故在万科股东大会上态度来了个 180 度大转弯，对引进深圳地铁、继续停牌的议案与华润一起投了赞成票。此后，宝能退到幕后，华润直接走上前台，对重组推进的各种程序和细节问题不断小题大做，并且不顾深圳市政府和国家国资委的多次出面协调，最后在 6 月 18 日审议重组预案的董事会上，突然翻脸，力图否决预案，并首次公开表示华润要重新做万科第一大股东，并声称此事已得到宝能的同意。否决重组预案遇挫后，不惜代价公开挑战已经通过的董事会决议，并与宝能先后在深夜相差无几的时间，共同指控万科已成为内部人控制的企业。双方并声明将在以后的股东大会上会对重组预案投反对票。紧接着，宝能提议罢免董事会全部成员，华润则在连续几天中对这个罢免包括自己全部董事的提议沉默不语。最后，在我文章提出华润宝能涉嫌一致行动人形成的社会压力和上级部门明确要求华润不能再与宝能一致行动之后，华润方面的董事与董事会其他成员一起，否决了宝能的提议。在华润首次明确显示了不再与宝能同进退后，宝能立即止步，不再通过自行召集股东大会等方式继续推进罢免事宜。

众所周知，中国证监会发布的《上市公司收购管理办法》第八十三条规定："在上市公司的收购及相关股份权益变动活动中有一致行动情形的投资者，互为一致行动人。如无相反证据，投资者有下列情形之一的，为一致行动人：……（三）投资者的董事、监事或者高级管理人员中的主要成员，同时在另一投资者担任董事、监事或者高级管理人员；（四）投资者参股另一投资者，可以对参股公司的重大决策产生重大影响；（五）银行以外的其他法人、其他组织和自然人对投资者取得相关股份提供融资安排；（六）投资者之间存在合伙、合作、联营等其他经济利益关系；……（十二）投资者之间具有其他关联关系。"以上五款，华润、宝能可说是款款有份。试问，这样密谋互相谦让上市公司控股股东地位，并都在增持同一上市公司股权的投资者，若不是一致行动人，天下还有一致行动人吗？

在我质疑双方一致行动人关系的当天，深交所发出关注函。对此华润方面回应，华润下属企业与宝能及其关联企业开展若干常规业务经营"完全独立于华润的商业决策"，"该业务经营合作与华润股份及其一致行动人有关持有万科股份及行使相关表决权并无关联"。据公开资料，华润前海项目的操作者是华润置地，为华润集团网站上与集团职能部门并列的华润核心企业，华润集团绝对控股61%以上。同时华润置地为华润集团第一盈利大户。2015年净利润175亿港元，占集团440亿港元净利润的34%。去除少数股东权益，华润置地归属集团的净利润为106.75亿，华润集团自己股东应占净利润为238亿，华润置地为华润集团本身的利润贡献为近45%。

华润回复的逻辑是，只要华润控股的最核心企业并未直接拥有万科股票，就不是华润的一致行动人。其核心企业就可以和举牌投资人进行融资安排、项目合作、交叉任职等一切活动，即便好成一家人，也与华润无关。按此逻辑，迄今证监会查处的太多一致行动人均可翻案，要求平反昭雪。至于说华润置地的行为完全独立于华润股份即华润集团，更是让人彻底无语。华润前海项目拟投资200亿人民币以上，而整个华润集团到2015年底的所有者权益还不足2000

亿人民币（2232 亿港元，约合 1920 亿人民币），仅此一个项目就超过 10%，按国资管理有关规定，这是华润集团特别巨大的“三大一重”项目，必须上华润集团的各个最高层会议反复讨论研究。至于后来将此项目转给一家连续几年地产销售仅 10 亿上下的私营企业，没有高层及一把手的力挺根本不可能过会。华润方面的回复函如此当众说假话，既有损华润这家有着光荣历史的国企的声誉，也是对监管方和市场的嘲弄。

华润方面从我发第一篇文章起就威胁要对我发言的合法合规性进行研究，更将万科小股东刘元生援引我文章中的内容给相关监管部门的实名投诉信，斥之为“揣测、臆断及造谣中伤”，宣称要采取法律行动，追究法律责任。如果他们真的起诉，司法部门就可一一调出万科 6 月 17 日董事会会议录音、华润前海项目双方的协议、宝能如何不履约招致股权被质押、华润关于前海项目和万科第一大股东地位问题的历次会议记录，这样，事实真相倒可大白于天下。

当然，查处万科两大股东的内幕交易与一致行动人，如果立案，杠杆投资者资金可能断裂；如果做实，相关构成一致行动人的企业、保险公司乃至资管计划等机构，就必须履行要约收购义务，而这将涉及至少 1300 亿以上资金，可能带来一系列连锁反应。同时，纠正如保监会领导所说保险资金当作其实际控制人融资平台，并进而去恶意收购控制实业上市公司的违规行为，追究利用资管计划举牌控股上市公司，致使优先级资金提供方和管理人承担不能平仓乃至要约收购可能连带责任风险的违约行为，所有这些都有可能主动刺破泡沫，引起小范围的金融风险乃至震动。从这个意义上说，相关监管部门的谨慎态度是可以理解的。但纵容这些违法违规的现象发展坐大，我们就会承担更大的金融风险，而且可能影响市场和公众对全面从严治市的信心。孰轻孰重，确实是各监管部门需要掂量权衡的难题。

现在保监会等监管部门相继喊话，表明态度和立场，并采取行动从外围开始划清合规与违规的界限，以缩小和消除可能发生的局部金融风险。这是非常谨慎而积极的态度。证券监管部门也严厉批评万科相关股东与管理层，要求他们采取积极步骤，以公司利益和市场秩序为重，协商解决问题。不过据我了解，在证监会公开谴责之后，万科立即就自己谈不上错误的“错误”表态，诚恳接受批评，宝能则似乎从中读出了自己已最终被放了一马的信息，满不在乎地拖了几天，最后交存上市公司的九个资管计划还以商业秘密为由，进行涂改抹黑。看来，有关监管当局也要采取更加鲜明的态度和更强有力的措施，才能迫使相关涉嫌方幡然悔悟，回到遵纪守法的轨道上来，从而争取到社会危害最小的结果。否则一味姑息，最后的麻烦和损失反而可能更大。

最后，是指责我不尊重现行法律规则，支持管理层霸占公司控制权、不让正宗的大股东上位。有人甚至上纲上线，认为这是检验真假市场经济和是否尊重产权的试金石。应当承认，尽管我对现行法规下 A 股上市公司普遍被大股东控制垄断的现象提出批评，并积极推动相关法规的修改。但是，作为彻底的“规则派”，我完全同意目前仍要按现行法规办事。因而宝能、华润两大股东目前确实有权提出改组董事会，并利用自己股权集中、中小股东投票率低的优势，罢免他们不喜欢的任何管理人。也有人感到奇怪的是，在现行规则下，两大股东完全有控制万科公司的实际权力，为何迟迟不采取行动，相反只在媒体上打打口水仗？这恐怕就涉及他们自己说不出口的切身利益和约束。对华润方面来说，这些年在万科的投资收益巨大，自己嫡系的华润置地起点比万科高、资源比万科好，近年来已被万科远远甩到后面。改组董事会、逼走管理层，肯定不符合华润的主人即国有大股东也即国家和人民的利益，为此，华润现任的领导们已经受到批评和制约。对宝能来说，没有华润撑腰，自己干不成啥事，况且即便干成了，在今天的形势下赶走管理层，万科的几百亿现金和优质资源在众目睽睽和国资监管方的关注下，也不再可能随意动用，而这导致万科估值评级直线下降，股价大幅下跌恐怕都是大概率事件。这样弄得不好还会大大增加自己的持仓风险。因此，那些大声疾呼大股东有权在上市公司干一切事的人，大可直接劝说两大股东趁规则未改赶快行动，这样万科之争也会马上结束，只是这种多输的结果是所有理性的各方都不愿意看到的。

有人会问，华润、宝能这么折腾了一大圈，搞出那么大的麻烦和风险，到底图个什么呢？这就是所谓早知今日，何必当初。当事人若知道后来会闹出这样多的变故，当然会有太多的懊悔。有鉴于此，我愿意再次郑重提醒此次参与增持收购万科的两大股东：独立董事要捍卫上市公司的整体和长远利益，要特别注意保护中小股东利益，并非是要整垮涉嫌违规的任何一方。我早在之前的文章中就说过，宝能作为民营企业发展至今并不容易，应当珍惜节制。而华润的现任领导们作为国有资产的代理人，更无权意气任性。在我看来，证券监管部门提出的要有关各方协商解决问题是给迷途知返者最后的一个机会。如果华润、宝能以万科公司健康发展、市场公平秩序为重，尊重万科长期以来被公认为典范的公司治理结构，维护公司“无实际控制人”的企业改革标杆，支持对万科发展与万科市场估值从而对宝能自己也大有好处的引进深圳地铁方案，终结万科之争，以纠错改过求得和解与豁免，节省行政和司法介入的成本，万科管理层也对自己的失误和过错做必要的自我批评，那么，如我前一篇文章中指出的，一个多赢的局面仍然可求可得。否则，多年修行，一朝沦落，那就真正悔之晚矣。

独立董事制度的改革

万科的股权控制权之争，无论多么激烈复杂，总会过去。但其中引出的独立董事制度的问题与改进，则具广泛深远的意义，值得认真总结。

其实，对我国独立董事制度及其效果的批评，由来已久。许多好的建议，也一再被人提及，现在我国上市公司独董，已近万人之众，其薪酬和开会差旅各项费用，一年已达数十亿之巨。再任凭“花瓶董事”泛滥，从小处讲是经济浪费，增加了上市公司和投资者的负担；从大处说，是阻碍了上市公司治理水平的提升，降低了证券市场的功能效率，削弱了其对实体经济的助推作用。因此，这次万科之争的第一个可能成果，就是希望能够推动各方，特别是证券界和监管部门、立法机构，将我国独立董事制度的改革提上紧迫的议事日程。

独立董事制度的改革，说难很难，说简单也并不复杂。而且其主要部分的改进，并不需要立法、修法的漫长过程，只需将15年前中国证监会自己发布的《关于建立独立董事制度的指导意见》加以修订，就可马上做到。依我来看，需要修改补充的主要有以下三个方面：

一、改革独立董事的提名和选举程序。

现在我国上市公司独立董事提名，普遍由上市公司大股东一手操办，然后又在大股东有集中投票优势（许多中小股东因交易成本问题，往往不参与投票）的股东大会上通过。这导致现今99%以上的A股上市公司的董事会监事会，全部为大股东及其实际控制人垄断。这是A股市场中公众投资者利益受损、融资与投资失衡、市场对扩容极度恐惧的根本原因。在这种情况下，独立董事自己的个人素质再好，但受人之托，拿人钱财，很难不为人办事，沦为花瓶。

因此，就像很多有识之士已经建议的那样，独立董事可以或者改由中小股东提名，或者主要由上市公司协会的独立董事委员会，建立独立董事人才库，向上市公司推荐独立董事候选人人选。独立董事主要作为中小股东代表参加董事会工作，对公司的整体发展负责。独立董事的选举应采取分类表决的方式进行，即仅由与上市公司决策无利益关联的公众股东单独选举，上市公司大股东、管理层均不得染指。

独立董事的薪酬则可统一由上市公司协会的独立董事委员会发放。资金来源由上市公司向协会缴纳的会费解决，并将现在向协会交费的不规范办法改为所有上市公司一律按公平规则缴纳会费。会费的收取和使用要有公开透明的程序和监督。

二、提高独立董事在董事会的比例和权限。

独立董事通过分类提名、分类表决产生之后，如果独立董事在董事会人数中比例太低，仍然不能有效发挥作用。建议修改指导意见中独立董事不低于董事会人数三分之一的规定，改为在董事会的股东代表席位中，独立董事席位应不低于该上市公司公众股东占有的股权比例。公众股东比例大的上市公司，独立董事在董事会的席位也多。这样保证大小各类股东都能在董事会得到合理均衡代表。同时这也照顾到了我国的现有国情，对持有较高比例股权包括绝对控股的上市公司大股东在董事会的代表席位也有了必要倾斜。

三、建立独立董事和内幕知情人信息披露的必要保护制度。

我从未敢把自己包装为道德完美之人，更不属于喜欢秀肌肉、示豪情的勇士。这次卷入旋涡如我之前说过，只是一时冲动的正义感加上不信邪的倔脾气，不小心闯入了巨大利害的是非之地。从我自己这次的亲身经历可知，揭发内幕、追求真相竟要忍受造谣抹黑、违法违规指控、人身安全威胁的多重压力。有人从我最近这些年的经历中没有挑出太大毛病，还挖空心思翻出 15 年前 ST 海洋的一段旧案，污蔑我曾制造几十个跌停板、坑害无数中小股民。现在又为了在万科之争中的幕后个人利益，冒充中小股东卫士。其实 ST 海洋尚在老三板挂牌，以前的资料也不难查找，把时间和人物都不对的事移花接木到我头上，这本来是很拙劣的抹黑手法。但我们许多媒体和网站，连一点起码的新闻调查都没有，不管会给别人带来多少伤害，就信谣传谣，也不能不让人为他们脸红。

我之所以一直没有在这类造谣抹黑中花费精力去解释，如我在微博中所说，一是有更重要的工作，不想被造谣者牵着鼻子走。二是更根本的，即一定要改变这种不论是非曲直、专挖道德缺陷的文化陋习。试想，世上哪有道德完人和永远无畏的勇士？特别是越能接触知晓内幕的人，不是利益中人，便是顾忌较多的有身份地位的人。若说出真相、披露内幕总是要付出身家名誉乃至法律的各种代价，黑道恐吓威胁，白道态度暧昧，这样还有谁去揭露真相？长此以往，必致阴暗角落日长，社会正义难张。因此，我们应学习国际上的成熟经验，建立保护“吹哨人”（whistle blower，即指警示透露内情的人）的制度，建立独立董事信息披露的指引和必要豁免制度，建立威胁独立董事自主投票的责任追究制度，以及考虑建立“污点证人”免予起诉制度。这样才能使越来越多的丑恶内幕曝光，使社会更加公平正义。

当然，独立董事制度无论有多重要，也还只是现代公司治理框架中的一个环节，要全面提高我国上市公司的治理水平、夯实强盛资本市场的根基、助推中国经济的转型升级，还要对现代公司治理问题进行正面的总览和透视，这将是本次系列文章下一篇的任务。

万科之争的公司治理和国企改革意义

——我为什么不赞成大股东意见（六）

万科之争，说起来尖锐复杂，其实无非争的就是上市公司的支配和控制权。在传统企业模式里，企业是其所有者创立并拥有经营的，当然是由其所有者兼经营者控制，这没有任何疑义。但是，在规模不断扩大的股份公司尤其是上市的公众股份公司，由于所有者人数众多，所有权与控制权没法统一。如果人人都要控制权，等于人人都没有控制权。故在股东权利平等的公众公司，控制权归谁，公司如何治理，是证券市场诞生以来始终不衰的焦点问题。万科之争之所以引人注目，不仅在于其个案的是非曲直，更是因其恰好折射了公司治理、国企改革和资本市场规范这当前制约经济转型的几个关键问题。要突破中国经济发展与改革的这几大瓶颈，我们首先需要清理和颠覆长期以来在这些领域流行的众多成见。

公众公司：谁来掌控，如何治理？

万科之争发端于上市公司是否应当听从大股东的意志。这在国内普遍被认为是毫无疑问的事，其实并不尽然。上市公司的股东，也被称为证券或股票持有人，放弃了对自己货币的所有权，换来的是股票持有人的契约权利，享有这份股票的收益即分红权、股东知情权和参加股东大会的出席权与投票权。总之，持有人享有的只是对这份额股票的所有权和处置权。至于对这个发行股票的公司，一个普通股东显然并不具有什么权利。尽管在法律上，全体股东可以行使公司所有人的权力，但是作为一份股票持有人，可以说甚至没有进入公司大门的权利。从另一角度看，公众股东以资本增值为目的，来去匆匆，无意也往往没有兴趣去了解，更不用说去干预这个公司的运作。因此，所谓全体股东可以行使上市公司所有权的权力，其实是无法实现的幻想。至于派代表去掌控公司，由于交易成本与收益的不对称，大多数公众股东往往并不参加股东大会与投票。

正因为如此，全体股东才拥有的权力，就很容易落到了集中持股的个别大股东头上。这就是我们在万科之争开始的时候就看到的一幕，很多人根深蒂固地认为：上市公司当然就是大股东当家做主，任何抵制大股东的行为都是破坏市场规则。因此，在中国研究公司治理问题，首先要回答的就是大股东代表全体股东当家做主真是最有效率的管理形式，代表了公司治理发展的方向吗？

环顾世界，大股东掌控上市公司，在大多数治理不健全的发展中国家以及一部分对公众投资者保护被认为较差、资本市场发展不够充分的较发达国家，确实是普遍现象。但是，在我们通常认为是西方市场经济的领头羊，法制健全、经济发达、资本市场强大的美国、英国、日本等代表性国家，大股东掌控上市公司，既不是大型上市公司的主流，也不是市场规则。这其中权力分配的实质原因和机理，不仅是股东大会、董事会和经理人相互关系的形式，也是研究公司治理真正要搞清楚的问题。

本来，上市的公众股份公司，一股一票，每个股份持有者具有平等的权利。中小股东不来投票、不参与公司治理，是他们自己放弃权利，怨不得别人。这样即便不是甚或远非绝对控股，上市公司的掌控权就会自然落在集中持股的大股东手中。从这个角度看，大股东掌控是公众公司权力结构演化最简便也似乎是最合理（毕竟大小股东都是股东、有利益共同的一面）的路径和结果了。那么，为什么在以美国为代表的大型市场经济体中，市场不是自然发育和演化为大股东控制呢？

从历史发展过程看，这似乎是上市公司规模不断扩大和股权投资分散化的双重结果。按照投资组合理论，鸡蛋放在一个篮子里风险太大，因此分散投资应该是大股东优化投资的自然选择。以美国为例，至少从20世纪初开始，相当一部分上市公司在收购兼并规模扩大的同时就出现了股权分散化的现象。财产由后裔继承的自然分散和高额的遗产税也使股权的家族继承不断缩水。这样长期演变的结果，今天美国纽约交易所道琼斯工业平均指数30家成分股中，除了一家由创始人的二代家族联合控制的沃尔玛公司外，第一大股东平均持股比例平均仅为7%左右。由于前几名股东持股比例相差通常不很大、变动也容易，股东大会的投票率又很高，自然使得第一大股东在公司治理中不可能很强势，导致公司控制权的大权旁落。

当然更重要的，还是制度结构的利益导向使然。如果当大股东就能控制上市公司，就能利用上市公司的资源为己所用，那么股权越分散，说明控股所需股份和成本越小，越可以四两拨千斤，以小博大，从而以一个极小的股权比例控股上市公司的价值就越大。也就是说，股权分散本身并不妨碍大股东控制，而只是使其控制的代价更低。因此我们看到在中国A股市场上，第一大股东只有百分之十几到二十几股份的很多，个别的也不到百分之十，但由于其他的公众股很分散，所以一样控制上市公司，从董事会监事会到经营层，都是大股东一手安排。这里的差别，就不是股权分散所能说明，而是制度构造导致的不同利益追求和权力分配。

这里的根本差异就在于，美国的法规和对公众股东的保护，使得大股东只有集中投资的风险和转让不便的坏处，而没有占上市公司便宜的好处。如美国通常将持股10%以上的股东和董事、高管都视为上市公司关联人（affiliate），而关联人的几乎所有（5000股以上）的场内外交易均有严格的信息披露要求和交易时间数量的限制，而制度设计又使少数股权很难控制上市公司。公司有任何违规关联人都会被诉讼担责。这样人们对当控股股东就会缺乏兴趣。国际上研究公司治理的学术界对此有个指标测定，即大股东股权的转让价格与市场上公众流通股交易价格的比较，溢价越低说明大股东越无特权特惠，公众股东保护的程度越高。控股权价值的溢价取决于控股权能给控股股东带来多大的私下好处。美国大型上市公司的前三大股东通常持股都在百分之几，相互不关联，彼此相差也不很大，故无控股股东之说。大股东股权增减持都是市场价，没有什么溢价可言。据有学者对 39 个国家的股票溢价所做的研究，溢价范围从美、英、日等国的零上下，最高到巴西的65%（“控制的私下收益：一个国际比较”，*Journal of finance*，2004，59，537—600）。而中国 A 股市场上上市公司的控股权股票，以两倍以上的价格转让，也不是什么稀罕事。显然，如果作为控股股东没有不同于其他公众股东的额外好处的话，这种现象就不可理解了。

有人说，控股股东也许得到了额外的好处，但是他们往往也对上市公司做出了很大的贡献。他们所得的好处也许只是他们贡献的一部分。这在所谓大股东资产注入盛行的 A 股市场，似乎显得很有道理。其实世界上没有免费的午餐。大股东愿意“低价”向上市公司注入资产，一是限于监管规定，二来主要也是看中了 A 股市场的高估值，注入的资产会变成日后可以变现的股权。因此，大股东对上市公司的“慷慨”，绝非单方面的赠予，而大股东对上市公司控制的种种干预，更会首先考虑自己的利益和需要而可能忽视、损害公众股东利益。归根结底，在市场经济中，相信一个市场主体可以为他人无私贡献，因而可以超越和允许对市场等价交换公平原则的背离，最终必然是对市场运行基础的伤害。

一个自然的问题是，大股东控制上市公司，也是世界上的普遍现象，在发展中国家大股东尤其家族企业控股占绝对主导，即便在发达国家，中小型上市公司，大股东控制也不是少数，其中许多企业也表现卓越，为什么在主要发达经济体，对公众投资者保护比较健全，大型上市公司就会出现大家不再争控股权，以致没有了我们理解的老板即实际控制人了呢？这里的原因值得仔细分析。

首先是利益导向。在没有特殊利益和只有不利之后，大股东分散和优化投资、分散风险会成为自己自发的市场选择结果。所谓天下熙熙，皆为利来。当大股东好处不大麻烦不小，自然就无人争抢所谓第一大股东位置了。

其次，竞争性淘汰使然。现代经济科技革命发展迅速，竞争日益激烈，淘汰不断加快。为了抢夺市场先机，必须不失时机引进投资、扩大规模。这样企业创始人或老股东，如固守自己的控股权，就很难存活更别说做大。所以我们看到如微软的比尔·盖茨，苹果的乔布斯等企业创始人，随着企业发展很快就不再是企业的大股东。而19世纪在工业化年代统治美国经济的如洛克菲勒、摩根等大家族，在反托拉斯法对垄断集团的拆分和高额遗产税的双重打击下，到20世纪中后期就已销声匿迹、徒剩空名。现代美国人通常把洛克菲勒、卡内基的名字与艺术、大学和博物馆联系起来，而不再是财富家族。而今天在发展中国家中常见的大家族企业，富可敌国，足迹横跨诸多产业，往往家族下拥有多家上市公司，主要并非因为其家长代代能力超群、样样优秀，而是在这些经济中存在的赢者通吃的垄断优势，即便不总是政商勾结，政府也是扶优扶强、锦上添花。典型的如韩国以大家族通过金字塔结构控制大型公众公司闻名，但这几十年来，这些大家族的经济、政治丑闻不断，有时甚至因为这些大家族企业对国家经济太过重要，只好用特许特赦的形式将已经判罪服刑的领导人放回去主持企业运营。显然，这种情况在法制比较健全的欧美国家就很难发生。

再次是财与才的分离。规模越大的公众公司，对掌门人能力的要求就越高。这样大股东包括家族内部有志向又能胜任经营管理控制的人才就越少，而能够使用和掌控好代理人的老板人才也同样稀缺。有研究发现，《财富》500强企业中由自己打拼出来的创始人掌管时，业绩一般表现很好，创始人的后裔再管控企业的，业绩表现往往很糟糕（“家族所有权的控制和管理怎样影响企业价值?” *Journal of financial Economics*，2006，80，385—417）。如果完全使用代理人对家族负责，那么由大股东代理全体股东，再由经理人代理控股股东的双重代理模式，其成本和效率就难免会劣于代理人直接对全体股东负责的一级代理模式。故而我们看到，这种股权分散、没有控制股东的现象，在大规模经济体的大型上市公司中表现得特别明显。

最后，企业规模大了，当然就不光是经济因素影响，还受到社会和政治因素制约。美国公司治理和法规的研究者普遍指出了社会政治因素对立法和公司监管的巨大影响。美国自20世纪初进步主义运动开始，就抑制垄断，严格限制利用社会公众资金的金融机构控股产业上市公司，约束金融资本对产业的侵蚀和华尔街势力的过度扩张。1935年的公共事业公司法案禁止家族控制公共事业公司。其中，立法、法院和监管的积极介入，对推动股权分散化和公司的专业者经营起了重大作用。在资本市场发展中逐步提出和规范化的大股东增减持的披露和交易限制制度，关联大股东的回避表决制度，独立董事制度，由独立董事组成的委员会提名董事制度，董事的累积投票制度，乃至创始经营者股东的差别投票权制度等等，都是对过去曾是大股东乃至股东天然权利的限制。20世纪90年代的安然等大公司的破产丑闻、2008年的美国次贷危机，均促成了新的一波波对公司治理和监管的严格立法。尽管如此，美国近年来还是发生了占领华尔街运动，以及2016年美国大选中民粹主义思潮的强势兴起，其中突出反映了社会上对贫富两极分化的不满，以及对全球化背景下传统中产阶级衰落的愤怒。这些都必然会进一步影响公司治理的立法导向。

世界上其他主要经济体的情况应当说也大同小异。如日本在“二战”后随财阀集团的被摧毁，大公司的治理就完全脱离了大股东与家族控制的轨道，演变为以法人相互持股形式的经理人支配。德国自马克思高度评价的1848年革命之后，员工参与管理就开始逐步成为传统。“二战”之后法规要求大型公司，其监事会（职能更接近英美的董事会，有权任免和监督经营者，因德国实行的是监督董事会和由经营者组成的管理董事会双重会制）成员中，员工代表需占一半。由此可见，不同国家大公司的治理结构并不是简单的大股东或股东权力至上，而是都有其独特的传统和政治、文化背景烙印。

形成鲜明对照的倒是我们自己。经过长期的革命和战争，胜利后先是学习传统苏联体制，建立了公有制计划经济，完全否定私人、社会和外国资本的作用，号称工人阶级领导一切。改革开放实行市场经济体制以后，证券市场上的上市公司治理又完全由资本，特别是控制上市公司的大资本大股东说了算，一股独大、资本为王大行其道。多年来，不断反复出现一些擅长以资本运作为平台的多元化经营集团，在生产经营和产业技术创新上鲜有建树，却善于谋取各种行政审批的垄断牌照资源和利用交叉监管空白，在资本市场上呼风唤雨、攻营拔寨、跨界套利，甚至还引来一片唱彩，以为只要搞市场经济规则就是如此。其实，仅从公司治理这一斑可觅，一个国家，一个经济体，缺乏任何历史记忆，动辄在两个极端摇摆震荡，显然并非好事。

经营者支配为何成为发达市场大型上市公司的主流？

经营者支配，从20世纪初就已经开始出现和发展。1932年伯利和米恩斯《现代公司与私有财产》一书出版，首次提出了现代公司所有权与控制权分离问题，引起了世人的瞩目。从那时起，大型公众公司两权分离和经营者支配的现象不仅没有收敛，相反越演越烈。到20世纪六七十年代，经理人资本主义已经成为流行用语。近几十年来，随着经营者支配所带来的问题，特别是如安然、世通公司等大型公众公司丑闻曝光，所谓经理人资本主义有所遏制和退潮，股东对上市公司的制约有所加强。但是从总体上说，这并未动摇大型公众公司经营者支配的大格局。两权分离的公司治理模式还在不断向传统欧洲大陆国家和新兴发达国家市场蔓延。现今世界上我们熟知的跨国公司，大多都没有我们中国意义上的实际控制人，而是由经营者支配的。因此，一个自然的问题是，为什么大型公众公司所有权控制权分离后，经营者支配会成为公司治理结构的主要形式？代理人唱主角怎么会优于大股东包括家族控制呢？

其一，这是分工与专业化发展的结果。市场经济的竞争和科技进步的加速使得企业包括现代大型上市公司处在不断创新创业的环境中。经营和管理企业成为一种专门的企业家天赋和技能。从大资本、大股东自身家族中选拔企业家人才具有太大的局限性。大股东任用“自己人”去管理的倾向会自然阻碍“非自己人”的经营人才成长和竞争的机会，而由不胜任的人占据主要管理岗位被认为是最大的代理成本。因此，资本与知本即人才的开放性结合就成为必然。缺乏财富的人才或潜在人才比资本拥有者更贫穷更“饥饿”，因而也有更大的激情和投入去创新和创造。特别是随着新经济新技术的不断涌现，在很多领域，资本挑选人才越来越变为资本与人才的相互挑选。在新世纪流行的风险和PE投资中，甚至变为人才雇佣资本，即资本从一开始就放弃支配权，而将资本完全投资委托给没有或很少资本的企业家去支配。即便那些已经在市场上享有盛名的成功企业，一个优秀的CEO和经营团队与时俱进地持续创新也至关重要。比尔·盖茨的名言“微软永远离破产只有18个月”，就是对这种残酷竞争现实的警示。因为过去的成功并不代表今后的辉煌，太多我们熟知的品牌和显赫一时的企业，后来确实似乎在转眼间就已经走向衰落乃至死亡。

其二，经营者队伍是产生企业家人才的最好土壤。我们看到，除了少数如比尔·盖茨、乔布斯这样横空出世的天才创业企业家之外，绝大部分优秀的经营者都是从企业的经营管理队伍中培养和成长起来的。而且即使是比尔·盖茨的微软和乔布斯的苹果，在创始人主动去职或不可避免地离开之后，接班者的选拔也还是要靠经营者队伍。这是因为企业家才能在很大程度上是个干中学（Learning by doing）的过程。企业内部等级制的科层可以将每个岗位上分散的默会知识利用起来，将处理过的有用信息向上传递并由高一层的经营管理者加工。这样有天赋善学习和有机遇的人才就会有机会脱颖而出。由于过往履历和业绩是识别企业家才能的唯一可靠途径，许多从基层干起、一步一个脚印，自己或许也未知有如何远大前景的人最终被证明是卓越的企业家（比如现在美国知名跨国公司的CEO和高管中就有很多印度裔移民）。因此，经营者成为企业的掌舵人绝非偶然。

其三，经营者作为代理人要求在企业的经营上有支配权即全权代理而非分权代理。因为分权代理会严重制约企业家才能的发挥。商场如战场，是在一个高度不确定和信息不完全的环境下做决策，因此容不得请示汇报、等待指令和扯皮内斗。德国的监督董事会与管理董事会的双重制度鲜明地显示了这一点：由经营者组成的管理董事会或称管事会对所有的经营问题包括长期经营战略问题负全责。股东代表等组成的监督董事会又称监事会只是负责选择、撤换管事会成员以及履行监督职能，两会成员不得交叉兼职。英美系的单一董事会制虽然将企业的长期经营战略的决策权留在了董事会而非管理层，但实际上这种战略通常是由首席执行官即CEO提出而提交给一年只开几次会的董事会批准。为了不干扰CEO的经营决策权，董事会主席与CEO分设这种看似自然的监督机制，虽多有呼吁但至今仍非主流。这恐怕主要是源于决策效率与划清权力和责任的需要。因为对经营决策权的任何分割都会造成效率损失并在事后导致权责不清，从而成为卸责的借口。可以认为，效率优先是经营者支配成为主流模式的首要原因。

其四，经营者支配可以更好地服务于企业的整体利益从而服务全体股东的长期利益。从表面上看，经营者的效用最大化会和股东的利润最大化、资本增值最大化产生矛盾。但是现代企业尤其是大型公众公司，在能为股东这个最后的剩余索取人谋取利益之前，必须首先满足员工、顾客、债权人、各合同签约方和代表社会利益，如税务环保等各政府机构乃至一些社会团体的合法诉求，才可能有最后的剩余。因此唯利是图的贪婪和急功近利的短视往往适得其反。故而经营者作为代理人反而可以克服直接所有者有时难免的人性弱点，兼顾各利益相关方的诉求，遵纪守法、诚实纳税、保证员工福利不打折扣，为企业营造良好的社会形象和环境。这些看似有损企业短期利润的做法，反而维护了企业和股东的整体与长远利益。

其五也是最后，经营者支配的最大问题就是经营者可能利用自己的主导支配地位谋取私利，从而损害企业和股东的利益。除了经济学研究一般已经总结的产品市场竞争、经理人市场竞争、公司控制权市场的竞争压力等之外，就需要发挥股东和董事会对经营者的激励、监督和制约作用。独立董事占董事会多数并有自己的首席董事是这些年试图解决这个问题的重要努力。应当说，这在美国等单一董事会制，而董事长与CEO又往往不分设的情况下，至今仍然是没有得到很好解决的问题。尽管如此，应当指出的是，经营者支配，由于没有股权的保障，其主导和支配是不稳固的。它受到上述各个市场竞争的制约，受到董事会以及股东的制约和压力，受到股东发起失信、失职等诉讼的威胁，故业绩不佳的 CEO 往往难逃被解职的命运。换句话说，经营者犯错误是有外部力量去纠正的。这与大股东控制有质的区别。在大股东控制的情况下，由于控制权得到股权的保障，控制者可以无惧任何市场压力和中小股东的不满。其中也有控制人过去曾经非常优秀，但一旦思想老化或偏执妄为，其他任何人都无可奈何，只能看着他像毁坏自己的私人物品一样损害公众公司的利益。这就可以解释著名的福特现象，即当亨利·福特这个公司的创始人也是曾经的经营管理天才去世的时候，福特汽车公司反而从他晚年任性妄为导致的严重困境中得到了新生。老亨利的这个错误后来在其孙子亨利·福特二世身上得到更严重的重复。应当指出，福特家族那时还能保持对福特公司的掌控，已经不是靠越来越小的股权，而是靠分类股票的多倍投票权而实现的对公司经营权的控制。可见，目前在一些境外市场上允许的保护创业企业家的双层投票权（即给创业企业家多倍于普通股东投票权的分类股票制度），也并非没有代价，因为无论依靠所有权还是经营权的垄断都会被滥用从而侵害公众股东利益。故而许多公司治理研究文献认为，理想的公司治理结构是在经营者支配的同时，有一定比例持股的战略性股东们能给经营者压力和威慑的结构。

实际上，如果放宽眼界看去，我们也可以说，世界上的中小企业乃至从 18 世纪兴起的古典企业，从来就既是所有者控制，也是经营者控制。只是在那里，经营者与所有者是合一的。但即使在古典时代，马克思在《资本论》中也敏锐地观察到，资本家并不天然是工业的指挥官。他是工业的指挥官，只是因为他是资本所有者。随着分工和资本主义的演化，这两个职能是可以分解的。这就是我们今天所看到的，上市公司的众多股东演变为纯粹谋取资本收益的出资人，而与企业经营毫不相干。而企业则始终必须由经营者支配，源于这是唯一最有效率的形式。资本所有人一旦与经营分离，他也就逐渐从企业内被淘汰出局，某种意义上成为与企业经营最没有关系的人。因为其他企业利益相关者如职工、客户等是企业不可缺少而必须持续关注的，而公众股东一旦交钱认购股票之后，他们已经对公司“毫无用处”。据信这也是公众股东要受到法律专门保护的重要原因。同时不言而喻，经营者支配当然不等于经营者成为企业的主人，违反对股东忠信义务和业绩不佳的经营者始终有丢掉位置的危险。只是替换的是不称职的个人，而不会改变经营者支配这个企业发展的主流。

在这样的历史视野下，我们就可以更好地理解万科之争背后的意义。中国已经成长为世界第二大经济体，万科也靠自己的努力成为少数进入世界500强并正在逐步国际化的中国企业。这种经营者主导的企业模式能在我们崇尚胜王败寇的老板文化丛林中侥幸脱颖而出，应当说弥足珍贵。如果再任其泯灭或夭折，难免是一种制度的悲哀。我们应当看到，经营者支配、所有者监督这一代表着现代企业治理方向的幼芽，无论今天如何稚嫩和弱小，但其实预示着中国上市公司治理框架充满希望的明天。

解开国企改革死结的曙光

万科之争引出的另一层更深的意义是关于国企改革。因为万科长期以来其第一大股东是央企华润，多年来采取的大股东不经营、监督不控制的态度既使国资获利极其丰厚，也成就了万科这一被誉为业内标杆的上市公司。而正是因为华润在万科股权控制权之争中令人困惑地左右摇摆和反复，使华润既丧失了第一大股东地位，又与经营管理层走向对立。因此，国资国企如何当股东，就不仅是一个万科的个案，而是一个大的战略定位问题。

中国的国企改革，从20世纪80年代初的放权松绑、政企分开、承包经营的尝试，至90年代的股份制改革和现代企业制度的探索，新世纪之初国有资产监督管理系统的建立和政资分开的努力，最后到2013年秋十八届三中全会提出的以管资本为主的混合所有制经济，时间不可谓不长，创新不可谓不多，进展也不可谓不大。但国企改革的任务并未完成、国有资本的作用还远未如人意也是共识。更尖锐一点说，即便今天重新提出三十多年前国企改革伊始“放权松绑、政企分开”的口号，恐怕也并不过时。那么，历时几十年的改革仍未达标的原因究竟何在？

这里最根本的，恐怕是我们一直没有能解决一个两难问题，就是作为国资国企，若由代表全民和国家的政府进行管控，必然是政资政企不分；若政府不管或管不到位，又被指为所有者缺位。故而尽管我们国企改革搞了几十年，名称也从国营企业、国有企业到国有控股的股份制或混合所有制企业等变了很多次，但政府任免掌控企业经营班子的国营企业体制本质并没有改变。国企领导们也就不能不是亦官亦商、身份尴尬、饱受诟病。也正因为如此，新自由主义者干脆断言政府办国企既无必要，也肯定搞不好，就算搞好了也是利用政府权力与民争利，因而国企不是改革的问题，而是退出和出售的问题。而坚持国资国企是社会主义重要经济基础的人则强调国企完全可以搞好，只是需要通过改革增强活力。但后者由于始终不能明确回答国家出资办企业究竟是为了控制还是为了盈利，国企是否要如历次中央改革文件所说的那样真正做到政企分开、与政府完全脱钩这个核心问题，因而总是显得闪烁其词，这也是造成国企改革老是兜圈子的根本原因。

从马克思主义创始人提出的政治经济学看，他们主张公有制的根本原因与任何控制无关而只与社会公平有关。只是因为所有制的分配决定了产品的分配，因此他们认为离开生产资料所有制而去单纯围绕分配问题做文章解决不了社会公平问题。他们设想的公有制是自由人的联合体，其中根本没有政府或行政权力控制的位置。按照政府控制经济的思想建立起来的苏式公有制计划经济，虽然控制已经无孔不入，但由于极度低效，结果根本不能解决产品丰富和公平分配问题。我们党开始的改革开放的伟大事业，就是要放弃政府大包大揽、全面控制经济的传统社会主义模式，让市场起决定作用，将公有制与市场经济结合起来。而这个结合的关键，就是要使企业这个微观经济活动的细胞具有充分的活力，而切断政府对企业的控制和干预。

没有行政权力的干预，公有制在市场经济中能够存活吗？左的和右的两种极端的观点其实在这点上都是一致的：就是认为不能存活。前者认为必须干预，后者认为干预不干预只是死得快慢的问题。二者均否认公有制可以在没有政府干预的情况下与市场经济有机结合、发展壮大。但实际上，公有制与市场经济能否有机结合的关键在于能否找到结合的途径。党的十八届三中全会提出的“以管资本为主管理国有资产”，其实已经找到了一条正确的道路。

在资本形态上，公有制可以与市场经济有机结合，这已经是在全球化时代市场经济的成功实践。一方面是许多国家的主权基金在资本市场大行其道，各种大学的公共社团和区域性、行业性的公有、公益和公共基金更是活跃。随着现代金融创新的发展，投资的专业化和委托代理日益普遍，公有资本完全可以由专业化的人才团队管理运营，为公有资本的委托人获取有竞争力的回报。传统所谓公有就是无人所有、管理者不可能尽心、代理环节过多过长等问题在资本形态上早已不复存在。因为对资金受托管理人来说，无论受托的是私人、社会、社团、行业退休金还是公有资本，为其取得最佳回报是他们自己的利益所在。现在美国上市公司的股东以机构投资者为主，也就是说这些公司的所谓股东本身也都是代理人。公有资本的代理成本和代理环节并不比大型上市公司遍及全球的各类分散的个人或代理人股东们更高更长。

其实，即使传统的国企在经过股份制、市场化改造，实行政企分离之后在许多发达国家也经营得有声有色，在国家经济中扮演重要作用。如新加坡政府的投资公司淡马锡享有盛名，其控股参股的企业市值占了新加坡股市总市值的近一半，但既没有人责疑淡马锡的经营效率，也没有人怀疑新加坡经济的自由开放性。因为政府并不介入干预淡马锡的经营，从管理班子到公司经营完全是经营者支配、市场化运作，盈利积累也是上交国库，用于公共福利。再如法国电信原本就是法国的邮电部，后来逐步改制上市，具有传统国企行政僵化、员工都还有国家公务员身份等的各种特殊历史遗留问题。但经过多年渐进式改革过渡，公务员身份的职工随着退休不断减少，股权也逐步多元化。现法国政府在法国电信仍合计持有 23.04%的股份，为第一大股东。但在经营方式上，则大股不控股，15 人组成的董事会中政府只提名了 3 人，经营管理班子全按市场化规则聘任运行。现法国电信在国际市场的竞争中一点不落下风，海外营收收益已超过总营收的一半。德国政府在原有国有企业股份制改造中，对政府控股的企业也实行市场化经营，对有的政府逐步退出、不再绝对控股的企业，还专门立法，保证自己的权益不受损害。如德国大众汽车公司，德国就曾专门出台《大众法》，保障持股的联邦和地方政府在特殊情况下的否决权。直至今日德国大众汽车仍有20%的股权由地方政府持有，但早已完全不介入经营。事实表明，国家持股从主动控制经营到卸下包袱退到二线的监督制约，对改善公司治理结构和提高公司营运效率都有积极的作用，对于国家来说，作为股东的回报和作为代表社会的税收收益，反而都会更高。

国家不控制支配企业，还要国资国企干什么？这个问题就问到了本源。在马克思时代的工业化起步阶段，资本主宰经济。没有资本所有权的公平分配就不能解决社会的公平分配问题。到了今天信息社会，虽然知识和人的作用已空前提高，但是总体上看资本在市场经济中的主导作用尚未根本改变，而在资本相对稀缺、以私人家族企业为主的发展中国家就更是如此。从发达国家情况看，福利制度的过度发展会导致罚勤养懒，而在经济全球化时代，由于资本和财富很容易从高税收国家和地区流向低税收的地方，各个主权国家进行税收调节的空间又受到很大压缩，因此贫富差距的不断扩大和社会撕裂即便在发达国家也成为一个越来越严重的社会问题。这是皮凯蒂的《21世纪资本论》在发达世界引起那么大反响的主要原因。皮凯蒂关于由各国政府协调、统一去征收年度累进资本税的主张被普遍认为太不现实，但他认为中国公有资本比例很大，如果实现公共资本和私人资本之间的良好妥协和平衡，这种真正的混合所有制经济，会有助于实现更加公平和平等社会的观点倒是不无真知灼见。这也可以说是在全球化市场经济的新条件下一种对马克思传统的真正继承。因为脱离了行政羁绊的公有资本参加市场化竞争取得收益，优于税收等扭曲资源分配的工具，有助于实现缩小贫富差距、公平公正的社会主义目标。因此，市场化的公有资本倒确实可能构建社会主义市场经济和中国特色政治经济学的基础。这对于中国这样容易在均贫富的极端平均主义和“朱门酒肉臭，路有冻死骨”的贫富对立这两极间震荡的转型社会来说，尤为重要。

但是，国家不控制企业，难道让私人和外国资本控制吗？这确实是问题的敏感之处。实际上，国家不控股并不等于国家不可以持有大股，国家不控股也更不等于就让别人控股。世界上经营最好的大型公司往往都没有控股股东，都是经营者支配。其实中国的一些著名优秀企业，也是经营者支配。如华为的任正非，腾讯的马化腾，阿里的马云，都不是公司的大股东，这样的公司恰恰都成为中国的一流企业。纠结于控股问题是我国股份制乃至混合所有制提出之后至今难以真正突破的关键。因为传统国家控股的管理方式、干部任用乃至职工身份与民营往往是家族性的控股完全不同，二者格格不入。在这种情况下控股与否就成为一个天然的分水岭和敏感的界限。结果不是各搞各的，不愿当配角陪别人耍，就是同床异梦，参股只是为了谋取短期特殊收益。要解决这个问题，就必须为混合所有的股份制找到不存在非要谁控股的共融形式。这种形式就是经营者支配、所有者监督的现代企业制度。

1993 年秋党的十四届三中全会就提出企业改革的目标是建立产权清晰、权责明确、政企分开、管理科学的现代企业制度，20 年后的十八届三中全会又提出进一步完善现代企业制度。但是，到底什么才是现代企业制度的精髓，应当说至今实际上并没有揭示清楚。须知所谓现代企业制度是相对于所有者自己控制和经营的古典企业制度而言，其特征就是所有权与控制权的分离。而谁所有谁控股谁经营倒恰恰是古典企业制度的典型特征。在资本主义的古典企业形态上，不完全契约的产权理论所说的剩余索取权与剩余控制权是高度统一的，因而有效率的企业只可能是私有产权。但在现代企业制度形态上，所有权与控制权分离，剩余索取权与剩余控制权已不再对应和统一，这样就为各种性质的资本和所有权形式创造了共融的空间。但是，由于我们没有抓住经营者支配、所有者监督这个现代企业制度的核心，直到今天，我们的企业无论是国有企业和国有控股，还是私人控股和家族经营，实行的都还是所有者控制和经营的古典企业制度。这样，不仅真正意义上的职业经理人队伍不能形成，而且国资国企的改革自然就难以有大的突破，混合所有制也不可能得到真正发展。万科之所以过去长期被称为企业改革的标杆和公司治理的典范，其实并不是他们做得真有多好（这次万科股权和控制权之争其实还暴露了他们在公司治理上的众多问题），而恰恰因为万科是国内罕见的经营者支配、所有者监督的现代企业制度样本，也是国有企业作为第一大股东监督不经营的成功改革模式。这种模式尽管在今天的条件下还非常脆弱和不完善，但是确实代表了我们国资国企改革和上市公司治理发展的方向。这也是我为什么在经营者支配这个公司治理结构问题上不遗余力地支持和呵护万科模式的真正原因。

怎样建设一个强大的资本市场

——我为什么不赞成大股东意见（续完）

从国际上主要资本市场发展的历程来看，每次引起市场震动的大事件，都会推动新一轮立法和法规的改革和完善。证券市场也正是在这种不断反馈改善中与时俱进的。万科股权与控制权之争引起了市场如此多的关注和连锁反应，并触击了从公司治理、国企改革到资本市场建设的一系列重大问题。因此，无论当事各方会博弈出什么样的结果——对此我们必须尊重现行规则，然而，从资本市场和国民经济发展的大局出发，改进规则、修补漏洞则是绝对必要的。这也是实现到 2020 年建立规范全面的证券市场法律制度目标的实际步骤。

现代证券市场不是一手交钱一手交货的农村集贸市场，而是一个基于信息的信用市场。投资者交钱买的证券是否货真价实，要事后很久才知道。因此，证券市场交易并非简单的“愿打愿挨”“钱多说了算”，而是要受到一系列法规的约束和保护。同时，证券市场来源于企业发展中的融资和投资者退出的需要，其出现和后来逐步规范的目的也是为了促进企业和实体经济的发展，保护投资者的合法权益，而不是为了投机和赌博。因此，证券市场的法规和规则的改进，必须牢牢立足于这个根基和本源。否则，一时的炒作和喧嚣只会是投机大鳄们的盛宴，而最终造成投资者的悲剧和证券市场根基的损毁。

中国证券市场建立短短二十多年，其交易规模和交易手段的现代化，确实已进入世界前列。市场透明度和公正性应当说相对于其他领域，也已经是相当领先。但是不容讳言，与国际规范市场上融资便利、投资者保护程度高、开放性强、企业在市场上优胜劣汰相比，我国证券市场上融资堵塞、投资者保护不足、企业的市场估值扭曲、垃圾股受吹捧、投机炒作之风盛行的情况还非常严重，这种状况当然与中国成为世界第二大经济体而亟须一个强大的资本市场很不相称，也不能适应我们跨越中等收入阶段的需要。要从根本上改变这种状况，就要求规则的制定和执行者能坚守法治市场的底线、保持自身的独立性和公正性，同时不迁就、不迎合市场投机炒作、急功近利的口味，要像已经开始的对壳资源重组的抑制和规范那样，从制度层面立规改制，发挥证券市场推动企业和实体经济发展的基本功能，这样反过来又会对证券市场的长期健康发展和投资者回报奠定长治久安的基础。

仅从万科之争折射的情况看，中国证券市场亟待改进和完善的规则至少有这样三个方面：

一、投资者保护与公司治理结构

融资者与投资者依存是证券市场最基本的平衡关系。没有投资者保护就没有融资者的便利，因而也就不可能有强大的资本市场。投资者保护并不是要不切实际地去追求股市总是持续上涨和制造牛市，也不是和不可能保证每个投资者总能赚钱，而是要保护投资者的平等权利，保障证券市场在长期中能反映企业价值和经济成长，形成鼓励和分享价值创造而不只是投机套利的机制。

当前中国证券市场的现实情况是几乎所有上市公司都由通常是融资者的大股东（据统计 85%都是持有上市公司低于 50%的少数股权）控制。上市公司董事会和管理层通常由大股东一手安排，自然首先和主要对大股东负责。特别是与国际上的规范市场不同，众多企业并非整体上市，大股东往往还有除上市公司以外完全属于自己的企业和业务。这样，上市公司中小股东的利益只是在与大股东一致时才得到兼顾。在过去相当一段时期中，大股东占用上市公司资金、上市公司为大股东担保、向大股东公开输送利益等现象盛行。后来由于法规的强行干预和有效执行，这种明显损害上市公司的现象才得到基本扭转。但上市公司一股独大和大股东一手控制上市公司的情况并未受到任何触动，以致上市公司就是大股东说了算、大股东或其实际控制人就是上市公司主人、经营层即管家就应听大股东这个老板的观念已经根深蒂固，乃至被认为是天经地义。

在这种氛围中，公众公司只有全体股东才是委托人、董事会包括董事长总经理只是受托人和代理人、大股东并不比其他中小股东有更大权利等现代企业制度理念鲜为人知。当上市公司的控股股东只有种种好处，缺乏责任和义务的约束。特别是由于非市场化发行下的估值扭曲，许多中小型企业只要能够上市，上市公司的融资大股东就进了旱涝保收的保险箱，即便经营得再不好最终也可溢价卖股套现和卖壳赚钱。A 股市场扭曲的高估值还吸引了海外企业包括大量已经境外上市的中概股回来套利。这样证券市场上的投融资关系不能不长期失衡。显然，这种情况若不能根本扭转，不利于投资者保护，不利于建立现代企业制度和良好的公司治理结构，也不利于形成对全体股东包括各相关利益方负责的职业经理人队伍。这里产生的问题并不是大股东或融资者自然会有的利己动机，而在于我们的制度规范未能形成良好的利益导向和行为约束。

基于我国上市公司大股东控制的基本现状，借鉴国际规范市场对投资者保护的经验，可以考虑改进和建立的规则包括：

1. 改进独立董事提名方式，提高独立董事在董事会的比例，设立首席独董制度。

董事会是上市公司的最高决策机构和正式代表，各类股东在董事会内得到均衡代表是投资者保护的基础和制度保证。独立董事制度就是为了保护公众投资者而设立的。《公司法》第一百二十二条指出“上市公司设立独立董事，具体办法由国务院规定”，故应依据《公司法》的要求加快制定相关办法。在国务院规定出台之前，也可以先行修改中国证监会在 21 世纪初实行的“关于上市公司实行独立董事制度的指导意见”，将独立董事由大股东和董事会监事会提名、股东大会表决，实际上完全由大股东一手操作，改为主要由上市公司协会独立董事委员会推荐，由中小股东分类表决。独立董事占董事会的比例由现不低于三分之一、实际上统统是三分之一，改为不低于中小股东在全部股权中的比例。这样，只要大股东的控股比例没有超过50%，独立董事在董事会就占多数。这样也实现了与国际上设立独立董事制度规范要求的接轨。独立董事的薪酬可从上市公司上交协会的会费中统一支付。借鉴国际经验在独立董事不是上市公司董事长的情况下，董事会应设立首席独立董事，主持和组织独立董事开展各项履职活动。只有采取这些综合措施，独立董事才不会成为负担或摆设，才有可能真正代表社会公众投资者利益，保证信息披露的真实、完整、准确，发挥对大股东和经营层的制约作用，使上市公司的经营者对全体股东负责，而不仅唯大股东马首是瞻，这样投资者保护才能落到实处。

2. 改进监事会人员组成结构。

现行《公司法》第五十一条规定，监事会成员由股东代表和职工代表组成，职工代表不得低于三分之一。现在执行的结果监事会成员实际上也是由公司和大股东决定，和独立董事情况类同，基本上属于花瓶监事，根本不能发挥对上市公司董事、经理的监督作用，更几乎未听说过监事会对公司大股东、董事、经理提起诉讼的案例。实际上，在各类股东已经在董事会得到充分代表时，再设立主要行使监督权力的监事会就应当不再由股东主导，而应由公司的利益相关者主导。股东作为公司的最终剩余索取人，必须在首先妥善处理客户、职工、债权人等利益相关方利益之后才能最后受益。故兼顾利益相关方的诉求与股东的根本和长期利益并不矛盾。有些利益相关方如对公司进行了专门人力资本投入的骨干员工，有长期合约的供应商和购买耐用消费品的客户，存在污染企业的所在社区等，由于与公司也形成了依存关系，现代经济学的研究承认他们也拥有对公司的某些合法权利。就如万科这样的房地产企业，与其说一个可以随时卖掉自己的股票走人的股东与公司利益有多大关联，毋宁说一个购买万科住宅的业主与万科的品牌和公司发展有更大得多和更久远的关联。因此，建议《公司法》修订时，将公司监事会成员的构成由股东代表和部分职工代表组成的规定，改为由职工、客户、社区代表和债权人等利益相关者的代表组成，这样才可能真正形成对上市公司行为的有效约束，也可以使上市公司的运行更合法合规，使企业利益与社会利益更趋一致。

3. 改革融资发起人和控股股东减持办法。

现行办法规定融资发起人股东在法定锁定期满后，持股超过5%的重要股东，在二级市场减持每季度不得超出总股本的1%，但通过大宗交易减持的，则不加限制。这样实际上使融资大股东的减持失去了任何真正的约束。由于我国证券市场迄今为止还没能做到市场化发行，二级市场估值存在严重的结构性扭曲。中小企业只要能上市就有巨大的市场溢价。许多上市公司的大股东还采用制造概念题材、推出高送转等手法，推高股价后大幅减持，严重地损害了我国以个人投资者为主体的公众投资者利益。更为恶劣的是，许多公司上市后业绩就很快变脸，但融资发起人或再融资的大股东还可以高溢价套现走人，许多上市公司只能通过反复的借壳重组维持生存，从而人为造成估值扭曲和泡沫。在公司本身没有内生性发展的情况下，公众投资者在被周期性的割韭菜中只能寄希望于优质资产注入等天上掉馅饼的奇迹。这样，市场在陷入饮鸩止渴的扭曲循环中的同时，却成为融资大股东包赚不赔的提款机。融资和再融资发行人好处很大，责任和约束很小，投融资关系必然失衡。

要根本扭转这种局面，除了提高发行上市的显性和隐形门槛，以创造条件加快发行市场化改革并真正实行借壳重组与IPO同等条件之外，需要改革现行融资发行人和控股股东减持办法。如美国1929—1933年的大危机导致无数投资者血本无归之后，出台了《证券法》和《证券交易法》，设立了证券交易委员会（SEC）。除了对所有非公开发行的股票进入公开市场有锁定期限制外，对被定义为上市公司关联人的重要股东（通常但不限于为持股10%以上）和董事、高管有严格的信息披露要求和交易限制。SEC规则144规定，公司关联人的股票无论是非公开发行还是二级市场买入均属于受控证券（controlled securities），交易需受到严格监管。任何连续三个月内累计超过5000股或5万美元的交易必须填表披露，且在任意三个月内交易额不得超过总股本的1%和前四周平均的周交易量的较高者。场外交易（over-the counter）同样受限于任意三个月内交易额不得超过总股本1%的比例。通过协议和大宗交易转让的，受让人还要另加不少于半年的锁定期才能在二级市场出售。鉴于我国目前市场化改革尚不到位的情况，应当对融资发起人和所有控股股东减持采取更加严格的办法。建议对于融资发起人股东上市后业绩明显下降的，对其各种形式的减持实行特殊监管措施，使其不能轻易逃废上市承诺和对公众投资者的责任。对所有控股股东的协议转让与大宗交易，改变目前自由放任的状况，进行控制权可能变化的预先申报审查，并对受让人一律附加必要的限售期和在二级市场出售的时间数量限制。同时，上市公司定向增发股票必须严格推行市场化定价改革，堵塞寻租空间和保护公众股东利益。股票融资发行人的收益和风险、责任相对应，排队上市的现象自然就会减少。

4. 建立投资者利益保护的申诉受理通道。

发达市场经济国家，当投资者的权利受到损害时，主要诉诸法律渠道，有股东诉讼、股东代表上市公司并由上市公司付费的股东派生诉讼和由律师代理的集团诉讼等多种形式。这被认为是约束上市公司关联控制人的主要约束机制。《OECD公司治理准则》也认为提供这样的执行机制是立法者和监管者的关键职责。但在我国，由于迄今还未建立集团诉讼、股东派生诉讼的制度，即便股东个人诉讼法院也通常要将证券监管部门的行政处罚结果作为前置条件。这样投资者就很难追究上市公司关联控制人的侵权责任。在这种情况下，《OECD公司治理准则》建议的建立“其他可供选择的裁决程序，例如有证券监管机构或其他监管主体举行的行政听证会或仲裁程序是解决争议的有效办法，至少在争议的最初阶段是这样的”的意见，值得我们采纳。建议由证券监管部门像组建发审委、重组委一样，组建常设的投资者投诉审理委员会，专门受理公众股东投诉。对股东投诉控股股东或董监高违反忠信义务的侵权行为，做出行政裁决和处罚。对不执行裁决的，股东可以依此向法院起诉强制判决执行。只有当上市公司关联控制人的任何侵权行为都可能受到追诉的情况下，投资者保护才能落到实处。就如国内近来对失职券商的处罚严厉后，券商立即全面强化了对其保荐企业的审查。国际经验也表明，上市公司的董事高管随时可能因违背对全体股东的忠信义务而被追诉时，这些人才会真正承担责任，有切身利益和自我保护的机制去抵制来自控股股东或董事长、总经理的违法违规要求。

二、改进完善上市公司收购管理办法

上市公司的收购兼并从来是证券市场上最热门的话题。中国证券市场上很少上市公司之间的收购兼并，但收购重组之多恐怕是世界之最：上市多年的老企业多数都经历过重组，不少企业则经过多次重组。总体来看，国际规范市场上收购的主要目的是为了实现资源整合，即相同产业包括上下游企业的收购兼并，或向相近产业的延伸发展，达到人员、技术或市场资源整合，以降低成本、提高效率、优化资源配置，因而通常是上市公司之间的合并或者是优势企业收购兼并弱势企业，或将上市公司收购下市后重新整合或分析上市，也有的收购是为了改变和更替低效懈怠的管理层。总之，收购不是强强联合，就是优胜劣汰，是个价值创造的过程。我国证券市场上的众多收购重组则大不相同，多数是业绩欠佳的上市公司去收购绩优或市场吹捧的新概念企业，实现所谓借壳或变相换壳，而且多是将场外优质资源或概念注入场内劣质的壳，使差企业起死回生，乌鸡变凤凰。从经济总体来说，这种将资源从场外倒场内的转换，并未实现任何价值创造，相反往往因为是破瓶装新酒，还是资源配置的劣化和价值贬损。更有不少企业重组几年之后，概念炒作完了，又变回原样。证券市场似乎变成了不断化优为劣的场所。证券市场上质优价低、质劣价高的现象还进一步导致估值和投资理念的扭曲，导致资源配置的劣化。其实，中国证券市场之所以长期扭曲至此，无非是源于监管者对 IPO 与收购重组实行了双重标准：新股上市即 IPO 要排队多年，而收购重组随到随审、不必排队；同时对重组置入上市公司资产的审查标准明显低于新股 IPO。对这种受到吹捧的所谓资产重组和壳资源炒作的危害，人们已经陆续有了一定认识，只是入病已深，一时难以自拔。近一段时间以来，证券监管部门对壳重组和中概股回归的从严控制，对这种越演越烈的投机炒作开始起到了一定的降温作用。

万科之争则是近年来刚兴起的另一种类型收购，即一些多元化经营、以资本运作见长从而债务杠杆率高、透明度低的非上市集团化企业，凭借借贷和社会资金试图控制业绩优良债务率低的上市公司，以进一步扩大资本运作规模，依靠资金为王，实行赢者通吃。许多相信资本市场上本来就是简单钱多说了算的人，对这种收购持肯定态度，而相信资本市场也是有法治规范和功能导向的人则对这种做法的合规和合理性提出质疑。这导致万科事件在各界引起了巨大争论和分歧。不错，法无禁止即可行。但高度法治化的现代金融市场，合法合规与否完全取决于法规的制订和执行。发达市场上股权分散的现代企业制度模式的发展与法规导向密不可分。那么，从证券市场的功能和其与实体经济的良性互动来看，法规究竟应当鼓励或限制什么样的收购呢？

就短期而言，在中国当前去产能、调结构、降杠杆的大形势下，资本市场应当鼓励的是以权益性融资去收购兼并淘汰落后产能。遗憾的是，这方面的收购还很少出现，法规在这方面也缺乏支持。万科类收购是加杠杆，淘汰的也不是落后而是先进的行业标杆。这样的反向案例能够在今天金融多头监管的环境中左右逢源、大行其道，显然值得我们的相关部门认真反思、亡羊补牢。

当然，也许有人说，制度法规的建设也不能过于短视。那么我们就从更宽远的视角来审视这个问题。

首先是收购主体和收购资金来源。国际规范市场通常对于管理公众资金的金融类企业和基金投资上市公司有着严格的法规限制。如美国金融企业集聚的纽约州规定人寿保险公司用于购买任何一家公司的证券不得超过其资产的2%，其他保险公司不得超过资产的1%，就是出于保险公司必须分散风险的考虑。我国的相关规定就相当宽松，所以保险公司才能集中资金去大量购买同一上市公司的股票。再加上中国的保险公司还有实际控制人，保险资金还可以创造性地配合其实际控制人的公司去举牌收购上市公司，这不仅在美国这样的法治环境中匪夷所思，就是在中国也是令人脑洞大开，以至相关监管部门也不得不出来公开批评这种把保险公司当作提款机和融资平台去配合其实际控制人的越界行为。其实，美国2008年金融海啸的教训已说明，即便已经有法制的防火墙，对于金融资本花样翻新的逐利创新，若无警觉和制约，也一样会酿成大祸。我国的公募证券投资基金与国外一样，并无收购或与他人联合收购上市公司一说，并非他们不知集中资金和信息优势收购控制上市公司可以获取更大收益乃至暴利，而是由于法规对其投资于同一上市公司的持股比例和资金占基金净值二者均有严格的限制。

这次万科事件中引起争论的另一大问题，就是大规模使用杠杆资金。本来，我国银行法规定银行信贷资金不得用于权益性投资，但是对于银行理财资金使用这样新生事物则缺乏及时规范。这次宝能举牌万科，主要撬动的就是银行理财资金。用表外的银行理财资金做成基金或资管产品，去增资购买企业股权，然后企业再用这笔钱作为本金出资，银行继而配以更多资金做项目，这是当前在证券和房地产业都极为流行的做法。这种表面上绕了几个弯子的戏法其实用的几乎全是银行的钱，但只要有股票或土地做抵押，中小银行抢单、各家大银行也硬着头皮跟进。在目前银行理财产品都在实际上被迫保证刚性兑付的情况下，这种高度杠杆化短期资金的长期使用，若市场稍有风吹草动，就会产生极大的金融风险。

除了金融风险，高杠杆收购还有严重的公司治理隐患。许多杠杆资金来源于资管产品，其存续期很短，往往是收购刚完，新的一届董事会任期刚开始，其存续期已到，股东身份都不存在了，但却已经获得或影响了公司控制权和治理结构，这样的公司和收购者当然很难有长期行为。还有些收购者控制权还没抓到或没抓稳就已经将手中的股权全数质押，使自己的股权成为残缺的股权，建立在这种股权基础上的控股权和公司治理结构当然是不稳固的。再加上这种高杠杆的收购者通常为多元化经营的集团，目标很多、摊子很大、负债很重，收购上市公司只是整体战略的一个棋子，并不符合市场鼓励透明度高、关联交易少的整体上市目标。

有人说，杠杆收购在美国的20世纪80年代曾风靡一时，后来虽然遭到诟病并导致反收购立法的阻击，并因80年代末和2008年的两次金融市场危机而受到沉重打击，但今天仍然还是一种流行的收购方式。我们也不应惧怕排斥。值得指出的是，美国杠杆收购LBO的英文全文是Leveraged Buyout，本意是用杠杆资金收购上市公司的全部股权，收购成功后上市公司下市，收购者将公司分割出售包括重整后重新上市获利。前一段时期流行一时的中概股的私有化就是通过高额举债进行杠杆收购的典型案例。收购人通常是与上市公司的经营者联手或本身就是上市公司的大股东。这种高杠杆收购由于举债数量大、承诺事项多、时间跨度长，最终还得依赖标的公司今后出售即主要是重新上市的市场溢价套现，因而各种意外都可能发生，收购者也要承担很大风险。但对于上市公司的社会公众股东来说，这种溢价收购通常会使他们一时受益因而受到欢迎（当然有时因为收购虽有溢价但相对于当年发行上市价格仍然较低，也会遭到股东抱怨，甚至威胁起诉，以逼迫原大股东收购者提高收购报价）。但这与中国A股市场上的高杠杆收购只是收购少数控股权是有本质区别的。因为控股权收购对于社会公众股东来说，只有部分适时兑现的投资者可以肯定获益，而对长期持股或跟风进入的投资者来说，却是要承担控股权改变企业后续究竟如何的风险。故简而言之，美国的杠杆收购，无论如何高财技高风险，承担责任的仅仅是收购者，而中国A股的纯控股权收购，高杠杆带来的风险及其后续消化，则是要由广大公众股东去承担。因此，这种用短期借债资金进行高杠杆收购上市公司控制权，以及一些收购者尚未取得控制权就已经将股票尽数质押再融资的杠杆使用，自然就不能随心所欲，而要进行管理和规范。

其次，是上市公司收购与反收购的政策法规边界。

收购兼并是资本市场的重要功能。一般认为，收购兼并的积极意义在于其可以发挥资源整合协同的价值增值效应，因而被认为具有价值创造和价值发现功能而被肯定。特别是在美国等经营者支配占主导地位的市场中，收购兼并即企业控制权市场的存在被认为是迫使经营者不敢懈怠的重要外部市场力量。但是，由于收购兼并同样可能源于收购者过于自负的野心、误判和套利的需要，也未必带来价值创造，相反由于过高的交易成本以及对公司正常运营造成的长时间侵扰，会造成社会净收益的损耗。正因如此，反收购也就有了其存在的合理性。

总体来看，保护公司和股东的整体和长远利益，并有利于企业履行其社会责任，而不是保护公司内部关联人的私利，是以美国为代表的发达市场收购与反收购政策法规探寻的平衡。由于在发达市场上，上市公司普遍具有自主发行股票的权利，董事会通常也有在股东大会预先授权后机动定向发行不超过总股本 20%新股的权利，不少市场又允许发行不同投票权的股票，有的在反收购法规保护下还可以采取区别对待原有股东和新进入收购者的歧视性政策，即被称为采用“毒丸”计划的权利，故上市公司可采用的反收购的手段比较灵活多样。而我国证券市场长期盛行所谓优质资产注入的协议重组，对收购方的政策相当宽松，而作为被收购的上市公司由于没有自主发行股票、可转债的自主权，对付敌意收购的防御工具很少，故而万科之争引发了两种不同的连锁效应。

一是陆续开始有一些业绩良好的上市公司受到敌意举牌的威胁。与万科类同，往往是资本平台式或金融类企业觊觎拥有资源的产业乃至龙头企业，而且越是股权比较分散、职业经理人已经拥有小比例股权、发挥相当自主经营作用、治理结构较为透明的现代企业制度企业，越容易成为收购目标。但由于制度和法规没有提供反收购的空间，因而在敌意收购威胁前赤手空拳，缺乏武装。显然在这种攻防失衡的情况下，如果仅仅凭借一时的资本运作乃至杠杆使用的资金优势，就可轻易收购、控制别人辛苦经营多年打拼的品牌和实体企业，凭借资本优势和杠杆财技就可在取得少数股权控制后撤换独立经营的管理层，不仅对这些企业来说难免在事后常常会被证明是悲剧，也会在资本市场上鼓励不是价值创造而是掠夺套利的投机。这不仅对实体经济发展有害无益，同时也会加剧上市公司一股独大的畸形发展，不利于拓展我国资本市场的深度广度以及规范化与透明度建设。

二是据报道已有600多家大股东控股比例不高的上市公司也都闻风而动，用五花八门的办法修改公司章程，如对未届满董事免职实行巨额补偿，降低收购人持股变动触发披露义务的法定最低比例，提高修改公司章程的通过比例等，试图在潜在的收购者出现和敲门之前，利用中小股东参与率低从而使自己当下的投票优势筑起进入壁垒，甚至造成“一票否决”的格局，以维护自己对上市公司的控制乃至垄断地位，这样当然就更偏离了公司治理的正确方向，也使中小股东更加边缘化。因此，根据万科之争后出现的这些新情况，修改和完善我国上市公司收购管理法规，划清正当的收购防御和滥用现任董事会和控股股东权力的界限，已经迫在眉睫。

这方面可以考虑的法规修改的内容包括：

1. 提高上市公司收购的披露要求，改进对上市公司控制人的认定和约束。

我国现行法规要求收购上市公司股份到达5%时需披露，尔后每增持5%均有强制披露义务。这个要求过于宽松。建议与国际规范市场接轨，在收购跨越5%的界限后，每增持1%均应披露。同时，可以借鉴美国证监会的做法，对改变或影响发行人的控制权为目的，或与以此为目的人有关联，在收购5%之后每增持1%，必须填写专门的披露表格。填表人故意误述或误导，要承担刑事违法责任。对不以改变或影响发行人的控制权为目的某些特定股东，如券商、基金等机构投资人，则可放宽至每增持5%再披露的要求。

同时，我国过去面对第一大股东控制上市公司的现实，重在强化对上市公司控股股东和实际控制人的监管。但为了规避目前收紧的重组新规，现在上市公司控股股东和实际控制人变动频繁，方式也五花八门。有的公司为逃避实际控制人的责任追索，蓄意将控股权分散持有，甚至干脆声称公司没有控股股东和实际控制人。因此监管必须与时俱进，重新严格定义公司控制人的概念。如前介绍，在美国证券法规中，上市公司控制人（a controlling person）并非指一个人，而是指所有上市公司关联人（affiliate）和内部人（insider），即那些有能力通过直接或间接的方式去控制或影响上市公司的人。这些人包括但不限于公司的全体董事、高管、持股10%以上的股东（见美国安然等公司丑闻后，《塞班斯-奥克斯利法案》修订的美国《证券交易法》第16条以及美国证券会网站关于上市公司控制人的说明）。如前所述，这些关联人或内部人的信息披露与交易限制都极为严苛。我国现行法规对上市公司控股股东更别说其他重要股东的股权交易限制很少，而且只要不是原始发起人股份，在二级市场交易特别是协议转让和大宗交易更是畅行无阻。建议将我国上市公司控制人扩展为重要关联人。鉴于我国上市公司董事、高管执行的几乎都是大股东的意志，对持股10%以上的股东、影响公司控制（如提名董事、高管等）的持股5%以上的股东及其他各种形式的一致行动人股东定义为公司重要关联人。对公司重要关联人股权的所有场内外交易实行严格的信息披露和交易与再交易限制，使上市公司重要关联人的权利与责任义务相对应。

2. 改进收购交易方式，推动要约收购。

显然，只要准确锁定影响上市公司控制的所有关联人，对其实行严格的信息披露与交易再交易监管，那么，现行各种隐瞒收购意图、企图，不动声色地用低价从公众股东手中大量取得股票的办法就很难走得通，而必须通过要约方式进行收购。要约收购方式由于对大小股东一律平等，是一种更能保护公众股东的收购方式，故也是欧盟收购指令规定的上市公司控制权转移的主要形式。我国由于长期以来采取的是鼓励支持资产重组的收购政策法规，收购者通常通过协议转让和注入所谓优质资产方式获取上市公司控股权，收购法规尚未考虑敌意收购优质上市公司情况下的投资者保护问题，故而将要约收购的触发点定得很高，即便触发也通常豁免要约收购义务。这使得中国的上市公司收购基本上是大股东之间的私下交易，转让方的原控股股东往往可以有很高的溢价收入，而广大公众股东则无缘参与，只是交易结果的被动接受者。这种惯例在目前开始出现的对优质企业敌意收购中就可能严重损害公众投资者的利益。还有一些收购者通过分散的代理人秘密从市场上收集股票，规避信息披露义务，以降低收购成本。因此有必要借鉴国际规范市场经验，严格披露要求和限制重要关联人股东的二级市场交易，引导和推动上市公司收购主要以要约方式进行，从而使收购活动更公开透明，让公众股东成为决定敌意收购成败的主人。

3. 规范上市公司使用合规的反收购工具。

反收购的正当性是保护上市公司和股东的整体与长远利益，而不是为了保护现有控股股东或管理层的私利。因此，随意降低收购的法定披露线、提高修改公司章程的门槛、延长董事任期和巨额补偿免职董事的做法，都必须受到制止和规范。实际上，国际上为防范敌意收购的所谓交错董事会安排，董事任期通常也不超过三年，且每年可改选三分之一。在正常的同时到期的董事会中，董事固然可以连选连任，很少任期限制，但董事任期通常只有一年，需要在每年度的股东大会上接受股东再选举，以强化董事对全体股东的信义责任。故任何反收购举措不能脱离法治轨道和损害公众股东权益。同时，在我国当前上市公司几乎没有合法的反收购工具可用的情况下，明确划分上市公司合理合规的反收购界限，保护股权相对分散、经营良好的上市公司维持稳定的公司治理，免受套利游资对公司控制权威胁导致对公司正常发展的侵扰和消极影响，也是非常必要的。

鉴于我国目前的法规还不存在上市公司自主发股或采用“毒丸”计划反收购的可能性，更没有任何反收购立法，可以借鉴的合法反收购工具是对试图影响上市公司控制权的股东的身份限制。由于上市公司控制权争夺并非一般的公众股东能力所及，故对试图影响和控制上市公司的股东身份做出规范化的要求，并不侵犯相反是保护大多数公众股东的权益。如美国《证券交易法》规定，股东有向年度股东大会提案的权利，但提案资格为持有一定数量的股票并且至少持有已满一年的时间。美国 1976 年通过的反托拉斯改善法案要求所有超过一定金额（2016 年为 7820 万美元，额度逐年微调）的收购，需预通知反托拉斯机构，待无异议后方可进行。众多对反收购立法的州还规定，在收购达到若干关键百分比时，除得到标的公司无关联股东的多数同意，则不能行使或限制行使其收购股份的投票权。另除满足某些特定条件，收购者与目标公司的业务整合需有几年的“冻结期”（freeze-out period）。美国纽交所道琼斯平均工业指数30家公司中有28家的章程允许股东提名董事（通常是由独立董事组成的委员会提名），但规定只有连续三年持有公司3%以上股权的股东才有权在股东大会召开前120天至150天提名董事，同时提名的人选连同之前两年股东提名的人数总计不能超过董事会成员的20%。显然，这些规定主要出于防范游资冲击、保护公司稳定治理和实施长期战略目标。建议我国的收购管理办法吸取这一办法，除履行全面要约收购义务或以部分要约成功取得上市公司多数股权的收购人，均需在连续三年持有3%以上股权时才有权提名董事。

4. 限制采用杠杆方式、禁止使用违法手段取得少数股权控制上市公司。

以杠杆特别是短期杠杆资金取得上市公司控制权会造成各种隐患和公司治理结构的不稳定。现行上市公司收购管理办法关注了收购人的负债问题，但以有较大债务且不能按期偿还为收购红线，显得过于简单和僵硬。建议除履行全面要约收购义务的杠杆收购，使用借贷资金、信托理财资金和股权质押等方式谋取上市公司控制权的收购，应当通过证券监管部门的专门审查。对于以资管计划方式融资参与上市公司收购的，若在上市公司换届选举董事时，其资管计划即股东身份存续期短于董事任期，应限制其选举董事的投票权。至于以收购、控制上市公司为目的又规避信息披露规定，用违法违规方式取得的股权，属于涉嫌欺骗市场和公众投资者的内幕交易和市场操纵行为，但目前只作为一般信息披露违规从轻放过，导致越来越多的收购人以这种违法方式收购股权，以致造成部分上市公司陷入治理混乱的股权纠纷之中。对这类明显严重违法的行为，监管者应明确立规，不仅应强制其卖出以违法方式取得的股票，还应追究其法律责任。

5. 鼓励和规范机构投资者参与公司治理。

管理社会资金的机构投资者对上市公司进行股权投资，逐步改变A股市场以个人投资者为主的结构，是证券市场发展的趋势和方向，应当受到大力鼓励。保险公司、社保基金、企业和行业年金等机构投资乃至举牌上市公司，对改善上市公司治理结构可以发挥很积极的作用。但应与对公募证券投资基金的法规要求相一致，明确其购买同一上市公司证券的持股比例与占自有资金比例，禁止使用社会资金的机构投资者利用资金优势，单独或与他人联合收购控制上市公司。因为这既易造成对产业资本不必要的侵扰，加剧市场一股独大的结构失衡与低效，也违背了机构投资者本身的使命和分散风险功能。

以个人投资者为主的市场特征之一是上市公司投票率很低，如我国 A 股市场上市公司的公众股东参加股东大会的投票率通常在个位数，一般远低于控股股东的投票权，对公司治理很少发挥作用，使股东大会的决议很容易被仅持有少数股权的大股东操纵。这与发达市场上上市公司投票率往往若干倍于大股东的投票权完全不可同日而语（如美国道琼斯工业平均指数 30 家企业的第一大股东持股比率平均在 10%之下，而其股东大会投票率都在 80%以上。同时法规要求上市公司有效决议的投票率不得低于总股本的三分之一，而一般上市公司章程均要求不低于二分之一）。因此，提高我国上市公司股东参与和投票的比率是改进治理的重要一环。

在个人投资者为主的结构一时不会根本改变的情况下，借鉴国际经验，建立发挥证券托管人的代理投票机制是可以考虑的一个途径。《OECD 公司治理准则》指出："保证股东的投票权在未得到同意的情况下不得由托管人代为投票，以及不至于因为托管人在投票表决前为取得股东核准而增加过多负担，在这两者之间取得平衡是非常必需的。向股东充分说明而没有得到反对的指示，托管人将按照自己所认为的符合股东利益的方式进行投票。"我国现行的法规没有允许股票托管人代理投票的规定。这次万科之争中资管计划的委托投票权的问题就引起了很大争论。其实银行理财资金在没有得到资金真实所有人授权下的委托或代理投票是存在明显瑕疵的。正确的做法是，在规范和清理杠杆资金委托代理投票的同时，开启托管机构代理投票的正门。发达市场随着机构投资者越来越扮演主要角色，现在的趋势是开始逐步废除那些自动让托管机构为股东投票的条例，要求托管人在投票前更充分地向股东说明情况而未遭反对时，才能代理投票。在我国目前以个人投资者为主、上市公司除大股东外的投票率极低的情况下，吸取别人走过的道路的经验，建立我国的证券托管机构主动代理投票制度，对改进公司治理、保护公众股东利益会有积极促进作用。

三、坚守证券市场的法治底线

国际上资本市场发达国家的共同特征是法治比较健全，投资者对产权保护有稳定的预期。中国正在建设全面法治社会，虽然来日方长，但对证券市场的发展来说，是积极的外部条件。证券市场本身的建设更应当先行一步，努力坚守法治市场的底线。

正如哈耶克所说："撇开所有的技术细节不论，法治的意思就是指，政府在一切行动中，均受到事前规定并宣布的规则约束。这种规则使得一切个人有可能确定地预见到当权者在特定情况中会如何使用其强制力，并据此知识来规划自己的个人事务。"因此，监管者本身政策的连续性、稳定性和信息披露质量至关重要。政出多门、朝令夕改、选择性执法都是法治的大敌。

中国证券市场由于诞生于计划经济向市场经济转变的特殊阶段，不可避免地带有这个转型期的烙印。特别是在早期阶段，证券市场是作为帮助国有企业脱贫减负的工具。因此，剥离分拆即关联交易很多的非整体上市、不上市的集团控制上市公司，乃至一家公司几块牌子的现象都是这个市场早期的特征。在长时期中，上市就是为了融资圈钱和高价兑现致富而很少考虑投资者回报的情况极为普遍。市场监管者在为国家经济政策服务，其中特别是为市场主体国有企业融资发展服务与推行市场化改革、稳定市场与投资者情绪等多重目标之间艰难腾挪。2015 年股市的大幅震荡突出暴露了这种多重目标的追求往往相互矛盾，结果反而事倍功半，达不到其中任何一个目标，甚至损害了监管者的公信力。这次万科之争中众多涉嫌违法违规的现象，也是因为涉及多部门监管交叉、高杠杆的金融风险处置以及企业的特殊身份等问题，给市场留下了不少困惑。

但无论有多少困难和阻力，中国经济要实现跨越中等收入阶段的持续快速增长，是中国政府已经确立的战略目标，也是我们在当今这个历史阶段的主要挑战。要实现这样的目标，就不可能缺少一个强大的资本市场。从历史上看，无论是当年称雄的英国，还是当今仍居世界经济潮头的美国，无不得益于一个强大的资本市场。现在中国已经是全球第二大经济体，面临着实现中华民族伟大复兴梦想前所未有的机遇，强大的资本市场对于推动经济成长、维护金融稳定不仅不可或缺，而且比任何时候都更加紧迫和重要。

建设一个强大的资本市场，没有任何捷径和取巧的方法。在我国当前的情况下，关键是要排除一切干扰，坚定不移地稳步推进十八届三中全会提出的证券发行市场化的目标，根治我国扭曲的资产重组痼疾，全面改进上市公司治理的制度框架，健全证券市场的法规体系，平等对待各类市场主体，公平执法。唯有如此，直接融资才会有大的发展，企业的杠杆率才会下降到合理水平，投资者的权益才能得到有效保护，我们才能真正迎来融资便利、投资踊跃的资本市场新时代。

“宝万之争”考验市场主体与市场生态

从2011年起担任万科独立董事的华生教授，近日接受了新京报记者的专访，这也是他第一次通过媒体就“宝万之争”表态。

但因万科尚未召开董事会会议，华生将他的发言定位为一名经济学家。

他认为，宝万之争的核心在于宝能是否要收购和控制万科，但宝能至今并未披露其真实意图，这增加了市场的不确定性和猜测。此次万科面临的危机首先来自万科管理层自身的懈怠与失误，宝能如以收购控制万科为目的，两强相争必有一伤，甚至两败俱伤或多败俱伤。宝万之争是对中国证券市场生态的一大测试和考验。

谈宝万之争焦点：
宝能的真实意图是关键

新京报记者：宝万之争的焦点是万科管理层与宝能的较量，他们之间的矛盾点在哪？

华生：宝能和万科一样，也是做房地产的企业，而且布局和雄心都很大。但客观说，过去听说过这个企业的人恐怕不多。作为一个健康的资本市场，并购重组是推动资本市场前进、增加市场活力的重要杠杆。但好的资本市场是优胜劣汰，强大的行业龙头兼并弱势企业，使得整个管理水平提升、资源配置优化。行业中的落后者收购重组龙头标杆企业，很难是资本市场良性运作的方向。一定是什么地方出了问题，比如市场构造、政策环境以及各种阴错阳差等。

其实，宝能投资万科，作为财务投资者，与万科并无利害冲突，还可以交流互补。但若宝能要收购、控制万科，就会跟万科特别是现管理层的利益与诉求产生绝对的对立。因为宝能的文化确实是家族企业，老板一统天下、说一不二、亲力亲为，而万科管理层特别是王石认为，自己几十年把万科做成一流的规范企业，向来以老大自居，特别在意自己的市场声誉，根本无法接受被人收购去为二三流的地产企业打工。一山肯定不容二虎。从这个意义上，我们也能理解王石开始就跟宝能老板谈崩的原因。以王石的老道，当然知道宝能掌门人所说的以后我当老板，你还是老大，只是收购未成时的策略和客气话。

新京报记者：可以理解为，您认为宝能的战略意图相当关键？

华生：宝能多次举牌，现已稳居第一大股东。我觉得这时候信息披露是非常重要的，到目前为止宝能没有披露，也没有被要求披露，这是不应该的。你已经买了这么多，到底什么意思？市场和投资者都需要清楚的信息披露才能决定自己的投资行为。

如果宝能是以全面控制万科成为实际控制人为目的，那很多投资人就可以不卖出股票，等待宝能收购、股价继续上涨。而如果宝能作为财务投资者可以与万科妥协，那投资策略又完全不同了。因此，信息披露是证券市场的生命线。

新京报记者：在宝万之争中，宝能运用了许多资本手段举牌万科，您怎么看待宝能所面临的风险？

华生：当然也有很多风险。因为历史一再证明用高杠杆买股票风险从来就很大，更不用说还要长期持有做大股东。另外，用保险资金来配合实际控制人，把保险机构作为融资平台，保监会已经提出公开批评，是否要改正，这也有政策风险。另外，宝能借那么多钱、花那么大代价收购控制万科，到底图什么？光靠股权分红连融资成本都不够，更不必说后来的高价抢购了。但如果是看中万科手上的几百亿现金和利用重组万科的优质房地产资源，这就有个同业竞争、关联交易和上市公司利益可能受大股东侵害问题，这里面也涉及大量政策风险。

谈万科管理层：被敲门与懈怠、失误分不开

新京报记者：有声音认为，宝万之争中万科管理层也有不可推卸的责任，您怎么看？

华生：应该说这一次万科出现被敲门的情况，职业经理人起主导作用的治理结构受到了巨大的挑战，跟管理层的懈怠、失误是分不开的。所谓苍蝇不叮无缝的蛋。

新京报记者：万科管理层的懈怠是怎么表现出来的呢？

华生：就是有些自满自得，自满自得的人容易飘飘然。一说就是我们是最好的团队，万科是最标杆的，这些话别人可以讲，自己是不能讲的。谁能优秀到那个程度？优秀的企业家始终就像比尔·盖茨讲过的话，企业永远离破产只差 18 个月。所以，有网友评论 18 个月就要破产的人，能到处去爬山？跑到西方去游学？

当然，不是说企业家、职业经理人不能去做这些，而是当企业存在很大风险和隐患的时候，你还高枕无忧、轻松潇洒，那这之前你肯定是失察，是懈怠，是麻痹大意，是自满自得。而且你有那么好的企业和资源，却没有将其潜力都挖掘出来，所以万科的市值才会被低估，成为人家的目标。如果万科是高估的，几十倍市盈率，宝能还会敲门吗？

新京报记者：这些是懈怠，具体的失误又有哪些？

华生：万科管理层对万科法人治理结构所面临种种问题的防范，应当说是非常差的。在股权结构上，早该想到要引进一些互补性的机构投资者。如果里面有两三家像华润这样的大股东，还有人来敲门吗？

另外，公司的章程虽然有统一规范的要求，但也给了企业有一定自主决策空间。比如许多公司防止董事在任期间被举牌者更换，将罢免董事列为重大事

项，需要经过股东会三分之二通过。万科却没有。反过来，定向增发是由自己主导的，万科却列为重大事项，要三分之二通过。正是由于自己这个章程的规定，万科这次想借重组增发摆脱危机，在股东大会通过的难度就倍增。人家修长城，是把敌人堵在外面，万科却是搞个绳子，把自己的手脚给捆住了。

万科章程里对控股股东的规定也很奇怪。股份超过 30% 为本公司控股股东，可以提名一半的董事。这个规定其他上市公司都没有。我猜想万科当年制定这条的时候，是怕别人恶意收购，觉得只有过 30% 触发全面要约收购，才能当控股股东，因为当年有一个 30% 会触发要约收购的法规。

后来证监会收购管理办法修改后超过 30% 不用要约收购，部分要约就可以，甚至进行爬行收购还可以豁免所有要约义务。法规改了，你也得改啊，因为你的老防线已经成了马其诺防线，不管用了。但是万科的章程却没有做相应修改。本来在宝能开始举牌的长时间内，也是来得及修改的。这样一错再错，现在自然被动了。

所以万科的管理层被投资者，包括被很多舆论批评，我认为也不冤枉。该做的你没做，那你就得为自己的错误付代价。

新京报记者：这也是这次舆论上很多人对万科的批评，他们认为经营层就是为股东打工的，本来就不该有什么“宝万之争”，王石和万科经营层摆错了自己的位置。你怎么看？

华生：这个批评有部分道理。公司经营层无论有多大贡献，包括持有一部分股份，也都不能以主人自居，即使是公司的创始人，你引进了其他投资者，这个公司就不再完全属于你。苹果公司是乔布斯在自己家里创办起来的，后来还是被公司董事会扫地出门，若干年后因公司需要才又聘回来。通用公司的韦尔奇不是创始人，但对通用发展贡献巨大，一时被称为全球第一 CEO，退休也得离开。让经营层始终有压力是现代企业制度的重要机制。从这点说，这次宝能举牌收购万科，触及灵魂地敲打了万科经营层，也有积极意义。

但是，说公司控制权之争只能是股东之争这也是片面的。这只适用国内目前普遍是一股独大的特殊情况。现代上市公司西方股权分散是很普遍的现象，这时凡得不到公司董事会支持的收购通常被称为敌意收购（hostile takeover）。公司董事会作为股东选举产生的公司唯一合法代表经常拒绝收购方提议，并努力争取广泛的股东支持，迫使举牌方不断提高收购报价或放弃收购。万科此次面临收购至今没有召开董事会商讨宣布对策，而是由管理层轻率发表个人好恶的意见，这也是其在舆论战中陷于被动的原因。

谈宝万之争结局：

宝能收购成功的可能性不小，但预后不佳

新京报记者：宝万之争的结局会是什么情况？

华生：从目前来看，在监管层保持中立的情况下，由于前面万科管理层的一系列错误，只要宝能有决心有资金支持，我个人看有成功机会。宝能占股比例这么高，再借点钱，可以利用万科章程的缺陷来控制万科。

如果宝能以控制万科为前提，那么，万科无论拿出什么样的重组方案都会被宝能反对，其通过的可能性很小。原因很简单：一、宝能现在已经占有近25%的股份了，万科难以再争取三分之二多数支持。二、万科这么大体量的地产公司，很难拿出任何使股价在高位继续上涨的方案，这样中小股东在利益上更易趋于宝能。三、公布重组方案后要复牌，复牌到表决需要一段时间，这个时间段除了宝能系，其他人很少会高价追入，故万科方案要获得三分之二的支持就更难了。

新京报记者：宝能若收购成功，中小股东的命运会如何？

华生：如果宝能收购成功，在这个过程中炒作并成功出逃的中小股东会赚钱，但对收购成功之日起的万科全部中小股东，很难是好消息。因为收购题材完结，股价势必从高位大幅回落。从中长期看，除非你相信宝能真能把万科经营得比现在更好，也绝不会在整合中为了自己全资拥有的宝能地产而侵占他只拥有部分股权的万科利益，否则显然不能久留。而且宝能控盘后随着万科现经营层的股权难免变现退出，许多原先欣赏万科透明治理结构的机构投资者退出，以及华润在万科变为家族控股企业后不能不做的重新布局考量，客观说预后难以乐观。

如果宝能收购成功了，最后却落得一地鸡毛，对资本市场、对国企改革、对公司治理结构、对社会股东利益的作用都是消极的。走到那一步，显然是大家都不愿意看到的。

谈宝万之争“入局者”：最好的结果是各方在规则内妥协

新京报记者：宝万之争最先显现的结果就是华润“下位”，华润对万科有何意义？

华生：华润以国企身份长期作为万科第一大股东，保证了公司治理结构的稳定性，实际上起了定海神针的作用。据我所知，有一次审计署把万科审得也差不多断了半口气，为什么审计它？很重要的原因，就是有国资。它客观上对万科的治理结构的规范化就有很大的影响和威慑力。俗话说国有企业缺效率、家族企业缺法律，好的模式就要混合所有。华润大股东不控股，没有直接去管理，而是利用职业经理人，利用他们个人的职业奋进心、对自己声誉的追求、对自己利益的关心，这是国企国资改革的一个样本和方向。万科能够成为行业龙头，治理结构规范，透明度较高，职业经理人爱惜自己的羽毛，华润起了巨大作用。

新京报记者：但这次华润基本上没有出手，类似旁观一样，华润是不是应该出手保住万科？

华生：我倒觉得华润的行为是可以理解的。作为万科的大股东，它过去就不是以自己控制为目的。对华润来说，这个时候出手就要高价增持，未必符合它的股东利益。甚至可能说万科股价涨到一定程度的时候，华润卖股走人，更符合股东的利益。现在中央要求以管资本为主的方式来管理国有资产，应该是以股东资本增值和收益最大化为目标，不是以控制某一个具体企业为目标。

当然肯定还有各种复杂的因素在里面。华润领导层一段时间来变化很大，它的战略还在调整中。华润本来也有比较好的机会，万科股价在十几元平台的时候，华润就增持了一点点，如果那时增持力度大些，情况或许不同了。反过来，大股东不想多增持，万科那时积极引入更多战略合作投资者，也没有任何问题。所以，还是万科管理层低估了对手和风险。

新京报记者：刚才谈到职业经理人，在资本的股权争夺当中，他们应该处于怎样一个角色？

华生：职业经理人的天职是维护所有股东的利益，不应该有自己的特殊利益，这是市场经济整个法律框架所决定的。如前所说，这种举牌购并触动了经营层，实际上有积极的意义。经营层通过董事会对股东的影响，来积极地影响企业的治理结构与股东结构，这是合理的行为。比如王石去拉别人做机构投资者，来买万科的股票，把敌意收购者挡在门外，当然可以。所以，前面说万科管理层的问题是：按照游戏规则，你本来也可以做很多事情，但是却没做。居安思危不够就罢了，危机来了还麻木、一误再误，教训是很多的。

为什么许多人不认同王石某些说法呢？因为市场不相信眼泪，你想用游戏规则以外的东西来维护你自己和你的失误，那人家就不认可了。

新京报记者：但王石好像还在寻求一些其他的股东的支持，像拜访基金，你怎么看？

华生：现在做这件事情，我认为是逆水行舟，很难。假如说你是机构投资者，我来拜访你，你会支持吗？关系再好，也不能让自己利益受损失。中小股东更是这样，谁能让眼下股价涨就支持谁。

我觉得可能最好的结果，是相关的各个市场主体包括监管者，预先都把可能的趋势和蕴含的风险看清楚，推动当事人在规则的范围内做互利的妥协。

新京报记者：其实还有一个让大家比较意外的角色就是安邦，它突然杀进，又突然表态跟万科站在一起。怎么看安邦的行为？

华生：对于安邦有各种各样的传说和说法，我对它也不了解。但在宝万之争中，我认为安邦的行为很好理解。安邦是个经营活跃的保险企业，它买了那么多蓝筹股，其中有万科，这很正常。当看到宝能大幅增持以后，它也适当地增持了。从投资上，也是个精明之举：已经看到宝能什么意图了，有钱为什么不赚？而且增加了安邦的发言权，成为一个重要的力量。

安邦跟万科没有本质上的矛盾。我从不认为，它会完全跟宝能捆在一起，除非它们原来就是一家人，否则没有必要把自己的利益捆绑在他人身上。

新京报记者：安邦会不会顺势成为了万科引进的一个重要的机构投资者？

华生：有可能，而且也不排除其他的机构，特别是跟万科的业务有关联的，互相有互补的。

新京报记者：但是大家有种比较，王石说我欢迎安邦，但是就不欢迎前海。

华生：这一点也不奇怪。安邦是一个纯粹的金融公司，前海不是。安邦不可能来经营和重组万科。安邦举牌了那么多各行各业的行业，它自己不可能都去控制，也干不了。前海则完全不同。前海是宝能的融资平台，是为宝能地产老板服务的，这与万科有直接的利益冲突。它是为了地产大股东控制万科，为了地产大股东重新改造万科，这是万科方面不能接受的根本原因。

谈保险资金举牌：
险资举牌上市公司是好事值得欢迎

新京报记者：事实上，在宝万之争前后，保险举牌也是市场关注的焦点，怎么看保险举牌？

华生：这次事情发端是因为保险举牌，怎么看保险举牌？从大的方面，保险企业是金融中介机构，逐步成为中国资本市场的重要的力量，甚至将来成为主导力量之一，这是资本市场发展的方向。我们看美国公司的主要股东大多是金融中介机构，如保险资金、养老基金和各类投资基金。巴菲特就是利用保险公司成为许多公司的大股东，但他自己并不控股管理。

机构投资人举牌很好、很重要，举牌就意味着要中长期持股，再走的话就公开化。走不了的人，他就有一个意识，这个企业不能搞坏了。我国保险业现在相对于美国、欧洲还很小，但就已显示出它的生命力和投资方向来了，我觉得是大好事。不是举牌举多了，还应该多举，这才能改变我们过去的机构投资人从不举牌，只是个追涨杀跌的大散户的状况。将来不单是保险公司，养老基金、公募基金以及各种投资基金，都应该逐步成为稳定的机构投资人，这样才能在上市公司治理结构当中发挥积极的作用，才能形成现代企业结构。就像万科，如果有几家像华润这样的法人和机构投资者，治理结构会更稳定、更健康。

另外，保险举牌的绝大部分是优质蓝筹企业，这对引导价值投资的理念，挖掘撬动和发现蓝筹板块的投资价值，都有积极的意义。至于这其中有个别人违规，那是另外一回事。

新京报记者：宝能旗下的险资举牌要怎么看待？

华生：这件事情有两点是要看到的。一、宝能旗下前海买万科，跟一般的保险举牌不一样。保险资金举牌是好事，但保险资金是社会资金，对于一家保险公司买进上市公司股份，法规是有限制的。过去保监会规定不超过5%，后来放松到10%，总体是说法律要求保险公司不是集中投资，而要分散风险。资本市场也是希望保险机构作为理财的委托人，作为一个稳定的机构投资者，去挖掘上市公司的投资价值，帮助投保人价值增值，而不是越俎代庖，自己操盘控制各行各业的上市公司去干实业。

二、保险公司跟实际控制人联手利用保险资金，帮助它的大股东去控制上市公司，我认为是不能鼓励和应该限制的。保险首先考虑的是风险控制和回避，保险公司变成大股东的融资平台，就给保险资金带来了一个额外的风险，偏离了保险资金的使用方向。

谈“宝万之争”对市场生态的考验：万科还有反击空间

新京报记者：如您所说，万科管理层错失了许多机会，目前已经很被动。

这是否意味着接下来的主动权已经完全在宝能手中？

华生：前期宝能计划周密，利用万科的失误和章程漏洞，包括利用监管规则打擦边球，占据了可进可退的主动局面，显示了其掌门人的眼光和精当。但如前所说，这其中也累积了一定的融资风险和政策风险。但有这样一个千载难逢的兼并龙头标杆企业的商业机会，估计宝能不会，也不愿轻易放过。只是如果宝能接下来以控制万科为目的、继续加杠杆强行收购，还会暴露出更多的软肋和冒更大的风险。万科如果吸取经验教训，不再犯新的错误，也不是已弹尽粮绝。因为不管万科管理层过去有多少失误，万科毕竟是业内公认的优秀行业龙头，其作为国资国企改革和现代企业制度治理的样本弥足珍贵。中国股市一股独大、治理不透明的企业比比皆是，而如万科这样治理透明的现代企业则寥寥无几。因此，希望“宝万之争”是多赢而不是多输结局应当说是市场上的理性声音。我过去从未当过上市公司独董，当年时任深圳证监局局长的张云东正是用万科的特殊性打动了我，我才破例同意在不领薪酬费用的前提下出任这个独董。尽管这些年来我对万科管理层的某些做法有自己的看法，也提出过不少批评建议，但在万科当下遇到困难和危机的时候，我是会支持公司的。

上面说过，重组增发是逆水行舟，难度很大，一旦失败退路就更少了。因此万科现在一个可行的做法是修改公司章程，将控股股东定义为履行了全面要约收购的举牌者。增加这一条就保护了在宝能收购成功时所有其他股东有高价卖出的权利，因而容易争取各类法人和机构投资者以及中小股东的支持。在万科停牌期间宝能又没法增持股份，同时修改章程H股股东也会参加投票并一般会支持修改，这样通过胜算更高。据说宝能系为了避免触发香港市场的要约收购规定，在万科H股上不买一股。宝能收购对万科H股股东几乎没有任何好处。这样修改章程后，宝能即便以后收购万科30%的股权，仍不能控制董事会，收购的意义就会大减。

另外，保监会已对保险公司成为大股东或实际控制人的融资平台提出批评，万科可以经董事会批准，向保监会提出申诉，要求前海人寿限期纠正其错误做法，并在纠正卖出股票前限制其投票权。

最后，如果宝能成功否决了万科章程修改议案，试图增持万科股份至30%以上成为控股股东，万科可经董事会决议，向证监会提出申诉，要求审查宝能的收购人资格。因为宝能虽然目前还不直接属于证监会收购管理办法第六条中“负有较大债务，到期未清偿”因而不得收购上市公司的主体，但确实属于债务巨大、杠杆率高有潜在清偿风险，且有利用保险资金作为融资平台的涉嫌违规行为，可以纳入收购管理办法中规定的“中国证监会认定的不得收购上市公司的其他情形”。同时万科还可联合华润等减持受限的机构投资人及董监高申请证监会不豁免宝能的要约收购义务。因为鉴于宝能收购万科后会带来同业竞争、关联交易等一系列不利因素和不确定环境，可以申请要求宝能收购30%时额外履行全面要约收购义务，以保护广大中小投资者有高位卖出的选择，包括特许万科被限售的大股东和董监高有卖出回避风险的权利。而在目前证监会对大股东和董监高的非正常减持限制下，这些相关股东丧失了在面临敌意收购这种特殊情况下用脚投票的权利。

总之，离开道德情怀，严格按照市场规则和维护证券市场健康发展的要求去博弈，万科还有相当迂回的空间。而在讲究实力的资本市场上按规则博弈的空间大了，双方妥协让步实现双赢的概率反而会大大上升。客观地说，我国A股市场上各种奇葩的壳资源收购重组大行其道，强优劣汰的产业购并则罕见踪迹。政策生态对壳收购大开绿灯，对优秀企业被收购的保护措施尚未提上日程。被收购人缺乏国际市场上通行的“毒丸”计划及不同投票权的双层股权结构等自我防御工具，对稀缺的优秀企业家资源保护不足，这是在鼓励创新创业、振兴实体经济中亟待改进完善之处。让我们希望这一次“宝万之争”最终有一个多赢而不是令人遗憾的博弈结果，成为中国资本市场经过洗礼而成长的又一标志。

注：文章发表于2016年1月18日《新京报》，本文为作者原稿。

万科之争大事记[①]

背景:“万科大战”最初始于2015年中“股灾”之后。2007年美国次贷危机诱发金融海啸，中国为了应对危机进行了四万亿基建投资。在政府大力投资保增长的同时却也带来了房价高涨、通货膨胀以及产能过剩等问题，而随着经济增速放缓、国企和地方政府负债率不断提高，大量资金包括国际游资进入股票市场逐利，A股市场迎来又一个高潮期。相比于2007年的牛市，新牛市最大的不同在于其极高的杠杆率。信托公司利用伞形信托的模式，将银行批发出来的资金拆分成小规模分散零售给小型融资人，金融创新的子账户管理系统把信托账户拆分成独立的账户单元，击穿了金融证券监管，杠杆融资炒股风靡一时。

这注定了新的一波牛市将比之前来得更加凶猛，但同时也意味着当风险来临时，遭受到的损失也肯定是惨痛的。

这样随着场外配资规模和市场风险不断放大，在监管部门开始清查场外配资时，由于反向杠杆作用，形成大量抛盘和千股跌停的雪崩局面。

上证指数从2015年6月12日最高的5410.86点在不足一个月中直线跌落到3000多点一线。在大盘雪崩之后，利用国家救市政策中的政策松动，宝能系刚

---

① 汲铮、傅捷根据公开资料、媒体报道及访谈整理。

成立 3 年的前海人寿建仓万科股票，开始了叠加使用保险资金和高杠杆资金集中控制目标上市公司的新形式创新冒险。

硝烟渐起

2015 年 7 月 8 日

救市中保监会放宽险资投资蓝筹股票监管比例①

为优化保险资金配置结构，促进资本市场长期稳定健康发展，保监会发布《关于提高保险资金投资蓝筹股票监管比例有关事项的通知》（以下简称《通知》）。

《通知》放宽了保险资金投资蓝筹股票监管比例，对符合条件的保险公司，将投资单一蓝筹股票的比例上限由占上季度末总资产的 5%调整为 10%；投资权益类资产达到 30%比例上限的，可进一步增持蓝筹股票，增持后权益类资产余额不高于上季度末总资产的 40%。同时，《通知》还适度提高保险资金投资蓝筹股票的资产认可比例。

2015 年 7 月 11 日

举牌：前海人寿持股万科 A 达 5%②

万科公告，在本次权益变动之前，宝能系前海人寿保险股份有限公司未持有万科的股份，截至 2015 年 7 月 10 日，前海人寿在通过深圳证券交易所证券交易系统集中竞价交易买入万科 A 股 552727926 股，价格区间在 13.28~15.47 元，占万科总股本的 5.00%，斥资约 80 亿元。根据前海人寿 2014 年报显示，截至 2014 年前海人寿持仓股票总价值约 95.64 亿元，这一次的斥资大约占 2014 年前海人寿在股市投资总额的 83.07%。

公开信息显示，前海人寿 2012 年刚正式开业，为宝能集团绝对控股的保险公司。

---

① http://finance.caixin.com/2015-07-08/100826669.html

② 详见万科 A2015 年 7 月 11 日公告。

2015 年 7 月 24 日前后

王石曾与姚振华夜谈四小时[①]

据报道，王石和姚振华的唯一一次会面是在冯仑的办公室，对双方来说，那次见面都是一段不愉快的回忆。王石与姚振华在冯仑的办公室谈了四个小时，从晚上 10 点谈到凌晨 2 点。但双方没有达成共识。姚振华在谈话中暗示宝能系成为万科大股东后，“王石还是万科旗手，还会维护王石这面旗帜”。但王石对此并不买账，他后来在一封内部讲话中提到：“当时我的主要意思是，在那个时间点上选择万科的股票、增持万科的股票是万科的荣幸，但是你想成为第一大股东，我是不欢迎的。”王石说姚振华没有料到他是这么一个态度。

在那次谈话中，他们还谈到了万科的另一位大股东华润。姚振华问王石，你怎么能保证华润一直做第一大股东呢？王石说他没办法保证。姚振华问，既然这样，你为什么接受华润不接受我们，就是因为你不愿意接受我们的管理？我们也可以像华润这样做，信任你王石培养的团队，不插手。王石说，你错了，你们对万科根本不了解，你们对华润更不了解。双方的谈话不欢而散。

2015 年 7 月 25 日

前海人寿再度举牌万科，宝能系持股达 10%，宝万之争开幕[②]

万科公告披露，前海人寿再买入万科 A 股 102945738 股，占万科当时总股本的 0.93%。

同时，钜盛华买入万科 A 股 449615060 股，占万科总股本的 4.07%。

由于钜盛华与前海人寿为一致行动关系，宝能系持股达万科总股本的 10%。公开信息显示，钜盛华股份有限公司 2002 年正式开业，由深圳市宝能投资集团有限公司占股 99%，深圳宝能物流有限公司占股 1%。

这时，感到危机的万科管理层开始不断向万科大股东华润求援，其间万科总裁郁亮赴香港向华润集团董事长傅育宁汇报，称根据宝能系过去几次的操作

---

① http://finance.huanqiu.com/roll/2016-07/9152957.html

② 详见万科 A2015 年 7 月 25 日公告。

套路和现在的买股行为判断，其会继续增持，目标一定是超过华润成为第一大股东，请求华润增持万科，或帮助引入其他战略投资者。

2015 年 7 月 29 日

华润表态不反对万科引进新的战略投资者

王石在北京向傅育宁汇报，傅育宁表示支持万科，但是华润目前一是缺乏增持资金；二是正在整合旗下业务板块，地产不是方向，即使有资金也只能酌情增持万科；三是不反对引进新的战略投资者。

2015 年 8 月 1—14 日

华润态度不明，万科管理层考虑用定增引入战略投资者

8 月初，王石、郁亮赴香港向傅育宁等华润高层汇报。考虑到宝能系持股已与华润处于同一数量级，威胁华润第一大股东地位，当时华润持股万科 14.89%，万科请求华润率先增持到 15%，为下一次增持做准备。

在华润方面一直没有明确态度的情况下，万科管理层考虑用定向增发引入战略投资者。8 月 13 日，郁亮再次赴香港向傅育宁等华润高层汇报公司增发方案和潜在增发对象事宜。

8 月 14 日，董事会上，郁亮向全体董事汇报了增发想法。

2015 年 8 月 20 日

华润否决万科管理层拟定向增发 20%H 股的议案

8 月 18 日，提交董事会用通讯表决方式审议定向增发 20%H 股的议案。

8 月 20 日，华润方面通知万科，认为发行 H 股会导致华润的权益被摊薄，万科对华润的业绩贡献度会下降等，表示华润方董事将投反对票，建议万科先回购 A 股，然后再发行相同数量的 H 股。万科因此搁置了此次通讯表决。

2015 年 8 月 26 日

宝能系第一次超过华润持股 15.04%：仍称是财务投资①

根据公告，前海人寿和钜盛华增持万科 A 股，宝能系现共持有万科 A 的

① 详见万科 A2015 年 7 月 27 日公告。

15.04%股份，超过华润（14.89%）成为万科第一大股东。

中国网财经记者致电前海人寿，其负责人表示，目前的股份增持仍是财务投资①。

2015 年 9 月 1 日

万科 A 启动了非常保守的回购方案②

万科公告通过 100 亿元人民币额度内回购公司 A 股股份的议案：回购股份价格不超过人民币 13.20 元/股，若全额回购，预计可回购股份不少于 75757.6 万股，占本公司目前已发行总股本的比例不低于 6.86%。

2015 年 9 月 7 日

华润少量增持拿回万科第一大股东

8 月 31 日、9 月 1 日，华润耗资约 4.97 亿元，增持万科约 0.4%的股份，其持股比例达到了 15.29%，略微超越宝能系的 15.04%，短暂重回万科第一大股东。

9 月，由于 H 股增发方案已不具可行性，万科与华润双方沟通重点由 H 股现金增发转向资产重组，包括与华润置地重组换股的可能性。

2015 年 12 月 2 日

股价已高，万科仅回购 1248 万股耗资约 1.6 亿③

万科公告，截至 2015 年 11 月 30 日，公司回购 A 股股份数量为 12480299 股，占公司总股本的比例为 0.113%，成交的最高价为 13.16 元/股，最低价为 12.57 元/股，支付额仅为约 1.6 亿。

2015 年 12 月 3 日

媒体称前海人寿 35 亿元抢筹万科④

新浪财经称多位消息人士透露，连续两天通过西南证券深圳滨河大道证券营业

---

① http://finance.sina.com.cn/stock/s/20150827/164423097457.shtml

② 详见万科 A2015 年 9 月 1 日公告。

③ 详见万科 A2015 年 12 月 3 日公告。

④ http://finance.sina.com.cn/money/insurance/bxyx/20151203/100323919768.shtml

部买进35.2亿万科的，为前海人寿。其与华润将继续争抢第一大股东的位置。

随着宝能系不断举牌增持，万科与华润密集磋商重组方案包括：1. 华润直接在二级市场增持；2. 华润置地住宅业务与万科整合；3. 华润集团把华润置地的股份给万科，万科向华润集团发股份。经讨论认为当时的股价已经较高，故第一种方案可行性较低；后两种方案的可行性亦较低，因为与华润的整合属关联交易，容易遭到否决。所以上述方案都不可行。

由于与华润方面始终没有实质进展，万科开始与多家央企和深圳国企等接触探讨重组可能性，与境外两家机构也在开展谈判。

2015 年 12 月 6 日

宝能系持股达 20%，万科易主①

万科公告，钜盛华通过多家资管计划在深圳证券交易所证券交易系统集中竞价交易买入万科 A 股股票，占万科现有总股本的 4.969%。本次权益变动后，钜盛华和前海人寿合计持有万科 20.008%的权益。

2015 年 12 月 8 日

万科 A 获安邦增持持股达 5%②

万科公告，安邦保险集团旗下 4 家保险公司合计持有公司股份 552526304 股，占上市公司总股本的 5%。上述股东表示，该次权益变动主要是出于对万科 A 未来发展前景的看好。

2015 年 12 月 10 日

深交所发问宝能抛出九大事项③

深交所公司管理部向宝能系旗下的钜盛华（收购主体）发出《关注函》，一连抛出了九大关注事项，要求钜盛华及财务顾问在 12 月 14 日前答复并给出证明文件。其中，宝能系借道杠杆资金举牌背后的相关权利行使、资金来源以及信

---

① 详见万科 A2015 年 12 月 6 日公告。

② 详见万科 A2015 年 12 月 8 日公告。

③ http://finance.sina.com.cn/stock/s/20151213/182224005640.shtml

息披露问题成为关注焦点。

深交所要求钜盛华明确说明公司在上述资管计划中与管理人在行使权力方面的具体关系，以及为钜盛华举牌提供资金的七大资管产品中的自有资金规模和具体的资金杠杆比例，明确说明资金来源等情况。

另根据钜盛华披露信息，其通过资管计划增持过程中，截至 12 月 2 日（或更早）其便已悄然跃居万科第一大股东，但并未予以及时披露。基于此，深交所要求钜盛华说明宝能系成为万科第一大股东的具体日期和持股比例，并说明是否遵守了相关规定，以及为何在 12 月 3 日万科股价连续异动之后，宝能系旗下的前海人寿仍发出声明称，公司有关投资万科事宜没有任何应披露而未披露事宜。

2015 年 12 月 11 日

媒体曝光宝能系杠杆资金来源①

就券商中国记者测算，在不到半年时间里，钜盛华和前海人寿为了夺下万科第一大股东席位前后投入资金 332.16 亿元，而究其资金来源，可以发现钜盛华在此期间灵活运用融资融券、收益互换、股权质押和资管计划 4 种杠杆手段，大为提高了资金运作效率。期间涉及金融机构多达 9 家，包括 4 家券商、4 家资管公司和 1 家险企。由于是循环杠杆融资，而且跨越银行、保险和证券资管，实际杠杆率难以测算。

2015 年 12 月 15 日

宝能系钜盛华回复深交所《关注函》②

对于备受市场瞩目的资金来源问题，钜盛华表示，该公司本次取得万科 4.969%股份，所支付的资金总额为 965162.63 万元。

钜盛华称："该次权益变动通过资产管理计划实施，所有资管计划均采取分级的方式。本公司系相关资管计划的进取级/劣后级/普通级委托人，计划的收益均在优先满足优先级份额的预期收益后将剩余收益分配给本公司，优先级年

---

① http://finance.sina.com.cn/2015-12-11/doc-ifxmpnqi6344955.shtml

② 详见万科 A2015 年 12 月 15 日公告。

预期收益率符合市场水平。”

对于行使权利方面：钜盛华与南方资本管理有限公司、泰信基金管理有限公司、西部利得基金管理有限公司约定，资管计划可用于投资万科 A 股股票，资管计划存续期内表决权归钜盛华，其信息披露也并不违规。

2015 年 12 月 16 日

宝能系增持万科比例至 22.45%

香港联交所最新数据显示，宝能系的深圳市钜盛华股份有限公司 12 月 10 日和 11 日继续增持万科 A，目前持股比例已达 22.45%。

2015 年 12 月 17 日

王石首次宣战：不欢迎宝能入主①

新浪财经 12 月 17 日消息，王石在万科内部讲话中表示：不欢迎宝能系成第一大股东，因为宝能系“信用不够”。王石表示：“万科是上市公司，一旦上市，谁是万科的股东，万科是不可能一一选择的，但谁是万科的第一大股东，万科是应该去引导的，不应该不闻不问。因为我们要对中小股东负责，万科股权分散，我们这么多年，就是靠制度、团队。中小股东这么多年跟着万科，也是看重这个制度和团队。宝能系可以通过大举借债，强买成第一大股东，甚至私有化。但这可能毁掉万科最值钱的东西。”王石的这个讲话被很多人认为是用情怀挑战规则。

2015 年 12 月 18 日

宝能疑似回应王石：声明恪守法律，相信市场力量②

宝能集团发表声明称：“本集团创始于 1992 年，历经二十三年发展，始终坚持‘发展产业、服务社会、回报国家’的宗旨，本集团及相关企业业务涵盖综合开发、物流园区、科技园经营、综合金融及一系列附属产业，拥有数千亿资产，服务数千万客户，依法合规经营，为社会、客户创造了巨大价值，在业界

---

① http://finance.sina.com.cn/stock/s/20151217/203424035909.shtml

② http://finance.qq.com/a/20151218/012801.htm

享有良好声誉。”

“本集团一贯坚持现代企业治理，重视风险管控，重视每一笔投资，以人为本，以德为先，凝聚一流人才，秉持‘共融、共创、共享’精神，感恩改革开放，感恩深圳，感恩国家。为国家发展、民族振兴贡献一份力量，是本集团坚定的理想信念。”

“本集团恪守法律，尊重规则，相信市场的力量。”

2015 年 12 月 18 日下午 13：00

万科 AH 股齐停牌筹划发行股份①

万科宣布，因股价异常波动和筹划重组的需要，万科 A 股与 H 股停牌。在停牌前 20 个交易日中，出现 4 个涨停板，万科的股价短时间内上涨近 70%。

2015 年 12 月 18 日

郁亮公开不欢迎宝能三原因②

万科总裁郁亮首次公开回应万宝之战表示，他与王石在重大问题上保持一致，并且没有任何理由不保持一致。

“第一，宝能利用杠杆收购获取最大利益，今天遇到的情况与敌意收购一样。风险在哪里？以史为鉴，看美国 20 世纪 80 年代，无论是收购方和被收购方都不成功，投资者和银行都受到损失。”“20 世纪的敌意的收购都是不成功的，所以买万能险的投资者要注意，管理团队与股东有分歧是有风险的。”

“第二，职业经理人的信托责任，是为中小股东保证利益。华润集团作为大股东的表率，是积极不干预管理的股东，这样的股东积极而不干预的股东是好的例子，是友好相处创造价值的股东。”

“第三，我们不仅仅是职业经理人，我们还是合伙人，风险共担，这是我们多年创造的成果，我们愿意守护公司，长期共赢发展。万科重视品质信用，不能让它们破坏。万科最有价值的是品牌和信用，我们要努力守护好，为全体股

① 详见万科 A2015 年 12 月 21 日公告。

② http://xa.house.ifeng.com/detail/2015_ 12_ 18/50652354_ 0.shtml

东创造更多的财富。……当今是资本时代变知识时代，知识比资本更重要，如何凝聚人奉献才华是每个公司思考的价值，万科依靠品牌和信用以及文化凝聚更多的优秀团队。”

此前王石也表示，“他们（宝能）增持到30%以后，可能会要求召开临时股东大会，另外还可能在社会上散布我和郁亮不和的谣言，或者用其他方式分化瓦解万科管理层和员工，这些手段都是无用功”。王石强调，“我和郁亮面对当前所有问题的立场是完全一致的”。在首次表态不欢迎宝能之前，王石郁亮便分别通过微信发声，暗示同心协力、共同迎战。

2015年12月20日

前海人寿声明自己遵纪合规①

针对媒体对宝能系使用保险资金的责疑指控，前海人寿声明自己依法合规经营，严格遵守保监会各项监管规定。万能险是国际上常见的人身保险产品。前海人寿作为一家具有高度社会责任感的保险公司，看好中国经济和中国资本市场，响应国家号召入市购买蓝筹股如万科，完全合规合法。

2015年12月21日

王石回应“道德绑架宝能”②

王石再次发声，在其新浪微博发表题为《信用与情怀》一文，回应“道德绑架宝能”的说法，称“信用不够”并非道德评判，而是风险考量。王石表示，“你的信用不够”，不一定是你不讲信用，而是因为你的积累时间还不够。这些都是常识，都是理性的思考，与爱憎无关，与情绪无关。

2015年12月22日

外资行惠理增持万科，重组传言不断③

新浪财经消息，据香港《文汇报》报道，万科争夺战又多一员加入。据香

① http://money.163.com/15/1220/17/BBA1H5J900254R91.html

② http://hanzhong.leju.com/news/2015-12-22/0916608487383664459625 8.shtml

③ http://finance.sina.com.cn/stock/hkstock/ggscyd/2015-12-22/doc-ifxmttme6130268.shtml

港联交所权益披露资料显示，于 12 月 15 日，惠理（Value Partners Group Limited）按每股 20.32 港元，增持 331 万股万科，持股量由 4.77%增至 5.03%。

宝万之争中，究竟哪些方面会向万科伸出援手也成为市场关注的焦点。之前传言中粮为万科备上 200 亿元资金一说被中粮否认，中粮集团董事长宁高宁和公关部已对多家媒体称不会参与万科增发。不过，内地媒体又指，万科董事长王石近日与高盛等多家投行接洽，而万科亦与国资委沟通后已获得当局对集团资产重组的初步支持。

2015 年 12 月 22 日

宝能安邦再增持，两家共持股超 30%①

据港交所披露，安邦保险集团股份有限公司 17 日增持万科 A 股股份 105355284 股，每股增持平均价为 21.808 元。18 日增持万科 A 股股份 22872906 股，每股增持平均价为 23.551 元。共耗资 2297588033.472 元。此两次增持过后，安邦占有万科 A 股股份升至 7.01%。

在此之前，宝能系钜盛华也在停牌前的 12 月 15 日增持万科 1.07% 至 23.52%。至此，宝能安邦合计持股已达 30.52%。安邦是万科股权争夺战中的关键中间力量，其是支持宝能还是万科管理层，当时并未表明态度。

2015 年 12 月 23 日

《万科公开信》：不欢迎宝能收购②

《万科公开信》全文：

我们欢迎所有投资者购买万科的股票。但为什么又说不欢迎宝能系？不是不欢迎它买万科股票，而是不欢迎它收购公司、控制公司。不欢迎，不是因为不喜欢它，或者看不上它，而是它的文化、经营风格与万科不相容。我们不是说万科的文化、经营风格比它优越，而是因为，万科文化、经营风格是万科品牌、信用的基础，如果万科的文化被改变，那么万科将不再是万科，万科可能

① http://finance.sina.com.cn/stock/s/2015-12-22/doc-ifxmxftp5765995.shtml

② http://sc.stock.cnfol.com/gushijujiao/20151223/21996975.shtml

失去它最宝贵的东西。

但如果宝能系控制万科，我们没有信心说服它不改变万科的文化和经营风格。我们在双方接触的过程中已经逐渐失去了这种信心。在宝能系第一次举牌之后，我们多次向其表达，希望宝能系能就其举牌意向做出明确表达，我们认为让万科的文化得以延续，这是双方建立信任的基础。在就此达成共识前，我们希望他们暂缓增持万科的股票，为双方增加了解、建立信任保留一点时间。但我们的意见没有得到任何实质的重视或有效的回应。我们没有看到对话的诚意，只看到一步步逼近的城下之盟。

我们仍然愿意保留对话的可能。我们仍然希望宝能系慎重考虑贸然改变万科文化和经营风格的风险，即使只从他们自身的利益出发。我们双方都是深圳的企业，如果因为内斗而两败俱伤，并不是我们希望看到的结果。我们捍卫的只是万科的文化，针对的只是宝能系，我们对保险资本、潮汕商界没有任何敌意，不希望外界对此产生误解。

2015 年 12 月 23、28 日

保监会：险资举牌需披露资金来源及现金情况①

保险公司二级市场掀举牌狂潮，险资运用争议四起。12 月 23 日晚，保监会发布《保险公司资金运用信息披露准则第 3 号：举牌上市公司股票》(下称《3 号准则》)，要求保险公司举牌上市公司股票，需披露资金来源、投资比例、管理方式等信息；运用保费资金的，应列明相关账户和产品投资余额、可运用资金余额、平均持有期及现金流情况。

2015 年 12 月 28 日

保监会发文直指高现金价值产品及资产错配风险②

《财新周刊》记者透露，保监会资金运用监管部召集保险公司座谈，专门探讨险资举牌背后蕴含的风险。一位保监会官员当场质问在场的保险公司“到底

---

① http://finance.caixin.com/2015-12-23/100891976.html

② http://weekly.caixin.com/2015-12-25/100892633.html

怎么看举牌潮”，坦言自己担心得“睡不着觉”。2015年以来，保监会已多次召集华夏人寿、前海人寿、生命人寿等一些激进险企询问资产配置、流动性状况，以及极端情况下如何应对。

近一个月，保监会一连下发三份文件，直指包括万能险在内的高现金价值产品及资产负债错配风险。

扑朔迷离

2015年12月23日

媒体称华润为宝能地产第二大股东①

万科股权之争进入白热化，在宝能步步紧逼下华润的沉默态度引起媒体关注。有消息援引全国企业信用信息公示系统显示，宝能系旗下宝能地产股份有限公司的第二大股东为华润深国投信托有限公司，该公司持股比例达到了17.88%。华润信托的最大股东即为华润股份有限公司。

2015年12月24日

华润澄清现已非宝能地产股东②，安邦表态支持万科管理层

对于华润集团在万科与宝能系的收购风波中并无持续增持，此前有媒体报道称华润旗下的华润信托事实上是宝能地产第二大股东。华润信托当日发布公告澄清，公司仅是过去通过一个信托计划，持有部分宝能地产股份，该部分股份2015年7月已经全部转出。

同日，安邦保险在其官网发表声明，表示看好万科发展前景，会积极支持万科发展，希望万科管理层、经营风格保持稳定，继续为所有股东创造最大价值。

2015年12月24日

港交所：宝能系持股升至24.26%

深圳市钜盛华股份有限公司披露，钜盛华与前海人寿已合计持有万科

---

① http://finance.ifeng.com/a/20151223/14135200_ 0.shtml

② http://finance.sina.com.cn/stock/s/2015-12-24/doc-ifxmxxsr3618626.shtml

24.26%的权益。为避免境内外信息披露差异和不同步可能产生的对媒体及投资者的误导，钜盛华今后通过港交所披露万科权益变动信息时，将向深交所提供相关的权益变动信息并予以披露。

2015 年 12 月 25 日

媒体：两资管争买万科或是王石阵营①

《21 世纪经济报道》记者独家获悉，德赢 1 号资管计划的委托人，可能是万科管理层及其一致行动人。德赢 1 号 8 月 13 日成立，起始规模 20 亿元；德赢 2 号 11 月 4 日成立，起始规模 4.44 亿元。目前，两个资管计划规模约 60 亿元，持有万科 A 比例接近 5%。

截至 18 日万科股票停牌，最终持股情况是：第一大股东宝能系持股 24.26%，第二大股东华润持股 15.29%，安邦持股 7%，万科管理层持股 4.14%。

2015 年 12 月 27 日

华润与万科管理层达共识，不反对万科与其他国资方的重组

王石、郁亮在深圳向傅育宁等汇报，傅育宁表示无论重组或增发均有为难之处，万科可引入其他国资重组方。双方达成共识：不管谁来参与重组，都将保持国资第一大股东地位。稍后华润方面进一步表示，华润暂不考虑华润置地与万科整合的问题，不反对万科与其他国资的重组方案，重组方案若合适则投赞成票。

2015 年 12 月 29 日

保监会批评少数险企控股股东将险企当融资平台②

在 12 月 29 日上午保监会召开的保险资产负债管理风险防范工作会议上，保监会副主席陈文辉指出，少数保险公司控股股东或内部控制人将保险公司当作“融资平台”，利用信托计划等各种方式，作为通道为相关企业融资，进行不正当利益输送。一些中小保险公司引领的险资举牌潮背后的资产负债错配风险，

---

① http://business.sohu.com/20151225/n432510323.shtml

② http://finance.caixin.com/2015-12-29/100893886.html

也已越来越引起监管层的警觉。据《财新周刊》后来报道，其资金来源至少包含在不同金融市场的四层加杠杆动作，包括传统的银行信贷、股权质押、企业公司债、各类通道的资管计划，新颖的有限合伙基金、券商收益互换和两融等，层层杠杆的尽头，通向了股权分散的大蓝筹万科。

据《财新周刊》后来披露，针对宝万之争，决策层曾经在2015年年底要求证监会牵头，会同银监会、保监会“摸清情况”。三会及审计署四路人马形成多个小组进行调查，最终报告于2016年3月中旬上报。“银监会认为杠杆比例为1∶4，从总体上看，没有看出杠杆率有多高，风险有多大。”“原因在于查的都是自己的监管范围，并未穿透至最终出资人，因为查到一半就会发现到了别人的监管范围，进行不下去。”《财新周刊》文章认为，宝能系可能只用20亿左右资金，循环出资，套出浙商银行132亿，再运用增资、质押和杠杆型资管计划将资金规模扩大至几百亿。宝能系资金穿透之后，杠杆率在1∶12甚至到1∶26。(见《财新周刊》2016年第23期)

2015年12月29日

万科公告：对三方和谈传闻不知情①

媒体传言，万科与宝能系、安邦三方召开和谈会，三方基本达成和局，安邦未来将有可能受让宝能系股份成为公司大股东。就上述传闻，万科说明称：公司从未参与传闻所述会议，对传闻所述内容亦不知情。

2016年1月4日

万科称：重大资产重组取得一定进展②

公告称：“自停牌以来，公司本次重大资产重组事项的相关工作正常推进，取得了一定进展。本公司已于2015年12月25日就有关可能交易与一名潜在交易对手签署了一份不具有法律约束力的合作意向书。本公司除与前述潜在交易对手继续谈判之外，还在与其他潜在对手方进行谈判和协商。”

---

① 详见万科A2015年12月30日公告。

② 详见万科A2016年1月5日公告。

2016年1月6日

万科H股复牌低开超11%①

1月5日晚间，万科H股公告称，在向香港及内地监管机构咨询后，于当日复牌。万科A股则继续停牌，且在停牌30日期满后（至1月18日）可能继续停牌。对重组进展，公告并未做更新披露，只是称本次重大资产重组较为复杂，公司及相关各方正在继续协商有关条款。1月6日万科企业复牌低开11.354%，报20.3港币。

2016年1月11日

万科H股跌23%，AH价差扩至32%②

新浪财经讯1月11日收盘，万科H股跌10.65%，报17.62港元。宝万之争持续被市场关注，复牌四天累计跌23%。

2016年1月12日

消息称宝能地产8项目停工恐影响资金链③

地产财富会调查发现，宝能地产现在全靠“借新债还旧账”续命：旗下一干项目或停工或事实停工，背后是销售停滞无力回天；从集团到区域公司中高层人事持续密集震荡，背后是内部管控全线失守。

财报显示，宝能地产销售收入呈现连年下滑的趋势：2014年、2013年和2012年的销售收入分别为8.37亿元、10.80亿元、21.58亿元。2015年上半年，宝能地产全部16个在售项目销售业绩不到30万平方米，签约金额22.7亿元，实际回款2.22亿元。同期，其财务费用为3.45亿元。也就是说，2015年上半年宝能卖房拿回来的钱，连归还融资利息都不够。

2016年1月18日

宝能回应项目停工：非受资金影响④

近期，“万（科）宝（能）”股权之争的主角之一宝能集团旗下宝能地产投

---

① http://finance.sina.com.cn/stock/hkstock/marketalerts/2016-01-06/doc-ifxncyar6411366.shtml

② http://finance.sina.com.cn/stock/hkstock/ggscyd/2016-01-12/doc-ifxnkkuv4415857.shtml

③ http://estate.caijing.com.cn/20160118/4055730.shtml

④ http://money.163.com/16/0113/22/BD89SQJ7002534NU.html#from=keyscan

资的位于上海、大连、肇庆的地产项目被曝停工。

上海市奉贤区申隆生态园的宝能金融基地酒店建筑工地，工地现场用木板搭成的大门紧锁，围墙内全是一片荒地，不见任何施工人员和施工设备，也没有任何高出地面的建筑物，阔大的工地荒草丛生，道路泥泞，只有几个被积水淹没的大坑，一些废弃物、施工管道、废旧桌椅散落各地。申隆生态园区物业人员称，该项目是一个以酒店为主的综合体，已经停工。

除宝能在上海奉贤的项目已被证实停工外，宝能在大连、肇庆的项目也被曝停工。

据一名刚刚离职宝能的前高管介绍："宝能在大连、肇庆的项目确实存在停建缓建的情况，主要是二、三线城市市场不景气造成。"宝能地产某高管回应称，任何一个企业都会根据市场情况调整自己的施工节奏和进度，这是很正常的现象，"没有哪一个项目真正停工"。

2016 年 1 月 19 日

宝能地产回应称净资产匹敌万科①

宝能方面表示，"据某权威估值机构给宝能地产出具的最新评估报告显示，宝能地产目前净资产约 1200 亿元。相较于舆论盛传的宝万之争中宝能'蛇吞象'的角色设置，这是一个令人侧目的数字"。按照这个净资产规模，宝能确实可称规模最大的房地产企业之一，但若看销售额，宝能只是大型甚至中型房地产企业的零头。根据宝能地产的财报显示，2014 年公司销售收入仅为 8.37 亿元，在前几名的公司中，同期销售额最小的华夏幸福，2014 年完成销售金额 512.5 亿元，两者相差逾 60 倍，而其与老大万科的差距，更是高达 257 倍，不及万科当年销售额的 0.4%。此外，2015 年上半年，宝能地产全部 16 个在售项目销售业绩不到 30 万平方米，签约金额 22.7 亿元，实际回款 2.22 亿元。

---

① http://money.163.com/16/0119/05/BDLT0J6L00253B0H.html#from=keyscan

实际上，根据宝能地产 2015 年 10 月在深交所提交的债券募集说明书显示，2014—2015 年上半年，其总资产为 470 亿元、514 亿元，负债余额分别为 349 亿元、397 亿元，净资产则为 121 亿元、117 亿元。这也意味着，宝能地产的净资产在半年中就暴增了逾 10 倍，增加的金额高达 1100 亿元。对此，有分析指出，宝能地产在半年内净资产的大幅提升，主要是来自于其对土地部分的增值计算。

此外，宝能系方面表示，地产业务仅是宝能集团多元化进程中的核心板块之一，其还拥有金融、物流等核心业务板块同步发展。

2016 年 2 月底至 3 月初

万科团队向华润汇报与深圳地铁重组意向，华润未表示不同意见

2016 年 2 月 3 日，万科团队去香港向华润汇报工作，会上万科团队提出与深圳地铁集团业务重组的意向，为确保国资第一大股东地位，对深圳地铁集团发股票的量可能要超过宝能系的持股量，华润方面对此没有表示不同意见。

2 月 24 日下午，王石发短信请求向傅育宁当面汇报和深圳地铁集团的重组方案。

2 月 25 日，华润方面表示准备要收购证金、汇金在救市期间买入的万科股票。

2 月 28 日，王石向深圳市领导汇报深圳地铁集团参与重组情况。

3 月 11 日上午，王石、郁亮通过傅秘书向傅育宁发短信，请求在 3 月 17 日临时股东大会之前，12 日或 13 日在北京当面汇报。

3 月 11 日下午，万科召开董事会。万科方面以与深圳地铁集团重组只是合作意向，尚未形成预案到董事会审议阶段为由，未在正式议程中列入讨论。正式议程结束后，王石与出席本次董事会会议的魏斌董事、张利平独立董事、罗君美独立董事和海闻独立董事，就非执行董事所关注的问题进行了交流。王石表示，目前正在筹划中的是会引入深圳有国资背景的合作方，预计在明天就会有一个新闻发布会，当然本身不是关于股权结构改变的发布会，是关于战略合作的发布会，发布会之后会一步步往下进行，比如召开临时股东大会等，当然还有很多不确定性。这显示万科团队在华润态度暧昧的情况下，决意绕开华润，自行尽可能向前推进与深铁合作。

2016 年 3 月 12 日

保监会负责人：对少数险资举牌保持警惕加大风控①，近期将对万能险风险进行排查②

3 月 12 日，保监会负责人回应险资举牌。他表示，高度关注险资举牌，按放开前端、管住后端的原则，保险投资收益率提高到了 7.6%，目前整体风险可控。万能险在国际上是一种成熟的保险产品，兼具财富管理和保障的功能，2007 年被引入中国。在 2015 年共有 58 家人身险公司经营万能险业务，占市场份额的 28%，与其他国家的 40%仍有差距。

保监会负责人说，目前万能险产品整体发展平稳、风险可控，但由于其期限交费灵活、流动性强，所以在资金运用上，可能会出现资产负债错配和流动性风险，对于这款保险产品保监会高度重视，着力从偿付能力、产品报备和信息披露等方面实施重点监管，2014 年以来已先后 18 次对万能险结算利率较高、存在销售误导等问题的 15 家保险公司采取了监管措施。

他表示，近期在系统内将对万能险风险进行排查，出台规范中短期存续期产品的监管措施，进一步来发展长期储蓄和风险保障类业务。

缘分似尽，华润变脸

2016 年 3 月 12 日

万科自行推进与深铁签合作备忘录，华润明显不悦

3 月 12 日上午，深圳地铁集团与万科在地铁大厦举行战略合作备忘录签约仪式，当天下午，现场照片出现在网上，媒体出现各种猜测性报道。华润方面看到后立即询问，万科回复说签约确有其事，但上午签订的备忘录无法律约束

① http://finance.caixin.com/2016-03-12/100919466.html

② http://finance.caixin.com/2016-03-12/100919482.html

力。郁亮等分别与华润通了电话，报告此事。华润方面要求：不要就此事发布公告；如果公告，不要谈股权层面的问题。

3 月 12 日，郁亮向傅育宁发短信，汇报和深圳地铁集团签署战略合作备忘录情况、深铁参与重组之意义以及重组工作安排，希望傅支持。

3 月 13 日，媒体广泛进行猜测性报道。万科收到深交所问询函，要求做出公开说明。万科按深交所要求准备公告。下午，万科董办给信息披露委员会成员发出邮件，计划披露与深圳地铁集团签订备忘录的公告，同时致电华润，请求在第二天由郁亮带队去华润总部汇报情况。考虑到华润的保留态度，万科取消了与深圳地铁 3 月 14 日的联合媒体见面会。

2016 年 3 月 14 日

万科公告与深地铁合作意向①

根据 2016 年 3 月 14 日万科公告披露，3 月 12 日公司就拟议交易与深圳市地铁集团有限公司（以下简称“地铁集团”）签署了一份合作备忘录（以下简称“备忘录”）。备忘录为双方对拟议交易的初步意向，是没有法律约束力的文件备忘录，主要内容为：

1. 地铁集团将出售，并且本公司将购买，地铁集团下属公司（以下简称“目标公司”）的全部或部分股权。目标公司在双方签署正式的交易文件时，地铁集团将注入部分优质地铁上盖物业项目的资产。

2. 初步预计交易对价介于人民币 400 亿~600 亿元之间，具体交易对价以独立第三方的评估结果为依据，由双方遵循各自适用的程序规定协商确定。

3. 本公司拟采取以向地铁集团新发行股份为主，如有差额以现金补足的方式收购地铁集团持有的目标公司全部或部分股权。

3 月 14 日，在万科与深圳地铁集团的合作事项公告后，万科 H 股大涨 9.99%，当天上午，华润集团法律部就万科与深圳地铁集团签署备忘录的公告事

---

① 详见万科 A2016 年 3 月 14 日公告。

宜，向监管机构和董事会成员发出信函，认为万科信息披露程序存在问题。下午郁亮等到华润总部，向华润汇报与深圳地铁集团签约的情况，承认沟通工作中的不足，希望建立沟通机制，听取华润方面意见和批评。

2016 年 3 月 17 日

万科股东大会决议推进重组[①]，华润宝能同投赞成票

3 月 17 日，万科 2016 年第一次临时股东大会审议通过《关于申请万科 A 股股票继续停牌的议案》，同意公司向深圳证券交易所申请公司 A 股股票因筹划重大资产重组事项，继续停牌至不晚于 2016 年 6 月 18 日。

本次重组的潜在交易对手方之一为深圳市地铁集团有限公司。

除地铁集团外，公司于 2015 年 12 月 25 日就拟议交易与另一名潜在交易对手方签署了一份不具有法律约束力的合作意向书。

“交易方式：就公司与地铁集团的拟议交易，本公司拟采取以向地铁集团新发行股份为主，如有差额以现金补足的方式收购地铁集团下属公司（以下简称‘目标公司’）全部或部分股权。”

2016 年 3 月 18 日

华润称万科深铁签约存在程序问题[②]

华润正式对媒体发表意见，认为万科与深圳地铁集团签订合作备忘录，没有经过董事会讨论通过，在程序上存在问题。并称华润派驻万科的董事已经向有关监管部门反映了相应意见，要求万科经营依法合规。万科方面则回应称根据《公司法》及《公司章程》的规定，签署无法律约束力的备忘录，并不需要经过董事会审议。形成方案后，才需要经过公司董事会和股东大会的审议。除董事会必须审议的事项外，根据相关证券规则的要求，其他与股价密切相关的信息，公司应在知悉后第一时间进行公告，保护所有投资者的知情权。

① 详见万科 A2016 年 3 月 18 日公告。

② http://finance.sina.com.cn/roll/2016-03-19/doc-ifxqnskh0976090.shtml

2016 年 3 月 19 日

《扬子晚报》分析：华润为何“呛声”万科管理层①

《扬子晚报》称，3 月 17 日下午，万科临时股东大会以超高支持率审议通过了继续停牌的议案。包括宝能、华润、安邦等在内的重要股东都投下了赞成票。

但就在股东大会结束后不久，被视为万科管理层坚定盟友的华润选择主动向媒体爆料，称万科与深圳地铁合作公告没有经过董事会的讨论及决议通过，是万科管理层做的决定。之所以仍然投票赞成，是为了避免股价波动和市场混乱，华润认为万科股票继续停牌更符合股东利益，但华润派驻万科的董事已经向有关监管部门反映了相关意见，要求万科经营依法合规。

消息一出，业内一片惊诧。毕竟就在不久前的全国两会上，华润集团董事长傅育宁还公开表示，“万科是个好企业，华润集团会全力支持”。同时，在大多数人看来，万科集团董事会主席王石等管理层与华润方面的联合，是对抗宝能系的基础。华润在万科与深铁重组的关键时刻做出如此表态，也让万科的重组事宜蒙上了一层阴影。

而在万科股东大会的两天后，傅育宁再次公开发声，表示自己对万科一事有四句话要说。傅育宁第一句先是称，“万科做得不错，管理团队也很专业，我们一直支持万科发展”；第二句，“3 月 17 日的万科临时股东会后，我们的股东代表向媒体披露的是事实”；第三句，“华润支持万科发展，同时也高度关注良好的公司治理制度”；最后，傅育宁则明确表达了不满：“如此重大的事情（万科与深铁的重组）在 3 月 11 日的董事会议上只字未提，第二天就签订了一个又是股权对价，又是交易资产的规模，又是支付方式的备忘录，这合适么?”

而对于华润方面的接连表态，万科解释称，公司早就和华润派驻万科的董事就重组事宜进行过沟通。同时，根据相关规定，签署无法律约束力的备忘录，并不是必须经过董事会、股东大会审议的事项。

---

① http://www.yangtse.com/caijing/2016-03-19/829055.html

2016 年 3 月 21 日

保监会叫停 1 年以下中短存续期保险产品①

据中国之声《央广新闻》报道，保监会日前对外发布《关于规范中短存续期人身保险产品有关事项的通知》，进一步规范此类产品的销售运营，防范资产负债错配等引发的风险。其中，存续期限不满 1 年的中短存续期保险产品被要求立即停售，3 月 21 日起正式实施。

2016 年 4 月 9 日

深铁拒绝华润对其退出万科重组的要求

4 月 9 日，华润方面约深圳地铁集团会谈。华润集团方面在介绍了华润的基本情况后，表达了华润要重回万科第一大股东地位的想法，提出让深圳地铁退出万科重组，深圳地铁集团在简要介绍情况后，表达了华润作为知名央企，深圳地铁集团一直很尊重华润，但地铁集团参与万科重组，是经万科请求支持的情况下介入的，与万科进行战略合作的意向书已公告，深圳地铁尚未收到万科让地铁退出的意见，深圳地铁不能自己单方公告退出，只能继续往前走，至于届时是否能通过，让董事会、股东大会投票来定。

2016 年 4 月 9 日

钜盛华向前海人寿让渡 14.73 亿股万科表决权②

万科公告披露，公司股东钜盛华于 4 月 6 日将其直接持有的 926070472 股股份和通过资管计划控制的合计 547326746 股万科股份所对应的全部表决权不可撤销地、无偿让渡给前海人寿。协议生效后，前海人寿有权行使钜盛华直接持有或通过资管计划控制的万科股份所对应的股东大会全部表决权，前海人寿有权在协议约定的范围内按照自主意愿依法行使目标权利，无需钜盛华另行授权。

对于表决权让渡的原因，前海人寿和钜盛华称是对表决权集中管理的需要。但业内人士分析，这主要是为了前海人寿的年报数据。根据会计准则，投资方

---

① http://news.163.com/16/0321/09/BIM2LLT500014JB5.html

② 详见万科 A2016 年 4 月 9 日公告。

直接或通过子公司间接持有被投资单位20%以上但低于50%的表决权时，一般认为对被投资单位具有重大影响，双方即成为联营企业，投资则可被分类为长期股权投资，用权益法来进行后续计量。这样，前海人寿的财报也就不会受万科股价波动的影响，只分享万科的净利润表现，确认投资收益。“前海人寿的财报好看，受到保监会各种规定的束缚就小，有利于增加其在各方面闪转腾挪的空间。”有业内人士指出。

2016年4月9日

媒体称万科股权之争再生悬念，华润、宝能存联手可能①

“此时放出这个消息，应该也是华润或者宝能有意为之。”有知情人士向《证券日报》记者透露。

实际上，在万科股权之争前，华润与宝能便并非陌生人。2013年8月，华润子公司华润置地耗资109亿元拍下深圳前海一宗地块，但这一地价款超出华润置地内部单个项目授权。由此，华润置地引来宝能系合作，双方为此项目成立了一家合资公司。不过，有知情人士称，宝能方面并没有出钱，“只是超了9亿元，这点钱对于华润来说不算什么，所以拉宝能过来也就是走个流程，但若关系一般，华润也不太可能去找宝能”。

同年11月，华润旗下华润深国投信托发起一项信托计划，优先级18亿元资金中，2亿元用于向宝能地产增资，持有后者18%股权，并用于深圳宝能公馆项目开发建设；另16亿元用于宝能地产江西赣州项目的开发建设。虽然随着信托计划结束，华润信托转让了在宝能地产的股份，但两者之间的关系显然也因为这些合作进一步加深。

上述报道指出，华润和宝能春节前就开始谈判接盘万科股份事宜，但当时华润出价低于宝能的成本，姚振华不愿“贱卖”。而在万科披露与深圳地铁重组的意向后，宝能系实际控制人姚振华颇为欣喜，认为此事可增加议价筹码，而

① http://finance.sina.com.cn/stock/hkstock/hsinews/2016-04-12/doc-ifxrcizu4021046.shtml

华润方面则“非常恼火”，毕竟这一消息不利于华润压价。

知情人士也向《证券日报》证实了上述情况，并称，“其实华润就是不想失去在万科的话语权，从万科宣布与深铁合作后傅育宁（华润集团董事长）的表态就能看出，华润高层还是非常抵触这个方案的，毕竟深铁如果成为万科大股东，意味着华润在万科的董事会席位很可能从三个变成一个。在目前这个多方博弈的情况下，万科与深铁的重组能否成功，确实不好说，甚至可以判断阻力很大”。

2016 年 5 月 5 日

保监会要求险企公布投资资金来源①

随着中小险企的激进股权投资行为愈演愈烈，从一级市场到二级市场，从境内到海外，保监会在观望良久之后终于推出新规，要求险企公布大额投资资金来源。

2016 年 6 月 2 日至 6 月 17 日

深圳国资委协调华润和深铁　关于万科重组预案失败

6 月 2 日，深圳国资委组织华润、深圳地铁召开协调会，就重组方案征询华润意见，华润要求保留第一大股东地位，如万科向地铁定增后，地铁持股不能超过 10%，且将投票权委托华润，以便华润获得 25% 的投票权，回到第一大股东地位。否则，华润将对重组预案投反对票。

6 月 13 日，深圳市主要领导就地铁集团以所持有资产认购万科定向发行股份事项与傅育宁董事长会谈。深圳市希望华润支持万科的重大资产重组。傅育宁董事长表示，同意地铁集团参与万科重组的前提是华润和地铁集团签署具有法律效力的协议，即万科向地铁集团定增 20% 之后，地铁集团将其中 10% 以市场价格转给华润，华润要求上述协议和万科定增协议同时生效。深圳市领导要求市国资委协调地铁集团入股万科后，地铁集团转让 10% 万科股权给华润，使华润成为万科第一大股东。双方认为，上述意见须经法律论证，所有操作必须合法合规，符合上市公司监管要求。

---

① http://finance.caixin.com/2016-05-05/100940347.html

6 月 15 日，华润、地铁集团、万科及其财务顾问法律顾问在地铁大厦会谈。会上经相互交换意见，华润和地铁集团认为本次定增完成前签署股份转让协议不具有可操作性，万科和各中介机构表达了相同观点。华润口头动议以现金方式联合地铁以资产方式一起参与本次定增，即华润以现金认购万科定增的 10% 股份，地铁集团以资产认购万科定增的 10% 股份。此方案仅是口头动议，还没有形成完整的书面方案。华润代表提出此动议还需报华润集团高层领导决策并履行内部相关决策程序。地铁集团提出：请华润支持协助现有方案在万科董事会、股东大会审议通过，同时继续保持万科核心团队的稳定，待本交易顺利完成后再签署股份转让协议。

6 月 16 日，深圳国资委地铁集团及万科向深圳市主要领导汇报重组情况。市领导表示，万科作为深圳知名企业，深圳市支持万科健康稳定发展。希望华润支持万科的重大资产重组，深圳国资委协调深圳地铁集团入股万科后，在依法依规的前提下，支持华润成为万科第一大股东。深圳市政府随后便向国务院国资委书面和电话报告了上述情况。此后，据《财新周刊》报道，华润主要负责人不再接听包括北京相关部门的电话。

6 月 17 日中午，华润向万科提出建议于当天下午的万科董事会探讨新的方案。如果当天下午的董事会还是审议原方案，由于该原方案没有均衡体现各方股东的利益，华润派出董事将会反对该原方案。华润新方案的要点为：1. 万科以现金支付方式购买深圳地铁集团本次纳入重组方案的两块土地资产；2. 在第一步交易完成后，可考虑在适当时机向深圳地铁集团及华润方非公开定向增发，各 10%，现金认缴。华润将方案抄送国务院国资委和深圳市。

2016 年 6 月 17 日

万科董事会讨论通过深铁重组预案①，华润投反对票，并质疑投票结果，宝万之争变为华万之争

6 月 17 日下午，万科在深圳总部举行第十七届董事会第十一次会议，主要

① 详见万科 A2016 年 6 月 18 日公告。

议程是审议万科公司发行股份购买深圳地铁集团资产的预案。经过董事会讨论，最终以 7 票赞成、3 票反对、1 票因关联交易回避表决的结果通过了预案。其中，华润集团 3 名董事投了反对票。万科公司独立董事张利平为黑石集团大中华区主席，称因黑石集团与万科公司正在洽售大型商业物业项目，带来潜在的关联与利益冲突，因此在表决环节选择回避。据万科《公司章程》第 152 条第二款，“公司董事与董事会会议决议事项所涉及的企业有关联关系的，不得对该项决议行使表决权，也不得代理其他董事行使表决权。该董事会议由过半数的无关联关系董事出席即可举行，董事会会议所做决议须经无关联关系董事过半数通过”。君合律师事务所全程见证了会议，并现场发表法律意见，确认上述表决结果符合有关规定。

2016 年 6 月 18 日

华润集团向媒体发布公告质疑决议已获通过的合法性，对万科不顾华润的反对公告董事会通过的决议表示强烈不满①

6 月 18 日凌晨，华润集团向界面新闻回应其对万科重组方案获得通过的五点质疑。18 日下午，华润又在其官微发布通告，继续质疑决议通过的合法性，主要认为张利平独立董事回避表决理由不成立，故董事会议案并未依法通过。华润通告的最后表明了其对此次事件的态度，即若万科不重新审视重组预案存在的问题，在未来的董事会或股东大会上，华润将会继续投反对票。

争斗白热化，华润、宝能联手作战

2016 年 6 月 23、24 日

宝能、华润深夜公开声明反对重组方案②，抨击万科内部人控制

深圳市钜盛华股份有限公司深夜发表《声明》，称万科已为内部人控制企

---

① http://finance.sina.com.cn/china/gncj/2016-06-18/doc-ifxtfmrp2301607.shtml

② http://mp. weixin. qq. com/s? _ _ biz = ODYzMzExMzQx&mid = 2652681750&idx = 1&sn = d8f8ca3fbd07377139c9b4ab650972df&scene = 23&srcid = 0624FF8bf35K5cqyeTWkE1fA#rd

业，“我方明确反对万科本次发行股份购买预案，后续在股东大会表决上将据此行使股东权利”。华润集团微信公众号随后发声，称“华润支持万科与深圳地铁在业务层面的合作，反对万科管理层提出的拟发行股份购买资产的重组预案。华润对于万科董事会审议及表决重组预案过程中所存在的问题，已发函向两地监管机构反映，并质疑议案审议过程的合规性及议案通过的有效性”。并称“高度关注万科存在的内部人控制等公司治理问题”。

6 月 24 日，万科独立董事华生开始在《上海证券报》发表《我为什么不支持大股东意见》的系列文章，质疑华润作为大股东行为的正当性，随后公开质疑华润、宝能属一致行动人、涉嫌违法违规。万科股权控制权之争引起各方关注和热烈讨论。华润方面则回应“我们已经注意到媒体的相关报道，正在核实其内容真实性、准确性，以及研究个别人士的公开发言是否合法合规”。

2016 年 6 月 26 日

宝能系提议罢免王石：脱离工作岗位仍拿酬金 5000 多万①

6 月 26 日，宝能系公告要求万科罢免包括王石、郁亮等在内的 10 位董事以及 2 位监事，并提请公司召开临时股东大会。宝能系在公告中对于提议罢免王石董事职务给出了理由，对于在重大资产重组预案的相关事项过程中，宝能系指责王石没有充分关注重组交易价格的公允性、合理性及对公司及全体股东的整体利益，没有对异议董事提出的意见给予必要的重视和考虑。此外，没有对独立董事提出回避的合法合规予以特别的关注与审查，称王石的行为严重违反《公司法》规定的董事义务及《深圳证券交易所主板上市公司规范运作指引》规定的董事行为规范。

议案内容称，万科已经成为被内部人实际控制的上市公司。此外，议案内容称，万科从 2008 年宣布无实际控制人开始，已经偏离上市公司规范运作要求。自 2014 年推出事业合伙人制度后，对于公司董事、监事在该制度中能够获

① http://www.yangtse.com/gd/2016-06-27/912449.html

得的报酬及获得该等报酬的依据，也从未向投资者披露过，违反上市公司信息披露有关要求。

议案还指责王石个人在2011年至2014年间，前往美国、英国留学，在长期脱离工作岗位的情况下，依然从万科获得现金报酬5000多万元。宝能系称，王石利用董事长地位获取巨额报酬，损害公司和广大投资者利益。另外，对其他董事的罢免理由中均提到这一点，称未尽到保护公司和股东利益的职责。

2016年6月27日

宝能系提请召开临时股东大会罢免目前公司所有董事[①]，被认为是坐实了“野蛮人”

6月26日下午，万科公司披露收到钜盛华及前海人寿的通知。钜盛华和前海人寿作为合计持有公司10%以上股份的股东，提请公司董事会召集2016年第二次临时股东大会，议案内容为罢免公司全体董事及非职工监事。《财新周刊》报道，宝能系已准备好万科董事会提名人选预案，计划推举华润集团助理总经理吴向东为万科董事长，宝能控制人姚振华为监事长[②]。

同日，王石通过微信朋友圈发两条微信，称“当你曾经依靠、信任的央企华润毫无遮掩地公开和你阻击的恶意收购者联手，彻底否定万科管理层时，遮羞布全撕去了。好吧，天要下雨、娘要出嫁。还能说什么”。

2016年6月27日

华润、宝能联手否决万科年度董事会、监事会报告

6月27日下午，万科召开了2015年度股东大会。华润对2015年度董事会报告、2015年度监事会报告投反对票；钜盛华及一致行动人对2015年度董事会报告、2015年度监事会报告、2015年度报告及经审计财务报告投反对票。中小股东对议案普遍持支持态度。经表决，公司2015年度董事会报告、2015年度监事会报告被否决。

---

① 详见万科A2016年6月27日公告。

② http://companies.caixin.com/2016-06-30/100960519.html

2016 年 6 月 27、28 日

深交所向宝能系及华润下发关注函和问询函①

深交所在关注函中表示，近日多家媒体质疑钜盛华及一致行动人前海人寿与华润股份有限公司及一致行动人存在诸多接触密谈，双方同时宣布将在下次股东大会上联手否决引入深圳市地铁集团有限公司的预案，并指控万科内部人控制等治理问题，涉嫌形成关联和一致行动人关系。深交所要求钜盛华和华润就有关事项进行自查，并在 6 月 29 日前提供书面报告。深交所对宝能系的关注函同时要求回答。宝能系及华润后来复函均否认了宝能系与华润为一致行动人。

深交所同时要宝能回答要求罢免万科董事监事却未同时提名候选人的原因，同时说明罢免董事监事对万科日常经营的影响，以及为消除影响拟采取的措施；另宝能 2015 年 12 月四度举牌后曾表示，“暂无计划改变上市公司现任董事会或高级管理人员的组成”，深交所要求宝能系说明罢免提案是否与此承诺相悖。

2016 年 6 月 28 日

一致行动人质疑引高层关注②，华润被令“闭嘴”③

国资委主任肖亚庆回应万科股权之争一事表示，只要有利于深圳的发展，有利于企业的发展，我们国资委就支持。

6 月 28 日《南华早报》报道，对于华润在万科控制权争夺战的行为，国资委有很大的保留意见。又称证监会一名消息人士称，作为万科的两个最大股东，华润和宝能如果非法一致行动，将受到惩罚以及限制股东权利。后据《财新周刊》透露，万科之争升级已引起高层关注，华润被要求不得与宝能一致行动，华润不得再就万科事件随意表态，任何行动要预先征得国务院国资委同意。

---

① 详见万科 A2016 年 7 月 1 日公告。

② http://finance.qq.com/a/20160627/029854.htm

③ http://news.10jqka.com.cn/20160629/c591310609.shtml

2016 年 6 月 30 日

华润声明对罢免万科全部董事监事提案有异议，会另提改组案①

在上层压力下，华润发表声明称对宝能全部罢免案有异议，表示“华润会从有利于公司发展的角度，考虑未来董事会、监事会的改组”。

2016 年 7 月 2 日

万科公告公司将于 2016 年 7 月 4 日复牌②

2016 年 7 月 3 日

万科董事会否决宝能系逼宫提议，华润董事会改组提议胎死腹中

在 7 月 3 日召开的万科董事会上，万科董事会全票否决宝能系提请召开临时股东大会罢免目前公司所有董事的议案③，华润方面的董事通过投票正式与宝能划清界限。华润通知万科准备部分改组董事会，让王石出局的提议因上面不同意在会上并未提出，从而避免了一场摊牌。

2016 年 7 月 4 日

万科最大自然人股东刘元生实名举报，五问华润、宝能④，华润发表声明称其造谣，将采取法律行动⑤

7 月 4 日万科最大自然人股东刘元生向证监会等 7 个部委发举报信，质疑华润宝能，支持万科管理层：

1. 宝能系与华润到底有多少合作项目？双方到底有多少重大利益关联？双方在哪些事项上达成了一致行动的交易？

2. 宝能与华润是何时在万科第一大股东地位问题上开始谈判交易？先后达成过哪些默契与协议？

3. 双方对深铁重组联手出尔反尔，背后有何阴谋？

---

① http://news.163.com/16/0630/12/BQQEQO1R00014SEH.html

② 详见万科 A2016 年 7 月 2 日公告。

③ 详见万科 A2016 年 7 月 4 日公告。

④ http://news.hexun.com/2016-07-04/184740173.html

⑤ http://help.3g.163.com/16/0704/21/BR5M9I9Q00964J4O.html

4. 隐瞒双方达成第一大股东易主的秘密协议，是否已明白无误涉嫌内幕信息、内幕交易和市场操纵？

5. 多个迹象表明宝能用于收购的资金来自不合规的银行资金，用于收购的主体故意规避法律法规的明确要求，请问宝能是不是利用违法资金和不合规主体收购并控制上市公司？

当日华润集团发言人授权声明，称该举报信中的揣测、臆断及造谣中伤，已构成对本公司声誉的负面影响。华润将对刘元生先生采取法律行动，追究法律责任，以维护华润的声誉。

但后来华润并未采取法律行动，各监管部门并未对举报做任何回应。有分析称这显示有关方面虽然对华润的行为不满，令其噤声，但并不希望把事情搞大。同日万科 A 股股票复牌。

2016 年 7 月 4 日

华润委托十三位权威法学专家认定“6·17”董事会决议无效，万科独董华生回应①

一份签署了十三位权威法学家姓名的“万科股权争议论证会专家意见书”7 月 5 日引发了广泛争议。这份意见书由“万科股权争议论证会”发出。论证会由北京市竞天公诚律师事务所组织，委托人是这桩股权争议案中的另一主角华润。华润集团 4 日在其官方微信号发布消息称，“2016 年 7 月 3 日，受北京市竞天公诚律师事务所委托，北京大学企业与公司法研究中心邀请了国内十三位法学专家，就万科企业股份有限公司股权争议案所涉董事会决议效力、一致行动人等相关法律问题进行了研讨，形成了本专家意见书”。意见书主要意见包括：

（一）独立董事张利平提出回避表决的理由不符合法律及万科《公司章程》的相关规定，“6·17”董事会决议实际上并未有效形成，按照现行法的规定股东可请求人民法院撤销该决议；

---

① http://www.eeo.com.cn/2016/0706/289348.shtml

（二）就委托方提供的材料以及迄今为止公开披露的信息来看，暂无证据表明华润公司与宝能公司应被认定为一致行动人；

（三）股权分散且以创始人为管理核心的上市公司要避免产生内部人控制、忽视股东合理诉求与合法权益的现象发生；

（四）上市公司信息披露应遵守法律、章程及公司内部规定，董事（含独立董事）个体不宜擅自披露未公开信息，泄露公司秘密。

次日万科独立董事华生微博评论："法官判案也得先听原告再听被告。这些教授真是受人委托替人消灾。被请去开个半天会，就敢给委托方背书没有一致行动人关系。听人说有独董在自己博客上随便发布公司机密，不查证就判违规。这些老先生们若当法官不知得出多少冤假错案。真是可惜了一世英名！"

2016 年 7 月 7 日

宝能系增持万科至 25%[①]

7 月 4 日、5 日万科 A 股股票连续跌停，达到股票异常波动标准。万科于 7 月 5 日收市后向钜盛华发出问询邮件，钜盛华当晚回复称，其于 7 月 5 日购入万科 A 股股票 75293000 股，购入股份数量占万科总股本的 0.682%，本次购入后，钜盛华及其一致行动人合计持有公司股份数量占公司总股本的 24.972%。

7 月 6 日晚，钜盛华通知万科，钜盛华及一致行动人合计持有万科 A 股的比例达到 25%。

2016 年 7 月 7 日

王石女友田朴珺公司被曝负债 596 亿[②]**，网上热炒**[③]

田朴珺开的一家公司由于天文财务数据而受到关注。工商资料显示，北京玖阳晟禾科技有限公司成立于 2010 年 11 月 23 日，注册资本 10 万元。该公司有

---

① 详见万科 A2016 年 7 月 7 日公告。

② http://edu.sina.com.cn/bschool/2016-07-07/doc-ifxtwihp9705109.shtml

③ http://happy.jinghua.cn/20160815/f208805.shtml

两位股东，田朴珺和郝秀华，两人出资额均为 5 万元。然而，北京玖阳晟禾科技有限公司的资产总额、销售总额等财务数据着实令人咋舌。该公司在工商系统公示了 2013 年与 2014 年年报。其中，2013 年年报显示，注册资本只有 10 万元的北京玖阳晟禾科技有限公司资产总额高达 582 亿元，但负债也高达 696 亿元，这导致其股东权益变成-14 亿元；2013 年其销售总额为 596 亿元，净利润为-8.6 亿元。

对此，田朴珺 7 月 4 日晚间在微博上回应称，"是工商登记部门出了问题？还是有人别有用心？把元写成万元，明早上工商局上证据"。7 月 5 日上午，一位国家工商总局人士告诉《每日经济新闻》记者，年报的单位是明确的，为"万元"，如果年报上数据出错的话，不会是工商登记部门的问题，因为企业年报为企业自己填写。据中国证券网消息，针对昨日市场关于田朴珺涉万科关联交易的传闻，万科董秘朱旭 7 月 5 日在万科投资者电话会议上表示，由于传闻并没有证据和细节，万科管理层对此没有回应。

后来，企业信用公示系统中，上述错误已经做了更改。第三方会计事务所正在审核该公司的年报信息，如果确认无误可移出异常名录。虽然这次"乌龙事件"已有结论，但是仍有舆论认为在这个时间点曝出此次事件，原因并没有表面上那么简单，随之而来的是广大群众对于田朴珺本人探究的好奇心。这个出身普通家庭的女子，如今成为了人们口中那个与王石年龄相差 30 岁的"王的女人"。虽然一直以来田朴珺试图在公众面前树立一个独立女强人的形象，但是结果却总是被与王石连在一起，成为非议王石的谈资和佐料。

2016 年 7 月 8 日

新华社分访王石、姚振华①

据新华社消息，记者近日专访了万科董事会主席王石、宝能系实际控制人姚振华。

① http://finance.caixin.com/2016-07-08/100964023.html

2015 年 7 月起，宝能系持续增持万科，到 12 月万科停牌前其股份超过 24%，成为万科第一大股东。“我们投资万科既是去年股灾时响应国家号召的救市行动，又是‘新国十条’背景下保险资金对接实体经济的内在要求。”姚振华说，我们投资万科股票是希望分享投资回报，做万科的战略投资人。

“我刚开始接触姚振华时，他说宝能是想做财务投资者。”王石说，但明显宝能是想控制公司，做一些“想做的事”。

2016 年 3 月，万科宣布将以定向增发的方式引进深圳地铁作为战略合作者。这一方案遭遇宝能系及事件角力另一方华润的明确反对。“该重组方案严重违背上市公司和股东利益最大化原则。”姚振华说，经测算，万科对深圳地铁增发后，现有股东的权益将被摊薄约 5%。

“引入深圳地铁既能解决万科的股权之争，又符合万科的战略转型需求。具体的增发价格还可以谈，是个技术问题。”王石说，从长远利益看，由于获得了深圳地铁优质项目的“优先权”，所有股东几年后的收益就足以覆盖摊薄产生的成本，合作能得到资本市场的最大认同。

6 月 26 日，宝能系提议召开临时股东大会，罢免包括王石、郁亮等在内的董事、监事，万科股权之争骤然升级。

姚振华这样解释宝能的想法：我们作为万科的第一大股东，投入最多，迫切希望万科能够健康发展。但本届董事会无视股东利益行事，强行要引进深圳地铁，我们这才提议罢免董事会和监事会，符合条件的人选依然可以通过选举重回岗位，这并非是外界所说的“血洗”董事会。

王石则认为，宝能在资本市场兴风作浪不是个案，举牌过南玻 A、韶能股份等公司，都是强行进入，然后改造董事会。“宝能成为大股东才几个月，就要罢免整个董事会、赶走整个管理层。他们真有能力管好这家公司吗？这像一般投资者的想法吗？”

围绕万科控制权争夺，舆论广泛关注。国资委、证监会、保监会等监管部门都对此做出回应。

2016年7月13日

万科、华润、深铁等回复深交所关注函①

有网络传闻称：1. 华润、深铁溢价接盘宝能系股份，补偿宝能所花费财务费用；2. 华润、深铁分列第一和第二大股东，因二者皆为国企，万科转变为国有控股企业，接受华润、深铁、广东省国资委的共同监督，经营上保持一定的独立性；3. 王石实质性退休，任终身名誉主席，华生、张利平退出董事会，深铁补进2名董事；4. 新任董事长到位之前暂由郁亮兼任，原管理团队皆保持原状。7月8日深交所就此事发出关注函，万科7月12日回复否认了该传言，包括华润、深铁也纷纷回复否认。

2016年7月14日

宝能系钜盛华质押其大部分万科股票②

万科公告，7月13日收到钜盛华《告知函》，截至2016年7月12日，钜盛华通过普通证券账户直接持有公司股份926070472股，占公司总股本的8.39%，累计质押股数为926070462股，占公司总股本的8.39%。

与此同时，南玻A也公告称，钜盛华将其持有的5955万股南玻A通过质押式回购方式质押给银河证券。

2016年7月14日

华润、宝能"一致行动人"关系再起争议③

7月12日晚间，人民网援引"市场人士"报道称，宝能系在2015年7月开始举牌万科之时，宝能集团曾将持有旗下的深圳市钜盛华股份有限公司的20.2亿股份质押给华润集团下属的华润（深圳）有限公司。

7月12日晚间，经济学家、万科独立董事华生在官方微博上宣布"电话查证此事属实"。7月13日早间，华生又在官方微博上称，"因双方现已解押，深

① 详见万科A2016年7月13日公告。

② 详见万科A2016年7月14日公告。

③ http://finance.sina.com.cn/roll/2016-07-14/doc-ifxuaqhu0297456.shtml

圳市场监督监管局网上已撤下，查档需当事公司或权威部门”。

7月13日，身处风口浪尖的华润回应称，“此事与万科股权之争毫不相关，有人借此炒作，混淆视听的做法是极不负责任的”。万科证券办一位工作人员7月13日对《21世纪经济报道》记者表示，“我们对此事不太清楚，他们（指华润、宝能）也没通知我们”。

但参考万科公告，华润在7月1日对深交所的回复中已对照一致行动人定义逐条否认。无论是华生所指的华润、宝能存在的股权质押关系，还是向七大监管机构举报的万科最大自然人股东刘元生，都把矛头指向了华润与宝能合作的前海地块。

据华润置地2013年8月19日发布的公告，该公司以109亿元人民币从深圳市前海深港现代服务业合作区管理局手中购得深圳市前海T201-0078地块，占地约6.18万平方米，总建筑面积约50.3万平方米。计划建设综合体项目“华润前海中心”，投资额预计200亿元。

在后续的开发中，华润引入了宝能系作为合作伙伴。工商资料显示，负责该地块开发的华润置地前海有限公司董事会和监事会成员既有来自华润的，也有来自宝能系的。不过其唯一股东为吉富企业有限公司，出资43.05亿元，但目前记者尚未能查到其相关工商资料。

值得注意的是，宝能系成员进驻华润置地前海有限公司董事会和监事会的工商变更日期是2016年1月22日。彼时，万科A为了应对宝能系举牌已停牌，宝能系已然坐稳第一大股东之位，对控股权的争夺已经白热化。

根据相关媒体7月13日援引接近此项交易的权威人士的说法称，2013年华润置地开始和宝能地产商谈合作开发前海项目，并在2015年7月签署合作协议。“由于宝能的合作款有既定支付节点，华润置地要求用钜盛华20%的股权质押作为增信条件，宝能于2015年8月13日支付合作款以后，质押解除。”按此说法，从2015年7月质押到同年8月13日解除质押，仅有一个月质押期。

此次宝能将钜盛华20%股权质押给华润其实也直接关系到一致行动关系的

认定。据《上市公司收购管理办法》第83条规定，银行以外的其他法人、其他组织和自然人为投资者取得相关股份提供融资安排，为一致行动人。但对于上述条款，华润在7月1日回复深交所的问询函中说明称“经自查，华润股份及其一致行动人的财务独立，并未为钜盛华及其一致行动人取得万科股份向其提供任何融资安排，华润股份及其一致行动人亦未就取得万科股份与钜盛华及其一致行动人达成任何融资安排”。“根据《收购办法》，如果华润为宝能系举牌万科提供了融资，那双方就构成一致行动关系。但如果钜盛华股权质押只是为了增信而非融资，按此认定的话则证据不足。”前深交所相关负责人表示。

在业内人士看来，假若华润和宝能一旦存在一致行动关系，将会招致很大麻烦。目前，两家合计持股超过40%。“如果构成一致行动关系，那么就触发30%红线的要约收购。因此，两者必须对万科进行全面要约收购，收购价是宝能系最后一次增持价。”

据《财新周刊》文章，华润身陷一致行动人质疑，这一问题引起了中央高层关注。这是华润被迫退出，“华万之争”结束，从而成为万科争夺战一个关键转折点。

华润淡出，宝万之争陷僵局

2016年7月20日

万科管理层反攻，高调举报宝能系①

2016年7月20日万科发布公告披露，公司确于2016年7月18日和19日通过电子邮件、现场提交和邮寄快件等方式，向中国证券监督管理委员会、中国证券投资基金业协会、深圳证券交易所和中国证券监督管理委员会深圳监管局提交了《关于提请查处钜盛华及其控制的相关资管计划违法违规行为的报告》。在这份近万字的报告中，万科举报了2015年下半年以来宝能资管计划存在的四

① 详见万科A2016年7月20日公告。

大问题，分别是：

（一）九个资产管理计划违反上市公司信息披露规定：1. 九个资管计划未按照一致行动人格式要求完整披露信息；2. 九个资管计划合同及补充协议未作为备查文件存放上市公司；3. 九个资管计划披露的合同条款存在重大遗漏。

（二）九个资管计划违反资产管理业务相关法律法规：1. 九个资管合同属于违规的“通道”业务；2. 钜盛华涉嫌非法利用九个资管计划的账户从事证券交易；3. 九个资管计划涉嫌非法从事股票融资业务。

（三）九个资管计划将表决权让渡与钜盛华缺乏合法依据：1. 九个资管计划不符合上市公司收购人的条件；2. 九个资管计划的相关各方均无充分依据行使表决权；3. 九个资管计划不具备让渡投票权的合法性前提。

（四）钜盛华及其控制的九个资管计划涉嫌损害中小股东权益：1. 钜盛华涉嫌利用信息优势、资金优势，借助其掌握的多个账户影响股价；2. 钜盛华涉嫌利用九个资产管理计划拉高股价，为前海人寿输送利益；3. 钜盛华和九个资产管理计划未提示举牌导致的股票锁定风险，可能导致优先级委托人受损。

2016 年 7 月 21 日

保监会负责人：决不能让公司成为大股东的“提款机”①

“要严把股东资格审查标准，要让那些真正想做保险的人来做保险，决不能让公司成为大股东的融资平台和‘提款机’，特别是要在产融结合中筑牢风险隔离墙。”保监会负责人称。7 月 21 日，负责人在“十三五”保险业发展与监管专题培训班上做出上述表示。

2016 年 7 月 21 日

证监会、深交所先后出手，各打五十大板②

7 月 22 日万科公告，万科收到中国证券监督管理委员会深圳监管局《关于对万科企业股份有限公司的监管关注函》，在给万科的监管函中，深交所提出：

① http://finance.caixin.com/2016-07-21/100969080.html

② 详见万科 A2016 年 7 月 22 日公告。

“7 月 20 日，你公司披露《关于媒体报道的说明公告》称，你公司确于 7 月 18 日和 19 日通过电子邮件、现场提交和邮寄快件等方式，向监管部门提交了《关于提请查处钜盛华及其控制的相关资管计划违法违规行为的报告》（以下简称《报告》）。你公司于 7 月 19 日向非指定媒体透露了提请监管部门查处宝能的报告全文这一未公开重大信息。你公司的上述行为违反了《股票上市规则》第 2. 9 条和第 2. 14 条规定，我部对你公司采取发出监管函、对主要负责人进行监管谈话等措施。”

深圳市钜盛华股份有限公司收到中国证券监督管理委员会深圳监管局《关于对深圳市钜盛华股份有限公司的监管关注函》。在给钜盛华的监管函中，深交所提到：“你公司分别于 2015 年 12 月、2016 年 7 月披露拥有万科企业股份有限公司股份权益的《详式权益变动报告书》。经我部多次督促，截至目前你公司仍未按照《公开发行证券的公司信息披露内容与格式准则第 15 号——权益变动报告书》和《公开发行证券的公司信息披露内容与格式准则第 16 号——上市公司收购报告书》的要求，将相关备查文件的原件或有法律效力的复印件备置于上市公司住所。你公司的上述行为违反了《股票上市规则》第 1. 4 条规定，我部对你公司采取发出监管函、对主要负责人进行监管谈话等措施。”

深圳证监局也分别向万科和钜盛华下发监管关注函，并要求双方主要负责人分别于 7 月 22 日 15 时和 16 时到证监局接受诫勉谈话，同时要求万科本着对投资者利益负责的态度，“尽最大努力与各方股东积极磋商，妥善解决争议”。

这被认为是在华润靠边后，监管部门开始出手，对万科管理层和宝能各打五十大板。

当天下午收市后，证监会新闻例会上发言人邓舸表示，万科之争中，相关股东及管理层置中小股东于不顾，严重影响了公司的市场形象，违背了公司治理的义务。发言人表示万科管理层与股东之争，相关各方本应成为维护市场的积极力量，但遗憾的是，至今没有看到万科相关股东及管理层提出有诚意有效的措施消除分歧，相反激化矛盾，证监会对万科股东及管理层表示谴责，要求协商解决问题，促进公司健康发展，维护市场公平秩序。发言人的讲话显示了监管层此时希望息事宁人的态度。

2016 年 7 月 21 日

监管约谈万科、钜盛华，万科公布分红方案，宝能税后分红逾 18 亿元①

万科商战处于僵局时，监管再度出手，一面开展调查，一面劝和调解。万科 7 月 21 日晚间公告披露，深圳证监局发函约谈万科、钜盛华两家公司的主要负责人，要求双方妥善解决争议。万科同日公布 A 股分红派息方案，据《财新周刊》记者估算，第一大股东宝能系税后分红逾 18 亿元。

万科在 7 月 18 日和 19 日向证监会等监管部门递交举报信后，证监会高度重视，迅即于 20 日紧急召开多场会议，讨论相关法律认定及对策。证监会还专门成立处理“宝万事件”的领导小组，成员来自办公厅、市场部、法律部、会计部、基金业协会等多个部门。7 月 21 日股市收盘后，深交所分别向万科和钜盛华下发监管函，就信披问题提出批评。

当日，万科 A 股收报 17.02 元，为复牌以来最低价，较 2015 年 12 月 18 日停牌价下跌 30.33%，总市值蒸发 800 多亿元。随着股价持续下跌，宝能系九个资管计划平仓风险也在与日俱增，眼下燃眉之急便是筹措资金，以在必须之时追加资管计划保证金。显然，万科股票分红是一笔不小的资金。

万科 2015 年度 A 股分红派息实施方案显示，A 股股权登记日为 7 月 28 日，每 10 股派 7.2 元（含税）。缴税方面，A 股个人股东、证券投资基金股东，实际每 10 股派现金 7.2 元；持股 1 月至 1 年的股份，每 10 股需补缴税款 0.72 元，持股超过 1 年的股份，不需补缴。

回顾可知，目前持股已逾 25%的宝能系，第二次举牌万科是在 2015 年 7 月 24 日。大致来看，宝能系约有 10%股份是在当年 7 月 28 日之前持有，无需补缴税款；约 15%股份是在之后持有，每 10 股需补缴税款 0.72 元。

---

① http://finance.caixin.com/2016-07-21/100969084.html

据《财新周刊》记者计算，万科2015年度分红将近80亿元，宝能系税前可获20亿元分红，税后约为18.8亿元，够付入股万科所耗资金的半年利息成本。监管部门此前查明，2015年宝能系买入万科股票耗资近430亿元。加上2016年万科复牌后的数次增持，宝能系入股万科合计耗资逾450亿元，若按年利率7%计算，每年利息成本在30亿元以上。

2016年7月25—29日

宝能资管计划敏感条款涂黑遮盖风波①

7月25日钜盛华，向万科补充提交了《详式权益变动报告书》所要求的部分备查文件。公司查阅后发现，文件中部分关键信息被涂黑掩盖，且未提供资管计划优先级委托人和资管计划管理人、托管人签署的资产管理协议。公司将钜盛华提交的文件置备于公司住所，并制定了信息披露备查文件查询指引，并于7月27日向深圳证监局和深圳证券交易所提交了请求函，恳请监管机构要求深圳市钜盛华股份有限公司完整提供信息披露备查文件。7月29日，万科派人到深圳证监局参与会谈，证监局表示信息披露义务人有权将备查文件做适当脱密处理，但需由其律师事务所提交关于脱密处理合法性的法律意见书，法律意见书也作为备查文件。监管部门不会对备查文件脱密处理信息是否属于商业秘密做出判断。万科方面表示尊重监管部门对于备查文件遮盖信息是否属于商业秘密不做判断的意见，公司将严格依法办事，作为信息披露的平台向社会公众开放备查文件。②

2016年7月29日

消息称王石拜访华润，万科AH股票神秘大涨③

在2016年7月27日，消息爆出万科董事长王石拜访华润集团香港总部，据称华润负责人表示他们现在做不了什么，因为国资委也不让他们在万科问题上

---

① http://finance.ifeng.com/a/20160730/14658293_0.shtml

② http://finance.ifeng.com/a/20160730/14658293_0.shtml

③ http://money.163.com/16/0729/07/BT4HRP9F00253G87.html

随便表态和行动。7 月 28 日起，万科 A、H 股股价双双大涨。其中 H 股一路高歌猛进，暴涨 11. 53%收于 17. 8 港元，创下 6 月 13 日以来的新高；万科 A 也涨了 2. 87%，报收 17. 92 元。万科此前披露，宝能系九个资管计划购入万科 A 股票的均价为 18. 89 元/股，按平均利率以及已存续期 8 个月计算，考虑融资成本后的平均股价约 19. 83 元/股。市场猜测，万科 A 推出的 2015 年度分红派息方案落地：每 10 股派现金人民币 7. 2 元（含税），股权登记日为 7 月 28 日，除息日为 7 月 29 日，截至 7 月 6 日，钜盛华及其一致行动人前海人寿合计持有万科股份 27. 598 亿股，占万科总股本的 25%。而据万科发布的《关于提请查处钜盛华及其控制的相关资管计划违法违规行为的报告》则显示，宝能系在近期又增持了 0. 4%的万科股票，目前合计持股占万科总股本的 25. 4%，假设以 25%的持股比例计算，宝能系获得 19. 87 亿元（含税）的分红，这将为宝能系提供一笔不俗的资金。

2016 年 7 月 30 日

央视进入万科调查，姚振华赌上身家“兜底”多个资管计划①

7 月 29 日午间，据央视财经微博消息，央视财经记者已经进驻万科总部，查阅钜盛华交存上市公司的九个资管计划文件。记者在查阅钜盛华交存上市公司的九个资管计划文件时，表示多个关键信息被涂黑抹点，包括相关人物姓名、预期收益率等。

据钜盛华相关资管计划的备案资料显示，所有相关资管计划都约定有差额补足条款，但差额补足义务人略有差别。东兴信鑫 7 号集合资产管理计划的合同显示，姚振华、宝能投资和钜盛华为资管计划稳健级投资人平安信托提供差额付款承诺。另外，姚振华和宝能投资还是其他几个资管计划的连带差额补足义务人。泰信 1 号、西部利得金裕 1 号、西部利得宝禄 1 号、东兴 7 号的连带差额补足义务人都有姚振华和宝能投资。而其他几个资管计划则只有钜盛华为差

① http://business.sohu.com/20160730/n461792274.shtml

额义务补足人。这也就意味着，姚振华和宝能投资实际为四个资管计划做了“兜底”。由于万科股价多次逼近宝能部分资管计划平仓线，媒体热议爆仓风险。

峰回路转，恒大强势介入，恒万之争开场

2016 年 8 月 4 日

神秘资金开始冒头，新买家正式入场

8 月初，市场传言随万科股价逼近宝能的平仓线，由于担心宝能崩盘引发保险资金断裂和局部金融风险，有保险及保险相关的企业被打招呼买入万科股票。8 月 4 日 A 股开盘后，财新传媒突发报道称“万科股票近期的买家名单中出现了恒大的身影。目前持股比例达 2%”。接着，第一财经、新浪、腾讯均发消息称，向中国恒大求证，这一说法遭到恒大集团否认。他们确认恒大集团主席和许家印本人及企业层面都没有买入万科的行动，前述系假消息。但当日万科股价仍放量上涨。结果恒大于当日收市后在香港联交所发布公告，称截至 2016 年 8 月 4 日，中国恒大通过其附属公司在市场上收购 516870628 股本公司 A 股股份，占本公司已发行股本总额约 4.68%。

2016 年 8 月 5 日

恒大救场显效，宝能从爆仓风险到暴利满满①

万科公告，中国恒大集团在香港联合交易发布的公告，截至 2016 年 8 月 4 日，中国恒大通过其附属公司在市场上收购 516870628 股本公司 A 股股份，占本公司已发行股本总额约 4.68%，总代价为人民币 9110220389.30 元。

业界有分析人士称，许家印与王石和姚建华一直拥有不错的私人关系，是一个合适的调停者。恒大一出场就博得了满堂彩，拯救了恐惧中的中小股民，更是让宝能从爆仓警报转为暴利。在宝能、华润和万科管理层之间的股权纷争陷入死局后，恒大作为一个合适的财务投资调停者出现，有望打开一个多赢

① 详见万科 A2016 年 8 月 5 日公告。

格局。

2016 年 8 月 9 日

恒大增持至 5%①

2016 年 8 月 15 日

恒大再增持至 6.82%②

万科公告，“中国恒大通过其附属公司在市场上收购万科 A 股股份，占本公司已发行股本总额约 6.82%”。截至当日，宝能系持股比例 25.40%，华润集团持股 15.24%，恒大已经位列第三持股 6.82%，安邦持股 6.18%。

8 月中旬，香港《明报》报道，恒大地产高调买入万科 A 股后，新世界集团郑家纯家族和中渝置地主席张松桥增持万科 H 股。《明报》援引市场消息称，恒大负责主攻万科 A 股，郑家纯家族及张松桥则集中在 H 股收购。

2016 年 8 月 18 日

保监会负责人：保险不能成为单一股东的融资平台③

“保险是风险管理者，绝不是风险制造者，一些股东企图把保险作为单一融资平台，保监会将旗帜鲜明地站在维护和保护消费者一面，对这样的大股东依法依规惩治，不给不是真心做保险，只想浑水摸鱼的人可乘之机。”8 月 18 日，保监会负责人在 2016 年中国保险业发展年会上说。据传，恒大自一出手就引起万科管理层警觉，但恒大含糊其辞，态度若明若暗，多次沟通均无效果。

2016 年 8 月 21 日

网传恒大出手为保监会授意④，保监会辟谣

8 月 20 日，多家网站刊登“保监会负责人要求许家印买下万科 51%股权”的消息，报道称，此次恒大出手系保监会负责人亲自出马，会同保监会广东监

① 详见万科 A2016 年 8 月 9 日公告。

② 详见万科 A2016 年 8 月 16 日公告。

③ http://finance.caixin.com/2016-08-18/100979099.html

④ http://news.eastday.com/eastday/13news/auto/news/finance/20160820/u7ai5958315.html

管局找到许家印，要求恒大不计成本买入万科股票。其最终标的是，恒大买下51%的万科股票，从而控制万科。对保监会而言，它无法承受宝能爆仓的风险。在宝能已经公开的九个资管计划中，两个曾接近爆仓，不得不交纳了数量不菲的保证金。在监管部门看来，这不仅是一个企业的倒掉，更意味着千万保户的索赔，整个保险行业或将面临挤兑风险，所以保监会不得不出手。

8月21日，保监会官方网站发表声明表示“上述报道内容纯属谣言，保监会对这种不负责任的行为表示强烈谴责，正在联系并要求有关单位做出道歉声明，并保留追究有关单位和人员法律责任的权利”。

2016年8月22日

万科：股权之争已影响正常运营①

深陷股权之争的万科A于8月21日发布的半年报显示，虽然上半年的经营成果喜人，但万科依然在中报中提示了股权之争存在的风险。6月底以来，公司合作伙伴、客户、员工、其他中小股东对公司前景的疑惑和担忧进一步加剧，公司的正常运营受到影响，主要体现在：

1. 新的土地项目获取受阻、合作伙伴和客户信心受损、公司业务拓展受到影响以及团队稳定性受到冲击。万科表示，6月底至8月初，公司已有31个合作项目因股权问题而被要求变更条款、暂缓推进或考虑终止合作。

2. 国际评级机构标普、穆迪表示，如果股东的罢免提议实现，万科现有的信用评级以及展望将面临调整压力。“部分上游合作伙伴提出缩短付款周期，部分银行提高信贷条件，压缩授信额度。客户担心股权事件会直接影响万科产品和服务品质持续性，表现出迟疑和观望，高端项目、商办及整售项目受影响更为明显。”万科称。

3. 万科还表示，万科物业5个洽谈合作项目因股权问题暂缓、变更或考虑终止合作；1家物流地产的合作方要求调整合作条款；多家境外基金和银行暂缓

---

① http://finance.china.com.cn/stock/20160822/3869822 shtml

了项目合作与贷款。

4. 此外，万科称罢免全体董事、非职工代表监事的提案对团队士气产生明显影响，公司6、7月离职率呈明显提高趋势。

2016年8月31日

许家印牌友“大D会”已持股万科8.35%①

2016年8月30日香港证券交易所信息显示，中渝置地控股有限公司主席张松桥旗下的Nexus Capital Management Limited于8月24日继续买入万科企业，目前已持有151775844股，占万科H总股本的11.54%。此外，新世界集团郑家纯家族的“御用经纪”鼎珮证券持有万科企业占比1.29%。鉴于万科H股占整个万科流通股的11.91%，意味着目前张松桥和郑家纯总共持有的万科股份占比1.53%。“大D会”合计持有万科股权8.35%。张松桥与郑家纯系许家印的牌友，是“大D会”成员。据悉，郑家纯非常喜欢“锄大地”，因为经常与朋友“锄D”，组成“大D会”，成员包括许家印、张松桥，还有华人置业集团主席刘銮雄等。

2016年9月11日

万科回应深交所关于公司与深圳地铁对赌协议的问询函②

在国家发改委9月8日召开的城市轨道交通投融资机制创新研讨会上，深圳市地铁集团董事长林茂德在谈及地铁上盖物业的资产证券化方面时曾说，“大家都知道我们正在参与一个上市公司的事，但是又不能多说，很多人问我为什么要参与：第一，我跟它对赌，我们持有你20多亿股后，必须保持每年（每一股）分一块钱给我，每年都要分20亿给我，相当于现金流很好。第二，它过去20多年增长100多倍，它未来10年增长1倍我就赚500亿，增长2倍我就赚1000亿，我贷款就有还款来源了”。深圳证券交易所于2016年9月10日就此消息向万科发出问询函。深圳地铁复函，这是他们自己的判断设想，与万科之间

① http://money.163.com/16/0831/12/BVQ3GKJM002580S6.html
② 详见万科A2016年9月12日公告。

并无协议或对赌安排。

2016 年 10 月 3 日

恒大借壳深深房，万科之争添变数①

中国恒大发布公告称：当日，其境内附属公司广州市凯隆置业有限公司（下称凯隆置业）及其全资子公司恒大地产集团有限公司（下称恒大地产），与深圳国资房企深深房签订合作协议。协议约定：深深房将以发行股份或支付现金的方式，购买恒大地产 100%股权，从而使凯隆置业成为深深房的控股股东。简而言之，恒大地产计划借壳深深房，登陆 A 股市场。接近深圳市政府的消息人士告诉《财新周刊》记者，深圳市政府与恒大方面谈判，政府方面同意支持恒大地产借道深深房这一“干净的壳”，交换条件便是恒大方面能将所持万科股份转让予深圳市地铁集团有限公司（下称深圳地铁），成人之美，但恒大初时应允，如今似有反悔，与其“盟友”持续增持万科，合计持股超 10%。

因此《财新周刊》后来披露，在围绕深深房的谈判过程中，恒大并未停止买入万科的动作。“接近深圳市政府的人士透露，恒大以各种借口拖延解决万科股权问题，拿华润、宝能等股东挡在前面”。②

2016 年 10 月 13 日

2016 年胡润百富榜发布，姚振华财富涨 8 倍，直飞第四③

2016 年度《胡润百富榜》发布，榜单显示，以在股票市场巨额买入万科而闻名的宝能集团创始人姚振华的净财富去 2015 涨了 8 倍，至 172 亿美元，从上年的第 204 名，直飞为名列中国第四大富豪。英国《金融时报》10 月 13 日报道称，对中国最大房地产开发商发起敌意收购的神秘亿万富翁姚振华已成为中国最富有的人之一。这凸显出了杠杆金融投资正如何推动个人财富取得增长。《胡润百富榜》的编制者胡润表示，“姚振华代表了中国金融投资创造财富的新浪潮”。

---

① http://companies.caixin.com/2016-11-08/101005350.html

② http://weekly.caixin.com/2017-02-04/101049937.html

③ http://www.ftchinese.com/story/001069704

2016 年 11 月 8 日

保监会约谈恒大人寿，不支持短炒股票①

11 月 8 日，保监会官方微博称，近期，针对恒大人寿股票投资中的“快进快出”行为，保监会约谈了恒大人寿主要负责人，明确表态不支持保险资金短期大量频繁炒作股票，指出恒大人寿应深刻反省短期炒作股票对保险行业及保险资金运用带来的负面影响。

2016 年 11 月 10 日

恒大继续增持万科至 8.285%，明天系发声明撇清关系②

中国恒大增持万科至 914595375 股，占公司已发行股本总额约 8.285%，总代价约为人民币 187.7 亿元。11 月 14 日，市场传闻“明天系肖建华很有可能已经借道其旗下险资进入万科争夺战”，明天控股有限公司发布声明称：“明天控股有限公司从未介入万科争夺战！”“明天控股有限公司一直本着善意入股战略，太复杂、太热闹的股权争夺战不符合集团投资理念。”

2016 年 11 月 16 日

宝能系再与其另一举牌上市公司南玻 A 管理层掀起风波③

当宝万之争还在僵持不下的时候，包括创始人曾南在内的南玻 A 高管团队集体离职，标志着宝能系彻底拿下又一家上市公司南玻 A 的控制权。宝能系和南玻 A 矛盾的爆发缘起 11 月 16 日的南玻 A 临时董事会。陈琳、王健、叶伟青、程细宝 4 位董事提出，要求对公司“十三五”发展战略规划、员工聘用、董事会对总经理授权等事项做出调整，并认为董事长曾南因身体原因在外治疗，提议通过由陈琳代为履行董事长职权。上述 4 名董事中，除王健外其余 3 人皆为宝能系人马。尽管上述提案获得了通过，但董事张建军认为曾南一直在履行董事

① http://finance.caixin.com/2016-11-08/101005137.html

② 详见万科 A2016 年 11 月 10 日公告。

③ http://money.163.com/16/1129/00/C70HH1A9002580S6.html; http://finance.sina.com.cn/focus/bnx-nba/; http://finance.sina.com.cn/stock/s/2016-11-28/doc-ifxyawmp0446500.shtml?cre=sinapc&mod=g; http://money.163.com/16/1125/16/C6NUANDP002580S6.html。

长职责，且提案程序存在瑕疵，投出反对票。独董符启林和杜文君选择弃权。17 日，包括董事长曾南在内的 8 名高管提出集体离职，引起监管层和市场的高度关注。

据《中国经济周刊》在题为“南玻控制权之争背后的实体经济尴尬”一文介绍，南玻于 1984 年在深圳蛇口创业，在曾南带领下 32 年来业绩增长 6000 倍，对这样的业绩，从宝能空降的陈琳表示，“你们这些搞制造业的辛辛苦苦也就赚这么点，还不如搞资本运作”，“通过收购买卖可以赚比制造业更多的钱”。曾南转身离去时说，“时也，势也。在这个资本横流的社会里，我们这些做实业的人在这种形势下只有认命、知趣地退出”。据《财新周刊》称，“这一事件在市面传播后，加剧了上市公司对险资收购的恐慌，最终引起了中央高层的关注，要求金融监管层大力管控金融机构和市场风险，整肃杠杆收购‘野蛮人’[①]。”

此时宝能系除共计持有南玻 A 总股本 24. 39%外，包括还持有万科 25. 4%股权、韶能股份 15. 01%股权、中炬高新 24. 93%股权、南宁百货 14. 65%股权等共计 8 家上市公司股权。

2016 年 11 月 18 日

恒大增持至 9. 452%[②]

中国恒大增持万科至 1043379751 股，占公司已发行股本总额约 9. 452%，总代价约为人民币 222. 6 亿元。

2016 年 11 月 20 日

虽有上层协调，华润退出方案仍进展缓慢

据《财新周刊》后来的报道披露，在上层干预和国务院国资委主任肖亚庆表态“央企不与地方争利”之后，万科之争的解决方向已经基本奠定。“但据《财新周刊》记者了解，解决华润和万科问题的过程十分周折，华润并不愿退出万科，开价超过万科和深圳地铁的预期，数套方案未能谈拢，尤其在国资划转

---

① http://weekly.caixin.com/2017-02-04/101049937.html

② 详见万科 A2016 年 11 月 18 日公告。

股权的定价上难以达成共识”[①]。

2016 年 11 月 23 日

恒大再次增持至 10%[②]

2016 年 11 月 30 日

恒大增持至 14.07%[③]，觊觎万科控制权

万科公告披露，中国恒大通过其附属公司在市场上及通过大宗交易收购 509831223 股万科 A 股股份，占万科已发行股本总额约 4.62%，连同前收购，中国恒大于公告日期共持有 1553210974 股万科 A 股股份，占公司已发行股本总额约 14.07%，总代价约为人民币 362.73 亿元。

据深交所网站披露有关万科 A 股的这三笔大宗交易，为中信证券北京总部营业部卖出 1.72 亿股，中信证券阜外大街营业部分两笔大宗交易卖出 2.43 亿股和 2518.15 万股，成交价格 27.50 元，买家为中国恒大。《财新周刊》记者报道，香港郑家纯家族直接或间接控制的数家内地公司，有在 A 股买入万科，因持股分散、账户隐蔽，单一账户均未达到举牌红线，具体持股情况不得而知。其有可能是恒大之前分仓买入万科的一致行动人，鉴于近期监管压力，由之前代持转而倒手给恒大直接持股。这几笔疑为是一致行动的大宗交易引起深交所对恒大的不公开质询，进行敲打警示。恒大回函则否认一致行动人关系，并仍表示不排除进一步增持万科可能。

据《财新周刊》报道，对于恒大来说，万科的确是最理想的降杠杆平台，如能并表业务规模接近，但资产优质、负债率又低的万科，恒大可大幅稀释杠杆。从负债水平看，中国恒大债台高筑。2016 年中报披露，不计永续债，恒大净负债率高达 93%，而万科近两年净负债率大致维持在 10%~25%之间。“恒大这 5000 多亿元的借款危如累卵，也是许家印急于取得万科的重要原因。”一位

① http://weekly.caixin.com/2017-02-04/101049937.html

② 详见万科 A2016 年 11 月 23 日公告。

③ 详见万科 A2016 年 11 月 30 日公告。

接近许家印的人士称①。

2016 年 11 月 30 日

宝能系大幅增持格力电器即将达到举牌红线，引发深交所问询②，董明珠怒斥③

携近 50 亿元资金增持，并强势坐上格力电器第三大股东宝座，风格彪悍的宝能系再一次站上了市场焦点的中心。格力电器 11 月 30 日晚间披露，宝能系成员前海人寿近期大幅增持公司股票，对公司持股比例升至 4.13%，逼近举牌红线，这也导致格力电器股票复牌首日便斩获了近 8%的涨幅。而前海人寿保险股份有限公司也于 12 月 2 日收到深圳证券交易所《关于对前海人寿保险股份有限公司的关注函》，询问其真实意图。格力电器掌门人董明珠其后更是多次怒斥“野蛮人”敲门，用杠杆来发财，是对实体经济犯罪。“某些资本应该自我反省，到底怎么做投资”；“如果（资本）成为中国制造业的破坏者的话，他们是罪人”。引发广泛关注。

2016 年 12 月 3 日

万科对媒体猜测恒大大宗交易对象发澄清公告④

万科公告，11 月 29 日，深圳证券交易所网站披露万科 A 股当日发生了三笔大宗交易。近日媒体对上述大宗交易的卖方存在较多猜测，且有媒体推测大宗交易的卖方可能是公司股东深圳市钜盛华股份有限公司或其一致行动人、华润股份有限公司、中国证券金融股份有限公司、安邦保险集团股份有限公司或其下属公司、国信证券股份有限公司管理的国信金鹏集合资产管理计划、招商财富资产管理有限公司管理的德赢专项资产管理计划其中的一家或多家。公司根据截至 2016 年 12 月 2 日的股东回复情况及对照股东名册，上述股东均未参

---

① http://weekly.caixin.com/2017-02-04/101049937.html

② http://finance.sina.com.cn/roll/2016-12-02/doc-ifxyhwyy0461522.shtml

③ http://mt.sohu.com/20161205/n474999583.shtml

④ 详见万科 A2016 年 12 月 3 日公告。

与 2016 年 11 月 29 日万科 A 股大宗交易并减持万科 A 股股票。其实参与大宗交易的卖方的身份不难查证，内部都知道，只是公开后会引起公众和媒体更多追寻质疑。这显示在此阶段，有关方面还是不愿把事情搞大。

物极必反，监管风暴扭转乾坤

2016 年 12 月 3 日

证监会主席突然公开发声痛批“野蛮人”①

2016 年 12 月 3 日，中国证券投资基金业协会第二届第一次会员代表大会举行，证监会主席刘士余发表演讲，他指出，用来路不正的钱，从门口的“野蛮人”变成了行业的“强盗”，这是不可以的。挑战了国家法律法规的底线，也挑战了做人的底线，当你挑战刑法的时候，等待你的就是开启的牢狱大门。希望资产管理人，不当奢淫无度的“土豪”、不做兴风作浪的“妖精”、不做坑民害民的“害人精”，你用来路不当的钱从事杠杆收购，行为上从门口的“陌生人”变成“野蛮人”，最后变成行业的“强盗”，这是不可以的。这是在挑战国家金融法律法规的底线，也是挑战职业操守的底线。

证监会主席用如此严厉的措辞，在整个证监会监管历史上也甚是罕见，一贯沉稳的刘士余突发此言，引起舆论震动，后来网上微信公众号和微信圈热传，是格力电器的董小姐在格力被欺负后，怒发冲冠赴京向高层告了“御状”，引发监管风暴②。

2016 年 12 月 5 日

保监会出手整顿险资重拳整治“野蛮人”③

保监会突然发布信息，停止前海人寿（宝能系旗下）万能险的新业务，同时，叫停前海人寿、恒大人寿等 6 家险企的互联保险业务。12 月 13 日，保监会

① http://news.ifeng.com/a/20161203/50358998_ 0.shtml

② http://mt.sohu.com/20161210/n475518753.shtml

③ http://finance.qq.com/a/20161206/008636.htm；http://finance.ifeng.com/a/20161214/15076355_ 0.shtml。

副主席陈文辉在保险公司专题监管会议前接受了《人民日报》采访表示，保监会已对前海、恒大派驻工作组，重点检查产品及资金运用合规性。陈文辉透露，针对部分公司激进投资和举牌问题，近期拟出台以下措施：一是明确禁止保险机构与非保险一致行动人共同收购上市公司；二是明确保险公司重大股票投资新增部分资金应使用自有资金，不得使用保险资金；三是对于重大股票投资行为，须向保监会备案，对于上市公司收购行为，须报保监会事前核准；四是将权益类资产占保险公司总资产比例从40%下调至30%，将单一股票投资占保险公司总资产比例从10%下调至5%。

2016年12月6日

前海人寿被叫停万能险业务并被保监会处罚①

2016年12月5日中国保监会下发监管函，要求前海人寿停止开展万能险新业务；同时，针对前海人寿产品开发管理中存在的问题，责令公司进行整改，并在3个月内禁止申报新的产品。2016年以来，前海人寿、恒大人寿等6家公司互联网渠道保险业务也先后被叫停。近两年来，恒大系、宝能系等险资充当“野蛮人”纷纷举牌A股上市公司，而其动用的源源不断的“子弹”不少正是来自万能险。

2016年12月9日

前海人寿声明称投资格力属正常财务投资，格力电器被举牌风险解除②

在收到深交所问询函、证监会刘士余公开痛批“野蛮收购”及保监会发文规范险资举牌后，险资举牌热退潮。2016年12月9日前海人寿官网于晚间发布了《关于投资格力电器的声明》，前海人寿在声明中表示，对于格力股票的投资属于正常的财务投资，公司承诺未来将不再增持格力电器，择机逐步退出。

2016年12月13日

保监会：禁止保险公司与非保险一致行动人共同收购上市公司③

保险公司在资本市场的收购怎么管？保监会即将发布规则，一要核准，二

① http://news.163.com/16/1205/21/C7I5J648000187V5.html

② http://finance.sina.com.cn/roll/2016-12-09/doc-ifxypizk0118693.shtml

③ http://finance.caixin.com/2016-12-13/101026532.html

是当持股比例达到一定标准，必须用自有资金，不得动用保费。

保监会将对保险公司及其一致行动人的一般股票投资和重大股票投资进行区别监管，禁止保险公司及其一致行动人与非保险一致行动人共同收购上市公司。

2016 年 12 月 19 日

万科终止发行股份，购买资产与深铁集团重组①

万科与深铁的新股增发重组方案最终因时限已过而流产。

2016 年 12 月 19 日万科公告披露，公司于 2016 年 12 月 12 日以电子邮件方式将《关于终止发行股份购买资产事项的议案》提交各位董事并以通讯表决方式审议通过，历时近一年的公司发行股份购买资产计划停止。其实由于这半年来股权之争的巨大变化，该预案早已失去意义。

2016 年 12 月 19 日

宝能系谋求退出万科方案，要价高达 1500 亿元②

在万科宣布引入深铁重组预案终止之前，宝能系即已开始谋求退出方案。

11 月初，腾讯财经从三位独立信源处获悉，宝能系当时已提出退出万科方案。当时一位知情人士告诉腾讯财经，退出方案正在协商的过程中，姚振华在当时与万科集团董事局主席王石有过几次沟通。

其中一位消息人士称，宝能系在当时提出的一个退出方案包括，将所持有的万科股权全部转让，但价格总额为 1500 亿元。当时万科管理层未对这一方案予以明确答复，亦暂未有明确受让方，双方正就此事进行沟通。腾讯财经当时向万科集团董事局主席王石求证这一信息，但未获回复，万科集团董秘朱旭则回复“不了解此事”。

其中另一信源则告诉腾讯财经，当时宝能系同时亦在与中国恒大集团接触，以商讨将所持有股权转让给后者。宝能控股相关负责人对上述信息回复称并不

---

① 详见万科 A2016 年 12 月 19 日公告。

② http://finance.qq.com/a/20161219/033397.htm

知情，恒大方面亦表示对此不知情。

在华润集团方面，腾讯财经从一位知情人士处了解到，在万科股权事件中，作为华润集团的直接管理单位，国资委接替了华润集团处理此事。此前傅育宁团队自己可以做决策，但是目前阶段，万科事件上，所有决策都由国资委来做，华润在此事的所有决策也都需要提前获得国资委批准。“国资委对股权的态度是不增持也不减持。”上述知情人士称。

2016 年 12 月 29 日

保监会再出重拳，将派检查组入驻前海人寿在内的 9 家激进险企①

保监会对万能险的整改再出重拳。《证券日报》记者获悉，12 月 28 日，保监会对万能险业务整改不到位的华夏人寿、东吴人寿 2 家公司采取暂停互联网保险业务、3 个月内禁止申报产品的监管措施。同时，保监会将对全部 9 家已报送万能险整改报告的公司，派驻检查组进行现场核查，根据核查情况采取进一步的监管措施。

实际上，早在 2016 年 5 月至 8 月，保监会就对前海人寿、恒大人寿、华夏人寿、东吴人寿等 9 家公司开展了万能险专项检查，并对发现问题的公司下发了监管函，责令公司进行整改。

12 月 5 日，保监会针对前海人寿万能险账户管理整改不到位，对其采取了停止开展万能险新业务的监管措施。同时，针对前海人寿产品开发管理中存在的问题，责令公司进行整改，并在 3 个月内禁上申报新的产品。12 月 9 日，保监会发布消息称，决定暂停恒大人寿保险有限公司委托股票投资业务，并责令公司进行整改。

2016 年 12 月 30 日

保监会再控中短期万能险，降单一股东持股上限②

保监会出台《关于进一步加强人身保险监管有关事项的通知》。对于存在中

---

① http://finance.sina.com.cn/roll/2016-12-29/doc-ifxzczfc6577879.shtml

② http://finance.caixin.com/2016-12-30/101032208.html

短存续期产品季度规模保费收入占当季总规模保费收入比例高于50%或季度原保险保费收入占当季规模保费收入比例低于30%等情形险企，保监会一年内不予批准其新设分支机构。

此外，保监会还发布了《保险公司股权管理办法》(征求意见稿)，明确将保险公司单一股东最高持股比例上限由51%降至不超过三分之一，关联股东持股的，持股比例合并计算。

2017年1月12日

深铁明确表态支持万科管理层，万科股权之争或决战董事会改选①

深圳地铁表示，“作为国内房地产行业龙头企业，万科拥有优秀的管理团队，丰富的开发经验和扎实的发展基础，入股万科将有利于双方在发挥各自优势的同时，形成更加有效的战略协同。深圳地铁将支持万科管理团队按照既定战略目标，实施运营和管理”。

万科方面表示，“深圳地铁成为重要股东将对公司发展起到积极作用，同时衷心感谢华润集团过去16年对万科健康发展的大力支持。今后，万科将和深圳地铁一道，按照国家‘十三五’规划发展要求，努力实践‘轨道+物业’发展模式，在巩固和发展既有业务的同时，加快向‘城市配套服务商’转型。万科将坚持‘为普通人盖好房子’的发展理念不动摇，坚持以客户为中心的经营宗旨不动摇，坚持走低碳环保的绿色发展道路不动摇，继续发挥行业龙头企业的引领和带动作用，为包括股东、业主、客户、员工等在内的全体利益相关方，创造更多价值提供更好服务”。

多位观察人士表示，目前说股权之争大局已定为时尚早。在华润转让万科全部股权之后，万科的股权结构将形成新的格局，宝能、深圳地铁、恒大在万科的持股分别为25.4%、15.31%、14.07%，位列万科前三大股东。而恒大虽然明面上持股仅有14.07%，但若加上疑为其盟友者所持H股，恒大所能控制的万

---

① http://stock.jrj.com.cn/2017/01/12205821962526.shtml；http://news.163.com/17/0113/00/CAKD0AMO000187VI.html。

科股份可能超过16%。另外，股权之争其他重要角色中，安邦持股6.18%，万科管理层通过金鹏资管计划持股4.14%，万科企业股中心通过德赢资管计划持有3.66%，万科工会持股0.61%，自然人刘元生持有的1.23%股份。

分析人士指出，华润集团将全部股权转让予深铁集团之后，宝能系仍保持着第一大股东位置。但在总股份中，万科管理层若获得深圳地铁以及刘元生等持股比例较高散户的支持，则可能超过宝能系持股比例。从地铁集团的表态来看，其支持万科管理层已无疑义，这无疑有利于万科管理层在两个月之后的董事会改选中掌握主动权。万科董事会的改选，将决定股权之争的最终结局。

2017年1月13日

相伴万科16年，华润向深铁转让全部股权①

万科公告，公司股东华润股份及其全资子公司中润国内贸易有限公司于2017年1月12日与地铁集团签署了《关于万科企业股份有限公司之股份转让协议》，华润股份和中润贸易拟以协议转让的方式将其合计持有的公司1689599817股A股股份以22.00元/股的价格转让给地铁集团（以下简称“本次股份转让”），转让总价格为人民币37171195974元。转让完成后，华润股份和中润贸易将不再持有公司股份。

2017年1月13日

此地无银：华润就退出万科发表声明②

2017年1月12日晚间，华润集团对转让万科股权一事发表两点声明：华润集团转让所持有的万科股权是综合考虑自身发展战略和产业布局的需要，也是国有资产保值增值的需要；此次股权转让有利于万科健康稳定发展，有利于地方企业资源整合协同，是一个多方共赢的方式。据《财新周刊》报道，华润曾受到来自国资监管层面的压力，国务院国资委就此做出“央企不与地方争利”的明确表态，要求华润配合深圳市政府妥善解决问题。这或许是华润最终将股

① 详见万科A2017年1月13日公告。

② http://finance.ifeng.com/a/20170113/15141743_0.shtml

份出售的原因。

2017 年 1 月 13 日

深地铁入主万科后宝能系和恒大相继表态，万科之争趋于缓和①

2017 年 1 月 13 日万科第一大股东宝能集团就深地铁入股万科一事发表两点声明：1. 欢迎深圳地铁集团投资万科，愿共同为深圳及万科企业的发展而努力。2. 宝能看好万科，作为财务投资者，支持万科健康稳定发展。宝能系表示欢迎深地铁的同时首次正式声明自己财务投资者地位。

与此同时恒大也表态欢迎万科，另据消息人士透露，在监管部门关注中国恒大增持万科、出手处罚恒大人寿之后，中国恒大于 2016 年 12 月 17 日向深圳市政府方面递交书面报告，称从大局出发，做出五点表态：“不再增持万科；不做万科控股股东；可将所持股份转让予深圳地铁集团；也愿听从深圳市委、市政府安排，暂时持有万科股份；后续坚决听从市委、市政府统一部署，全力支持各种万科重组方案。”

2017 年 1 月 14 日

姚振华称自己太冤了

据《财新周刊》报道，姚振华表示不做万科控股股东，只做万科财务投资者。他说，自己这一年“太辛苦”。“我是一个知识分子，干的都是踏踏实实的事。天天都是 5+2，‘白加黑’，一心只是想把保险公司干好，给保民挣点钱。真是太冤啦、太冤啦。”姚振华反复这样强调。

2017 年 1 月 24 日

姚振华出面否认被控，称心累②

2017 年 1 月 24 日前后，关于宝能系实际控制人姚振华被“刑拘”“边控”

---

① http://news.163.com/17/0113/19/CAMFESD9000187VE.html；http://stock.qq.com/a/20170113/032219.htm；http://finance.qq.com/a/20170112/038532.htm。

② http://finance.caixin.com/2017-01-24/101048497.html；http://finance.caixin.com/2017-01-14/101043960.html。

的传闻不胫而走。1 月 24 日上午，姚振华在回复《财新周刊》记者的电话中表示，“早上开完会才听闻传言，这纯属谣言。公司一切经营正常”。对于传言由来，姚振华表示，居心叵测的人总有，不做评论。“为什么在中国做企业，让人有时候真觉得心累。” 1 月 8 日，《财新周刊》记者在保监会办公大楼曾遇到姚振华本人，甫一开口，姚振华即诉苦：“我这一年多过得很辛苦，太累了。”

2017 年 1 月 25 日

华润转让万科股权完成过户登记[①]

转让股份登记完成，华润股份及中润贸易不再持有公司股份，地铁集团持有公司 1689599817 股 A 股股份，占公司总股本的 15. 31%，为公司第二大股东。公司仍不存在控股股东和实际控制人。

2017 年 2 月 7 日

深圳法院判决对于钜盛华、前海人寿等增持万科无效诉讼的管辖权裁定

2017 年 2 月 6 日晚间有媒体称“深圳法院判决钜盛华、前海人寿等增持万科无效”，有律师认为，该引述造成严重误导。文件仅显示了万科工会此次起诉的管辖法院，深圳中院裁定深圳市罗湖区人民法院具有管辖权，但该法律文书未判决起诉结果。

2017 年 2 月 8 日

宝能系举牌的南玻 A 否认董事资本运作强于搞制造业言论[②]

中国南玻集团股份有限公司官网刊发声明称，“关于本公司相关董事‘扬言资本运作强于辛辛苦苦搞制造业’与事实严重不符，本公司相关董事从未在任何场合做此表态或发言”。南玻 A 的高管辞职风波在 2016 年年底引发关注。舆论普遍将南玻 A 高管的集体辞职与宝能系旗下的前海人寿、钜盛华收购南玻 A 股份联系在一起。外界普遍猜测南玻 A 原管理层的“出走”系与第一大股东理念不符合，被迫做出的选择。彼时有媒体报道称，南玻 A 原董事长曾南曾在一

---

① 详见万科 A2017 年 1 月 25 日公告。

② http://finance.ifeng.com/a/20170208/15182855_ 0.shtml

封“告别信”中表示：“今年（2016年）半年度董事会议上，身为前海人寿方面董事的陈琳（现在为南玻董事长）在会上讲，‘你们这些搞制造业的辛辛苦苦也就赚这么点，还不如去搞资本运作’。”南玻A官网2月7日在声明中否认了上述言论，表示公司董事会会议的董事发言均有会议记录为证，且本公司已将相关会议记录报备有关监管部门。此外，声明还指出公司原高管人员系主动提出辞职，相关情况已如实报备监管。

但市场普遍认为，宝能系的上述言论于2016年11月在媒体上广泛报道，但宝能方面并未出面澄清，现在事过之后，以正式记录中没有来否认，其实没有多大意义，只是说明上述言论现在引来了麻烦，这是在监管压力下宝能的自保行为。

2017年2月10日

前海、恒大偿付能力下降，流动性堪忧①

保监会重点关注且已于2016年12月7日派驻检查组的前海人寿、恒大人寿2016年四季度末偿付能力均出现下降。流动性方面，前海人寿、恒大人寿略有不同，其中，前海人寿短期流动性下降，恒大人寿长期流动性下降。根据近日上述两家险企披露的2016年四季度偿付能力报告，前海人寿核心偿付能力充足率、综合偿付能力充足率分别由三季度末的76.72%、143.93%降至56.23%、112.47%；恒大人寿核心偿付能力充足率和综合偿付能力充足率分别由三季度末的175.30%、179.73%降至106.11%、109.68%。根据偿二代考核体系要求，核心偿付能力充足率、综合偿付能力充足率必须保持超过50%和100%，充足率越高，说明保险公司用于抵御各种风险的储备越充分。

2017年2月21日

万科股权之争暂息，万科再提“万亿大万科”②

“万亿大万科”计划并不是万科最新提出的。早在2014年，万科便制定了万亿市值计划，该计划是在围绕“客户+资产”的主线基础上，将构建新型生态

---

① http://finance.caixin.com/2017-02-10/101053846.html

② http://epaper.bjnews.com.cn/html/2017-02/21/content_ 671903.htm?div=0

系统，整体业务框架从过去的单一业态上市公司转向多业态的多上市公司平台。2015 年 7 月，宝能系举牌万科，引发股权之争。愈演愈烈的股权之争，使得“万亿大万科”的计划推行受阻。

然而，在2016年12月底的一场活动上，万科董事会主席王石也主动提及“万亿大万科”计划，王石表示：“我们预计万科第四个10年是1万亿，而且我觉得不用10年，可能6年差不多。可持续要比翻番增长更重要，所以要有耐心、要长远。”

在“2017年目标与行动沟通会”上，万科管理层计划在5—10年内实现万亿市值。万科总裁郁亮在会上表示，万科已经取得了阶段性胜利。即将到来的董事会改选将不会影响万科稳定，支持万科管理层的股东将占多数。

2017 年 2 月 23 日

保监会传递严管强烈信号，负责人：决不能把保险办成富豪俱乐部①

2 月 22 日下午，保监会负责人及 3 位副主席集体出席国务院新闻发布会，负责人指出少数险企有虚假注资、一股独大等现象，强调将把防控风险放到更加重要的位置。重点围绕公司治理、保险产品和资金运用三个关键领域，下决心处置潜在风险点，让监管长上牙齿。“对个别浑水摸鱼、火中取栗且不收敛、不收手的机构，依法依规采取顶格处罚，坚决采取停止新业务、处罚高管人员直至吊销牌照等监管措施，决不能把保险办成富豪俱乐部，更不容许保险被金融大鳄所借道和藏身。”

陈文辉副主席表示，由央行牵头，“一行三会”一直在紧锣密鼓地从事资管业务整体框架的统一设计。业界评论统一大资管有望成形。

2017 年 2 月 24 日

前海人寿领最大罚单，姚振华禁入保险业 10 年②

保监会官网公布，保监会根据现场检查中发现的违法违规问题，依法对前海人寿及相关责任人进行了行政处罚。经查，前海人寿主要存在编制提供虚假

---

① http://epaper.21jingji.com/html/2017-02/23/content_ 56684.htm

② http://finance.caixin.com/2017-02-24/101058994.html

材料、违规运用保险资金等问题。在深入开展调查取证的基础上，保监会严格按照有关法定程序，依据《中华人民共和国保险法》等法律法规对前海人寿及相关责任人员分别做出了警告、罚款、撤销任职资格及行业禁入等处罚措施。其中，对时任前海人寿董事长姚振华给予撤销任职资格并禁入保险业10年的处罚。

2017年2月25日

继前海人寿后保监会再开罚单，恒大人寿一年不能买股票①

据保监会2月25日官网通报，恒大人寿存在违规运用保险资金的行为。2016年1—11月，恒大人寿未按保险资金委托投资管理要求开展股票投资，股票投资交易笔数2480笔，股票平均持有期73天。其中，9月下旬至11月上旬短期炒作相关股票，造成恶劣社会影响。

保监会给予恒大人寿限制股票投资一年的处罚；给予恒大人寿时任董事会秘书、副总经理刘浩禁入保险业5年的处罚，给予时任投资管理中心股票投资部总经理吕海龙禁入保险业3年的处罚。此外，保监会还对恒大人寿采取其他监管措施，包括下调权益类资产投资比例上限至20%，责令撤换另两名相关责任人，责令整改有关问题。

2017年2月26日

刘士余：不能坐视不管打制度擦边球的“妖精”②

证监会主席刘士余2月26日在国务院新闻办举行的新闻发布会上说：“‘野蛮人’‘妖精’‘害人精’‘大鳄’，这些人往往都是披着合法的外衣，打着制度的擦边球，在资本市场上巧取豪夺，侵蚀着广大中小投资者的合法权益。证监会的职能是监管，能坐视不管吗？”

2017年2月28日

习近平主持召开中央财经领导小组第十五次会议，强调防控金融风险③

习近平总书记强调，防控金融风险，要加快建立监管协调机制，加强宏观

① http://finance.caixin.com/2017-02-25/101059319.html

② http://finance.caixin.com/2017-02-26/101059423.html

③ http://news.xinhuanet.com/politics/2015-11/10/c_ 1117099915.htm

审慎监管，强化统筹协调能力，防范和化解系统性风险。要及时弥补监管短板，做好制度监管漏洞排查工作，参照国际标准，提出明确要求。要坚决治理市场乱象，坚决打击违法行为。

2017 年 3 月 2 日

银监会主席郭树清在国新办新闻发布会上指出，要坚决治理各种金融乱象，解决监管制度缺失问题①

银监会主席郭树清指出：坚决治理各种金融乱象。把防控金融风险放到更加突出的位置，确保不发生系统性金融风险。及时弥补监管短板，排查监管制度漏洞，完善监管规则。当前，大家都知道，部分交叉性金融产品跨市场，层层嵌套，底层资产看不见底，最终流向无人知晓。这种现象的产生，很大程度上是源于监管制度缺失，就是所谓“牛栏里关猫”，没有完善的监管制度，银行业经营必然引发严重的风险暴露。要根据银行业务和风险的新变化、新现象和新特征，参照国际监管标准，全面梳理银行业各类业务监管规则，尽快填补法规空白，及时更新已经滞后于业务和风险发展的监管规制，废除不合时宜的监管规章制度。

2017 年 3 月 6 日

傅育宁两会谈万科：该说的话都说过了②

针对万科股权之争，全国政协委员、华润集团董事长傅育宁回应《财新周刊》记者表示，做万科第一大股东这些年，回报是令人满意的。华润当了万科近 17 年的“甩手掌柜”，这些年分红累计逾 30 亿，华润转让万科价格高达 71.71 亿元，简单估算其收益在 400 亿元左右。

值得注意的是，傅育宁在万科股权之争中曾提及“公司治理”问题，《财新周刊》记者就此提问：“作为央企管理人，在整个万科的事件中，怎么才是一个好的公司治理机制？”“公司治理机制核心的应该是一种制衡的机制，经理人和股东之间是要有制衡的关系的。”傅育宁回应表示，“当企业经理人发挥的好的时候

① http://finance.sina.com.cn/roll/2017-03-02/doc-ifycaasy7266475.shtml

② http://finance.caixin.com/2017-03-06/101062663.html

呢，就应该支持他好好做，激励他做得好。当他和公司的发展方向出现偏离的时候或者决策环节出现一定问题时，股东的制衡的机制就要体现出来，这才能是一个公司长期健康的发展。”傅育宁强调，“我们股权已经交易完了，这个万科就跟华润没有关系了。在这个过程中呢，我该说的话都说过了，所以就不说了。”什么叫“该说的话都说过了”？傅育宁回应《财新周刊》记者表示：“去年 3 月份那话是我说的，最后华润的表态也是我说的。”

据《财新周刊》记者了解，解决华润和万科问题的过程十分周折，华润并不愿退出万科，开价超过万科和深圳地铁的预期，数套方案未能谈拢，尤其在国资划转股权的定价上难以达成共识。但这是深圳市政府能够最先抓到手的一张牌。上述人士称，“深圳市委市政府打算让万科代表深圳企业走上全球化，态度一直很明确”。正是深圳市政府的“不离不弃”，多方斡旋，才推动万科股权之争一步步往解决的方向走。2016 年 12 月 16 日，新股增发重组方案终因时限已过而流产。此时新一轮金融整顿风暴已经来临，整个资本市场气氛陡然生变，之前一路高歌猛进的保险投资和上市公司股权收购被纳入整肃范围，其中就包括宝能系的前海人寿和中国恒大旗下恒大人寿。至此，华润的万科老股转让谈判开始加速，博弈的唯有价格。2017 年 1 月 12 日，万科公告称，华润和深圳地铁当日签署股份转让协议，华润将所持万科股份全部转予深圳地铁。

2017 年 3 月 6 日

许家印说万科股份可以卖，但得一年后了[①]

作为目前万科的第三大股东，恒大再次表明了自己对于万科股份的处置情况。在 3 月 6 日召开的全国两会政协经济 37 组讨论中，恒大集团董事局主席许家印表示，原来买的万科股份也可以合计着卖掉，但恒大已经承诺了锁定一年不动。

除恒大外，已经完全退出万科的华润集团也再次发表了看法。华润集团董事长傅育宁在两会期间表示，做万科第一大股东这几年，回报是令人满意的。

不过华润突然地退出，必然是心有不甘。有一种说法认为，华润退出是由

① http://finance.sina.com.cn/roll/2017-03-06/doc-ifycaasy7728225.shtml

于曾受到来自监管层的压力，国资委做出“央企不与地方争利”的明确表态，要求华润配合深圳市政府妥善解决问题。由于前期在万科股份事件中的强硬态度，以及与万科管理层交恶，华润一度和深圳市政府关系变得微妙。自宣布退出后，它们一直在极力修复与深圳政府的关系。

2017 年 3 月 10 日

周小川：一行三会将加强资管与理财产品统一监管

在全国人大举行的记者会上，中国人民银行行长周小川答问时表示：“金融监管协调部际联席会议，最近研究了资产管理的问题，也有的人会把它称之为理财产品的问题，因为资产管理中间有很大一部分是理财产品。‘一行三会一局’，也就是人民银行、银监会、证监会、保监会、外汇局之间已经在许多比较大的问题上初步达成了一致。我们可能会进一步细化以后，做出一些初步规范。但是，这个规范绝不是一劳永逸的。因为市场是不断变化的，我们会把一些存在的突出问题规范一下。”

“现在有哪些方面的问题呢？一是理财产品市场上有一些混乱，这些混乱包括比如标准差距太大、套利机会太多、投机性过强等问题。二是监管之间通气不够，对市场总体观察和风险把握还不够好，所以这方面也要加强。从资产管理各种个体来说，有一些是投机性过强，忽视风险，没有一些起码的风险管理的做法。三是大家所关心的，有一些资产管理产品或者理财产品嵌套运行，就是从金融系统一个行业的一个公司到了另外一个行业的一个公司，来回在系统里转。而我们强调资产管理和其他金融业务一样，要着重为实体经济服务，转来转去钱没有到实体经济去。这中间到底有些什么问题，可能有一些是套利，甚至有一些是违规的行为。就这几个方面，大家对资产管理究竟怎么定义、都是哪些范畴、都存在哪些问题，初步达成了一致意见。”

“金融监管协调机制还会朝着这个方向继续努力，而且在达成一致意见的情况下，还可能提高到更有效的层次，现在还没有做到，我也没有办法告诉你。”

2017 年 3 月 13 日

姚振华辞任前海人寿、财险董事长，张金顺、黄炜代职①

在前海人寿保险股份有限公司（下称前海人寿）和新疆前海联合财产保险股份有限公司（下称前海财险）董事长姚振华被保监会处以禁入保险业 10 年处罚后，姚振华正式辞去其在上述两家公司所任董事长职务。

前海人寿和前海财险 3 月 13 日分别发布公告称，姚振华已于 3 月 1 日分别向前海人寿和前海财险递交书面辞职报告，前海人寿和前海财险已于 3 月 6 日同意姚振华辞任董事长职务。在董事长职位空缺期间，前海人寿董事长职位由前海人寿副董事长张金顺暂代，前海财险董事长职位由前海财险董事黄炜暂代。

2017 年 3 月 14 日

证监会前副主席高西庆：应收紧信息披露规则，提高股权披露门槛②

全国人大代表、清华大学法学院教授高西庆表示，应收紧信息披露规则，提高股权披露门槛，把现行“持有上市公司股份达到 5%以及每增减 5%股份，需履行报告、公告义务”，修改为持有上市公司股份达到 5%及以后每增减 1%股份，就必须履行报告、公告义务。

新京报：你的意思是目前的披露规则过于宽松？

高西庆：目前中国资本市场股权分散型上市公司逐渐增多，比如万科就属于股权分散型。数据统计，截至 2016 年三季度，约有 230 家上市公司属于股权分散型。上市公司股权越分散，越需要更严格的股权披露规则，这样有利于防止一些利益集团利用短期资金优势，突袭优质上市公司，损害中小投资者利益。

新京报：你提到万科属于股权分散型，那你怎么看“宝万之争”？

高西庆：2016 年“宝万之争”备受关注。外界质疑，宝能买入万科股票是不是没有履行报告义务。我认为，仅从证券法规定的信息披露规则来说，当时

---

① http://finance.caixin.com/2017-03-13/101065584.html

② http://finance.sina.com.cn/stock/y/2017-03-14/doc-ifychhuq4506913.shtml?cre = financepagepc&mod = f&loc = 4&r = 9&doct = 0&rfunc = 5

宝能买入万科股票时并没有违法。所以，我的建议是，收紧信息披露规则，能更好保护中小投资者利益，也有利于更好地做好兼并收购工作。

新京报：你觉得信息披露规则该怎么修改？

高西庆：把现行“持有上市公司股份达到5%以及每增减5%股份，需履行报告、公告义务”，修改为持有上市公司股份达到5%及以后每增减1%股份，就必须履行报告、公告义务。也就是说，提高股权披露门槛，由原来每增减5%要披露，改为每增减1%就要披露。

2017年3月16日

恒大让渡持有万科股票的表决权给深地铁①，深铁有望在万科董事会换届中掌握更多董事席位②

万科A于3月17日发布公告，恒大集团3月16日将其下属十家企业合计直接持有万科1553210974股A股股份，占公司总股本约14.07%的股份表决权、提案权及参加股东大会的权利，不可撤销地委托给地铁集团，由地铁集团自行决定前述特定股东权利的行使。

自上述日期起一年内，地铁集团可行使万科共计29.38%的表决权、提案权及参加股东大会的权利，目前地铁集团为拥有公司表决权比例最高的股东。

3月27日，现届万科董事会将任职期满。这意味着万科即将迎来新一届董事会的改选。按照万科《公司章程》，新一届董事会非独立董事候选人名单可以由本届董事会提出，也可以由连续180个交易日单独或合计持有万科已发行在外有表决权股份总数3%以上的股东提出。另按证监会规定，董事会、监事会及持股1%以上的股东，都有资格提名独立董事候选人。

目前来看，在非独立董事提名方面，2015年7月首度举牌的宝能系、2015年12月持股便超过6%的安邦，二者都有提名资格；接替华润的深圳地铁虽然持股不足两个月，没有直接提名资格，但上届董事会可为其提名；恒大由于入

---

① 详见万科A 2017年3月17日公告。

② http://house.qianlong.com/shoudufangchan/2017/0317/1509403.shtml

股万科起始时点是2016年7月下旬，截至2017年3月16日仍不足180个交易日，暂时也无提名资格。

2017年3月16日

为得深深房，恒大被迫放手万科①

在2016年7月万科A股复牌后杀入股权争夺战的中国恒大，退出并非本意。但深深房和万科不可兼得，急于借壳上市的恒大，不得不在和深圳市政府的博弈中退一步，放手万科。

中国恒大曾于2016年12月向深圳市委市政府表态，愿将万科股份转予深圳地铁。据《财新周刊》记者了解，双方近日加紧谈判万科股份处置问题，其中一大难点在于如何定价。中国恒大当初收购成本高昂，国资显然不可能高价接盘。

分析人士认为，一种可能的最终结果是，中国恒大为实现A股上市，愿在万科股份转让中承受投资损失，以此作为借壳代价。中国恒大合计持股万科14.07%，耗资约363亿元，平均每股成本约23.35元。对照万科A股近30日交易均价20.70元，中国恒大账面浮亏逾40亿元。中国恒大最近一次增持万科是在2016年11月底，受制于半年举牌限售期，要到2017年5月底才能减持。

如今看来，借壳深深房交易估价也难敲定。深深房拟发行股份全资收购恒大地产，恒大地产作价将以国资评估值与战略投资者增资额之和为基础，由交易双方协商确定。据深深房3月10日披露，定价尚未有果。

宝能未表态，安邦要席位

宝能系目前暂未明确表态会否提名万科董事候选人。对《财新周刊》记者相关询问，宝能系未予置评。

另一方，安邦于2015年末“宝万之争”打得火热之际进场，表示“积极支持万科发展”。万科也对安邦示好，欢迎它成为重要股东。安邦进入万科董事会的诉求，能否得到万科管理层及其他股东支持，尚待观察。

---

① http://companies.caixin.com/2017-03-16/101066778.html

2017 年 3 月 17 日

万科之争结局将至，董事会面临改选①

已持续近两年的万科股权之争，受到市场广泛关注。从宝能与万科管理层的“隔空叫板”，到华润表达争议形成“三国杀”，再到恒大不断增持促成“四人麻将”局面……在万科股权之争错综复杂的同时，对于万能险等金融创新的争议，也引起各界讨论。

万科股权之争不断发生新进展，事件解决迎来转机。1 月 12 日，万科发布公告称，华润将其所持有万科 15.31%的股份转让给深圳地铁，深圳地铁成为仅次于宝能系的第二大股东。

在华润退出后，宝能系持有万科 25.40% 的股份，深圳地铁持有万科 15.31%的股份，恒大持有万科 14.07%的股份，安邦持股 6.18%，万科管理层通过金鹏计划持有 4.14%。3 月 16 日，中国恒大公告称：当日与深圳地铁签署战略合作框架协议，将 14.07%万科股份表决权不可撤销地委托给深圳地铁行使，期限一年。恒大同时披露，已将所持万科股份悉数质押给中信证券，期限一年。此次恒大将表决权委托深圳地铁行使后，深圳地铁的表决权将超过 29%。

值得注意的是，因第一大股东宝能系目前态度不明朗，且监管对宝能系所持万科股份投票权争议未有判定，万科董事会换届改选恐将延期。按万科《公司章程》规定，召开股东大会须提前 45 日通知股东，万科迄今未有相关公告，当月内召开股东大会已无可能。万科 3 月 9 日公告披露将于 24 日召开董事会审议年度报告等事宜，只字未提董事会改选。

纵观万科各方股东局势，无论最终有谁提名董事，从选票格局看，万科管理层话语权已较此前大为增强。

2017 年 3 月 18 日

许家印三个月内为恒大融资至少 617 亿元，接受 12%利率②

2017 年 3 月 18 日据澎湃新闻不完全统计，进入 2017 年以来，恒大至少已

---

① http://news.163.com/17/0317/03/CFMSL9TK00014AED.html

② http://www.thepaper.cn/baidu.jsp?contid=1641734

经进行过四笔融资，融资金额最少已有617亿元。

公告称，在2016年下半年，恒大在土地购置方面花费了逾30亿元，自从2016年6月30日以来，恒大在日常业务过程中产生额外债务为集团营运提供资金以及对短期债务再融资。在2016年6月30日至2017年3月3日，恒大产生额外重大借款（扣除还款）总额超过1650亿元。

在万科董事会面临改选的这个敏感的时间点，恒大宣布将全部万科表决权委托给深圳地铁集团。与此同时，恒大将所持的全部万科股份质押给了中信证券股份有限公司，期限为一年。但公告并未提及质押融资之后的钱将用于何处。

2017年3月20日

财金高官齐声警示风险：过度金融化已让实体经济不堪承托①

当下中国，金融业增加值占GDP的比重已超过发达国家，2016年全年金融业的利润与全国国企的利润相当。

“脱实向虚和过度金融化，使得金融体系不断膨胀，原本为金融之本的实体经济，却已快托不住金融。”出席中国发展高层论坛2017年年会的中外嘉宾在点出问题的同时，从发展金融市场、加强监管、强化立法和公司治理等方面给出了防控金融风险之策。

“高杠杆率和低生产率的组合，蕴藏着高风险，危机还有可能不期而至。”这是全国社会保障基金会理事长、原财政部部长楼继伟发出的警示。在保监会副主席陈文辉看来，中国金融业当前有六大风险值得关注：脱实向虚风险、金融业偏离主业风险、公司治理失效风险、激进经营风险、资产负债错配风险和流动性风险。

“脱实向虚风险，这对金融业来说是事关行业方向的根本风险。”陈文辉说，“金融业如果脱离了实体经济，过度循环，最后必然出现系统性风险，这也是美国次贷危机的深层次原因，最后只能由财政买单。”

---

① http://finance.sina.com.cn/money/bank/bank_ hydt/2017-03-20/doc-ifycnikk1198662.shtml

金融与实体经济的不平衡，已不容忽视。国家发改委主任何立峰指出，金融与实体经济的失衡是当前中国面临的三大结构性失衡之一。金融领域存在着资金脱实向虚的现象，大量资金在金融体系内自我循环，不仅加大了金融体系的风险，还加重了实体经济的融资困难。

何立峰表示，2017 年要把防控金融风险放在更加重要的位置，通过稳健的货币政策、精准的产业政策和土地政策，深化金融体制改革，加快建立监管协调机制，妥善处置不良资产，确保不发生系统性金融风险。“要确保行业不发生方向性错误。”这是陈文辉给出的应对金融风险之策。他认为，要坚决防止以钱炒钱、自我循环和自我膨胀的现象，真正树立起服务实体经济的意识，金融创新要以提高实体经济运行效率为目标。实体经济是立身之本，对处在工业化中的中国而言更是如此。

未完的博弈

2017 年 3 月—

万科棋局：结束的开始①

华润退、深铁进，万科股东格局初定。但万科案例透出的跨金融市场高杠杆套利问题尚无官方结论，相应的金融改革未竟。

有市场人士认为，万科这样一家房地产公司的股东争斗，最终却依赖行政之手强力安排各方利益，不符合资本市场规律和规则；但亦有更多声音指出，现在的行政干预是“果”，“因”则在于之前金融监管的严重缺位。

纵观万科股权之争，历经“宝万之争”“华万之争”“恒万之争”三个阶段，在这部耗时一年半的多幕戏中，各色人物轮番登场，多股势力合纵连横，万科股价也在剧情演进中跌宕起伏，堪称中国公司商战的经典案例。

① http://weekly.caixin.com/2017-02-04/101049937.html

附　录

美国公司治理

梁　寒　　卢　遥

一、美国公司治理简介

美国是世界上拥有上市公司最多的国家之一，美国有很多股票交易所，最主流也最为人熟知的是纽约股票交易所（下称 NYSE）和纳斯达克股票交易所（下称 NASDAQ），也是世界上市场资本占有量最大的两个交易所，超过 5000 家公司在这两个交易所上市[①]。美国证券交易委员会（下称 SEC）负责执行联邦证券方面的法律、提议证券规则以及管理证券行业。高度发达的资本主义保证了美国一个开放的金融市场。美国公司治理采用所谓的“英美模式”（Anglo-American model），范例主要是以股东利益为出发点的。美国上市公司股权极度分散，这种公司所有权与控制权分离带来的委托代理问题是美国公司治理致力解决的问题。

美国采用的是单一董事会制度（Unitary Board System），每个公司只有一个董事会，区别于欧洲大陆一些国家所采用的双层董事会制度（Dual Board）。美国公司董事人数大多为 10~15 个，道琼斯工业指数成分股公司平均有 11 名董事，独立董事的比例很高，新型信息技术公司独立董事比例略低于传统公司，

---

① 约有 2400 家公司在 NYSE 上市，超过 3000 家公司在 NASDAQ 上市。NYSE 上市公司总市值超过 20 万亿美元，NASDAQ 上市公司市值超过 7 万亿美元。

但也均过半数。董事会大都是由很少几名高管和大量具有高能力和高社会地位的独立董事组成，这些独立董事在能力、领域、宗教和性别方面较为分散，多为不同领域的大公司的现任或前任 CEO 以及政府官员等政商界精英，这有助于董事会更全面客观地做决定。例如苹果的独立董事中包括了美国前副总统、迪士尼公司的现任 CEO、波音公司的前 CEO 以及黑岩投资公司的创始人。和英国不同，美国大多数公司董事长和 CEO 往往为同一人，此时独立董事中会有一个领导者叫作首席独立董事（leading independent director）或者主持独立董事（presiding independent director），如苹果公司 CEO 蒂姆·库克就担任耐克公司的首席独立董事。由独立董事组成的各种委员会能够提高董事会效率。美国公司的股权十分分散，几乎没有控股股东，公司实际由经理人控制，董事会作为股东和经理人之间的桥梁，发挥着重大的作用。笔者挑选了 2016 年 10 月 28 日的三家美国市值最大的新型信息技术公司［苹果、Alphabet（原谷歌）和微软］，以及三家市值最大的传统美国公司（美孚石油、强生和通用电气），将其董事数量和独立董事的数量做对比，如下表。

表 1-1　美国几大公司的董事和持股比例情况

类型	公司	独立董事数量/董事总数①	最大股东持股比例②
新型信息技术公司	苹果	5/8	6.02%
	Alphabet	7/12	2.62%
	微软	8/11	6.30%
传统美国公司	美孚石油	12/14	6.62%
	强生	10/11	6.54%
	通用电气	15/16	6.22%

来源：www.morningstar.com。

① 2016 财务年的情况。

② 2016 年 6 月 30 日的数据。

典型的“美式治理”被认为是公司治理的典范，但是哥伦比亚大学法学院教授 John C. Coffee Jr 在他的书中提到安然世通等公司的丑闻所暴露的美国“看门人”机制的失灵，降低了美国金融信息披露制度的可信度，也一度让人怀疑美式治理的模范性[①]。

二、美国公司治理的法制

（一）公司治理法律原则——“诚信职责”(fiduciary duty)

在英美法律体系中,“诚信职责”是一个重要的立法原则，存在于案例当中，也是判例法下法院判决的重要考量[②]。特拉华州的法律也给出了解释，称“诚信职责”是最高标准的关心，可以分为两个原则：第一个原则为管理层的自由裁量权（discretion），是指管理人员在不违法的情况下可以不受委托人的限制而充分行使自主权；第二个原则为管理人员对股东的“信义职分”(accountability)，要求管理人员尽其努力实现股东利益最大化。

（二）美国公司治理方面重要法律

美国公司治理的法律包括州法律和联邦法律以及每个公司的章程（articles）和细则（bylaws）。历史上，各州的判例法一度在公司治理方面扮演着重要的角色[③]，这些州法律被称作“蓝天法律”(Blue sky law)。早在 1911 年康萨斯州就颁布了第一部“蓝天法律”，在 1911 年至 1933 年之间，除内华达州之外的 47 个州都有自己的“蓝天法律”[④]。美国宪法规定公司可以不基于总部所在地而自由地选择注册州，因此特拉华州为了吸引更多的公司来注册而制定了比较宽松

---

① Coffee, John C. Gatekeepers: *The professions and corporate governance*. Oxford University Press, 2006.

② http://definitions.uslegal.com/b/breach-of-fiduciary-duty

③ 朱圆:《美国公司治理机制晚近发展》，北京大学出版社 2010 年版。

④ Simon, Carol J. "The Effect of the 1933 Securities Act on Investor Information and the Performance of New Issues." *The American Economic Review* 79.3 (1989).

的法律，例如较低的公司税以及较小的股东限制董事的权利[①]，这也导致了美国超过一半的公众公司在特拉华州注册，而财富 500 公司中有 64%的公司在特拉华州注册[②]，而且一些州的法律中对公司控制方面的条款不完善，这些州的法院在做判决时会参考特拉华州的法律[③]，因此 1899 年特拉华州颁布的《特拉华州标准公司法》理所当然成为了州公司法的代表。而纽约州和加州这两个超级大州的公司法也理所当然重要。

联邦法律方面，最初只对信息披露方面做了强制要求。1929 年开始的大萧条导致时任美国总统罗斯福在其“新政”时期连续签署通过了两条法案，1933 年的《证券法》以及 1934 年的《证券交易法》，分别对初级市场和二级市场的信息披露做了详细要求。真实准确的披露是美国证券法的核心目标[④]。法律提供各种表格，并要求在不同情况下需要披露的人填写对应的表格进行强制性信息披露。

20 世纪 30 年代，以共同基金为主的投资公司作为新鲜的事物受到了关注，为了吸引更多投资者使用这一新型投资手段，美国于 1940 年颁布了《投资公司法》来管理投资公司，提高投资者的信心。

二战之后，1950 年美国律师协会（American Bar Association）根据各州不同的公司法，推出了《示范商业公司法》(Model Business Corporation Act，简称 MBCA)。由于该法案并不是由国会颁布，因此不具有强制性，仅供各州自由选择，以及作为各州修正本州的公司法时的参考。如今美国 50 个州中，2006 年版《示范商业公司法》被 24 个州完全采用，被剩下 26 个州部分采用[⑤]。

---

① Seligman, Joel. “*Brief History of Delaware's General Corporation Law of* 1899, *A.*” *Del. j. Corp. L.* 1 (1976): 249.

② 详见特拉华州政府官网 http://www.corp.delaware.gov/aboutagency.shtml。

③ 例如 Hilton Hotels Corp. v. ITT Corp., 978 F. Supp. 1342, 1346 (D. Nev. 1997)。

④ William O. Douglas and George E. Bates, *The Federal Securities Act of* 1933, Yale Law Journal, Vol. 43, No. 2 (Dec. 1933), pp. 171-217, at 171.

⑤ http://info.legalzoom.com/model-business-corporations-act-21003.html

20世纪末，安然和世通等丑闻发生之后，2002年时任美国总统小布什签署了《塞班斯法案》(Sarbanes-Oxley Act of 2002，简称SOX)，对美国上市公司的财务和审计等方面做了细致的要求。自SOX出台之后，美国公司治理立法体系发生了重大改变，联邦法律在公司治理中开始占主导地位，而如今联邦法律及各交易所制定的准则已经成为美国公司治理的主要依据。

2008年经济危机的爆发，使得原来的相关法律暴露出了许多问题，法律法规的改变势在必行。2010年时任美国总统奥巴马签署的《多德弗兰克华尔街改革和消费者保护法案》(Dodd-Frank Wall Street Reform and Consumer Protection Act of 2010,"Dodd-Frank")[①]，简称《多德弗兰克法案》，该法案被认为是《投资公司法》的升级版，是大萧条以来最全面、最严厉的金融改革法案，该法案改变了过往很多金融规章制度，影响到全国金融服务业的方方面面，为全球金融监管改革树立新的标尺，以应对经济衰退。

三、美国公司董事会的组成、选举及免除

在单一董事会制度下，董事会既负责监督管理层，又被赋予了做公司决策的权利。董事会可以执行包含董事、非执行董事和独立董事。单一董事会往往伴随着委员会制度，不同的委员会有着不同的功能。

(一) 董事会的组成以及独立董事制度

当前美国大公司董事会的普遍现象为公司管理层占据其中的一席或几席，剩余席位大都为独立董事。英美公司治理模式下的一大特点就是高比例的独立董事，以保证董事会的独立性和客观性。美国每个交易所都对自己的上市公司做了要求，鉴于美国绝大部分公司在NYSE和NASDAQ上市，这里笔者只列举

① http://www.sec.gov/about/laws/wallstreetreform-cpa.pdf

了这两个交易所的规定①。NYSE 和 NASDAQ 都要求上市公司董事会中独立董事要超过半数②。根据《华尔街日报》的报道，在美国所有上市公司董事会中，独立董事占到了66%，而对于标普500指数成分股的500家上市公司来说，这一数字为72%③。笔者统计了道琼斯工业指数成分股30家公司的独立董事的比例，详见表1-7。

什么是独立，这是一个事实问题，法律上并无定论。两家交易所分别对独立董事做了严格的限定，NYSE 声明：一名董事不具备独立董事的资格，除非正面确定了该董事和公司没有重大关联，这里的关联包括该董事和公司有直接关联，还包括该董事为关联公司的合伙人、股东或官员。而 NASDAQ 给出了正面定义：独立董事不能是公司的执行官或员工，而且从董事会的角度来说，独立董事和公司之间没有可以影响独立董事做独立判断的关联④。

当然独立董事有着严格的明线取消资格标准，一旦触碰到明线标准，独立董事将不再“独立”⑤。这方面 NYSE 和 NASDAQ 制定了类似的失去独立资格的标准：1）现在或过去三年内是公司执行官、员工或另一名董事的直系家属；2）自己或者身为公司执行官的直系亲属过去三年内收到过年薪超过12万美金的直接津贴；3）现在或过去三年内自己和直系亲属是公司的内部或外部的审计

---

① 两个交易所规定了一些“特殊情况”，公司可以不用满足独立董事比例要求或/和董事会议要求：（1）1940年投资公司法案（ICA）注册的投资管理公司；（2）信托形式的被动投资组织；（3）上市的衍生品和特殊目的证券公司；（4）外国私人发行者（FPIs），按照 SEC 的定义，一家外国公司满足以下两个条件中任意一条，就可以被看作是 FPI：1）美国居民持有的有投票权的证券比例不超过50%，2）美国居民持有的有投票权的证券比例超过50%，但以下三种情况都不存在：a. 绝大多数执行官和董事为美国居民或美国公民，b. 发行人超过一半的资产在美国境内，c. 发行人的生意主要在美国境内；（5）资产担保发行者和其他被动发行者；（6）受控公司（controlled company），按照 NASDAQ 股票交易所的定义，当一家公司的选举董事会成员的投票权中50%以上被个人、集团或其他公司所拥有时，这家公司就是受控公司；（7）有限合伙人；（8）正在破产程序中的公司。

② NYSE Listed Company Manual Section 303A 01；Nasdaq Listing Rule 5605（b）（1）。

③《华尔街日报》2003年10月27日文章 *Everything You Wanted to Know About Corporate Governance*，详见 http://www.wsj.com/articles/SB106676280248746100。

④ NYSE Listed Company Manual Section 303A 02（a）；Nasdaq Listing Rule 5605（a）（2）。

⑤ NYSE Listed Company Manual Section 303A 02（b）；Nasdaq Listing Rule 5605（a）（2）。

员，自己或直系亲属是审计员的雇员；4）自己或直系亲属现在或过去三年内担任另一家公司的执行官，且这家公司的执行官同时也是津贴委员会成员；5）自己是一个组织的雇员或者直系亲属是该组织的执行官，这个组织因公司财产或服务而支付给公司或收到公司支付金额超过公司总收入的2%或者超过100万美金，慈善捐赠不属于支付，但是要披露。同时NASDAQ还规定，如果原来的独立董事因为触碰到上述一条或多条明线标准而变得非独立并导致公司独立董事比例达不到所要求的半数时，上市公司有180天的补救期，这一情况必须上报NASDAQ[①]。

和英国不同，美国大多数公司董事长和CEO往往为同一人，根据NYSE规则303A，在董事长和CEO为同一人时，独立董事中要有一个领导者来主持召开董事会议，该领导者叫作首席独立董事（lead independent director）或者主持独立董事（presiding independent director），有关董事会议的介绍详见后文。在道琼斯工业平均指数30家成分股公司中，除苹果、微软、Visa、英特尔和麦当劳之外的25家公司，其董事长和CEO为同一人，都设有首席独立董事或主持独立董事的岗位。

独立董事制度产生的背景是英美单一董事会制度带来的公司实际由经营者控制的现象。在20世纪60年代美国公司董事会丑闻不断被曝光，改革势在必行[②]。哈佛大学商学院教授Myles Mace在其1971年的书《董事：虚构与现实》[③]中说明60年代的董事会是消极的，是主要起建议性的作用的“建议性董事会”（advisory board），根本无法影响管理层的决策。公司名义上是由董事管理，实际上是由CEO和其手下的执行官所控制，董事会中这些执行官能占到接近一半的比重，到1970年外部董事比例仍然不超过25%[④]。1970年6月宾夕法尼亚中央

---

① Nasdaq Listing Rule 5605（b）（1）（A）.

② 沈四宝编译：《最新美国标准公司法》，法律出版社2006年版。

③ Mace，Myles L. “Directors：Myth and reality.”（1971）.

④ Hilt，Eric. *History of American Corporate Governance：Law，Institutions，and Politics*. No. w20356. National Bureau of Economic Research，2014.

铁路公司（Penn Central Railroad）破产[1]以及 1972 年水门事件的爆发使得 SEC 在 1974 年第一次将独立董事制度提上案头[2]，自此之后，独立董事比例开始升高，引用哥伦比亚大学法学院教授 Jeffrey Gordon 的统计数据，从 1975 年开始到 2005 年独立董事比例增加如下表所示：

表 1-2　1975—2005 年独立董事比例情况

年份	独立董事比例（%）	年度增幅（%）
1975	30	—
1980	37	4. 3
1990	60	5. 0
2000	69	1. 4
2005	74	1. 4

来源：Jeffrey Gordon（2007）[3]。

（二）董事会议（Executive Sessions）

公司的某些决策以及公司的长远发展都需要董事开会讨论，两家交易所分别对董事会议做了要求：NYSE 要求非管理董事（non-management directors）必须定期举行没有管理层参与的会议。如果会议有非独立董事参加会议，则必须要有至少一年一次的仅独立董事参与的会议。上市公司可以选择定期的董事会议仅邀请独立董事参加。主持会议的非管理董事的信息必须要披露[4]。NASDAQ 只要求董事会议不得有管理层参加，并不需要只有独立董事参加的会议，但是

---

① https://www.buyandhold.com/bh/en/education/history/2001/the_ collapse_ of_ penn_ central.html

② 1974 年 SEC 新闻摘要，详见 https://www.sec.gov/news/digest/1974/dig071874.pdf。

③ Gordon, Jeffrey N. "*The rise of independent directors in the United States*, 1950—2005: *Of shareholder value and stock market prices.*" Stanford law review (2007): 1465-1568.

④ NYSE Listed Company Manual Section 303A. 03.

要求董事会议至少一年两次[①]。这样要求可以使非管理层董事能够畅所欲言交换意见，讨论公司的表现及发展等相关问题。

（三）委员会制度

单一委员会制度往往伴随着委员会制度，为了使董事会更有效率，两个交易所都采取了委员会制度，都要求上市公司董事会中必须要有审计委员会、薪酬委员会和提名委员会，且这三个委员会必须全部由独立董事组成[②]。

1. 审计委员会

1934年的《证券交易法》10A（m）条对审计委员会做了简单规定，并没有对其独立性做要求。20世纪70年代公司治理浪潮中，1977年NYSE规定上市公司必须设有审计委员会，且必须全部由独立董事组成[③]。然而2001年时任安然公司审计委员会的渎职，造就了美国历史上最大的破产案，使人们开始重视对审计委员会的治理。SOX第301条修正了《证券交易法》对审计委员会的规定，给予了审计委员会对公司的审计拥有完全的权力，直接任命和监管公司审计员，并且负责其薪酬[④]。这使得审计委员会独立性加强，并加强了外部审计员的独立性。另外SOX还创立了一家私营非营利公司叫作上市公司会计监管董事会（Public Company Accounting Oversight Board，简称PCAOB），负责监管上市公司请的外部审计公司，以保障投资者的利益。SEC要求交易所根据SOX来修改规则，要求两家交易所规定审计委员会至少要有三名委员，至少有一名委员精通金融学、财务管理等技能，负责监管公司财务报表的准确性和正直性，确保公司的财务信息完整、准确、可靠、相关、及时地向全体股东报告。审计委员会的具体权利和责任为：1）直接负责审核独立审计员的资格，任命和罢免公司

① Nasdaq Listing Rule 5605（b）（2）.

② NYSE Listed Company Manual Section 303A. 06；Nasdaq Listing Rule 5605（c）（2）.

③ NYSE Listed Company Manual §303 & supp.（1983）.

④ Sarbanes-Oxley Act of 2002 § 301，15 U. S. C. §78j-1（m）（2）（2007）.

的独立审计员，确保公司内部控制系统正常运营；2）准备 SEC 要求的报表；3）委任并监督注册公共会计公司，并负责支付其报酬；4）和管理层一起商议公司风险控制政策等①。

2. 薪酬委员会

SEC 对薪酬委员会的要求开始时间比较晚，1992 年 SEC 才开始要求公司对是否设有薪酬委员会进行披露②。两家交易所规定薪酬委员会负责决定公司长期目标和表现与 CEO 津贴的关系，评估 CEO 的表现，并根据表现支付 CEO 薪水，同时 NYSE 还要求对于除 CEO 外的其他执行官，包括总裁和首席财政官等，薪酬委员会必须向董事会提供董事薪酬制度的建议以及股权激励计划等③。如苹果公司薪酬委员会制定的 2015 年薪酬制度为，CEO 将获 200 万美元的基本工资加 400 万美元激励工资，除 CEO 外其他执行官的工资结构为 100 万美元的基本工资加 200 万美元的激励工资加 800 万美元的绩效工资加 1200 万美元的时间股权奖励，到年底现金激励实发 200%。苹果公司高管 2015 年薪酬具体情况详见下表：

表 1-3 苹果公司高管 2015 年薪酬具体情况（单位：万美元）

姓名/职位	基本年薪	奖金	股权奖励④	非股权现金激励计划⑤	其他奖励	总薪酬
Cook/CEO	200	0	0	800	28	1028
Maestri/高级副总裁/CFO	100	0	2000	400	34	2534
Ahrendts/高级副总裁	100	0	2000	400	78	2578

① NYSE Listed Company Manual Section 303A. 03; Nasdaq Listing Rule 5605 (c) (3).

② SEC Regulation S-K Item 402 (j) (1992).

③ NYSE Listed Company Manual Section 303A. 05; Nasdaq Listing Rule 5605 (d).

④ 奖励日当天限制股份单元（restricted stock units，简称 RSUs）的公允价格，限制股份单元常用于对雇员的股权激励，被激励者不会马上拿到股权，而是根据表现获取。

⑤ 执行官特有的基于表现的现金激励。

（续表）

姓名/职位	基本年薪	奖金	股权奖励	非股权现金激励计划	其他奖励	总薪酬
Cue/高级副总裁	100	0	2000	400	5	2505
Riccio/高级副总裁	100	0	2000	400	2	2502
Sewell/高级副总裁	100	0	2000	400	2	2502

来源：苹果公司 2016 年代理投票报告。

同时根据薪酬委员会的建议，苹果公司非员工董事 2015 年的佣金（retainer）包括现金和股份激励，股份激励为年会时获得的年度限制股份单元（restricted stock units，简称 RSUs），获得 RSUs 的数量为 25 万美元除以发放日收市价格。苹果公司非员工董事 2015 年薪酬具体情况详见下表：

表 1-4　苹果公司非员工董事 2015 年薪酬具体情况（单位：美元）

姓名/特殊职位	现金	股份激励	其他薪酬	总报酬
Mickey Drexler①	25000	0	622	25622
Al Gore	100000	250016	3019	353035
Bob Iger/提名委员长	115000	250016	8843	373859
Andrea Jung/薪酬委员长	120000	250016	5306	375322
Art Levinson/董事长	300000	250016	9182	559198
Ron Sugar/审计委员长	125000	250016	4645	379661
Sue Wagner	100000	250016	1483	351499

来源：苹果公司 2016 年代理投票报告。

虽然苹果公司 CEO Cook 自 2011 年起就未曾获得股权奖励，但是根据苹果公司的股份所有权指南（Stock Ownership Guidelines），CEO 拥有基本年薪 10 倍

① 该董事于 2015 年 10 月退休。

的市场价格等值股份，其余执行官为基本年薪的 3 倍，非员工董事为佣金的 5 倍①。

3. 提名委员会

提名委员会的发展也较晚，世界上最大的执行官研究报告供应商 Korn/Ferry 公司的研究显示②，1995 年调查样本中 71%的公司有提名委员会。这也表明有一些公司的 CEO 仍然不愿意将提名董事候选人以“控制”董事会的权力交出来，直到 2003 年 NYSE 要求上市公司必须要有全部由独立董事组成的提名委员会③。两家交易所规定提名委员会负责审核董事资格，认定个人是否具有做董事的资格，评估董事的技能和特点，考虑现有董事的表现来决定是否将其提名再参选，为股东大会提名董事候选人，或者向董事会建议候选人选。

4. 特殊委员会

有一些公司还有可能在董事会中成立特殊委员会（special committee），尤其是当董事会在考虑一项交易或者收购计划时，董事会中某些成员和该计划利益相关，因此公司有必要临时成立一个由利益无关的独立董事组成的特殊委员会来客观地评估该计划的利弊。最早出现特殊委员会是在 20 世纪 80 年代的收购和并购浪潮中，大量的收购和并购使得很多公司需要特殊委员会，1988 年美国律师协会（ABA）发表的一篇文章讲述了特殊委员会最开始出现的几年所起到的作用，当时的特拉华州法院也极力赞成这一做法④。

---

① Apple Stock Ownership Guidelines：http://files. shareholder. com/downloads/AAPL/2466092443x0x621973/174FE62F-DAC9-4E51-9AF4-F3D402D9D938/02. 06. 13_ Stock_ Ownership_ Guidelines.pdf

② KORN/FERRY, 24TH ANNUAL BOARD OF DIRECTORS STUDY 21 (1996).

③ NYSE Listed Company Manual § § 303, 303A (2007).

④ Simpson, Scott V. “The Emerging Role of the Special Committee-Ensuring Business Judgment Rule Protection in the Context of Management Leveraged Buyouts and Other Corporate Transactions Involving Conflicts of Interest.” *The Business Lawyer* 43. 2 (1988): 665-690. Web.

（四）董事的任期、提名、选举和废除

1. 董事的任期

董事会任期制度分为交错任期制度（Staggered Board/Classified Board）和同期制度（Declassified board）。交错任期制度为所有董事尽可能平均分为两组或三组，每年年度会议时只有一组董事到期，各组董事轮流到期，交错任期的目的是防止董事会一次被换掉大部分。同期董事会指的是所有董事任期均相同，多为一年，每年年度会议时所有董事都到期。《特拉华州普通公司法》141（d）条规定交错制度下董事的单届任期不得超过三年，最多可分为三组。《标准商事公司法》8.05 和 8.06 条也规定了董事的任期在他们被选出之后的下一次年度会议召开时届满，除非是交错任期。据统计 2013 年底标准普尔 500 指数成分股公司中将近 90%的公司拥有“同期董事会”①，根据笔者对道琼斯指数 30 家成分股公司的统计，这 30 家公司董事会全部为一年期的同期董事会。有人认为同期董事会有一个缺点，公司被收购时收购者可以通过争取代理投票权利而换掉大多数董事。但美国一家金融数据公司 FactSet 的反恶意收购措施的数据显示标准普尔 500 和罗素 3000 指数成分股公司中在 2009 年至 2013 年期间只有十家公司的董事一次被换掉大多数，而换掉大多数董事的原因都是因为公司持续性的不尽如人意的表现，并不是收购导致的②。

美国法律没有对董事担任年限做规定，很多美国大公司董事任期无年限限制。一般来说美国大公司的董事在年度会议上都能获得连任资格，短时间内很少更换，据统计 2013 年全年美国公司的董事在再次竞选中平均收到了超过 95%的赞成票，17000 多名提名中只有 57 人没有获得绝大多数赞成票③。《纽约证券

---

① NYSE：Corporate Governance Guide. 参见 https://www.nyse.com/publicdocs/nyse/listing/NYSE_ Corporate_ Governance_ Guide.pdf。

② 同上。

③ 同上。

交易所：公司治理指南》[①] 中指出，标准普尔500指数成分股中，“同期董事会”董事平均任期为8.92年。举一个苹果公司著名的例子，当苹果公司前CEO乔布斯1997年重返苹果后不久便邀请曾经的邻居Bill Campbell出任苹果公司董事，Bill Campbell做了17年才退休，由苹果公司创始人Sue Wagner顶替他的位置[②]。

2. 董事的提名

董事候选人的提名主要由董事会及提名委员会负责，董事会或提名委员会提名与董事会成员数量相同的候选人，并写入代理投票报告（Proxy Statement）[③] 供股东投票选举。同时有很多公司章程规定某些具有资格的股东也可以提名额外的董事候选人，某些具有资格的股东可以提名董事候选人这一规定来自于2009年对17 CFR 240. 14a-11和14a-8（i）（8）两条的修正[④]，新规定明确赋予了股东提名董事的权利，但是后来美国商会和商业圆桌组织（Business Roundtable）[⑤] 向华盛顿哥伦比亚特区联邦上诉法院诉讼修正的14a-11违背了《行政程序法案》，最终法院确认14a-11条无效[⑥]，于是现在股东提名董事的制度没有联邦法律统一规定，但是很多公司在章程中添加了这一规定。笔者根据各公司章程细则统计，道琼斯工业指数30家成分股公司中有28家允许股东提名董事候选人[⑦]，这些公司多数规定了连续三年持有3%以上的有投票权的股份并且将持续持有至年度会议的股东或者不超过20名股东组成一个团体，有资格提名董事

---

① NYSE：Corporate Governance Guide. Available at https://www.nyse.com/publicdocs/nyse/listing/NYSE_Corporate_Governance_Guide.pdf

② http://fortune.com/2014/07/17/bill-campbell-apple-intuit-board/

③ 即SEC的DEF 14A表格，该报告首先会对过去一年公司状况简要地向股东汇报，然后告知年度大会需要股东投票表决的事件以及董事会和各个委员会对每个事件的看法和建议，支持或反对。

④ https://www.sec.gov/news/press/2010/2010-155.htm

⑤ 商业圆桌组织是由美国一些大公司的CEO组成的团体，主要制定商业公共政策，这些大公司包括摩根大通、思科、美国运通、沃尔玛、通用电气以及波音等，然而这些公司在2015或2016年还是允许了有资格的股东提名董事候选人的权利。

⑥ https://www.sec.gov/rules/other/2010/33-9149.pdf；https://corpgov.law.harvard.edu/tag/business-roundtable-v-sec/。

⑦ 见表1-7。

候选人[1]，微软公司规定连续三年持有3%以上的有选举董事投票权的股份才有资格提名董事候选人，这就排除了经纪人的提名资格，详见后文。绝大多数公司要求严格审核该候选人的独立性[2]。股东提名被批准人数加上被提名的前两年股东提名的并最终当选的候选人，再加上股东提名被拒绝人数，一共不得超过董事会成员数量的20%，想要提名并且有资格提名的股东，不得早于代理投票报告寄送之日的前150天且不得晚于前120天向公司秘书提交股东通告（shareholder notice），将想要提名董事候选人的想法以及候选人的信息告知公司秘书。公司董事会以及提名委员会收到股东提名要求时，需要根据公司章程规定的资格要求对被提名人进行资格审核，如业务能力、独立性、是否有过犯罪等等，如无理由拒绝该提名，则公司需将该被提名人列入代理投票报告，和董事会及提名委员会提名的候选人一并呈交给股东供其选举。股东提名人一旦被回绝或者失去资格或者没有得到25%以上的赞成票，此后两年不得再次被提名。

根据《财经时报》的报道[3]，2014年度因几个机构投资者为主的股东对于当前董事总是由另一些董事提名的不满，苹果公司股东投票通过修改了2015年的《公司章程》，新章程开始同意股东提名董事候选人，按照规定，根据苹果公司当时的市值，持股超过约180亿美元的股东才有资格提名董事候选人，单体达到标准的只有先锋公司（Vanguard Group Inc）、道富银行（State Street Corp）以及富达投资集团（Fidelity Management and Research Company）三家机构投资者，苹果公司一共有八名董事，因此按照规定股东最多只能提名一名候选人。

股东是否有权提名董事候选人完全取决于各公司章程的规定，《特拉华州普通公司法》109（a）规定最初的公司章程细则由最初的董事会制定，随后股东有权投票修改公司章程细则。《示范商事公司法》第10章规定公司可以在任何时

① 有上述规定的著名DJIA30公司包括苹果、微软、宝洁、可口可乐、麦当劳、英特尔、摩根大通等21家公司。

② 在允许股东提名董事候选人的28家DJIA30公司中，只有沃尔玛、迪士尼、耐克、美国运通和旅行者保险不要求严格审核股东提名的候选人的独立性。

③ http://www.ft.com/cms/s/0/f52529a8-a905-11e5-955c-1e1d6de94879.html#axzz4Imd4qWwX

候修改公司章程，小修改或者信息更新董事会可以做主，不需要股东批准，如地址变更、公司改名等等。除此之外一些大的变动都需要股东批准，并将修订过的公司章程交与州务卿。

3. 董事的选举

《特拉华州普通公司法》211条规定公司必须每年召开年度会议让股东选举董事，除非董事采用书面同意（written consent）的方式来选举董事，但是公司只有在所有董事席位都空缺时才能使用书面同意的方法。《标准商事公司法》7.28条规定除非公司章程另有规定，董事由在有法定人数出席的会议上对选举董事有投票权的股东的多数票来选出。除非公司章程有所规定，股东没有权利累积其选举董事的票数。有的公司的章程规定，在无竞争选举中，董事候选人只有在获得多数赞成票时才能当选。还有的公司章程规定，在无竞争选举中，董事候选人只有获得的赞成票多于反对票时才能当选。《特拉华州普通公司法》216条是这样规定股东大会的法定人数的，这些人持有的票数不得少于总票数的三分之一，且允许使用简单多数投票制（plurality voting），这种投票制度指的是当选举N名董事时，候选人中得票数排在前N个的候选人当选。这种制度不要求董事候选人必须获得多数赞成票才能当选。对于那些允许股东提名的公司，如果股东没有提名任何人，则对董事会及提名委员会提名的候选人采取无竞争选举，每位候选人需得到投票数一半以上的赞成票才可当选，即获得的赞成票要多于反对票；如果股东提名了候选人，此时侯选人数超过所需人数，采取竞争选举，竞争选举下股东不被允许投反对票，得票多的候选人当选。

对于那些在无竞争选举下重新参选未被选上的董事，不同公司有着不同规定，例如思科等公司规定未被选上的董事任期结束日不得晚于投票结果公布的90天，也不得晚于继任者上任日。道琼斯工业指数30家成分股公司中有14家公司都规定了未被选上的董事必须向董事会提交辞呈，董事会可以选择接受或者不接受该辞职请求，如果董事会有足够合理的理由，可以将该董事留下，如果没有足够合理的理由，则董事会必须接受其辞职请求，由此造成的空缺由其余董事投票填补。如果因董事的辞职、死亡以及被免职等原因不能继续履职或者因增加董事人数造成的董事会的空缺,《示范商事公司法》8.10 规定股东或董事会可以填补该空缺,并且如果留任董事少于董事会法定人数(董事总人数的三分之一),留任董事可以通过多数赞成票的形式来填补该空缺。具体何时由董事会填补,何时由股东填补,大多数公司都规定由于董事在任期间的辞职、死亡而造成的空缺或因董事会成员数量增加造成的空缺,董事会可以自主投票决定填补该空缺。如果一个或多个董事被股东免除其职位,则该空缺应由股东投票填补。

另外为了保证董事选举的公正性和合法性,法院可以派人主持和监督选举过程。《特拉华州普通公司法》227 条规定特拉华州大法官法院(The Court of Chancery)可以指派一人来主持选举。

根据笔者的统计,道琼斯工业指数 30 家成分股公司都要求法定人数所持有股份至少为可投票股份的一半,而这 30 家公司投票率都在 80%以上,平均为 87%(见表 1-7),如此高的投票率使得一名或几名股东很难获得足够多的票数来掌控公司,为了不失一般性地说明美国公司投票率很高的现象,我们在财富 500 的公司名单中,挑选了排在第 200、300、401、500 的四家公司①,其总投票率和董事投票率如表 1-5。

表 1-5 财富 500 排在第 200、300、401、500 的四家公司的投票率

排名	公司	总投票率	董事选举投票率
200	DaVita Healthcare Partners	83.88%	77.58%
300	eBay	87.07%	81.36%
401	Charles Schwab	86.76%	82.76%
500	Burlington Stores	95.91%	94.12%

来源:各公司的年报及年度会议后的当期报告。

① 第 400 家公司 Symantec 2016 年初才从别家公司分离出来,还未召开过年度会议,因此我们选择第 401 家公司代替。

美国公司投票率高跟机构投资者占比高以及这些机构投资者投票的积极性有关系。美国主流机构投资者包括养老金基金（pension fund）、捐赠和慈善基金（foundations and endowments）、保险公司、投资公司、银行以及各种共同基金和对冲基金。其中养老金基金是以产生稳定现金流以支付退休人员养老金为目的的长期投资者；捐赠基金如比尔·盖茨和夫人梅琳达共同创立的梅琳达·盖茨基金，其对象为公益事业。不同的机构投资者有着不同的风险偏好，也导致了不同的投资战略。世界大型企业联合会（reference board）在2010年之前每年做统计，计算美国机构投资者的持股比例，根据他们的统计，美国机构投资者在过去的六十多年内所持有股份比例在稳定上升，他们最近的计算结果表明2009年美国机构投资者在美国前1000大公司中的持股比例为73%[①]。如今越来越多的美国家庭通过共同基金、交易所交易基金（ETFs）等“联合投资工具”（pooled-investment vehicles）来参与到资本市场中，据统计，在2015年年底，美国机构投资者管理着18万亿美元的资产，代表了超过9000万名散户投资者[②]。在没有直接统计数据的情况下，我们查找了道琼斯工业指数成分股30家公司的机构投资者持股比例（见表1-7），平均数为70%。2003年SEC采用了30b1-4规则，要求共同基金披露他们完整的投票记录以及制定完善的投票政策来确保他们以最终受益人的利益最大化为前提行使投票权[③]，因此很多机构投资者都选择使用代理投票咨询公司的服务[④]（详见后文）。美国最大的代理投票咨询公司为ISS（Institutional Shareholder Services），共参与了39000次左右的年度

---

① The 2010 Institutional Investment Report: Trends in Asset Allocation and Portfolio Composition See, *Also* Blume, Marshall E. and Keim, Donald B., Institutional Investors and Stock Market Liquidity: Trends and Relationships (August 21, 2012).

② 2016年美国投资公司年鉴（ICI Factbook）。

③ SEC Release Nos. 33-8188, 34-47304, IC-25922; File No. S7-36-02, 17 CFR 239, 249, 270, 274 (Jan. 31, 2003).

④ Choi, S. J., Fisch, J. E., & Kahan, M. (2008). *Director Elections and the Influence of Proxy Advisors*.

会议，代理了超过 850 万张选票，超过 1600 家机构投资者选择了 ISS①。

通过经纪人进行投资在美国非常普遍，在美国绝大多数的投资者实际持有的股份并不是和他们看上去持有的那些股份相匹配，因为绝大多数投资者是通过经纪人来持股，因此他们是在一个“股份池”中拥有对应的利益。SEC 官方给出的数据表明在 2007 年大约有 85%的交易所交易的股份被经纪人和银行等中间商持有，这些股份绝大多数都寄存在一个叫作“存托公司”（The Depository Trust Company，简称 DTC）的出清机构中，该机构在 SEC 注册并扮演存放处的角色，存放于此的股份是可以相互代替的，所有 DTC 参与者都按比例拥有利益，而这些经纪人的客户即这些股份的最终受益者的利益存在于这些中间商在 DTC 的利益当中②。最终的结果就是这些被寄存在 DTC 的股票没有哪一只特定的股票是被中间商或者最终受益人所拥有。这也带来了一个问题，混乱的所有制使得投票权的归属成为问题，1937 年 NYSE 允许经纪人有权自主投票，2010 年 NYSE 修改了规则 452③，限制了经纪人在选举董事时的自主投票权，经纪人在没有其代理对象授意的情况下不得自主投票选举董事④。具体授意的方法如下，首先发行公司先将投票材料发给 DTC 或中间商（取决于股票是否被寄存在 DTC），DTC 再将这些材料交给各个中间商，《证券交易法》规定经纪人和银行必须在收到材料后 5 个工作日之内转交给所有收益所有权人的客户，并请求投票指示和授意⑤，收益权所有人再将这些材料连同投票指示和授意一同交还给中间商。NYSE 规则 452 规定如果中间商在年度会议至少 15 天之前将材料交给收益权所有人，但是在年度会议之前的第 10 天没有收到投票指示，那么中间商可以

---

① https://www.issgovernance.com/about/about-iss/

② SEC Roundtable on Proxy Voting Mechanics，参见：https://www.sec.gov/spotlight/proxyprocess/proxyvotingbrief.htm。

③ 不仅影响在 NYSE 注册的公司，而且影响被在 NYSE 注册的经纪公司持股的其他交易所的公司。

④ NYSE Rule 452/SEC Release No. 34-60215；File No. SR-NYSE-2006-92. 参见：https://www.sec.gov/rules/sro/nyse/2009/34-60215.pdf。

⑤ 17 CFR 240.14b-1 and 14b-2.

自主对例行事项（routine matters）投票，但是不能投票表决非例行事项，NYSE 给出了 21 条非例行事项，其中包括董事选举①。在选举董事投票时，这些没有得到指示和授意的票叫作“经纪人无权投的票”（broker non-vote）。这些票虽然算作参会的票数，但是选举董事时这些票数和弃权票一样无倾向性。表 1-7 记录了道琼斯工业指数 30 家成分股公司的董事选举除去“经纪人无权投的票”的百分比，各公司的该百分比较投票率均有不同程度的降低，笔者还发现该数值与机构投资者持股比例相近，两数之比均接近 1，平均值为 1.04，因此笔者合理推测选举董事的投票数和机构投资者手中的投票权有很大关系。加之前文提到的对投资公司投票的披露要求，使得投资公司手中的投票权都能正常有效被行使，进一步佐证了上述推测。

历史上选举董事的真实情况远非现在这样规范，直到 20 世纪六七十年代真正做到股东选举董事的并不多，哈佛大学商学院教授 Myles Mace 在其 1971 年的书《董事：虚构与现实》② 中写到，根据 60 年代末期的采访，大多数接受采访的执行官们证实新董事的选择都是由总裁控制和决定的。尽管法律允许了代理投票制度，但是一直到 20 世纪 70 年代股东通过代理投票来选举董事的情况并不多见。根据 1974 年 SEC 的年度报告，全年共有 6615 个选举董事的年度会议召开，其中只有 15 家公司的股东通过代理投票来选举董事③。

4. 董事的免职

《特拉华州普通公司法》141（k）规定董事被免职不需要任何理由，除非是

① NYSE 规则 452 给出了 21 条中间商不能自主投票的提议，简述为：1. 未提交给股东的议案；2. 管理层反对的提议；3. 并购；4. 评估权；5. 授权抵押借款；6. 授权举债；7. 授权发行优先股；8. 更改现有股权和债权的条款；9. 放弃先行购买权；10. 更改股东会议法定人数；11. 更改投票条款；12. 授权股权津贴计划的执行；13. 授权新的酬劳计划和退休计划；14. 更改公司目的；15. 授权收购其他资产和公司；16. 授权出售和处置现有资产；17. 授权和高管或董事利益相关的非常规营业的交易；18. 减少盈余公积 51%以上；19. 董事选举；20. 重大修改投资建议；21. 执行官津贴。

② Mace，Myles L.“Directors：Myth and reality.”（1971）.

③ 40th ANNUAL REPORT OF THE SECURITIES EXCHANGE COMMISSION33（1974）. 参见 https://www.sec.gov/about/annual_ report/1974.pdf。

交错制度下未到期的董事，在交错制度下，未到期的董事只有重大失职时才能被免除。《示范商事公司法》8.08 条规定股东可以免除一个或一个以上的董事，不管有没有理由，除非公司章程规定只有在有理由的情况下股东才可以免除董事。如果董事是由一个股东投票团体选出的，则只有该投票团体的股东可以参与免除该董事的投票。在授权认可累积投票的情况下，如果依据累积投票足以选出他的票数投票反对免除该董事，则他不得被免除。如果累积投票没有被授权认可，则只有在投票同意免除他的票数超过不同意免除他的票数，该董事才可以被免除。董事只在要求免除他而召开的会议上由股东来免除，并且会议的通知必须说明会议的目的，或目的之一是为了免除董事。

此外法院也有权免除公司的董事，《示范商事公司法》8.09 规定公司的主要办事处（或者如果没有主要办事处，则为注册地）所在地的法院如果认为：（1）董事对公司或公司股东实施了欺诈，滥用了董事的职权或故意给公司造成了损害；（2）并且认为缺乏其他可利用的补救，免除其职务符合公司的最大利益，可以免除在公司提起的诉讼程序或代表公司权利提起的诉讼程序中免除董事的职务。法院也可以禁止董事在法院所规定的期间内再次参与选举。

5. 董事责任限制（liability limitation）、代理人补偿（agents indemnification）以及责任险（liability insurance）

根据笔者统计，道琼斯工业平均指数 30 家成分股公司中除了宝洁公司外的 29 家公司都在其章程（Articles of Incorporation）① 中添加了对董事无过错时的责任限制，其中 23 家公司都要求在法律允许范围内最大限度地限制或免除董事责任或者给予补偿，如苹果公司在其《公司章程》中规定苹果公司对于董事金钱损失的责任采取最大限度地免除（The liability of the directors of this corporation for monetary damages shall be eliminated to the fullest extent permissible under California

---

① 公司章程要在公司注册时交给注册州州务卿。

law)[①]。这30家公司中有12家公司在其章程中规定了对代理人进行金钱损失或辩护费用的补偿，根据加州公司条例的定义，代理人指的是公司现任或前任董事、高管、雇员[②]。此外有些公司还为董事和高管购买了责任险（D&O），来补偿董事和高管在正常决策中造成的损失或者打官司时的辩护费用。然而沃伦·巴菲特的伯克希尔哈撒韦公司并未像别的公司那样购买该保险，因为巴菲特认为董事应该承担他们的错误带来的后果[③]。

四、美国上市公司股东介绍

美国公司所有权极度分散，为了说明这一情况，我们选取了美国道琼斯工业指数成分股的30家上市公司做统计（见表1-7），持股比例最高的股东平均持股比例为7.26%（除去家族控制的沃尔玛），这30家公司中只有3家（美国运通公司、联合科技公司和沃尔玛）第一大股东持股比例大于第二大股东和第三大股东持股比例之和。美国上市公司最大的股东大多为机构投资者，如美国先锋公司（Vanguard Group）就是多家大公司持股比例最大的股东[④]。所有权分散带来的直接后果就是所有权和实际控制权分离，Adolf Berle和Gardiner Means于1932年出版的《现代公司与私有资产》一书中提出了所有权和分离权所带来的一系列的问题[⑤]。

（一）股东大会

股东大会分为例行股东大会和临时股东特别会议，例行股东大会为公司的

---

① 苹果《公司章程》，详见 http://files.shareholder.com/downloads/AAPL/2466092443x0x733770/EEF78B87-8282-47AF-96E3-5B8B4CF0083F/Restated_ Articles_ of_ Incorporation.pdf。

② California Corporations Code 317.

③ http://www.insurancejournal.com/magazines/editorsnote/2011/04/04/192949.htm

④ 先锋公司为最大股东的公司包括但不限于苹果、微软、强生、摩根大通、麦当劳、迪士尼等公司。

⑤［美］阿道夫·伯利、加德纳·米恩斯著，甘华鸣等译：《现代公司与私有资产》，商务印书馆2005年版。

年度会议（annual meeting），股东特别会议为需要股东马上做决策而召开的临时会议（special meeting）。法律和交易所都要求了公司每年必须召开年度会议①，在年度会议之前几周，公司会向所有股东邮寄代理投票报告，该报告首先会对过去一年公司状况简要地向股东汇报，然后告知年度会议需要股东投票表决的事件以及董事会和各个委员会对每个事件的看法和建议，支持或反对。比如在董事候选人中选举董事会成员，批准 CEO 提出的合并和收购方案以及批准股权津贴计划等等。有些股东不愿意或者不能够出席股东大会，则采取代理投票（proxy voting）的方式，通过电话、网络、邮寄或委托其他成员代自己投票②。

董事会或公司章程授权的人可以要求召开股东特别会议，有对特别会议议题有 10%以上投票权的股东签字也可以召开股东特别会议，公司可以改变 10%的门槛，但是最高不能超过 25%③。

《特拉华州普通公司法》216 条是这样规定股东大会的法定人数的，这些人持有的票数不得少于总票数的三分之一，公司章程可以要求更高的法定人数，多数公司将法定人数定为二分之一。

（二）股东提议

《证券交易法》规定股东可以提不超过一项提议以供年会投票表决，公司必须将股东的提议列入代理投票报告中，有资格提议的股东为至少持有 2000 美金市值的股票或者持股 1%以上的股东，并且在提议之日之前持有至少一年时间，并且在开年会期间持续持有。想要提议的股东，本人或者代理必须在年会时到场。在某些情况下，公司可以拒绝列入（exclude）提议。当董事选举方面如果股东的提议：1）会使董事候选人失去被选举资格；2）会在其任期失效之前移除一名董事；3）质疑董事及候选人的责任、判断和性格；4）想要在代理投票

① 《标准商事公司法》7. 01 条，NYSE Listed Company Manual 303A. 00.
② 17 CFR 240. 14a-4.
③ 《特拉华州普通公司法》211（d），《示范商事公司法》6. 02 条。

材料中加入一名指定的个人（specific individual）；5）发生其他可能导致董事选举结果发生改变的事情时，公司可以拒绝列入此提议[①]。

（三）股东投票批准

股东作为公司实际拥有者，拥有很大的权力。2015 年年底，NYSE 修正了股东批准的相关规定，公司以下的行为都需要股东投票来批准[②]：1. 股权津贴计划（stock-compensation plan/equity-compensation plan）；2. 在内部人和相关方交易中发行超过现有股票数 1%的新股票或者可转换为股票的证券；3. 在任何交易中发行新股票或可转换为股票的证券超过现有投票权的 20%或者现有股票数量的 20%，但是以融资为目的的发行无需股东批准；4. 导致控制权改变的新股发行。NASDAQ 规定以下行为需要股东批准[③]：1. 以购置其他公司的股票或资产为目的并且（1）和 NYSE 一样超过 20%的证券发行，或者（2）公司董事、高管或大型股东在目标公司有 5%以上的利益，或者联合起来一共有超过 10%的利益，这里的利益包括目标公司的股票数量或投票权或者将要收购的资产；2. 基于股权的津贴计划；3. 导致控制权改变的证券发行；4. 任何价格低于账面价格和市场价格中较高者的定向增发。SEC 根据《多德弗兰克法案》修正了之前的规定，新的 14A 要求每个公司的股东都要对执行官的薪酬进行建议性投票（advisory vote），使得股东对管理层薪酬及“金色降落伞”计划有话语权（say on pay），加强了股东的权利[④]。

并非所有决策都需要股东批准，《示范商事公司法》第 12 章规定除非公司章程另有规定，下列处理公司资产的行为不需要股东的批准：1. 在通常和常规的公司业务经营过程中，出售、出租、交换或其他处理任何或所有的公司资产的

---

① 17 CFR 240. 14a-8.

② NYSE Listed Company Manual 312. 03.

③ Nasdaq Listing Rule 5635.

④ https://www.sec.gov/news/press/2011/2011-25.htm

行为；2. 抵押、质押、偿还债务的行为（不管有无追索权）或其他对任何或所有的公司资产设定权利限制的行为，不管是否是在通常和常规的公司业务经营过程中；3. 将任何或所有的公司资产或公司所有的一切股票或利益转让给一个或一个以上的公司或其他实体的行为；或将公司的资产按比例分配给一个或多个种类或级别的公司股票的持有人。

（四）投票制度

如今 NYSE 要求的股东投票权政策采用的是 1994 年 SEC 董事会投票通过的方案，该方案在原来 SEC 规定 19c-4 的基础上进行了改进，要求：对于在《证券交易法》第 12 条注册的上市公司股东的投票权，公司不得以任何形式来减少或限制，包括时相投票制[①]（time phased voting plans）、发行高投票权股和低投票权股，但是允许公司拥有流通的无投票权普通股（Non - Voting Common Stock）[②]。NASDAQ 对于投票权的规定要灵活于 SEC 规定 19c-4，纳斯达克允许已经存在双层资本结构[③]（existing dual class capital structures）公司继续发行超级投票股[④]。如在纳斯达克上市的 Facebook 公司，采用的是多层结构，A 股为市面上流通股，一股一票；B 股为公司内部人持有股份，一股十票；C 股为没有投票权的股份，但是有股东提议公司改为所有股份都是一股一票制，该提议获得了董事会的支持，董事会建议股东为此项提议在 2015 年 6 月召开的年度会议上投赞成票[⑤]，但是该提议并未在年度会议上被通过，反对票超过赞成票的五倍[⑥]。

历史上还出现过其他一些投票制度，比如每股的票数随着股数的增加而减少的“梯度投票制”（graduated voting），以及投票权存在上限的“上限投票制”

---

① 指持股越久的股东投票权越大。

② NYSE Listed Company Manual 313. 00.

③ 存在投票权利大的超级投票股。

④ Nasdaq Listing Rule 5640.

⑤ Facebook Proxy Statement 2015.

⑥ Facebook 2015 年 6 月 21 日的当期报告，即 8-k 表。

(capped voting)，以及每人只有一票的“人头投票制”(per capita voting)。19世纪初公司所有权和控制权没有分离，很多公司创始人为了公司能够长远发展，都想办法解决大股东为了自己的利益而侵害小股东的利益的问题，吸引小股东投资。剑桥大学教授 William Scoot[①] 和耶鲁大学教授 Henry Hansmann 指出[②]，当时很多美国公司创始人学习了英国公司的做法，在公司章程中规定了采取梯度投票法。但是后来采用这种制度的公司越来越少，对于这种现象美国金融史学家 Bray Hammond 在其获得普利策奖的《美国革命到内战的银行和政治》[③] 一书中给出了解释，很多大股东开始将自己的股份分割成几个小部分来增加自己的投票权，这使得“梯度投票法”逐渐落寞。

（五）股东诉讼

此外股东还可以对经理人或董事进行派生诉讼（derivative suit），派生诉讼是指当管理层或董事会的错误决策或其他原因导致股东受到间接的损失，并且没有被追究责任时，股东绕过董事会直接代表公司起诉管理层或者董事会[④]。派生诉讼制度要追溯到19世纪初，当时美国上市公司股东很少，股权集中在经理人和董事手中。虽然我们现在公司治理方面将英美归为一类，但是19世纪初美国公司兴起时，在股东权益和董事职责方面美国并没有继承英国现成的相关法律和规章，也没有形成自己的一套法律，而是完全按照判例执行[⑤]。19世纪初期纽约煤炭公司的小股东纷纷呼吁和要求他们有权利对董事损害股东利益的行

---

① Scott, William Robert. *The constitution and finance of English, Scottish and Irish joint-stock companies to 1720*. Vol. 1. The University Press, 1912.

② Hansmann, Henry, and Mariana Pargendler. The evolution of shareholder voting rights: Separation of ownership and consumption. *Yale Law Journal* 123 (2014): 100-165.

③ Hammond, Bray. *Banks and Politics in America from the Revolution to the Civil War*. Vol. 99. Princeton University Press, 1991.

④ 《证券交易法》16（b）条。

⑤ Harris, Ron. *Industrializing English law: entrepreneurship and business organization, 1720-1844*. Cambridge University Press, 2000.

为进行诉讼[①]，并希望得到法律的保护，法院也根据“诚信职责”这一原则认同了股东的呼吁，这正是股东派生诉讼的前身。股东派生诉讼的经典案例之一为1995年迪士尼公司股东对董事长和总裁提起的派生诉讼[②]。此外很多法院为了鼓励个人股东承担诉讼风险积极诉讼而实行了原告在胜诉的情况下可以向公司要回诉讼费[③]。

（六）股东投票咨询

美国有很多家投票咨询公司来帮助协助投资者提议和投票，这样的咨询公司有 Institutional Shareholder Services（ISS），以及 Proxy Governance 等等。其中 ISS 的影响力最大，可以帮助共同基金、对冲基金来对其拥有股份的公司的议案进行投票，据了解 ISS 可以左右 20%～30%的投票[④]。2003 年 SEC 出台的 30b1-4 的新规定，要求共同基金披露他们完整的投票记录以及制定完善的投票政策来确保他们以最终受益人的利益最大化为前提行使投票权[⑤]，基于共同基金的投资公司为了正确地行使投票权而向投票咨询公司求助，这也增加了投票咨询公司的必要性，2003 年 Glass Lewis 等公司也纷纷开展了投票咨询建议的服务。

投票咨询公司的发展也带来了一个问题，即这些公司掌握了大量的投票权，对很多上市公司有着很大的影响力甚至左右其决策。一些公司的管理层有时也不得不联络这些咨询公司以获得他们的支持。根据路透社 2001 年的报道，当时

---

① Hilt, Eric. History of American Corporate Governance: Law, Institutions, and Politics. No. w20356. *National Bureau of Economic Research*, 2014.

② In re Walt Disney Derivative Litigation, 907 A 2d 693 (2005).

③ Hornstein, George D. "The Counsel Fee in Stockholder's Derivative Suits." *Columbia Law Review* 39, no. 5 (1939): 784 - 816. And Hammett, Carol G. "Attorneys' Fees in Shareholder Derivative Suits: The Substantial Benefit Rule Reexamined." *California Law Review* 60. 1 (1972): 164-190.

④ Choi, Stephen J. and Fisch, Jill E. and Kahan, Marcel, Director Elections and the Influence of Proxy Advisors (May 2008). NYU Law and Economics Research Paper No. 08-22; 3rd Annual Conference on Empirical Legal Studies Papers; Fordham Law Legal Studies Research Paper No. 1127282.

⑤ Investment Company Act Release No. 25922, 17 CFR. 239, 249, 270, 274 (Jan. 31, 2003).

惠普公司和康柏公司的并购就掌握在 ISS 的手中，双方都极力寻求 ISS 的支持[①]。

（七）股东限制

美国在 19 世纪末 20 世纪初公司规模迅速增加，股权也越来越分散，这也给了买入大量股份来控制一家公司的可能性。由于股权的分散，控制所需要的股份会降低。这也就要求法律对控股股东更严格的限制以保护小股东的利益并维护金融市场的稳定。

1. 对限制性证券（restricted securities）出售和转售的要求，以及对关联人（affiliate）减持的要求

限制性证券是指那些从发行人或发行人的关联人的未注册的、私下的出售获得的证券，比如定向增发、员工股票津贴等；控制性证券是指被发行人的关联人所持有的证券。此处关联人是指某人直接或者通过中介间接地控制发行人或者受控于发行人或者与发行人受同一人控制。控制是一个事实界定的问题，SEC 认为公司高管、董事以及持股 10%以上的股东可以作为控制的迹象[②]。限制性证券的出售受到了严格的限制，SEC 规则规定这限制性证券的持有者必须满足一些特定的条件才被允许对公众出售，这些条件包括：首先要持有足够长的时间才能出售或转售，如果发行公司为《证券交易法》规定的“负有报告义务的发行公司”（reporting company），则最短持有时间为半年；若发行公司为无报告义务的发行公司时，最短持有时间为一年，时间从付完全款开始算起。出售前必须确保发行公司有足够多的公开信息，包括公司经营的本质、高管和董事以及财务状况[③]。如果关联人要出售限制性证券，关联人需要发出拟定交易的公告（notice of proposed sale）：如果三个月内出售超过 5000 股或者出售额超过 5

---

① http://www.rediff.com/money/2001/dec/11hp.htm

② American Standard, SEC No-Action Letter, 1972 SEC No Act. LEXIS 3787 at *1 (Oct. 11, 1972).

③ 17 CFR 230.144 (e).

万美元，关联人在出售之前必须向 SEC 提交 3 份 144 表格的公告副本①，144 表格并不限制出售，只是表明出售者对于任何未被披露的发行人的负面信息不知晓。

限制性证券和控制性证券只能通过以下两种方法被出售②：

- 通过经纪人交易直接出售给造市商（market maker）③。
- 通过无风险的直接交易（riskless principal transactions）④。

此外，144 规则为限制性股票出售提供的安全港并不适用于壳公司⑤。

获得的限制性证券上有一个刻印（legend），想出售限制性证券的人即使符合了上述要求，也必须在出售限制性证券前将该刻印去除，只有“转让中介”（transfer agent）才能去除该刻印，但是转让中介只有在出售者获得发行人的同意后才能去除该刻印。除去刻印的过程是一个繁琐的过程，往往需要出售者向律师求助⑥。

关联人以及过去的三个月内是关联人，其出售任何证券在任意三个月内交易额不得超过以下两个数值中的较高值：（1）发行在外的同类型股票股份的1%；（2）填表前 4 周平均周交易量。[If any securities are sold for the account of an

① 17 CFR 230. 144（e）and 144（h）.

② 17 CFR 230. 144（f）.

③ The term “market maker” means any specialist permitted to act as a dealer, any dealer acting in the capacity of block positioner, and any dealer who, with respect to a security, holds himself out（by entering quotations in an inter-dealer communications system or otherwise）as being willing to buy and sell such security for his own account on a regular or continuous basis.

④ A riskless principal transaction means a principal transaction where, after having received from a customer an order to buy, a broker or dealer purchases the security as principal in the market to satisfy the order to buy or, after having received from a customer an order to sell, sells the security as principal to the market to satisfy the order to sell. And（A）The offsetting trades must be executed at the same price（exclusive of an explicitly disclosed markup or markdown, commission equivalent, or other fee）;（B）The transaction is permitted to be reported as riskless under the rules of a self-regulatory organization; and（C）The requirements of paragraphs（g）（2）（applicable to any markup or markdown, commission equivalent, or other fee）,（g）（3）, and（g）（4）of this section are met.

⑤ 17 CFR 230. 144（h）.

⑥ SEC Rule 144. https://www.sec.gov/investor/pubs/rule144.htm

affiliate of the issuer, regardless of whether those securities are restricted, the amount of securities sold, together with all sales of securities of the same class sold for the account of such person within the preceding three months, shall not exceed the greatest of: (i) One percent of the shares or other units of the class outstanding as shown by the most recent report or statement published by the issuer, or (ii) The average weekly reported volume of trading in such securities on all national securities exchanges and/or reported through the automated quotation system of a registered securities association during the four calendar weeks preceding the filing of notice required by paragraph (h), or if no such notice is required the date of receipt of the order to execute the transaction by the broker or the date of execution of the transaction directly with a market maker, or (iii) The average weekly volume of trading in such securities reported pursuant to an effective transaction reporting plan or an effective national market system plan as those terms are defined in § 242.600 of this chapter during the four-week period specified in paragraph (e)(1)(ii) of this section.]① 如果关联人的交易为场外交易（over-the-counter）以及粉单交易（pink sheets），对其交易的限制仅为不超过总股份的1%。法律还规定当两个以上关联人或其他人士为了出售发行人的证券而同意采取一致行动，则在任何连续三个月内为该等人士所出售的所有同类证券应该被合并计算，来确定可供出售的证券数量限值。（When two or more affiliates or other persons agree to act in concert for the purpose of selling securities of an issuer, all securities of the same class sold for the account of all such persons during any three-month period shall be aggregated for the purpose of determining the limitation on the amount of securities sold.②）

如果证券是关联人通过“奖金计划”（bonus plans）获得的，且占总股份比例很低且这些证券有积极交易的市场，那么这些证券就不是限制性证券，被出

---

① 17 CFR 230.144 (e)(1).

② SEC Rule 144. https://www.sec.gov/investor/pubs/rule144.htm

售时可以不受持有时间的限制。此外限制性证券的赠与不受 144 规则的限制，因为赠与不是交易。但是获赠人在出售这些证券时受到 144 规则的限制，而且赠与人在出售其他限制性证券时，在计算交易量时要将赠与他人的部分计算在内。如果限制性证券被质押，则质押人必须保证自己以及所有接受质押的人全部满足持有时间限制才能出售这些证券，若质押人违约，则接受质押的人必须保证自己以及质押人满足持有时间限制才能出售这些证券①。

有以下两种方法可以免除法律对持有时间和交易数量的限制：第一种方法是利用 144A 规则，SEC 根据《证券法》制定的 144A 规则对关联人减持的严格限制在符合某些特定条件时也可以被豁免，为对合格机构投资者（qualified institutional buyers，简称 QIBs）最低 50 万股的非公开出售提供了“安全港”（safe harbor），使其不受到 144 规则的约束。合格的机构投资者包括：1）自主决定投资的基础上累计持有或者投资超过其非关联人的证券发行公司 1 亿美元证券的大型机构投资者；2）以自己名义或者为了其他和各机构投资者的名义自主决定投资的基础上累计持有或者投资超过非其关联人的证券发行公司 1000 万美元以上的证券的交易商；3）为了合格投资者的利益所从事无风险自营交易的交易商；4）以自己名义或者为了其他和各机构投资者的名义自主决定投资的基础上累计持有或者投资超过非其关联人的证券发行公司，且最近一年都净资产不低于 2500 万美元的银行、储蓄或贷款协会。但是通过 144A 规则售出的证券仍然属于限制性证券。2013 年 SEC 根据 2012 年颁布的《乔布斯法案》[Jumpstart Our Business Startups Act（JOBS Act）] 第 201（a）条修正了原有规则，新实行的 144A 规则放宽了对买方的限制，允许使用 general solicitations ②将股份出售给合

---

① 17 CFR230. 144（D）(3)（II）.

② “General solicitation” includes advertisements published in newspapers and magazines, public websites, communications broadcasted over television and radio, and seminars where attendees have been invited by general solicitation or general advertising. In addition, the use of an unrestricted, and therefore publicly available, website constitutes general solicitation. The solicitation must be an “offer” of securities, but solicitations that condition the market for an offering of securities may be considered to be offers.

格机构投资者或者卖方合理认为的合格机构投资者[①]。(To implement Section 201 (a), the SEC adopted an amendment to Rule 144A to permit the use of general solicitation under Rule 144A, as long as the purchasers are limited to QIBs or to purchasers that the seller and any person acting on behalf of the seller reasonably believe are QIBs.)

144A 规则被采用之后，提高了这些证券的流动性，因为这些证券可以在这些合格机构投资者之间流通，不再受为了保护公众投资者而建立的 144 规则的约束。144A 规则设立的初衷之一是为了吸引外国公司在美国市场出售股份，NASDAQ 还专门为 144A 规则的实施创建了一个叫作“PORTAL”的交易平台。使用 144A 规则的一点好处就是不用披露动机和敏感信息。

第二种方法分别是利用 4（a）（11/2）规则，4（a）（11/2）规则是一个依据实例私下交易的豁免规则，没有明文规定。机构投资者常常用 4（a）（11/2）规则来向“精明投资者”(sophisticated investors）出售定向增发获得的股份，此处“精明投资者”指的是对投资有足够知识和经验并且能够合理评估风险的投资者[②]，关联人也常常通过该规则来规避 144 规则的限制。这两种方法多用于大宗交易，可以在为出售大量股份提供安全港时期免受禁止操纵股价的约束。超过 20 万美元或者超过 5000 股且超过 5 万美元的交易叫作大宗交易[③]。大股东及关联人通常采取大宗交易的方法减持，因为大宗交易较为便宜和高效，而且受到 144 规则限制的关联人也可以通过大宗交易来出售，大宗交易出售方不受 144 规则的限售期和交易量的限制，但是按照限制性股份的定义，受让方从关联人处通过大宗交易获得的股份仍为限制性股份，仍受到 144A 的如限售期的相关限制。

2. 对持股比例较高的股东的披露要求

《证券交易法》12（b）禁止对未注册的股票交易（豁免的除外），公司可

---

① 14 CFR 230. 144A.

② http://us.practicallaw.com/8-382-3798

③ 17 CFR 240. 10b-18（a）(5).

以向 SEC 填写申请来注册其股票，申请表中包括发行公司控制的人的信息以及控制发行公司的人的信息，具体披露对象为发行公司的董事、高管以及持股比例超过 10%的股东，以及他们的薪酬、股利以及同发行公司的主要契约。

规章 13D 和 13G 规定作为收益所有者[①]（beneficial owner）而购买超过 5%的有投票权的股份的股东，要在买入日后 10 天内向 SEC 提交 13D 表，并且当增持或减持 1%时更新该表。SEC 对某些持股超过 5%的股东放宽松了披露限制，如果某些股东没有以改变或影响发行者的控制权为目的，也没有和有此目的人有关联，则只需要在自然年底之后的 45 天之内填写一个简化过的 13G 表来汇报前一个自然年底的收益所有权情况，这里的某些股东是指经纪人、交易员、银行、保险公司、投资公司、投资顾问以及员工福利计划等。如果年底该股东持有股份不足 5%，则无需填写 13G。如果在自然年底之前持有直接或间接收益所有权 10%以上的，要在超过 10%的第一个月月底以后 10 天内填写原始的 13G 表，以后每增持或减持 5%都要修改 13G 表。如果股东以改变或影响发行者的控制权为目的，或与以此为目的的人有关联，则必须在购入日 10 天内填写 13D，并且在这 10 天内，这些股东禁止投票表决和引导投票，也不能增持。此外超过直接或间接持有 20%的收益所有权的股东也必须在 10 天之内填写 13D，并且在这 10 天内，这些股东禁止投票表决和引导投票，也不能增持[②]。

13D 表中要求披露的内容包括资金或其他对价的金额和来源。如果部分购买价属于为收购、持有证券或者对该证券进行交易、表决而拆借得来或者以其他方式获得的资金或者其他对价，则要说明该交易和交易方的名称。此外 13D 表中披露的内容还包括购入股份的交易目的，包括涉及发行人或其子公司的异常公司交易，如兼并、重组、清算等；以及出售发行人或其子公司的数额重大的资产；以及对当前董事会或管理层的任何变动，包括改变董事数量或任期等；以及可能会组织任何人获得发行人控制权的发行人章程细则的变动。如果填表

① 收益所有者指的是股票的真正拥有者而不是经纪人或托管银行。

② 17 CFR 240. 13d.

人故意误述或漏述事实，则构成联邦刑事违法（Federal criminal violation）①。

可以看出，立法重点之一在于是否有想要改变公司控制权的意图，目的是防止股东通过增持一定比例的股份来得到足够的投票权并最终控制公司。法律对不改变公司控制权的股东行为要求较为宽松，例如法律允许两个或两个以上股东想要一起行动，以一同增减持、投票为目的，前提是不能以改变或影响公司控制权为目的②。

根据《塞班斯法案》修正的《证券交易法》第16条，公司的高管、董事以及持股10%以上的收益所有者被称作“内部人”（insider），内部人必须填写表3、4、5来披露持股情况以及买卖股份情况。具体要求为当一个人变成“内部人”时，必须在10日内填写表3来初始披露持股比例。当“内部人”有任何交易时，必须在交易发生后两天之内填写表4披露交易细节。当有些内容需要在表4中被披露但是没有被“内部人”披露时，该“内部人”需要在公司财务年底之后的45天在表5中补充披露。发行公司有权收回“内部人”在半年内通过短期买卖股票获得的利润。

此外为了防止机构投资者利用控制其他公司来增加自己的投票权，《示范商事公司法》7.21b规定非特殊情况下，如果公司的股票直接或间接地被第二家公司所拥有，并且第一个公司直接或间接地拥有投票决定第二家公司董事人选的多数股票，那么这第二家公司所拥有的第一家公司的股票没有投票权。

同时法律还对大额交易者（large trader）做了披露要求，直接或间接，以及通过被其控制之人对一个或多个账户行使投资自由裁量权买卖证券一天交易超过200万股或2000万美元公允市场价格的NMS证券，或一月交易超过2000万股或2亿美元公允市场价格的NMS证券叫作大额交易者，这里的NMS是国家市场系统（national market system）的首字母缩写，一般来说NMS证券包括交易所

---

① 18 U. S. C. 1001.

② 17 CFR 240. 13d-5.

上市的股票和标准化的期权，不包括债券、期货和开放基金。同时还定义了“控制”为拥有左右公司管理和政策制定的能力，控制可以通过持股、合同或者其他形式来实行。此外此处的交易不包括影响公司合并的交易，包括公司并购、要约收购以及公司重组等。法律要求每位大额交易者都要向 SEC 提交 13H 表①，填表时间为第一次有影响的一系列加总交易后（Promptly After First Effecting Aggre Gate Transactions）、每个完整自然年结束后的 45 天之内以及每一季度结束时并且有新信息使得原来的 13H 表变得不准确。

《证券交易法》还对相关人（related persons）的交易做了披露要求，这里的相关人指的是高管、董事及董事候选人以及这些人的直系家属。法律要求关联人披露超过 12 万美元且相关人从中有重大利益的交易，披露内容包括交易额、利益以及重大事项②。

3. 对特定类型机构投资者的法律限制

美国的典型机构投资者包括银行、投资公司、保险公司以及养老金基金。法律分别就每一种机构投资者做了限制要求，以限制其利用雄厚的资金控制上市公司。SEC 规则 13F 规定③，对证券账户行使投资决定权（investment discretion 保证金）的每个机构投资管理人，其在任何公历年度任何月份最后一个交易日的公允市值总计超过 1 亿美元的，需要在每个季度结束之后的 45 天之内，向证监会提供自己这个季度末的股票持仓报告，即 13F 表。绝大多数投资公司受此规定的影响，必须将自己的持仓情况公告，公开和透明减少了这类型机构投资者控制上市公司的可能性。此外《投资公司法》禁止投资公司以保证金（on margin）的方式购买任何证券，除非是为了结算交易而进行的短期信贷（except such short-term credits as are necessary for the clearance of transactions）④。

① 17 CFR 240. 13h-1.

② 17 CFR 229. 404.

③ 17 CFR 240. 13f-1.

④ 《投资公司法》12（a）（1）。

在20世纪初期之前，银行在金融市场中起到了至关重要的作用，一战之前，个人很少能够撼动银行家金融寡头的地位[①]，为了防止银行利用雄厚的资金和代发股票的权利来控制上市公司，1933年的《格拉斯-斯蒂格尔法案》(Glass-Steagall Act) 将商业银行和投资银行区分开来，不允许混业经营，商业银行不允许代发股票，投资银行不允许经营储蓄业务，这使得负责代发股票的投资银行失去了重要客户的信息资源，削弱了银行对公司的影响力。同时还规定银行只能投资信用评级为投资级别的证券，且收入来源只能有10%来自证券收入。最终该法案于1999年被《格雷姆-里奇-比利雷法》(Gramm-Leach-Bliley Act of 1999) 撤销，银行又被允许混业经营[②]。

1956年《银行持股公司法》(Bank Holding Company Act of 1956) 第4 (c) (6) 条规定银行或者银行控制公司[③]至多持有另一家非银行公司5%的投票权，且必须为消极投资。同时美联储规定了银行投资证券的金额限定在银行资金和盈余的10%[④]。

投资公司[⑤]作为很多大公司的主要股东，其活动也受到1940年的《投资公司法》的限制，法律将投资公司分为三种，最常见的为管理投资公司，管理投资公司又分为分散的和非分散的，常见的为分散的，即总资产75%为现金或证券，且不超过5%的总资产投资任何一家公司，且投票权不超过10%。《投资公司法》还规定投资公司主要目的为投资和交易，不以投资和交易为目的的不是投资公司，且必须用超过40%的资产来购买证券[⑥]。《投资公司法》还禁止封闭基金类型的投资公司[⑦]发行或出售债券，除非发行完那一刻有至少300%的资产

---

① L Brandeis, Other People's Money and How the Bankers Use It (1914).

② http://www.investopedia.com/articles/03/071603.asp

③ 银行控制公司是指控制一家或多家银行的公司。

④ 《美联储手册》，详见 https://www.federalreserve.gov/boarddocs/supmanual/trading/3000p1.pdf。

⑤ 美国的投资公司主要分为四类：共同基金（mutual funds）、封闭基金（closed-end fund/closed-end company）、交易所交易基金（exchange-traded funds）以及单位投资信托（unit investment trust）。

⑥ 《投资公司法》第3a1条、第4条、第5条。

⑦ 封闭基金一次性卖一个固定数量的股份，而不是连续出售。

覆盖率（asset coverage）[1]。同时还禁止开放基金（open end fund）发行或出售债券，但是允许其向银行借钱，只要借钱时资产覆盖率不低于300%[2]。这里的资产覆盖率根据《投资公司法》18（h）的定义为总资产减去所有未被该高级证券所呈现的负债与此高级证券的比值。

此外，从1988年起，美国劳工部就采取措施鼓励共同基金负责人的投票，多次建议基金经理投票的重要性[3]，然而效果并不明显。2003年SEC采用了30b1-4规则，要求共同基金披露他们完整的投票记录以及制定完善的投票政策来确保他们以最终受益人的利益最大化为前提行使投票权[4]。

对于保险公司和养老金基金的限制法律也做了相关规定，目的在于强制分散投资以降低风险。《纽约州保险法》规定任何美国的保险公司不得将其资产的10%以上投资或抵押于任何一家公司的证券［No domestic insurer shall have more than ten percent of its admitted assets as shown by its last statement on file with the superintendent invested in, or loaned upon, the securities（including for this purpose certificates of deposit, partnership interests and other equity interests）of any one institution］[5]。人寿保险公司不得将资产的20%用于投资股份，也不得将超过其资产的2%用于投资任何一家公司股份[6]。非人寿保险不得将超过其资产的1%用于投资任何一家公司股份[7]。特拉华州法律规定，保险公司不得拥有任何一家公司50%以上的投票权，且对任何一家公司的投资成本不得超过资产的3%[8]。

---

① 《投资公司法》18（a）（1）。

② 《投资公司法》18（f）（1）。

③ Avon Advisory Letter, Department of Labor 1988, Monks Advisory Letter, Department of Labor 1990, Department of Labor Interpretive Bulletin, 29 CFR 2509. 94-2- "Interpretive bulletin relating to writing statements of investment policy, including proxy voting guidelines", July 29, 1994.

④ Investment Company Act Release No. 25922, 17 CFR 239, 249, 270, 274 (Jan. 31, 2003).

⑤ 《纽约州保险法》1409条。

⑥ 《纽约州保险法》1405条。

⑦ 《纽约州保险法》1404条。

⑧ 《特拉华州保险法》1305条。

五、公司高管

《标准商事公司法》规定公司高管可以依据公司章程细则产生，或者由董事会依据章程细则任命。经章程细则授权或者董事会的授权，一名高管可以任命一名或多名高管。《特拉华州普通公司法》也规定公司高管由章程细则或董事会决定。

苹果公司的章程细则规定 CEO 由董事会任命，董事会还可以任命下属高管（Subordinate Officers），董事会也可以授权董事长、CEO 或总裁来任命这些下属高管。推特公司的章程细则规定董事会可以任命下属高管，董事会也可以授权 CEO 任命下属高管，在没有 CEO 的情况下，董事会可以授权其他高管来任命下属高管。

《示范商事公司法》8.4.3 规定高管在任何时候，不管是否有理由，都可以被董事会免职。我们引用 Mark Huson （2001） 等人的研究结果来对这种情况进行了解①。

表 1-6　1971—1994 年 CEO 人员调动状况

时期	CEO 人员调动的数量	被强迫调动的比例（%）
1971—1976	295	10.2
1977—1982	319	13.5
1983—1988	382	17.0
1989—1994	320	23.4

来源：Huson etc （2001）。

六、收购

根据目标公司董事会对收购要约同意与否可以将收购分为善意收购和恶意收购，如果目标公司董事会同意和接受收购要约，则收购双方私下协议收购即

① Huson, Mark R., Robert Parrino, and Laura T. Starks. "Internal monitoring mechanisms and CEO turnover: A long-term perspective." *The Journal of Finance* 56.6 (2001): 2265-2297.

可收购。而恶意收购是指收购方在没有得到目标公司董事会同意的情况下直接向目标公司股东求购股份以获得对目标公司控制权的交易行为，恶意收购主要有三种途径：普通收购（acquisition）、要约收购（tender offer）和代理投票权争夺（proxy contests），普通收购为直接累计增持来收购，受到诸多披露要求和交易限制进而导致股价上涨以及收购成本增加，所以收购方通常不采取这种方式，而是多以要约收购和代理投票权争夺的形式来进行恶意收购。且恶意收购多为杠杆收购（leveraged buyout），收购方使用高杠杆率来对目标公司进行收购，杠杆收购起源于1955年的麦克林工业公司（McLean Industries，Inc.）杠杆收购泛大西洋汽船公司（Pan－Atlantic Steamship Company）以及水人汽船公司（Waterman Steamship Corporation）[①]。在20世纪60年代，像巴菲特一样利用公开交易的持股公司（publicly traded holding companies）作为投资工具进行收购的现象也很普遍，到了80年代，恶意收购达到了顶峰，1989年KKR公司以311亿美元收购了RJR Nabisco公司，创造了当时以及未来17年内的最大杠杆收购[②]。

（一）收购的联邦法律要求

20世纪60年代中期出现了一波小的收购浪潮，很多公司通过成本较低的要约收购的方式来收购其他公司，以达到对目标公司董事会的控制，因为要约收购的滥用，国会颁布了《威廉姆斯法案》。该法案是对《证券交易法》要约收购部分的修正，主要强制要求了收购的信息披露以及收购时间限制。

1. 收购和要约收购

直接购买股份受到的主要限制为规章13D和13G所规定的披露要求，详见前文。以下主要讨论要约收购。

---

① 麦克林工业公司举债4200万美元并发行700万美元优先股杠杆收购泛大西洋汽船公司以及水人汽船公司，然后用这两家公司的资产还了2000万美元的债务。ICC Case No. MC-F-5976，*McLean Trucking Company and Pan-Atlantic American Steamship Corporation-Investigation of Control*，July 8，1957.

② https://en.wikipedia.org/wiki/Kohlberg_ Kravis_ Roberts

要约收购是一家公司通过广泛要约的方式在限定的一段时间内收购另一家公司大量股份，以获得另一家公司的控制权。虽然对于要约收购并没有很清晰的定义，也没有要求要约收购目标公司股份的比例有上限或下限，SEC 官方解释给出了八条标准来确定一个收购行为是否为要约收购，但是这八条标准不需要全部被满足①。

（1）对股东积极广泛的要约。

（2）要约很高比例的股份。

（3）要约价格相较于市场价格有溢价。

（4）要约条款固定。

（5）要约固定数量的股份。

（6）要约在一段有限的时间内持续开放。

（7）要约迫使股东回应。

（8）大量买入目标公司股份之前或期间对此公告。

值得注意的是，国会在颁布《威廉姆斯法案》之时特别强调了不仅仅信息披露很重要，而且将这些信息传达给股东更重要②，因此收购方必须合理地想办法将重要信息转达给股东，规则 14d-6 规定要约收购开始时以及开始后收购方需要向目标公司证券持有人披露和提供信息。SEC 也根据《威廉姆斯法案》修正的《证券交易法》的 13e、14d 以及 14e 条制定了相应的规章 13E、14D 和 14E，并且修正了 13D。其中 14d-1 条约束第三方要约收购（third-party tender offer），13e-4 约束发行方自身要约收购（issuer tender offer），13e-3 约束私有化交易要约收购（going-private transaction），14e 条对要约收购进行了普遍要求。

对于收购方的收购量主要有两个披露限制：1）如前文提到的规章 13D 和 13G，购买其他公司超过 5%的有投票权的注册股份的要向 SEC 提交 13D 表或

---

① SEC Interpretation：Commission Guidance on Mini-Tender Offers and Limited Partnership Tender Offers. 参见 https://www.sec.gov/rules/interp/34-43069.htm#P35_ 2874。

② Exchange Act Release No. 15548（February 5，1979）[44 FR 9956].

13G 表（详见前文）。2）1976 年的《哈特-斯科特-罗迪诺反托拉斯改善法案》（Hart-Scott-Rodino Antitrust Improvements Act）（HSR）要求收购方只有向美国反托拉斯机构①提交收购前通知（Premerger Notification）并将该通知发送给目标公司后才能做出金额超过 7820 万美元（2016 年的阈值，该阈值逐年随通货膨胀调整）② 的收购，且提交报告后必须等 30 天才能完成交易（全现金要约收购为 15 天）③。并且收购方必须在其报告首页附上宣誓书（Affidavits），宣誓书上必须确认收购人的收购行为，特定类别的投票证券，以及收购数量；如果数量未知，则需要披露一个一定会超过的阈值。(The specific classes of voting securities or non-corporate interests of the issuer or unincorporated entity sought to be acquired; and if known, the number of voting securities or non-corporate interests of each such class that would be held by the acquiring person as a result of the acquisition or, if the number of voting securities is not known in the case of an issuer, the specific notification threshold that the acquiring person intends to meet or exceed; and, if designated by the acquiring person, a higher threshold for additional voting securities it may hold in the year following the expiration of the waiting period.）且如果是普通收购（acquisition），收购方必须在宣誓书上陈述善意的意图（good faith intention）；如果是要约收购，收购方要在宣誓书上确认其收购意图被公开宣布④。

举个例子：假设 B 公司 1%的股份值 1500 万美元，A 公司原先持有 10 万股 B 公司股份，且 A 公司有善意的意图再收购 90 万股 B 公司股份，且 A 公司向 B 公司做出了陈述，说明收购完成后 A 公司将一共持有 100 万股 B 公司股份。如果这 100 万股占到 B 公司总股份的 20%，且提前通知的阈值为 1 亿美元，那么

① 美国反托拉斯机构指美国联邦贸易委员会（Federal Trade Commission）和美国司法部反托拉斯部门。

② 2016 年最新调整的数据参见：https://www.ftc.gov/news-events/blogs/competition-matters/2016/01/hsr-threshold-adjustments-reportability-2016。

③ 联邦贸易委员会对收购前通知的要求：https://www.ftc.gov/enforcement/premerger-notification-program，以及法律相关规定：16 CFR 803. 1。

④ 16 CFR 803. 5.

执法机关就可以将这份说明作为通知。如果 A 公司想要收购 B 公司股份，但是不确定具体收购数量，只确定不会少于 5000 万美元，并且有可能收购 B 公司 50%以上的股份，A 公司声明称有善意的意图来收购超过 5000 万美元的 B 公司的股份，且有可能会收购超过 50%的 B 公司的股份，这份声明也可被当作 5000 万美元和 50%阈值的通知①。

规章 14D 对所有持股超过 5%②的第三方要约收购做了披露要求，规章 14D 要求发出要约收购之后持有公司 5%以上注册股份的收购公司必须向 SEC 提交 Schedule TO 报告，否则不得进行要约收购，还要将这些信息材料交与目标公司、目标公司的上市交易所以及其他竞争者收购公司③。Schedule TO 报告的内容包括④：

- 所有重大的交易条款
- 收购目的以及任何可能导致目标公司卷入不寻常交易的提议（any plans or proposals that relate to or would result in an extraordinary transaction involving the target company）
- 用于收购的资金来源
- 收购方要约时所用之人等
- 收购公司和目标公司过往交易以及相互之间重要公司事项
- 交易的背景，包括谈判的过程
- 收购公司的董事和高管信息
- 收购公司以及其相关公司对目标公司证券近期的交易

对于全现金收购交易，尽管收购公司仍需要向 SEC 提交 Schedule TO 报告，但是收购公司可以不用等到 SEC 对其报告进行任何评论就开始要约，它们通常

---

① 16 CFR 803. 5.

② 收购方在发出要约收购之前持有的股份也要计算在内，但是根据 14（d）（8）如果收购方在 12 个月内收购股份不超过 2%，则规章 14D 不会因发出要约收购之前的持股数计算在内而触发。

③ 17 CFR 240. 14d-3.

④ 17 CFR 240. 14d-100.

也是这么做的。

要约收购开始时，收购方必须在全国性的报刊上（如《华尔街日报》《纽约时报》）刊登收购简要广告或者详细广告①。

规章 14D 要求目标公司以及给目标公司建议的非收购者必须向目标公司股东披露其对于被要约收购的建议，并向 SEC 提交以及交与收购方一份 schedule 14D-9 报告，在报告中披露其身份和背景以及持有目标公司股份情况，对要约收购提建议的目的等②。

当一家公司对自己的股票进行要约收购时，也需要提交 Schedule TO 报告，而且还需要提交 13E-3 表。

为了保护目标公司股东，规则 14d 规定了目标公司股东在要约收购开放期间可随时撤回出售的股份③，且所有股东必须被平等对待④，且要约收购开始后收购公司不得在其他处购买目标公司的股份⑤。

值得注意的是，SEC 对于要约收购的要求不适用于“迷你要约收购”（mini-tender offer）——收购完以后持股比例不足 5%的小型要约收购。除非这些迷你要约收购违反了规章 14E 的反诈骗（anti-fraud）条款。规章 14E 对所有要约收购有效，禁止要约人对重要事实的虚假陈述或故意遗漏，同时还禁止任何欺骗性的、操纵性的行为⑥。

规章 14E 还对要约收购的时限做了要求。14e-1 要求要约收购必须从收购公开日起或者发放给股东日起开放 20 个工作日以上。且当开放日不足 10 个工作日不允许增加或减少寻求收购股份的百分比。（No person who makes a tender offer shall Increase or decrease the percentage of the class of securities being sought or the

① 17 CFR 240. 14d-4.

② Rule 14d-9 [17 CFR 240. 14d-9] and Schedule 14D-9 [17 CFR 240. 14d-101].

③ 17 CFR 240. 14d-7.

④ 17 CFR 240. 14d-10.

⑤ 17 CFR 240. 14e-5.

⑥ 17 CFR 240. 14e.

consideration offered or the dealer's soliciting fee to be given in a tender offer unless such tender offer remains open for at least ten business days from the date that notice of such increase or decrease is first published or sent or given to security holders.）此外该条款还禁止收购方在没有公告的情况下延长要约收购期限①。

修正后的《证券交易法》对收购公司交易的限制有如下几点，在要约收购期间，任何相关人士都不得在要约收购之外的地方购买目标公司股份②。任何掌握目标公司重要非公开信息（material nonpublic information）的人③都不得自己发起或者使其他人发起对该目标公司的要约收购。

另外修正后的《证券交易法》还对要约收购之后收购方更换董事的能力做了披露要求，对于直接或间接购入股票的股东，或者通过要约收购获得股份的股东，如果他们中的某些人被选举或被指定成为该发行公司的董事（在证券持有人会议上选举或者制定的除外），并且构成董事会的大多数时，公司必须在不晚于这些董事任职的前十天（或者因为好的初衷被 SEC 特许一个更短的期限）向 SEC 填表汇报并且发放给所有该公司的有投票权的证券持有者。（If, pursuant to any arrangement or understanding with the person or persons acquiring securities in a transaction subject to..., any persons are to be elected or designated as directors of the issuer, otherwise than at a meeting of security holders, and the persons so elected or designated will constitute a majority of the directors of the issuer, then, not less than 10 days prior to the date any such person take office as a director, or such shorter period prior to that date as the Commission may authorize upon a showing of good cause therefor, the issuer shall file with the Commission and transmit to all holders of record of securities of the issuer who would be entitled to vote at a meeting for election of di-

---

① 17 CFR 240. 14e-1.

② 17 CFR 240. 14e-5.

③ 指的是广义上的人，包括自然人和法人形式的公司。

rectors....)[①]

法律并没有限制收购公司在发出要约之前先获得目标公司主要股东支持收购的许诺。但是根据平等对待原则，收购公司不得对这些主要股东给出不同于其他股东的条件。

《证券交易法》对于目标公司及其董事会也有要求和限制，对于目标公司的董事会的要求为诚信职责和披露要求，如果收购公司直接对目标公司股东发起要约收购，董事会必须公正地向股东给出建议，当目标公司受到收购要约时，董事会必须在十天之内向其股东公告其立场：(1) 建议接受或者拒绝该要约收购；(2) 没意见并保持中立；(3) 无法确定立场并说明原因，当有重大情况发生改变时，建议也必须被修正[②]。此外对目标公司的限制为美国金融业监管局(Financial Industry Regulatory Authority，简称 FINRA) 根据《证券交易法》制定的规章 M，该规章于 2008 年被 SEC 批准修正[③]。制定规章 M 的主要目的是阻止要约的利益相关者操纵和影响被要约的证券的市场[④]，主要内容为禁止发行公司(issuers)、承销人 (underwriters)、经纪人经销商 (broker-dealers) 或发行公司关联人在限制期内竞价和购买或诱使其他人竞价和购买被分配的目标证券，除非该关联人为该证券的分配参与者 (distribution participant)[⑤] 或者该交易被豁免[⑥]。规则 100 定义了限制期[⑦]，限制期始于下列两个时间中较晚的一个：

---

① 17 CFR 240. 14f-1.

② 17 CFR 240. 14e-2.

③ 17 CFR 242. 100 to 105.

④ 详见 SEC 报告 Securities Exchange Act Release No. 38067 (December 20，1996)，(Anti-Manipulation Rules Concerning Securities Offerings; Final Rules)，以及见 SEC 法律公告 SEC Staff Legal Bulletin No. 9，Frequently Asked Questions About Regulation M (April 12，2002 update) at http://www.sec.gov/interps/legal/mrslb9.htm。

⑤ 分配参与者为同意参与或者正在参与分配的承销人、经纪人和经销商。(*Distribution participant* means an underwriter，prospective underwriter，broker，dealer，or other person who has agreed to participate or is participating in a distribution.)

⑥ 17 CFR 242. 101 and 102.

⑦ 17 CFR 242. 100.

• 要约价格确定的前一天（对于日平均交易量超过 10 万美元且普通股浮动价值超过 2500 万美元的证券）/前五天（对于其他证券）

• 该交易者变为分配参与者的时间

限制期止于该交易者完成分配（distribution）的参与[①]。这里的分配是募集（offering）的一种，与普通募集不同的地方在于分配的重大性（magnitude）（比如出售的数量和比例以及交易量）以及出售时付出的努力和使用的方法（比如做大量的宣传以及支付更高的佣金），因此重大性和特殊的努力和方法成为判别某交易是否为分配的两个标准。满足条件的定向增发可以被当作分配，并购中发行新证券也可以被看作为分配[②]。对于涉及并购、收购以及股份交换要约的分配，限制期始于代理请求或要约材料第一次被散布给股东的时间，止于分配完成[③]。可以被豁免而不受上述限制的交易包括交易量低于 100 股的零散交易、封闭基金投资公司、向不想出售的持有者的购买（unsolicited purchases），还包括在 144A 规则下的仅出售给合格机构投资者的证券。可以豁免不受上述限制的证券包括积极交易的关联证券，积极交易指的是日平均交易量超过 100 万美元的证券并且发行公司普通股浮动价值超过 1.5 亿美元，但该证券不能是被分配的证券发行公司或其关联人发行的证券。（Reference securities with an ADTV value of at least ＄1 million that are issued by an issuer whose common equity securities have a public float value of at least ＄150 million；Provided，however，That such securities are not issued by the issuer，or any affiliate of the issuer，of the security in distribution.）

---

① 原文为 For any security with an ADTV value of ＄100000 or more of an issuer whose common equity securities have a public float value of ＄25 million or more，the period beginning on the later of one business day prior to the determination of the offering price or such time that a person becomes a distribution participant，and ending upon such person's completion of participation in the distribution。

② Latham & Watkins：Client Alert Commentary，No. 1531，May 30，2013.

③ 原文为 In the case of a distribution involving a merger，acquisition，or exchange offer，the period beginning on the day proxy solicitation or offering materials are first disseminated to security holders，and ending upon the completion of the distribution。

此外，无论是对于收购方或者发行方，规章 M 禁止任何人直接或间接地稳定（stabilize）被要约证券的价格以及施加惩罚性竞价（impose a penalty bid），除非稳定价格的目的是防止证券价格下跌，且稳定后的价格必须低于要约价格以及稳定竞价[1]。此外规章 M 还禁止任何人在限制期内卖空受要约的证券，然后再从要约中购买回来[2]。

2. 代理投票权争夺

代理投票权争夺指的是收购方试图劝说目标公司股东来支持那些新晋的支持被收购的董事候选人，规则 14a 对此做了时间限制和披露要求。《证券交易法》要求股东请求代理投票的提议必须按照各公司章程来提交，大多数公司的章程在关于股东提名的董事候选人以及股东的提议方面要求年度会议召开前提前通知（advance notice），一般为提前 60 天到 90 天以及 90 天到 120 天。(No solicitation subject to this regulation shall be made unless each person solicited is concurrently furnished or has previously been furnished with a definitive proxy statement[3].）在代理投票争夺中，在最终代理投票报告发放给股东之日前，每方都要至少提前 10 天向 SEC 提交初始的代理投票报告[4]，并禁止公司在请求代理的过程中发布虚假、误导信息以及遗漏重要信息[5]。

3. 其他法律或判例要求

很多法院允许目标公司董事会在不违反州法律的前提下推迟开会时间给股东更多的时间使信息更加充分[6]，如 Stahl v. Apple Bancorp，Inc. 案件，Stahl 的财经顾问建议董事会多选择一些收购方可以使公司得到更高的报价，因此董事

---

① 17 CFR 242. 104.

② 17 CFR 242. 105.

③ 17 CFR 240. 14a-3.

④ 17 CFR 240. 14a-6.

⑤ 17 CFR 240. 14a-9.

⑥ Arthur Fleischer, Jr. & Alexander R. Sussman, Takeover Defense: Merger and Acquisitions § 10. 03 (B) (6th ed. 2000).

会在得到法院的允许后决定推迟股东大会[1]。

（二）恶意收购的州法律要求

1968年国会颁布了《威廉姆斯法案》，对收购的信息披露做了要求。在这之后很多州分别陆续出台了相关的收购法律。到了20世纪80年代的收购浪潮，1982年美国最高法院对Edgar vs. MITE Corp案件[2]的决议之后的五年之间，各州引发了关于收购立法的新浪潮，最常见的为三种法律：控制股份收购法案（control share acquisition laws），公平价格法律（fair price laws），以及冻结法律（freeze-out laws）。

1. 控制股份收购法案

对于控制股份收购法案，印第安纳州的公司法律提出了控制股份为带来某个阈值以上投票权的股份。控制股份收购法案的核心为目标公司股东对于收购控制性投票权这一行为的批准。我们以作为标杆且较为成熟的印第安纳州的反收购条例为例，为了限制收购方控制目标公司董事会，法律规定当印第安纳公司的收购方在目标公司的选举董事投票权增加到总投票权的1/5、1/3和1/2时，收购方必须向目标公司发表声明，且收购方必须得到总股数的一半以上赞成票以及利益无关股的半数以上赞成票时才能行使其新收购的投票权，如果没有获批，则目标公司有权以公允价格回购收购方的控制股份[3]。而马里兰州法律相较于印第安纳州法律更为严格，要求收购方必须获得无相关股票2/3以上赞成票才能行使新获得的投票权[4]。夏威夷州的法律与印第安纳州法律不同之处在于夏威夷州法律规定触发投票表决的阈值为10%、20%、30%、40%和50%[5]。密苏

---

① Stahl v. Apple Bancorp, Inc., 579 A. 2d 1115 (Del. Ch. 1990).

② 457 U. S. 624 (1982).

③ Indiana Code 23-1-42.

④ Maryland Code 3-702.

⑤ Hawaii Revised Statutes 414E-2.

里州和北卡罗来纳州则没有给予目标公司回购权①。

俄亥俄州和威斯康星州则采取了限制投票权的方法，这两个州的法律都规定如果没有获得利益不相关方多数赞成票，则任何股东持股超过20%的部分只有10%的投票权②，也就是说持股50%的股东只有23%的投票权。宾夕法尼亚州也限制投票权，20%以上的股份在没有获得所有股东以及其余股东半数赞成票时没有投票权③。

亚利桑那州对董事选举的投票权要求较松，法律规定收购方获得的投票权只能用于董事选举投票，对其余议案的投票权只有获得其他股东多数赞成票后才能生效④。

2. 公平价格法律

公平价格法律主要针对收购方收购后的业务合并以及合并的收购价格。对于业务合并，我们以两个最具代表性的州为例。特拉华州法律规定当一名股东成为利益相关股东（interested stockholder）（拥有15%以上投票权的股东）时，公司三年内不能与其进行业务合并，除非满足以下三个条件：

- 在此之前目标公司董事会同意此业务合并或者同意使该股东成为利益相关股东的收购；
- 持股比例85%以上；
- 此合并被董事会批准以及获得2/3以上股东赞成票⑤。

马里兰州的法律也禁止公司和利益相关股东（持股比例超过10%的股东）的业务合并，除非得到股东80%以上的赞成票，或者此合并中股东股票被收购时得到约定价（stipulated price），此处约定价指的是以下三个价格中的最高价：

（1）宣布业务合并或使之成为利益相关股东的交易之日前两年时间内该利

① Missouri General Assembly351. 0407 and North Carolina General Statutes 55-9A.

② Ohio Revised Code 1701. 831 and Wisconsin Legislature 180. 1150.

③ Pennsylvania Senate Bill 1310.

④ Arizona Revised Statutes 10-2725.

⑤ Delaware Code 8-203.

益相关股东支付的最高股价；

（2）宣布业务合并之日股价和使之成为利益相关股东的交易之日股价的较高值；

（3）前两条中股价的乘积除以利益相关股东两年内第一次增持之日的股价①。

当利益相关股东和公司获得股东80%以上赞成票以及非利益相关股东2/3以上赞成票时，可以修改公司章程来免受上述约束②。

为了保护小股东，宾夕法尼亚州法律规定任何收购20%以上股份的股东必须通知其他股东该收购行为，此时其他股东有权向该收购者以高价格出售手中的股份，此价格可以高至导致一名股东成为持股比例超过20%股东的交易当日的前90天的最高价格③。

3. 冻结法律

冻结法律可以看作公平价格法律加上一个强制的“冻结期”，主要限制收购方在收购完成后特定的几年内不得和目标公司业务合并，除非满足某些条件。纽约州法律要求除非在成为利益相关股东之前获得目标公司董事会的同意，否则五年之内不得进行业务合并，同时还要遵守公平价格的相关规定，和马里兰州类似，利益相关股东必须支付足够高的价格来收购股份才能免除业务合并的约束和限制④。其他一些州也有类似的规定，只在冻结期长短和持股比例阈值方面有差异。

（三）获得其他公司控制权

获得另外一家公司的控制股份的好处包括像20世纪60年代和80年代流行

---

① Maryland Code 3-6.

② 同上。

③ Corporations and Unincorporated Associations 15-2545.

④ Business Corporation Law §912.

的杠杆收购（leveraged buyout）那样将公司私有化，然后将现有的资产和业务出售（spin-off），以及转移私人财产。NYSE 和 NASDAQ 都规定了拥有一家公司50%以上选举董事的投票权就可以不用受到两家交易所部分规定的约束①。除此之外，控制另一家公司还有交税方面的好处，美国法律规定如果一家公司拥有另一家公司 80%以上投票权时，两家公司可以整合财报来减少需要缴纳的税②。在美国获得另一家交易所上市的公众公司控制性股份受到诸多法律的要求和限制。以下我们主要考虑联邦法律和特拉华州法律。

1. 获得控制权的方法

（1）通过私下协议转让

有控制意向者可以不需要经过目标公司董事会和股东的同意直接向目标公司现有控制股东通过协议转让来购买，收购价格往往包含溢价。如果目标公司没有控制股东，则收购者可以分别向不同的重大股东购买而不用支付溢价③。向大股东协议收购完成后还可以通过"挤出"（squeeze-out）的方法获得小股东的股份。以特拉华州为例，此时收购方必须要满足特拉华州法律对收购要求的豁免条件（详见上文）④。此外此类交易还要受到前文提到的 HSR 法律的约束以及13D、13G 规则的约束。

收购者也可以直接向目标公司私下协议转让，这种情况通常发生在目标公司需要资本时。此时目标公司董事会有责任制定一个最适合的转让价格，该责任被称作"露华浓职责"（Revlon Duty），来源于一件收购案⑤，目标公司董事会通常的做法有两种：1）添加控制溢价；2）签订限制收购方继续收购额外股份的"停顿"（standstill）协议。有时收购方求购的数量超过目标公司未注册的存

---

① NYSE Listed Company Manual303A. 00; Nasdaq Listing Rule 5615.

② 26 U. S. Code 1501.

③ 收购方需要确保此行为不构成要约收购。

④ Delaware Code 8-203.

⑤ *Revlon, Inc. v. MacAndrews & Forbes Holdings, Inc.*, 506 A. 2d 173 (Del. 1986).

量，则需要征得目标公司股东和董事会的同意来发行新股，以达到数量要求①。

（2）通过要约收购

除了私下购买，收购者也可以通过要约收购的方式公开向大众高效地收购股份，一旦收购者通过要约收购获得了公司控制股份，且这些股份有投票权且满足并购协议中要求的数量时②，收购者可以通过并购的方式将目标公司变为其子公司，收购方无需向 SEC 提交代理投票报告，也无需等待；如果收购者没有达到上述要求但仍然想要无需经过股东同意并购目标公司，那么收购者必须要收购目标公司 90%以上的股份，并且需要提交并购证书，证书中需包含收购方董事会的授权决议并声明其收购筹码会向目标公司其余小股东支付。此并购过程中目标公司的股东拥有异议股东回购请求权（appraisal right）。在特拉华州，法律要求此并购必须有目标公司董事会的批准。

2. 对获得控制权的收购的限制和要求

首先，从发行人那里直接获得股份（如定向增发）以及从交易商那里获得股份的方法受到限制。《证券法》以及 SEC 的规章 D 为公司提供了一些可以免除其注册想要交易的证券的要求，包括 SEC 规章 D 规则 505 和 506。《乔布斯法案》对原有规则进行了修正，要求 SEC 制定了新的 D 规章 506（c）规则，2013 年 SEC 实行新规则，只有合格投资者（accredited investors）才可以接受定向增发或者被经纪人和交易商通过一般请求（general solicitations）的方式派发股份③。根据《多德弗兰克法案》修正的 SEC 的规章 D 规则 501 的描述④，自然人合格投资者必须满足以下两个条件之一：1）募股前两年每年挣得的收入都超过 20 万美元或者和配偶一起超过 30 万美元，并且有理由期待募股当年收入也能达到该数值；2）自己或者和配偶一起有 100 万美元，不包括主要住房。[An "accred-

① NYSE Rule 312 and Nasdaq Listing Rule 5635.

② 《特拉华州一般公司法》251（h）条。

③ SEC regulation D，Rule 506（c）.

④ SEC regulation D，Rule 501.

ited investor" includes a natural person who: earned income that exceeded $200000 (or $300000 together with a spouse) in each of the prior two years, and reasonably expects the same for the current year, or has a net worth over $1 million, either alone or together with a spouse excluding the value of the person's primary residence.][1] 同时几乎所有机构投资者都是合格投资者[2]。

另外收购股份必须满足 13D 规则、内部人披露以及要约收购披露等各类披露要求。收购时还要受到各个州的法律限制，详见上文。

此外对于收购导致的控股股东，法律对其有更严格的披露要求，法院也对其有更严格的监督。如果收购方采取了消除小股东的策略，使得原先为公众公司的目标公司私有化（going private），则必须要向 SEC 提交 13E-3 表来对此交易进行更详细的披露，披露的内容包括交易的目的，选择在收购日这个时间收购这么多股份的原因，以及发行人是否认为该交易对非关联人股东是公平的，决定公平的条款要由代表非官任人的独立的代表来谈判[3]。

获得目标公司控制权后会导致收购方在用净经营损失（NOLs）以及其他避税方式的使用受到限制，《国内税收法规》(internal revenue code) 规定如果目标公司一名或多名持股 5%以上的股东在三年期间增持超过 50%，则一年内限制使用 NOLs 的使用量来抵消收入[4]，因此这一年的税会增加。

3. 对收购后的限制

众多案例表明，收购以后，控股股东对公司有"诚信职责"，使得其不得进行不正当的自我交易（self-dealing），即以公司利益和小股东利益受损为代价来谋求自身利益，因此对新控股股东有着尤其严格的法律监视，而且由新控股股东提名的董事对包括小股东在内的所有股东都有"诚信职责"，这就在很大程度

---

① SEC regulation D, Rule 506 (c).

② SEC Regulation D, Rule 501.

③ 17 CFR 240. 13e-3.

④ 26 U. S. Code 382.

上削减了获取控制权的动机①。

收购方的交易将受到前文提到的 144 规则、禁止利用重要非公开信息交易、404 条目的相关人交易披露要求的限制，而且公司必须披露审核和批准相关人交易的政策和流程②。

如果内部人（董事、高管以及持股 10%以上的股东）在六个月期间通过先买后卖或者先卖后买本公司股份的方法攫取利润，任何股东可以对该内部人发起派生诉讼，此外法律还禁止内部人的卖空本公司股票的行为③。

七、美国公司治理简史和演化

本书将美国公司治理历史追溯到 19 世纪，因为 19 世纪初期 Dartmouth 大学理事会和 Woodward 案的经典判例④导致了美国自由企业体制的兴起，形成了当代美国的资本主义。

（一）19 世纪——股权结构逐渐变化，公司数量缓慢增加

1811 年，纽约州成为第一个有公开注册程序来成立公司的州，且允许投资者有有限责任。早到 19 世纪 20 年代，当时 NYSE 只有 67 家公司，也没有正式的上市要求⑤。Adolf Berle 和 Gardiner Means 于 1932 年出版的《现代公司与私有资产》一书中提到 19 世纪初期美国公司股东数量很少，股权并不分散，根据韦

① In re Southern Peru Copper Corporation Shareholder Derivative Litigation, 30 A. 3d 60, 89 (Del. Ch. 2011). Also Abraham v. Emerson Radio Corp., 901 A. 2d 751, 759 (Del. Ch. 2006). Also Cede & Co. v. Technicolor, 634 A. 2d 345, 361 (Del. 1993). Also In re Walt Disney Co. Derivative Litigation, 906 A. 2d 693, 753 (Del. Ch. 2005).

② 17 CFR 229. 404.

③ 《证券交易法》16（b）条。

④ https://www.americanbar.org/groups/public_ education/initiatives_ awards/students_ in_ action/dartmouth.html

⑤ Hilt, Eric. History of American Corporate Governance: Law, Institutions, and Politics. *No. w*20356. *National Bureau of Economic Research*, 2014.

尔斯利女子学院经济学助理教授 Eric Hilt 的统计[①]，在华尔街股市崩盘的 1826 年[②]，NYSE 上市公司平均拥有股东数为 139，并且绝大多数上市公司不满足 La Porta 等人对于股权分散的定义[③]。这些为数不多的股东能够定期开会并投票做决策，所有权和控制权并不分离。

到了 19 世纪后期，随着美国经济的飞速发展，美国公司的数目也在不断增长，也出现了规模较大的股权分散的公司，1865 年美国内战结束，战后恢复和重建使得美国公司规模逐步扩大，随着铁路的发展，各地的公司也更加方便地融合，使得马萨诸塞州的制造业公司更方便地从纽约州的银行来融资以扩大规模。同样根据 Eric Hilt 的统计，1870 年马萨诸塞州有 58 家公司在波士顿交易所上市，大多数为制造业公司，这些制造业公司比 1826 年 NYSE 上市的华尔街上的金融公司要大，创始人的资金以及公司的利润已经无法支付公司发展需要的经费，因此这些公司开始向分散的投资者融资，创始人的继任者也开始出售手中的股份来维持公司的运营，股权变得越来越分散，例如当时美国首富洛克菲勒在 1870 年创立标准石油公司后，在最鼎盛时期也只持有很小比例的标准石油股份[④]。但是股权分散并不意味着控制权分散，因为当时很多公司都利用具有不同投票权的股票来保留控制权，普通小投资者也愿意购买无投票权的股票，因为他们的目的仅仅是赚钱。直到 1926 年 NYSE 禁止公司发行无投票权的股票[⑤]，这种情况才得以缓解。

随着投票制度由一人一票转向一股一票，信托体系开始兴起，使得集中控

① Hilt, Eric. History of American Corporate Governance: Law, Institutions, and Politics. *No. w*20356. *National Bureau of Economic Research*, 2014.

② 当时很多保险公司的经理人利用公司资产做抵押，发行类似于银行券的债券来融资用于还债或收购其他公司，并且经理人通过正常给股东派息的做法掩盖了公司的财务危机，最终引发了 1925 年的股市崩盘。

③ La Porta, Rafael, Lopez-de-Silanes, Florencio, and Andrei Shleifer. 1999. "Corporate Ownership Around the World," *Journal of Finance*, 54 (2), 471-517.

④ Roe, Mark J. *Strong managers, weak owners: The political roots of American corporate finance*. Princeton University Press, 1996.

⑤ William Z. Ripley, *Wall Street and Main Street* (1927).

制权落到了少数人手中。在世纪之交，美国出台了两部法律来应对这种现象，《谢尔曼反托拉斯法》瓦解了大商业巨头，《克莱顿法案》赋予了政府阻止有损公众利益的并购和收购行为的权利。

（二）20 世纪前 50 年——经济萧条到复苏，集团公司兴起，羸弱的董事会

《现代公司与私有资产》指出 20 世纪初股权分散的模式更加普遍，公司规模不断扩大，使得对资金的需求量不断增加，公司增加募股以及创始人出售手中的原始股，使得公司越大股权越分散，越来越多的投资者开始购买上市公司股票，1900 年到 1928 年美国股票持有者人数从 440 万上升到 1800 万，导致美国公司所有权发生了巨大的变化①。此外美国于 1916 年开始实施现代遗产税制度，后来国会意识到一些富人通过将财富转赠的方式来逃避遗产税，于是在 1932 年设立了赠与税，这使得大公司在家族两代人之间传承的成本大幅度增加，也间接促进了股权的分散化。理论上股东选择董事，董事任命经理人，经理人对股东有信义职分（accountability），经理人用自己专业技能为股东创造更多利润。但哈佛大学商学院院长 Jay Lorsch 等在书中对董事会的角色提出了质疑，董事会到底是士兵还是君主（pawns or potentates）②？他们认为实际情况是 CEO 推荐提名甚至“任命”董事候选人，董事会成员多为公司的管理层和前任管理层等内部人士，他们往往对 CEO 是忠诚的，不会去质疑 CEO③。股东也没有受到足够的激励去另寻他人和走昂贵的代理投票过程来投票反对董事，股东如果对公司不满，一般只会采取“用脚投票”而出售这家公司的股票。哈佛大学法学

① ［美］M. J. 爱波斯坦（M. J. Epstein）、K. O. 汉森（K. O. Hanson）著，聂佃忠、张悦等译：《公司治理》，北京大学出版社。

② Lorsch，Jay，and Jack Young. “Pawns or potentates：The reality of America's corporate boards.” *The Executive* 4. 4（1990）：85-87.

③ Wade，James，O'Reilly Charles A.，and Chandratat Ike. “Golden Parachutes：CEOs and the Exercise of Social Influence.” *Administrative Science Quarterly*35，no. 4（1990）：587-603.

院大学教授 Mark J. Roe① 和前斯坦福教授 Kirk Hanson② 也有相同的说法。Hanson 还指出经理人往往会用夸大公司业绩、隐瞒公司亏损等手段来“吸引”投资者的注资。由于信息严重缺乏导致了一些投资者投机购买股票，虽然短期内引发股价飙升，但是泡沫终在 1929 年破裂，美国股市崩盘，随即引发了美国 20 世纪最严重的经济大萧条。美国公众对市场失去了信心。美国国会召开听证会寻求解决办法，在“大萧条”最严重的 1933 年，美国国会颁布了《证券法》(Securities Act of 1933)，作为“罗斯福新政”的一部分。该法案是美国历史上第一部证券方面的联邦法案。《证券法》主要管理初级市场的信息披露问题，核心是信息要完整和透明。该法案要求公司发行证券时必须披露足够多的信息，为投资者提供必要的信息，使投资者做决策时能够掌握充分的信息。

一年后，国会在《证券法》的基础上又颁布了《证券交易法》(Securities Exchange Act of 1934)，该法案在美国证券和公司治理法律史上是一部标志性的法案，主要管理美国二级市场的信息披露问题。该法案要求所有在交易所交易的公司必须对公司财务状况进行完整准确的披露，如资产负债表、利润表等，并首次明文禁止“内幕交易”。后来的二三十年证明了披露制度的有效性，美国国会于 1964 年将《证券交易法》扩展，要求所有的 500 名股东以上的公司或者资产超过 100 万美金的公司都要披露财务状况③。美国国会也通过该法案创立了美国 SEC，终止了美国联邦贸易委员会的监管权，并授权 SEC 监管美国一切证券行业的方方面面。连续两年颁布两部法案的目的在于要上市公司对于持有其股票的股东说真话，维护公正的市场秩序。

单靠 1933 年和 1934 年两部法律是不足以恢复美国股市的，1940 年前的华

---

① Mark J. Roe, *Strong managers, weak owners: The political roots of American corporate finance*. Princeton University Press, 1996.

② ［美］M. J. 爱波斯坦（M. J. Epstein）、K. O. 汉森（K. O. Hanson）著，聂佃忠、张悦等译：《公司治理》，北京大学出版社。

③ Benston, George J. “Required disclosure and the stock market: An evaluation of the Securities Exchange Act of 1934.” *The American Economic Review* 63. 1 (1973): 132-155.

尔街是一个无监管无秩序的地方，以开放的共同基金和封闭基金为主的投资公司在当时还是个新鲜的事物，为了使这一新型投资工具吸引更多的投资者，美国国会于1940年通过了《投资公司法》(Investment Company Act of 1940)，来管理共同基金和封闭基金，并赋予了SEC注册和监管投资公司的权利，以增强投资者的使用投资公司的信心。该法案主要描述了投资公司的结构和功能，对会计和审计以及关联人交易等方面做了规定。该法案还对投资公司杠杆使用做了限制，并要求必须有缓冲资金，以保证那些共同基金投资者随时可以取回自己的钱。这一法案的出台使得美国投资公司开始成型，也促使后来美国积极的强势的机构投资者的出现。

二战过后，美国经历了短暂的战后恢复，随后西部和南部迅速发展，经历了一段长时间的经济繁荣，各大企业发展迅速，美元也取代英镑成为世界上主流结算货币。与此同时，大萧条时期董事是否只需要考虑股东利益还是要兼顾整个利益相关者以及全社会的利益的争论逐渐淡化，Shlensky v. Wrigley 案件①以及 AP Smith 制造公司和 Barlow 案件②的判例使得整个社会逐渐形成一种共识，董事应该考虑所有利益相关者的利益，而不仅仅只是股东的利益。

（三）20世纪六七十年代——经理人地位由强变弱，董事会开始进入监管的角色

20世纪60年代初期，沿袭了20世纪上半叶的状态，经理人依旧强势，股东作为公司的所有者依然处在弱势的地位。学界将这种状态称为管理资本主义(managerial capitalism)。管理资本主义的状况在70年代开始有所转变，1970年6月宾夕法尼亚中央铁路公司（Penn Central Railroad）破产③，破产的原因之一即为董事会对公司糟糕的财务状况不知晓，甚至在破产前两年董事会还批准了

---

① 500 A. 2d1346 (Del. 1985).

② 13 N. J. 145, 98A. 2d581.

③ https://www.buyandhold.com/bh/en/education/history/2001/the_ collapse_ of_ penn_ central.html

发放1亿美元的股息，进一步加剧了财务的糟糕状况。1972年“水门事件”爆发，在“水门事件”中上百家公司被发现或主动承认为尼克松提供非法竞选资金，其实这些公司的CEO大都知晓这些非法资金的流出，而那些寥寥无几的外部董事信息有限，并不知道这些情况①。“水门事件”的爆发进一步说明了一个信息充分的“监管性董事会”存在的必要性。宾州中央铁路公司破产和“水门事件”的爆发促使了董事会向“监管性的董事会”转变②，这种新形式的董事会也得到了时任SEC主席的支持。1978年时任SEC主席提出了董事会应主要由独立董事组成这一目标，却遭到了很多公司的反对，SEC也不得不放弃了这一想法③，董事会全面转型暂时被搁置。不过1980年SEC还是做了几项关键性的改革，包括要求上市公司披露独立董事、审计委员会、任命委员会和薪酬委员会的情况④。

（四）20世纪80年代——机构投资者的崛起和恶意收购（hostile take-over）⑤ 的增加侵蚀经理人的权利

这10年是机构投资者崛起的时期，以美国著名的机构投资者——美国私人养老金基金为例，Gregory Jackson根据美联储基金流量报告得出1985年美国机构投资者占有美国股权市场的几乎一半的份额，其中养老金基金就占了28%⑥，并且开始在一些公司事务上发声，比如1990年通用汽车公司两个最大

---

① Report of the Securities and Exchange Commission on Questionable and Illegal Corporate Payments and Practices，SEC. No. 353，Special Supplement（1976）.

② Eisenberg，Melvin A. The structure of the corporation：A legal analysis. Beard Books，1976.

③ Proposed Rules Relating to Shareholder Communications，Shareholder Participation in the Corporate Electoral Process and Corporate Governance Generally，Exchange Act Release No. 14，970，15 SEC Docket 291（July 18，1978）.

④ Securities and Exchange Commission，1980：A-1-A-2.

⑤ 有些著作翻译为敌意接管。

⑥ Jackson，Gregory. *Understanding Corporate Governance in the United States*. Hans-Böckler-Stiftung，2010. Federal Reserve，Flow of Funds. Available at https://www.federalreserve.gov/releases/z1/current/annuals/a1985—1994.pdf

的机构投资者股东对公司股价持续下跌不满意，想要跟高管讨论如何挑选已退休 CEO 的继任者[①]。与此同时各大投行也逐渐开始从投资长期企业债券转向投资股权[②]。

同时这 10 年也是恶意收购猖獗的时期，又被称作“交易的十年”（deal decade）。小公司估值过低，逐渐被收购而整合成大公司再被出售给同业公司[③]。1982 年到 1984 年美国市场是新规范的金融市场，收购者可以像企业一样发行垃圾债券融资来进行杠杆收购，这些垃圾债券被委婉地称为“高收益债券”，使得收购者短时间内就能筹集到大量资金[④]，这使得大公司也难以幸免，芝加哥大学商学院教授 Mark L. Mitchell 等人描述了当时恶意收购的猖獗，当时有四分之一的美国大公司都受到过恶意的收购竞价[⑤]。

很多公司的经理人对于收购者这种投机行为无可奈何，无奈开始向监管性的董事会以及独立董事求助，想保护公司不被恶意收购。因为独立董事抵制恶意收购的权利是受法律保护的，在一系列关键的案件中，特拉华州高级法院允许目标公司的董事会否决任何恶意收购竞价，同时还允许董事会采取“毒丸”策略，为收购方增加巨大的收购成本[⑥]，比如 D-K-M 公司董事长 Moran 起诉 Household 董事会一案，Moran 指控 Household 董事会采取“毒丸”计划来阻止 D-K-M 公司的收购行为，最终特拉华州高级法院判决 Moran 败诉，允许 House-

---

① Roe, Mark J. *Strong managers, weak owners: The political roots of American corporate finance*. Princeton University Press, 1996.

② O'Sullivan, Mary. “Contests for corporate control: Corporate governance and economic performance in the United States and Germany.” OUP Catalogue (2001).

③ Schwert, G. William. “Hostility in takeovers: in the eyes of the beholder?.” *The Journal of Finance* 55.6 (2000): 2599-2640.

④ Bhagat, S., Shleifer, A., Vishny, R. W., Jarrel, G., & Summers, L. (1990). Hostile takeovers in the 1980s: The return to corporate specialization. *Brookings Papers on Economic Activity. Microeconomics*, 1990, 1-84.

⑤ Mitchell, Mark L., and J. Harold Mulherin. “The impact of industry shocks on takeover and restructuring activity.” *Journal of financial economics* 41.2 (1996): 193-229.

⑥ Gordon, Jeffrey N. “Corporations, Markets, and Courts.” *Columbia Law Review* 91.8 (1991): 1931—1988.

hold 使用“毒丸”策略［500 A. 2d1346（Del. 1985）］。

这十年又是独立董事比例增长最迅速的十年，1980 年独立董事比例仅为 36%，到 1990 年这一数字增加为 60%①。笔者认为独立董事快速增加的原因之一为公司可以从新规范的金融市场募集资金，不再像原来一样依赖银行，这使得银行中间人的角色重要性下降很多，从而导致银行中间人逐渐在董事会中消失，取而代之的多为独立董事。

（五）20 世纪 90 年代——部分机构投资者更加积极参与，董事薪酬制度引发争议

如果说 20 世纪 70 年代是美国公司治理改革的第一波浪潮，那么 90 年代机构投资者的积极参与引发了美国公司治理改革的第二波浪潮。机构投资人持股比例大，开始进行积极地投票反对管理层建议的收购防御方案。加州公共员工退休系统“CalPERS”（California Public Employees' Retirement System）这种参与度极高的机构投资者享誉盛名，CalPERS 以那些表现不好的公司为目标，来调查这些公司违反公司治理章程之处。例如 1990 年加州和纽约州两地的退休系统联合致信通用汽车公司来攻击其董事会②，间接导致通用汽车公司董事长于 1992 年被驱逐③，这一举动也刺激了公司治理的发展。

1995 年《财富》杂志按照收入排名的前 1000 家公司（Fortune 1000）中，有将近 500 家公司使用了基于股权和期权的董事薪酬制度④，加强了董事和股东利益关联。这种薪酬制度也遭到了很多学者的质疑，哈佛大学法学院教授 Bebchuk，Lucian A. 和康奈尔大学管理学院教授 Grinstein，Yaniv 等人认为这种基于

① Gordon，Jeffrey N. “The rise of independent directors in the United States，1950—2005：Of shareholder value and stock market prices.” *Stanford law review*（2007）：1465-1568.

② Letters to GM Directors Trigger Pension Fund Uproar，CORP. GOVERNANCE BULL.（Investor Responsibility Research Ctr.，Gaithersburg，Md.），Jan. -Feb. 1990，at 18.

③ Kim，James. Speaking for shareholders. CEO of CalPERS wields clout. *USA Today*，February 23，1993.

④ Eliezer M. Fich and Anil Shivdasani，The Impact of Stock-Option Compensation for Outside Directors on Firm Value，2005.

股权的薪酬制度也有不足之处，比如20世纪90年代末21世纪初出现的一系列纰漏问题那样的反向激励，使得独立董事可能变得更加倾向风险偏好，更希望激进的会计记账以得到更多的股息，还有证据表明独立董事和经理人联合起来提前期权交割的日期[①]。哥伦比亚大学法学院教授 Jeffrey N. Gordon 在一篇文章中说到，对安然事件暴露出的审计问题进行思考之后，他认为审计委员会为了保证其能够客观公正的监管公司财务状况，不应该拿股权激励薪酬[②]。

（六）21世纪——公司丑闻孕育了独立董事的新角色和新标准，经济危机引发美国公司治理新一轮的改革

在21世纪初，美式公司治理的支柱多数已就位，在世界范围内，美式公司治理逐渐成为了好的标杆。然而2001年时任安然公司 CEO 通过财务漏洞以及审计委员会的渎职，建立特殊目的实体隐瞒亏损，造就了美国历史上最大的破产案，这也使得人们开始重新审视美式公司治理模式的问题。由于安然等公司的失败，美国公司治理改革的第三波浪潮兴起了，目标是加强董事会和审计委员会的独立性，使得董事会不仅要监视管理层，还要监视公司表现。

安然等事件爆发之后，美国当局迅速做出响应。2002年6月，时任美国总统小布什签署了《塞班斯法案》(Sarbanes-Oxley Act of 2002，简称 SOX)[③]，小布什自己将该法案描述为“自富兰克林·罗斯福以来美国最深远的公司治理的改革”。SOX 最主要的一点是对审计员的独立性的要求，规定其有确保公司财报准确的职责，以提高公司财务报表和披露的质量和透明度。SOX 给予了审计委员会对公司的审计拥有完全的权力，直接任命和监管公司审计员，并且负责其

---

① Bebchuk, Lucian A. and Grinstein, Yaniv and Peyer, Urs, Lucky Directors (2006). *Journal of Finance*, 2010 (published as “Lucky CEOs and Lucky Directors”); *Harvard Law and Economics Discussion Paper* No. 573.

② Gordon, Jeffrey N., What Enron Means for the Management and Control of the Modern Business Corporation: Some Initial Reflections. Forthcoming, *University of Chicago Law Review*, Summer 2002.

③ https://www.sec.gov/about/laws/soa2002.pdf

薪酬[①]，这使得审计委员会独立性加强，并加强了外部审计员的独立性。在 SOX 颁布之前，作为金融市场的主要“看门人”，审计公司都是自我治理（self-regulated），他们往往不能做出准确的审计，SOX 致力于消除这种利益冲突。SOX 还对美国上市公司的董事会、管理层和财务等方面做了细致的要求，增加了董事会的监管职责。另外 SOX 还创立了一家私营非营利公司，叫作上市公司会计监管董事会（Public Company Accounting Oversight Board，简称 PCAOB），负责监管上市公司请的外部审计公司，以保障投资者的利益。自 SOX 出台之后，SEC 已经覆盖到了原来被各个州监管的地区，联邦法律在公司治理中开始占主导地位。

2002 年，NYSE 颁布了董事会组成标准的一个重要的修正案[②]，要求董事会中独立董事占多数，并且实施了严格的独立性检验标准，这个要求一直沿用至今。2003 年，NYSE 要求上市公司必须要有全部由独立董事组成的提名委员会[③]。

2008 年经济危机的爆发，使得原来的相关法律暴露出许多问题，法律法规的改变势在必行。2010 年时任美国总统奥巴马签署通过了《多德弗兰克法案》（Dodd-Frank Wall Street Reform and Consumer Protection Act of 2010，简称“Dodd-Frank”）[④]，《多德弗兰克法案》被认为《投资公司法》的升级版，是大萧条以来最全面、最严厉的金融改革法案，该法案改变了过往很多金融规章制度，影响到全国金融服务业的方方面面，为全球金融监管改革树立新的标尺，以应对经济衰退。《多德弗兰克法案》的目的主要为使金融体系更透明，阻止机构投资者像 2008 年金融危机时“大而不倒”（Too Big to Fail）[⑤] 的情况再次发生。

---

① Sarbanes-Oxley Act of 2002 §301, 15 U.S.C. §78j-1 (m) (2) (2007).

② NYSE. Corporate Governance Rule Proposals Reflecting Recommendations from the NYSE Corporate Accountability and Listing Standards Committee as Approved by the NYSE Board of Directors, August 1, 2002.

③ NYSE Listed Company Manual §§303, 303A (2007).

④ http://www.sec.gov/about/laws/wallstreetreform-cpa.pdf

⑤ Andrew Ross Sorkin, Too Big to Fail: The Inside Story of How Wall Street and Washington Fought to Save the Financial System—and Themselves, 2010.

表 1-7 道琼斯工业平均指数 30 家公司持股比例、独董比例和投票率等信息

公司名称	注册州	最大股东	第二大股东	第三大股东	独董比例	市值（亿美元）	是否允许股东提名董事候选人	投票比例（%）	选董事的比例（%）	机构投资者比例（%）	机构投资者持有的股份占选董事的总股份的比例
苹果	加州	6.02%	3.94%	3.00%	5/8	6315	是	84.3	56.16	57.56	0.98
微软	华盛顿	5.72%	4.39%	4.13%	8/11	4943	是	88.29	75.04	72.87	1.03
美孚石油	新泽西	6.62%	5.96%	4.50%	12/14	3634	否	85.08	63.94	51.68	1.24
强生	新泽西	6.54%	5.26%	3.00%	10/11	3294	是	85.23	68.93	66.64	1.03
通用电气	纽约	5.80%	5.70%	4.29%	15/16	2812	是	83.17	60.98	57.03	1.07
摩根大通	特拉华	5.64%	4.41%	3.14%	10/11	2424	是	88.23	76.16	74.79	1.02
保洁	俄亥俄	6.05%	4.41%	3.11%	10/12	2348	是	88.03	69.27	60.01	1.15
沃尔玛	特拉华	42.92%	2.99%	2.29%	8/12	2223	是	—	—	29.7	0.00
辉瑞制药	特拉华	6.10%	4.91%	2.92%	10/11	2133	是	86.99	72.6	71.42	1.02
威瑞森通讯	特拉华	5.71%	5.65%	4.17%	12/13	2113	是	85.29	57.84	64.83	0.89
Visa	特拉华	5.48%	4.81%	3.54%	11/12	1915	是	85.27	76.9	92.74	0.83
雪弗龙	特拉华	6.47%	5.85%	4.67%	9/12	1914	是	87.37	68.95	63.4	1.09
可口可乐	特拉华	9.24%	6.20%	3.87%	13/15	1864	是	86.45	75.88	65.36	1.16
默克制药	新泽西	6.50%	6.20%	4.83%	12/13	1757	是	86.89	73.69	74.55	0.99
因特尔	特拉华	6.34%	4.10%	3.54%	9/11	1690	是	86.02	67.88	66.31	1.02
家得宝	特拉华	7.42%	5.59%	4.52%	11/12	1658	是	88.19	73.06	73.17	1.00
思科	加州	5.83%	3.94%	3.17%	9/11	1591	是	85.65	72.97	76.25	0.96

（续表）

公司名称	注册州	最大股东	第二大股东	第三大股东	独董比例	市值（亿美元）	是否允许股东提名董事候选人	投票比例（%）	选董事的比例（%）	机构投资者比例（%）	机构投资者持有的股份占选董事的总股份的比例
IBM	纽约	8.46%	5.65%	5.30%	10/14	1523	否	81.71	64.45	58.89	1.09
迪士尼	特拉华	5.45%	3.92%	2.75%	9/11	1519	是	87.08	71	59.18	1.20
联合健康集团	明尼苏达	5.88%	5.73%	5.53%	7/10	1301	是	91.13	84.56	87.16	0.97
3M	特拉华	7.34%	6.82%	2.95%	11/12	1090	是	86.29	69.42	67.02	1.04
耐克	俄勒冈	5.30%	4.28%	3.41%	9/13	979	是	89.16	80.32	78.16	1.03
麦当劳	特拉华	7.02%	4.92%	4.67%	10/12	976	是	87.45	72.97	70.61	1.03
联合科技	特拉华	11.65%	5.93%	3.14%	12/14	900	是	88.68	78.24	81.55	0.96
波音	特拉华	6.85%	6.73%	6.06%	11/12	824	是	91.68	74.03	75.84	0.98
高盛	特拉华	7.77%	5.31%	5.07%	6/7	677	是	88.44	77.78	71.7	1.08
杜邦	特拉华	10.29%	6.23%	4.49%	6/8	610	是	87.72	73.44	71.21	1.03
美国运通	纽约	16.39%	5.18%	3.98%	12/13	603	是	88.88	79.55	83.48	0.95
卡特皮勒	特拉华	9.76%	5.92%	3.60%	11/12	484	是	87.43	66.15	69.83	0.95
旅行者保险	明尼苏达	7.03%	6.02%	4.37%	12/14	340	是	88.34	76.87	80.61	0.95
平均数		7.26%	5.31%	3.99%	84%	1881.8		87.05	71.69	69.12	1.04

注：去除沃尔玛以后2016.06.30的数据。

德国公司治理

李　岸　　张春红

德国公司治理传统上被归为银行主导型治理模式，与日本的治理模式一起被称为德日模式，与英美的市场模式形成较为鲜明的对比。但近二十年来随着银行作用的下降以及企业国际化水平的提高，德国模式与英美模式的差异正在缩小。然而，德国公司治理模式依然存在区别于其他国家的重要特征，其中，监督委员会和管理委员会的双层委员会设置是其最为重要的特色。

本章选取德国具有代表性的 DAX30 指数公司作为研究样本，该指数由德国市值最大、成交最活跃，也是最重要的上市公司即 30 只蓝筹股组成[①]。从中可以看出，样本公司中，拜耳（Bayer）市值最大，达 958 亿欧元，钾盐集团（K+S）最低，为 45 亿欧元。

根据经典文献 La Porta et al.（1999）[②] 对控制权的分类，本章对 30 家公司进行梳理后发现，有 16 家未发现有控制权的股东（按照投票权比例是否达到 10%的标准判断其是否有控制权），在剩余的 14 家中，追溯第一大股东背后的控制人，最终发现，由私人或家庭控制的企业有 8 家，由政府控制的为 4 家，还有

① 详细信息请查看德意志交易所网站：http://www.dax-indices.com/DE/MediaLibrary/Document/Factsheet%20DAX%20USD.pdf。

② La Porta R, Lopez-De-Silanes F, Shleifer A, Corporate Ownership Around the World [J]. *Journal of Finance*, 1999, 54 (2): 471-517.

2 家公司属于混合型（第一大股东为信托基金）。

表 2-1　DAX30 指数 30 家公司概况（2015 年）

公司名称	第一大股东持股比例	控制类型	市值（亿欧元）
拜耳 Bayer AG	6.32%	分散	958
SAP 公司 SAP AG	23.60%	个人或家族	902
戴姆勒 Daimler AG	6.80%	分散	830
德国电信 Deutsche Telekom AG	28.42%	政府	769
西门子 Siemens AG	6.20%	分散	757
安联 Allianz SE	6.28%	分散	747
大众 Volkswagen AG	52.20%	个人或家族	696
巴斯夫 BASF SE	6.40%	分散	650
宝马 BMW AG	46.80%	个人或家族	630
大陆集团 Continental AG	46.00%	个人或家族	449
汉高 Henkel AG & Co. KGaA	61.02%	个人或家族	414
默克集团 Merck KGaA	5.86%	分散	389
费森尤斯集团 Fresenius SE & Co. KGaA	27.07%	混合型	360
德意志银行 Deutsche Bank AG	6.76%	分散	310
慕尼黑再保险 Münchener Rückversicherungs AG	6.65%	分散	308
林德集团 Linde AG	6.05%	分散	249
费森尤斯医疗 Fresenius Medical Care AG & Co. KGaA	30.90%	混合型	237
拜尔斯道夫 Beiersdorf AG	50.47%	个人或家族	212
阿迪达斯 Adidas AG	9.01%	分散	180
意昂集团 E. ON SE	6.83%	分散	174

（续表）

公司名称	第一大股东持股比例	控制类型	市值（亿欧元）
德国邮政 Deutsche Post AG	21.00%	政府	163
德意志交易所 Deutsche Börse AG	8.00%	分散	143
海德堡水泥 HeidelbergCement AG	26.20%	个人或家族	142
Vonovia SE	8.14%	分散	134
德国商业银行 Commerzbank AG	15.60%	政府	120
英飞凌 Infineon Technologies AG	9.95%	分散	113
蒂森克虏伯 ThyssenKrupp AG	23.03%	个人或家族	100
莱茵集团 RWE AG	15.00%	政府	71
汉莎航空 Deutsche Lufthansa AG	5.00%	分散	67
钾盐集团 K+S AG	4.92%	分散	45

资料来源：根据各公司 2014 年和 2015 年年报、雅虎财经及其他相关财经报道整理而得。
注：此处的大股东持股比例考虑了股东间的关联关系。

一、德国公司治理的概况和特点

（一）德国对公司治理的基本认识

一般认为，公司治理源于所有权和经营权分离所带来的委托代理问题（principle-agent problem），公司治理即是为解决委托代理问题而设计的一系列机制，包括向经理人提供的诱导其从事公司价值最大化活动的激励机制，以及使得经理人能对公司的业绩负责（accountable）的约束机制。该理论可以分为股东理论和利益相关者理论（Shleifer and Vishny，1997）①。对公司治理的理解可简

① Shleifer A，Vishny R W. A survey of corporate governance [J]. *The journal of finance*，1997，52（2）：737-783.

化为：管理和控制公司的系统。①

德国公司治理则关注相关者的利益②，从德国巴斯夫公司 2015 年年报中可以看出德国对公司治理的认识，巴斯夫在其年报的《公司治理报告》中对公司治理的定义如下：“管理和监督公司的一整套系统。构成：组织、价值、公司原则和指南、内控机制和外部控制机制以及监督机制。这一系统的目的在于：保证公司的管理和监督活动能够以价值创造为核心，这里的价值创造考虑了相关者的利益：国内外投资者、金融市场、客户和其他商业伙伴、雇员和相关的公众。”③

（二）德国公司治理的组织架构

德国实行双层委员会制度，管理委员会负责经营管理，而监督委员会主要负责对管理委员会的监督、任命和建议。除此以外，还设有股东大会，股东可借此行使共同管理权和监督权。

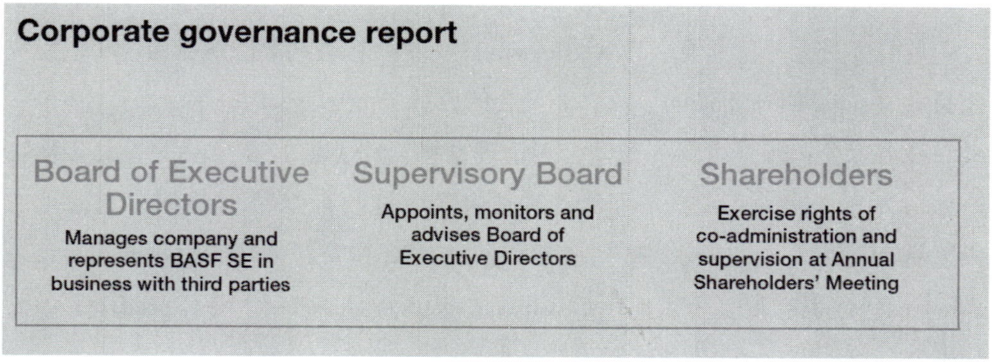

图 2-1　巴斯夫公司对各治理机构职能的定义

---

① Code, Cadbury. “Report of the committee on the financial aspects of corporate governance: the code of best practice.” (1992): 1-90.

② Ringe W G. Changing law and ownership patterns in Germany: Corporate governance and the erosion of Deutschland AG [J]. *American Journal of Comparative Law*, 2015, 63 (2): 493-538.

③ 详细内容请见该公司 2015 年年报。

以上是巴斯夫公司2015年年报的《公司治理报告》中注明的管理委员会、监督委员会和股东各自的职责。

管理委员会：经营管理公司、代表公司（Manages company and represents BASF SE in business with third parties）；

监督委员会：对管理委员会有任命、监督和建议权（Appoints，monitors and advises Board of Executive Directors）；

股东：执行共同管理权、在年度股东大会上的监督权（Exercise rights of co-administration and supervision at Annual Shareholders' Meeting）。

管理委员会的德文原文为Vorstand，柯林斯德英词典的解释为：第一，作为名词：(1) 委员会（board）：协会、社团的委员会（committee）或党的执行委员会（executive），(2) 主席（chairman）；第二，作为动词：(1) 变得突出、卓越，(2) 领导一件事（to preside over sth），成为主席（to be the chairperson of sth），成为领导（to be the head of sth），管理事务（to manage sth），主管、负责（to be in charge of sth）。

监督委员会的德文原文为Aufsichtsrat，柯林斯德英词典的解释为：(1) 监督委员会（supervisory board），(2) 委员会的成员（member of the board）。

在各家公司年报以及《德国公司治理准则》中，监督委员会的英文名称均一致写为Supervisory Board。而管理委员会的名称则有差异，《德国公司治理准则》称Management Board，一些公司如阿迪达斯和安联使用Board of Managing Directors，但也有很多公司使用Board of Executive Directors，或Executive Board，basf公司和continental公司就属于这一类。

监督委员会和管理委员会的中文译文在国内也未统一，第一种分别翻译为监督董事会和管理董事会（仲继银，2013）①，第二种分别译为监事会和管理委

① 仲继银：《德国的企业职工委员会与劳资共决制度》，《中国新时代》，2013年版2期。

员会（瞿强和普瑞格，2002；鲁茉莉，2011）①，第三种更为直接，分别称监事会和董事会（彭真明和陆剑，2007；胡晓静和杨代雄，2014）②。

本章认为，监事会和董事会这一组翻译不是十分贴切，因为在中文世界里，特别是在中国大陆，监事会和董事会是股东大会下设的完全并列的两个机构（尽管实践中监事会往往沦为董事会和经理层的附庸），其人员均由股东大会选举和任命（职工监事例外），而德国的这两个组织，虽然无明显的上下级关系，但监督委员会掌握了对管理委员会的任命权，而不是股东大会。

而监督董事会和管理董事会这一译法，也可商量，因为这会给人造成存在两个董事会的错觉，此外，董事会在中文语境里意味着对重大事项的决策和对公司的经营管理，而德国的监督委员会虽然对重大事项具有否决权，但不像一般的董事会那样深入地介入公司的决策，更不用说对公司的具体经营。

剩下的监事会和管理委员会的译法，则大体可以表达这两个机构的关系，也不容易与中国的监事会和董事会混淆，但主要的缺陷是德国“监事会”对“董事会”的任命权是我国语境下的监事会所没有的，所以监事会这一译法下的信息量还是被部分过滤了。

综上，本章认为，监督委员会和管理委员会的译法更为合适，一方面，更接近外文原文，特别是英文的本意；另一方面，其职能分工和地位差异，与我国的监事会和董事会也不会产生混淆。

德国特色的双层委员会（以西门子为例）：管理委员会（Vorstand）和监督委员会（Aufsichtsrat）。

---

① 瞿强、普瑞格：《德国的公司治理结构》，《财贸经济》，2002 年第 4 期；鲁茉莉：《德国公司治理改革的成效与问题》，《产业经济研究》，2011 年第 1 期。

② 彭真明、陆剑：《德国公司治理立法的最新进展及其借鉴》，《法商研究》，2007 年第 3 期；胡晓静、杨代雄：《德国商事公司法》，法律出版社 2014 年版。

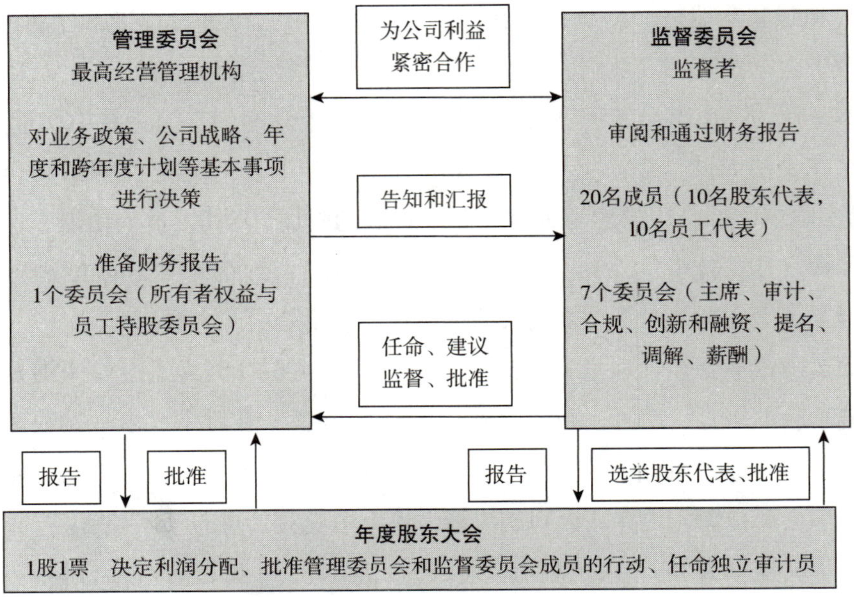

图 2-2　西门子的双层委员会结构

资料来源：西门子公司官网，网址为：http://www.siemens.com/investor/en/corporate_governance.htm。

（三）德国公司治理的几个特点

1. 考虑相关者利益而非股东利益至上

既考虑股东利益，还考虑员工、债权人（银行）等主体的利益。①

2. 以监督委员会为主要特色的双层委员会结构

德国目前的双层结构常常与盎格鲁-撒克逊模式做比较，是德国公司治理模式的重要特征。德国监督委员会始于19世纪早期，由公司自主设立，而无法律规定。1861年颁布的《德意志通用商法典》开始对监督委员会的职能做了较为明确的规定，第225条规定监督委员会的主要职能为负责对公司业务执行以及

① Ringe W G. Changing law and ownership patterns in Germany: Corporate governance and the erosion of Deutschland AG [J]. *American Journal of Comparative Law*, 2015, 63 (2): 493-538.

财务进行监督①，然而，1861 年的商法典并未强制要求企业必须建立监督委员会。直至 1870 年，监督委员会才成为必设机构，在这一年德国全面取消了对股份公司设立的国家许可②，也就导致国家的监督职能消失，为弥补监督的空缺，监督委员会成为了法定必须设立的机构。③ 根据 1870 年新颁布的商法典第 209 条第 6 款的规定，必须建立至少由三名股东组成的监督委员会（Der Gesellschaftsvertrag muß insbesondere bestimmen：die Bestellung eines Aufsichtsrathes von mindestens drei，aus der Zahl der Aktionaire zu wählenden Mitgliedern）④，第 210a 条第 3 款又规定，监督委员会成员由股东大会选举产生（der Nachweis，daß der Aufsichtsrath nach Inhalt des Vertrages in einer Generalversammlung der Aktionaire gewählt ist）。⑤ 随后，商法典几经修改，但对于监督委员会的规定基本延续，1937 年，商法典中的一部分分离出来，单列为《股份法》并延续至今，成为目前规范股份公司的主要法律。⑥

3. 员工参与

在规模较大的公众公司中，员工代表在监督委员会占有三分之一（雇员数 500~2000 人）或与股东代表人数相等（1000 人以上的矿冶行业企业和 2000 人以上的非矿冶行业企业）的席位。该制度与德国政治运动特别是工人运动有直接关系，早在 1848 年欧洲革命时期，工人组织试图在法兰克福全德制宪国民议

---

① 1861 年的《商法典》第 225 条规定："若设置了监督委员会，则监督委员会应监督所有经营管理部门的业务执行情况；监督委员会可以要求了解公司事务的进展状况，可以随时查阅公司账簿和文件，并检查公司库存现金。监督委员会成员应当审查年终决算、资产负债表以及盈利分配建议，并且每年就审查结果向全体股东大会做出报告。如果基于公司利益有必要召集全体（股东）大会，则应当召集全体大会。" 第 225 条系笔者根据德文版翻译，并参考了傅学昱：《德国股份公司中监事会成员选任制度研究》[D]，北京大学，2010，该法律的德文版请见奥地利因斯布鲁克大学教授 Dr. Gerhard Köbler 的学术网站 http：//www. koeblergerhard. de/Fontes/AllgemeinesDeutschesHandelsgesetzbuch1861. htm。

② 其实，在 1861 年颁布的《德意志通用商法典》中已有取消公司设立的国家许可之意。

③ [德] 莱塞尔、法伊尔：《德国资合公司法》，法律出版社 2005 年版。

④ 法条详见 https：//de. wikisource. org/wiki/Gesetz，_ betreffend_ die_ Kommanditgesellschaften_ auf_ Aktien_ und_ die_ Aktiengesellschaften。

⑤ 法条出处同上。

⑥ 傅学昱：《德国股份公司中监事会成员选任制度研究》，北京大学 2010。

会上，争取通过建立工厂委员会（factory committee）的形式获得共同决定权（co-determination），但最终未能写入法律，随后仅有十分有限的企业自愿建立了工厂委员会，但工人在改善工作和生活条件上的努力则取得了一定的效果。① 1883—1889年，俾斯麦政府为应对社会主义思潮和工人运动，在世界上率先实施了医疗保险、退休养老保障等制度②，特别地还将劳动者委员会的设置合法化（虽然无强制性）。③ 一战后，1919年的《魏玛宪法》④ 第165条第1款规定：职工拥有与企业家共同参与工资、劳动条件及生产等事项讨论的资格。⑤ 其后，1951年《矿冶业参与共决法》规定，在矿冶行业1000人以上的企业中，员工在监督委员会中"同等参与"⑥，正式开启了现代德国的员工参与制度。⑦ 在1976《参与共决法》⑧ 和2004年《监督委员会三分之一职工参与法》颁布后，该制度全面扩大到大多数500人以上的企业。

4. 银行在公司治理中的作用

20世纪80年代大量文献开始关注德国银行主导的治理模式，并与英美的市场主导模式相比较，分析该治理模式的优越性。主要观点有：银行放出贷款时更有长期投资的眼光、能给企业提供专有知识、银行的参与还能提高公司治理

---

① Page R. Co-determination in Germany-A Beginner's Guide', *Hans-Böckler Stiftung Arbeitspapier* No 33. 2011.

② Gerlinger T, Schmucker R. A Long Farewell to the Bismarck System. Incremental Change in the German Health Insurance System [J]. *German Policy Studies*, 2009, 5 (1); Sinn H W. The pay-as-you-go pension system as fertility insurance and an enforcement device [J]. *Journal of Public Economics*, 2004, 88 (7): 1335-1357.

③ 王世权：《德国监事会制度的源流考察及其创新发展》，《证券市场导报》，2007年第6期。

④ 《魏玛宪法》制定于德国历史文化名城魏玛，是德国魏玛共和国时期（1919年—1933年，即一战德国战败后至希特勒上台这段时间）的宪法，是德国改变帝制走向民主制度的第一部宪法。

⑤ 《魏玛宪法》的英文版详见 http://www.zum.de/psm/weimar/weimar_ vve.php。

⑥ 其实，该法律与1976年《参与共决法》还规定了员工在管理委员会中有一个席位。

⑦ 1951年《矿冶业参与共决法》详见 http: //www. 1000dokumente. de/pdf/dok_ 0011_ mon_ de. pdf。

⑧ 杜景林、卢谌：《德国股份法，德国有限责任公司法，德国公司改组法，德国参与决定法》，中国政法大学出版社2000版。

水平。[①] 众多研究者认为，德国二战后的高增长就直接得益于具有优越性的金融体系，具体表现为：全能银行制度（universal bank），银行在监督委员会中有席位，银行代理客户股份进行投票。然而也有文献认为大陆法系国家的公司治理质量较差（La Porta et al.，1997）。[②] 但相关数据表明，近二十年的发展变化使得德国银行在公司治理中的作用有所下降。[③]

（四）德国公司治理的历史考察——基于德国公司法立法视角[④]

19 世纪上半叶，基于保护中小投资者以及公共利益（防止垄断）的考虑，在德国大多数地区特别是普鲁士[⑤]，公司设立采取国家许可的形式。[⑥] 但对此也有不同观点，特别是在工业化进程中，如何筹集大量资金以及如何管理拥有大量资本的公司，成为德国面临的重大问题。[⑦] 虽然没有证据表明特许设立一定难以完成上述任务，但取消国家许可的呼声渐高。[⑧]

德国铁路公司的设立成为公司法改革的重要契机。1838 年，普鲁士颁布了《铁路公司法》，虽然铁路公司的设立依然需要国家的许可，但该法规定了公司

① Jensen，M. C.（1989）Eclipse of the Public Corporation，*Harvard Business Review* 67：5，61-74.

② Shleifer A，Vishny R W. A survey of corporate governance [J]. *The journal of finance*，1997，52（2）：737-783.

③ Dittmann I，Maug E，Schneider C. Bankers on the boards of German firms What they do，what they are worth，and why they are（still）there [J]. *Journal of Finance*，1999，54（2）：471-517.

④ 本部分的结构安排参考了 Muchlinski P. Development of German Corporate Law until 1990：An Historical Reappraisal，The [J]. *German LJ*，2013，14：339.

⑤ 位于当时的德意志北部，17 世纪至 19 世纪间的普鲁士王国是德意志境内最强大的国家，在 1871 年通过多次战争统一了德意志。

⑥ Grossfeld B. Aktiengesellschaft，Unternehmenskonzentration und Kleinaktionär [M]. *Mohr Siebeck*，1968.

⑦ Wehler H U. Deutsche Gesellschaftsgeschichte-Zweiter Band-Von der Reformära bis zur industriellen und politischen，*Deutschen Doppelrevolution* 1815-1845/49 [J]. 1987.

⑧ 转引自 Muchlinski P. Development of German Corporate Law until 1990：An Historical Reappraisal，The [J]. *German LJ*，2013，14：339。

运营的基本规则，因此代表了德国将公司治理纳入现代化法治轨道的首次尝试。[①]

1843年普鲁士颁布了普遍适用于股份公司的《股份公司法》。该法仍然规定了公司设立的国家许可，因为根据这部法律，公司的章程必须由国家批准。公司章程必须披露初始资本规模、会计方法以及股东投票权的性质。值得指出的是，这部法律规定了公司内部管理机构的设置：负责经营管理的管理委员会（Vorsteher）以及股东大会（Generalversammlung）。也就是说（德国）普鲁士公司法最初采纳的是单层委员会制度而不是双层委员会制度。

然而，德国一些其他地区如汉萨城邦国家[②]，则认为国家特许遏制了企业投资的积极性，并且将国家置于公司治理的核心也是不适当的，基于上述考虑，这些地区则实行了更为自由的设立原则。普鲁士和汉萨城邦国家就管理委员会可能滥用权力展开了争论，普鲁士认为，国家许可方式更能解决这一问题；而汉萨城邦国家则认为，防止管理层滥用权力的最好方式是股东自行监督公司事务。

直至1861年颁布《德意志通用商法典》，德国仍然未能在设立原则上达成一致。该法典规定了德意志境内各国可以自行选择设立原则，也就意味着德国未能形成统一的公司法。然而，值得指出的是，该法典首次提出了在公司内部机构中设置监督委员会，并明确其主要职能为负责对公司业务执行以及财务进行监督，但对于监督委员会的设立则不是强制性的。

随着德国的统一以及经济发展对设立有限责任（而不是无限责任）公司的内在需求，更为自由的设立模式成为德国公司法的发展方向。而此前《英国1862年公司法》以及《法国1863年有限责任公司法》的颁布，意味着这两国在公司设立上，由特许设立转向较为自由的设立，更是直接加速了德国公司法

---

① 转引自 Muchlinski P. Development of German Corporate Law until 1990: An Historical Reappraisal, The [J]. *German LJ*, 2013, 14: 339.

② 位于当时的德意志北部。

改革的进程（应注意，此处的自由设立并非政府不加任何干涉，不做任何限制。而是指准则主义下的设立，即法律预先规定公司成立的条件，一旦符合公司的成立条件，则无须经过主管部门批准，就可直接到登记机关办理登记，公司即可成立。完全的自由设立主要存在于中世纪的欧洲，公司还处于早期形态，后因其交易安全性低等诸多问题，而最终被绝大多数国家弃用）。①

在 1861 年《德意志通用商法典》基础上修改的新法于 1870 年颁布，该法的颁布标志着德国全境的公司法得以统一。除了在公司设立上取消国家的特许外，还首次明确规定在股份公司中必须设立监督委员会（第 209 条第 6 款和 210a），因为国家特许的取消也就意味着国家对公司的监督职能随之消失，因此有必要设立新的机构以替代此前由国家履行的监督职能。自此，德国单委员会制度被双层委员会制度取代。而对监督委员会职能的规定与 1861 年法律极为接近，主要负责对公司业务执行以及财务进行监督。

1870 年的新法很快就开始发挥作用，随着普法战争的胜利，德国实现统一，经济也迅速从战争中恢复，德国迎来了新公司法下的公司设立浪潮。然而，1873 年，大量欺诈和企业破产案件涌现，一度出现经济危机，使得该法备受批评。主要的批评意见有：第一，公司成立的最低资本要求仅为 10%（见该法第 209a）（即实收资本只需达到注册资本的 10%，笔者注），必然无法阻止公司的冒险行为；第二，公司注册手续限于形式主义，并无适当的监督；第三，监督委员会和股东大会无法发挥监督职能，经营人员操纵股价制造泡沫。②

1884 年，开启了针对上述问题的改革。当时人们普遍认为，最为重要的是修改 1870 年的法律，针对修法，各方意见不一。主要有三个方案，第一个方案是完全废除，第二个方案是加强对公司运营的约束，第三个方案是保持公司设

---

① 公司设立原则主要有以下几种：自由主义、特许主义、核准主义、准则主义、严格准则主义和强制主义等。

② Muchlinski P. Development of German Corporate Law until 1990: An Historical Reappraisal, The [J]. *German LJ*, 2013, 14: 339.

立的自由。最终妥协的结果是，继续保持公司设立的自由，但对公司业务运营以及防止经营者滥用权力加强了控制。[1] 修订后的法律增加了公司成立的最低实收资本要求，即不管是股份有限公司还是有限责任公司均须达到200马克（第173a和第207a）。同时，加大了发起人以及监督委员会成员的责任，若他们未能准确披露信息，则个人须承担损害赔偿责任（第180-180b，第213-213c）。若故意披露虚假信息，则要受到刑事处罚（第249-249g），例如，如果发起人或监督委员会成员故意使用欺骗和欺诈的计算方法从而影响股票价格，根据249d的规定，将判处一年以下监禁并处罚款10000马克。法律规定股份公司的监督委员会和管理委员会必须是完全分离的，成员之间不能相互兼任（第225a第1句）。1884年商法典的基本内容随后大多被编入1897年的《德国商法典》。

两次世界大战期间，公司法立法理念发生了变化。公司法中的自由思想受到了挑战，具体的立法活动也经历了上述挑战。其背后的原因有很多：两次世界大战对国家和私人企业之间关系的影响，一战后初期的政治动乱，短暂的社会主义革命和魏玛共和国时期吸收左派力量，1924—1929年经济危机对公司的影响，以及反资本主义和纳粹的种族主义。[2]

一战末期，曾任德国战时物资部（Raw Materials Department）[3] 负责人后任魏玛共和国外交部长的Walther Rathenau，分析了德国《公司法》存在的主要问题：第一，管理委员会权力过大，已经不受监督委员会控制。第二，投机性股东随意操纵股价，损害公司利益。第三，大型公司对社会生活具有广泛的影响，因此很难将其视为私人法律实体，而应当将其置于关注公共利益的新的法律框架之下。针对上述问题，1931年颁布了《紧急秩序法》（Emergency

---

① Muchlinski P. Development of German Corporate Law until 1990: An Historical Reappraisal, The [J]. *German LJ*, 2013, 14: 339.

② 同上。

③ 该部门在一战时成立，主要负责战时重要物资的供应，包括突破英国的封锁，以及从占领的比利时和法国等地输入重要的战略物资。除此以外，该部门在德国国内对重要的战争工业实施价格和销售管制。

Order)。该法颁布的宗旨如下：第一，保证财务活动、年报、资产负债表以及损益表的透明，并要求须聘请独立审计师对账簿进行检查。第二，禁止子公司购买母公司股票并加强了对中小股东权益的保护。第三，加强了监督委员会的权力。

1937 年,《德国商法典》中涉及股份公司和股份两合公司的法律经过了修改，成为单列的《股份法》。主要有两大特点，第一个特点，强调领袖原则(Führerprinzip)，这体现了纳粹的个人领导思想。具体来看，1937 年的法律规定了管理委员会在企业中的核心地位，并被要求在经营公司时必须考虑员工、公众以及帝国的利益（第 70 条第 1 款)。这是对股东利益至上原则的首次背离(Donnelly et al.，2001)①。管理委员会可以由一名成员组成（第 70 条第 2 款)。监督委员会对管理委员会的指示权被废止，并被排除在决策权与业务执行权之外，当然，该法并未废除管理委员会须由监督委员会任命的规定（第 75 条第 1 款)。② 第二个特点，则是国家加强了对企业的控制，根据第 288 条的规定，帝国经济法庭可以解散有损帝国利益的企业。

二战后，同盟国不希望德国工业生产再有支持战争重新爆发的因素。同时，同盟国还致力于在德国建立开放的市场经济。因此，当时公司政策的重点在于将 20 世纪三四十年代建立的国有企业私有化，同时通过反卡特尔法来拆散垄断组织，这些垄断组织主要集中于化工、钢铁和银行业。此外，1951 年《矿冶业参与共决法》引入员工参与监督委员会制度，也是基于民主化遏制战争因素的重要考量而设立的。然而，同盟国在股权和公司组织上的分散化改革并未取得实效，股份公司的股权集中度甚至比二战之前还高（Fohlin，2005)③。

---

① Donnelly S，Gamble A，Jackson G，et al. *The public interest and the company in Britain and Germany* [J]. London：Anglo-German Society for the Study of Industrial Society，2001.

② 也有学者认为，管理委员会主导企业的法律规定是可以绕开的。

③ Fohlin C. The history of corporate ownership and control in Germany [M] //*A History of corporate Governance around the World*：*family Business Groups to professional Managers*. University of Chicago Press，2005：223-282.

直至 1965 年，新的《股份法》才经修订而颁布。修订法律的目标是使得公司法能与战后的社会、政治观念相吻合。之前的“领袖原则”改为现在的“合议制原则”（Kollegialprinzip），管理委员会主席不再享有“领袖”特权。此外，新《股份法》为改善股东地位、加强股东权利的保护，扩展了股东大会的权限。不过，股东大会、管理委员会与监督委员会职能划分的原则并未改变，监督委员会的职能仍以监督业务执行为主。虽然原则未变，但新《股份法》对监督委员会的组成、成员选任、权限范围等规定中的具体事项进行了修改与补充，如更改组成人数、细化管理委员会对监督委员会应当报告的事项、允许选任候补成员等，此外还增加不少涉及监督委员会的新规定，尤其是那些指明何种情形适用参与共决法的规定。这部《股份法》中监督委员会的相关规定长期没有变动，直至 90 年代，公司治理问题热议，德国先后出台《企业控制和透明度法》（Gesetz zur Kontrolle und Transparenz im Unternehmensbereich，1998）与《透明度和公开化法》（Transparenz und Publizitatsgesetz，2002），通过这两部修订法，《股份法》与《商法典》的部分条文得以修订。

（五）从德国公司法立法看公司治理中的控制权分配

德国公司的控制权在普鲁士时期由国家掌握，在特许设立下国家负责监督公司，管理委员会权限较小。1870 年后，国家特许设立成为历史，国家的监督职能随之消失，企业内股东任命的监督委员会代替国家履行监督职能。不过在 1870 年后的十多年间，监督委员会的作用十分有限，公司实际上在管理委员会控制之下。1884 年在公司欺诈大量涌现以及经济危机的背景下，公司法加大了对管理委员会的限制，强化了监督委员会的职能，并规定监督委员会成员在信息披露中的责任。不过，在两次世界大战期间，管理委员会的职能又得到了加强。1937 年的《股份法》将监督委员会的职权大大削弱，只保留对管理委员会的任命权，而管理委员会则成为了公司的领袖（Führerprinzip），几乎拥有了全部的控制权。二战后，盟军对德国公司进行了改造。1965 年新的《股份法》出台，一方面通过加强股东大会和监督委员会的权利，部分恢复了股东的权利；但另一方面立法者也强调了在复杂的经济环境下，只有具备充分的权利并掌握大量的信息，经营者才能做好决策。①

回顾立法过程和德国公司控制权的演变，可以看到，在法律上股东（监督委员会）对公司的控制权有加强也有削弱的过程，但从中可以看出，所谓加强，是在股东权力较小的时候，此时，公司出现了业绩下滑，甚至破产（1884 年修法即是这种情况）。而所谓削弱，则是在股东权力较大而影响了经营层对公司有效经营的情况下才出现的。

因此，公司的控制权在股东和经营层之间的分配应有一个合理的度，控制权不单独属于一方，应是随情况变化而有不同的归属。在经营层正常经营，业绩优良时，控制权应由经营层掌握，而若经营不善，股东应有控制权，也即例外干预的权利。

二、德国公司治理现状述评

（一）股权结构

股权结构是一国公司治理的土壤和大环境，因此对股权结构的梳理是公司治理研究的第一步。

20 世纪 90 年代中期，有超过 80%的公司的第一股东拥有大于 25%的投票权。② 2001 年，德意志交易所蓝筹指数 DAX30 包含的德国重要的 30 家公司的第一大股东持股比例均值高达 29.92%（中值 24.75%）③。但近些年来，德国公司的持股结构呈现分散化趋势。2015 年，DAX30 指数 30 家公司的第一大股东持股

① Donnelly S, Gamble A, Jackson G, et al. *The public interest and the company in Britain and Germany* [J]. London: Anglo-German Society for the Study of Industrial Society, 2001.

② 转引自 Schmidt R H. Corporate Governance in Germany: An Economic Perspective [J]. *SSRN Working Paper Series*, 2004。

③ Ringe W G. Changing law and ownership patterns in Germany: Corporate governance and the erosion of Deutschland AG [J]. *American Journal of Comparative Law*, 2015, 63 (2): 493-538.

比例（终级所有者）均值为 19. 22%（中值 9. 48%），相比 2001 年的 29. 92%（中值 24. 75%）下降十分明显。① 若扣除大股东持股 30%以上的 6 家公司，则剩余 24 家公司第一大股东持股比例的均值为 12. 05%，中值 7. 42%，分散化持股特征更为明显。

表 2-2　德国 DAX30 公司的股权集中度（2015 年）

公司名称	第一大股东持股	3%以上股东累计持股
K+S	4. 92%	9. 77%
Deutsche Lufthansa	5. 00%	11. 28%
Merck	5. 86%	23. 84%
Linde	6. 05%	19. 71%
Siemens	6. 20%	13. 15%
Allianz	6. 28%	21. 33%
Bayer	6. 32%	23. 16%
BASF	6. 40%	23. 02%
Münchener Rückversicherungs	6. 65%	19. 79%
Deutsche Bank	6. 76%	12. 86%
Daimler	6. 80%	15. 82%
E. ON	6. 83%	31. 81%
Deutsche Börse	8. 00%	24. 00%
Vonovia	8. 14%	27. 47%
Adidas	9. 01%	30. 18%
Infineon Technologies	9. 95%	34. 24%
RWE	15. 00%	45. 95%
Commerzbank	15. 60%	35. 00%
Deutsche Post	21. 00%	26. 08%

① Ringe W G. Changing law and ownership patterns in Germany: Corporate governance and the erosion of Deutschland AG [J]. *American Journal of Comparative Law*, 2015, 63 (2): 493-538.

（续表）

公司名称	第一大股东持股	3%以上股东累计持股
ThyssenKrupp	23.03%	43.20%
SAP	23.60%	29.53%
HeidelbergCement	26.20%	46.55%
Fresenius	27.07%	37.06%
Deutsche Telekom	28.42%	31.90%
剔除第一大股东持股30%以上公司后的均值	**12.05%**	**26.53%**
剔除第一大股东持股30%以上公司后的中值	**7.42%**	**25.04%**
Fresenius Medical Care	30.90%	46.39%
Continental	46.00%	51.92%
BMW	46.80%	55.50%
Beiersdorf	50.47%	55.35%
Volkswagen	52.20%	90.20%
Henkel	61.02%	67.02%
总样本均值	**19.22%**	**33.44%**
总样本中值	**9.48%**	**32.21%**

资料来源：根据各家公司2014年和2015年年报、公司官方网站上的投票权公告①以及雅虎财经等整理而得。

注：此处的大股东以及3%以上股东持股比例考虑了股东间的关联关系。

根据La Porta et al.（1999）的方法，具体分析企业的第一大股东情况（见表2-3），可以发现，30家公司中有16家（50%以上）未发现有控制权的股东（第一大股东持股比例不到10%）。在剩余的14家中，追溯第一大股东背后的控制人，最终发现，由私人或家庭控制的企业有8家，政府控制的为4家（中央政府3家，地方政府1家），还有2家公司属于混合型（第一大股东为信托基金）。

① 详情请见本章“股东大会—对大股东的约束—增持及减持”部分。

表 2-3 DAX30 公司控制权分类

控制权类型	数量	占比
分散	16	53. 33%
私人或家族	8	26. 67%
政府	4	13. 33%
混合控制	2	6. 67%
分散的金融企业	0	0
分散的非金融企业	0	0

资料来源：根据各家公司年报、雅虎财经及其他相关财经报道整理计算而得。

上述数据表明，德国前 30 家大公司的股权结构越来越趋于分散化，而有控股股东的公司也多为私人或家族控制。

表 2-4 DAX30 公司股东大会投票率情况（2015 年）

公司名称	第一大股东持股	3%以上累计持股	投票率	扣除第一大股东	扣除 3%以上股东	机构投资者持股
K+S	4. 92%	9. 77%	30. 37%	25. 45%	20. 60%	61. 00%
Deutsche Lufthansa	5. 00%	11. 28%	41. 61%	36. 61%	30. 33%	53. 90%
Merck	5. 86%	23. 84%	61. 92%	56. 06%	38. 08%	—
Linde	6. 05%	19. 71%	65. 14%	59. 09%	45. 43%	76. 00%
Siemens	6. 20%	13. 15%	47. 07%	40. 87%	33. 92%	61. 00%
Allianz	6. 28%	21. 33%	39. 45%	33. 17%	18. 12%	84. 50%
Bayer	6. 32%	23. 16%	58. 66%	52. 34%	35. 50%	—
BASF	6. 40%	23. 02%	46. 55%	40. 15%	23. 53%	73. 00%
Münchener Rückversicherungs	6. 65%	19. 79%	32. 40%	25. 75%	12. 61%	84. 00%
Deutsche Bank	6. 76%	12. 86%	35. 90%	29. 14%	23. 04%	81. 00%
Daimler	6. 80%	15. 82%	50. 77%	43. 97%	34. 95%	70. 30%

（续表）

公司名称	第一大股东持股	3%以上累计持股	投票率	扣除第一大股东	扣除 3%以上股东	机构投资者持股
E. ON	6. 83%	31. 81%	44. 72%	37. 89%	12. 91%	75. 00%
Deutsche Börse	8. 00%	24. 00%	65. 94%	57. 94%	41. 94%	95. 00%
Vonovia	8. 14%	27. 47%	52. 50%	44. 36%	25. 03%	—
Adidas	9. 01%	30. 18%	66. 63%	57. 62%	36. 45%	87. 00%
Infineon Technologies	9. 95%	34. 24%	65. 41%	55. 46%	31. 17%	—
分散型公司均值	**6. 82%**	**21. 34%**	**50. 32%**	**43. 49%**	**28. 98%**	**75. 00%**
RWE	15. 00%	45. 95%	54. 95%	39. 95%	9. 00%	86. 00%
Commerzbank	15. 60%	35. 00%	48. 84%	33. 24%	13. 84%	60. 00%
Deutsche Post	21. 00%	26. 08%	63. 16%	42. 16%	37. 08%	67. 80%
ThyssenKrupp	23. 03%	43. 20%	71. 65%	48. 62%	28. 45%	66. 97%
SAP	23. 60%	29. 53%	70. 25%	46. 65%	40. 72%	59. 50%
HeidelbergCement	26. 20%	46. 55%	74. 11%	47. 91%	27. 56%	—
Fresenius	27. 07%	37. 06%	72. 52%	45. 45%	35. 46%	61. 00%
Deutsche Telekom	28. 42%	31. 90%	65. 14%	36. 72%	33. 24%	53. 70%
Fresenius Medical Care	30. 90%	46. 39%	77. 77%	46. 87%	31. 38%	44. 00%
Continental	46. 00%	51. 92%	80. 96%	34. 96%	29. 04%	44. 70%
BMW	46. 80%	55. 50%	76. 00%	29. 20%	20. 50%	39. 70%
Beiersdorf	50. 47%	55. 35%	71. 64%	21. 17%	16. 29%	—
Volkswagen	52. 20%	90. 20%	93. 69%	41. 49%	3. 49%	—
Henkel	61. 02%	67. 02%	87. 94%	26. 92%	20. 92%	—
集中型公司均值	**33. 38%**	**47. 26%**	**72. 04%**	**38. 67%**	**24. 78%**	**58. 00%**
总样本均值	**19. 22%**	**33. 44%**	**60. 46%**	**41. 24%**	**27. 02%**	**67. 50%**

资料来源：根据各家公司 2014 年和 2015 年年报，以及雅虎财经等整理而得。

注：a. 假定持股 3%以上的股东均参加了股东大会（直接出席或委托他人出席）。

b. 因资料可得性，个别公司使用了 2014 年的数据。

c. 部分数据缺失，用“—”表示。

以上是德国 DAX30 指数 30 家公司 2015 年年度股东大会投票率情况，从中可以看出，30 家公司平均股东大会投票率为 60. 46%。最高的大众公司（Volkswagen）达 93. 69%，最低的钾盐集团（K+S）只有 30. 37%。

从第一大股东持股比例（表决权）与股东大会投票率的关系看，第一大股东持股较多的公司，其投票率也较高，第一大股东持股 10%以上样本公司（集中型公司）的投票率高达 72. 04%，而第一大股东持股低于 10%的样本公司（分散型公司）的投票率则只有 50. 32%。

然而，大股东之外的股东的投票率情况，更能准确地衡量股东对股东大会的参与情况。扣除第一大股东持股比例后，分散型公司样本的投票率均值为 43. 49%，而集中型样本的均值只有 38. 67%，二者相差近五个百分点。这表明大股东持股比例较大的公司，其他中小股东对股东大会的参与度较低。其背后的逻辑也非常明显：大股东持股比例太大，以至于中小股东在投票权上难以与大股东抗衡，因此理性地选择少参与股东大会。而分散型公司因为没有占绝对统治地位的股东，中小股东参与的积极性自然会高一些。

深入分析上述数据可以发现，分散型公司持股 3%以下股东的总投票率均值为 28. 98%，而持股 3%以上股东的持股比例均值为 21. 34%，小股东具有超过大股东的话语权。此外，扣除第一大股东的 6. 82%后，3%以上的股东持股比例 14. 52%，大大超过第一大股东的持股比例，应能对大股东形成较好的制衡作用。

反观持股集中型公司，仅第一大股东就持有 33. 38%的股份，非常接近投票率 72. 04%的一半，持股 3%以上的股东累计持有 47. 26%的投票权，差不多是持股 3%以下股东实际投票 24. 78%的两倍，这说明，集中型公司不仅小股东的话语权较小，而且其他主要股东对大股东难以形成有力的制衡，因为大股东以外的持股 3%以上股东仅合计持有约 13. 88%（47. 26%~33. 38%）。

实例 1　股权分散型公司的治理

DAX30 指数 30 家公司中，共有 16 家公司属于无实际控制人（无掌握 10%

以上投票权的股东）的股权分散型公司。以下以其中的阿迪达斯公司（adidas）为例，剖析分散型公司的治理情况。

股权结构

阿迪达斯公司有 4 名持股（普通股）3%以上的股东，其中，有 2 家是机构投资者，2 家为个人（或家族）投资者，但没有 1 家股东持股超过 10%。

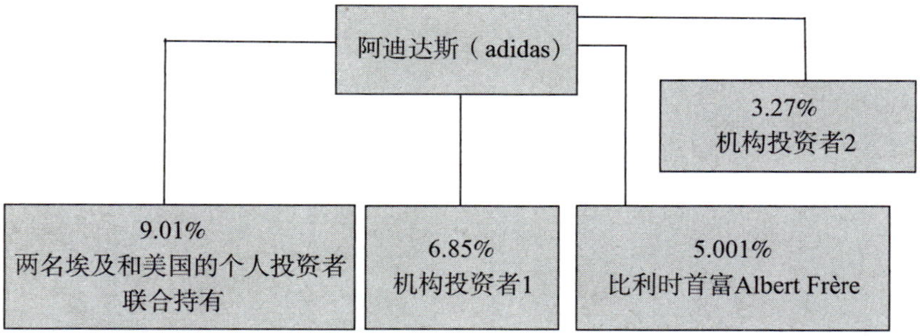

图 2-3　阿迪达斯公司大股东情况

资料来源：2015 年年报及公司网站上的投票权通知（Voting Rights Notification）。

公司治理：监督委员会的构成视角

过去：作为财务投资者的主要股东

从阿迪达斯之前几年的主要股东情况看，这些股东多为机构投资者，且持股比例一般在 5%附近徘徊，单个投资者很难获得控制权。他们对公司治理的参与度较低，特别是，对监督委员会中股东代表的提名和任命无明显影响——2015 年及此前几年监督委员会中暂未发现与大股东有较强联系的成员。他们的投资更多地应归类为财务投资，因为这些机构投资者经常交易阿迪达斯的股票，并不稳定地保持一个较大的持股比例。以 2015 年为例（2015 年数据请查看阿迪达斯官方网站上的 voting rights notification①），在这一年中，有多家机构频繁买卖该公司股票。来自加拿大的机构投资者 Société Générale S. A. 于 2015 年 6 月

① http://www.adidas-group.com/en/investors/statutory-publications/voting-rights-notifications/#/2015/

2日（阿迪达斯公司对外公布该信息的日期）增持股份至5%以上，其后，在四个月的时间内进行了五次重大操作（这里“重大”的意思是：其买卖行为触及了持股须披露的第二个阈值即5%），其他进行频繁操作的机构还包括黑岩（BlackRock），摩根士丹利（Morgan Stanley），高盛（The Goldman Sachs Group）等六家公司。

现在：新增大股东代表及主动干预的尝试

阿迪达斯公司法定的监督委员会成员为16人，员工和股东代表各占一半。此前一段时间内，实际的成员数为12人（详见2015年年报），仔细分析6名监督委员会股东代表情况可知，这6名代表与主要股东无明显关联，这表明持股较多的股东对监督委员会的影响力较小，也就难以影响管理委员会的人选和公司经营。

但是上述情况在2015年有所改变，来自埃及和美国，分别持有投票权6%和3.01%的个人投资者联合向公司管理层施加压力，试图改变落后于主要竞争对手nike公司的局面。主要诉求为：第一，出售亏损的高尔夫（装备）业务；第二，更换自2001年起任管理委员会主席（CEO）的Herbert Hainer。① 此后，虽然高尔夫业务未被出售，但在2016年1月18日，管理委员会主席被更换。②

2016年5月，公司还补选了4名监督委员会成员（2016年中报），其中，2名为员工代表，另外2名则为股东代表。新增的2名股东代表中，1名由第1大股东（持股6%和3.01%个人投资者联合形成）直接担任，另1名由第4大股东（个人或家族）推荐的人选担任。随着主要股东向监督委员会派出2名代表，可以想象，主要股东对公司的影响将进一步增大。

---

① https://www.yahoo.com/news/exclusive-hawkins-sawiris-forge-investment-partnership-adidas-sights-162835911—sector.html?ref=gs

② http://www.adidas-group.com/en/media/news-archive/press-releases/2016/kasper-rorsted-succeed-herbert-hainer-ceo-adidas-ag/

实例 2　国有企业治理

样本公司中还有四家公司为政府控制，分别是德国电信（28.42%）、德国邮政（21.00%）、德国商业银行（15.60%）和莱茵集团（15%）。上述四家公司除了德国商业银行以外，其他三家均为公用事业企业，其中莱茵集团位于大鲁尔工业区，是德国最主要的能源供应商，主要经营电力、水务、石化和电信等多项业务。

国有企业治理之一——德国商业银行股份有限公司

德国商业银行股份有限公司的股权结构

德国商业银行第一大股东为联邦政府控制的金融市场平准基金，持有普通股比例为 15.60%，第二大股东为机构投资者黑岩（BlackRock），持有普通股约 5%，第三大股东也为美国共同基金 Capital Group，持有普通股约 3%。

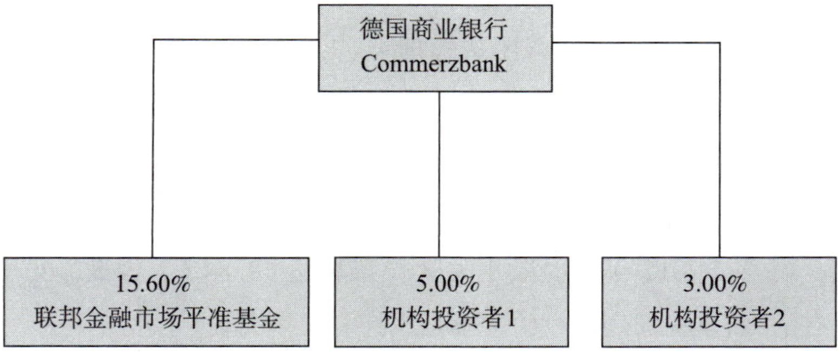

图 2-4　德国商业银行股份有限公司的大股东情况

德国商业银行股份有限公司的治理

德国联邦政府虽然是德国商业银行的第一大股东，但德国商业银行的运作较少受到联邦政府的直接影响：监督委员会的构成——联邦政府几乎无席位且绝大多数成员是金融领域或企业管理领域的专业人士（详情请见德国商业银行股份有限公司 2015 年年报）。

第一，从德国商业银行监督委员会成员构成情况可知，在20名成员中未发现来自联邦政府的代表，仅有2名成员与政府看似有些联系，1名是前财政部官员，现任德国工业联合会（非政府组织）首席执行官（Federation of German Industries），另1名则为原欧洲央行董事会成员。

第二，这20名成员中，具有金融知识和技能或企业管理知识和技能的专业人士占绝大多数——20人中有18人（90%）。其中10名股东代表全部是专业人士，10名员工代表中，也有8名为银行业专业人士（详细信息见德国商业银行2015年年报）。

从监督委员会的构成来看，德国商业银行虽然由国家控股，但其市场化运作程度高。德国联邦政府并未向监督委员会派出任何成员，监督委员会中的股东代表100%由银行业专业人士或企业管理界专业人士组成，就连来自工会的三名员工代表中，也有一名是经认证的银行业专业人士。

因此，可以看出，德国商业银行的大股东并未干预监督委员会成员的选举和任命，这也就意味着核心经营团队管理委员会的人事安排等也相对独立于大股东，即企业的经营权由按市场薪酬聘用（见表2-5）的经营团队掌握，不受大股东的直接干预，大股东通过其他方式（在股东大会上提案以及投票等方式）对企业施加影响。

此外，该公司2015年年度股东大会投票率达48.84%，因此，第一大股东凭借其持有的15.60%的表决权，也不足以控制股东大会。

管理委员会成员的薪酬分为固定年薪（fixed components）以及基于业绩的薪酬（performance-related components），其中固定年薪又分为基本工资（basic salary）和其他，业绩薪酬又分为短期（short-term incentive）和长期（long-term remuneration incentive）部分。以管理委员会主席Martin Blessing为例，其固定年薪由基本工资131.3万欧元和其他（非货币收入等）11.2万欧元构成；短期业绩薪酬部分，分为现金收入（STI in cash）29.6万欧元和基于虚拟股票（virtual shares）的18.9万欧元；2015年的长期业绩薪酬为0，最终的总薪酬为191万欧元。

表 2-5 德国商业银行股份有限公司管理委员会薪酬（2015）

2015	fixed components		performance-related components				
			with short-term incentive			with long-term incentive	total remuneration under DRS 17
				STI in virtual shares			
€ 1000	basic salary	other	STI in cash		number of virtual shares in units	LTI 2012 in cash	
Martin Blessing	1313	112	296	189	29524	0	1910
Frank Annuscheit	750	82	144	92	14343	0	1068
Markus Beumer	750	77	134	85	13347	0	1046
Stephan Engels	750	109	144	92	14343	0	1095
Michael Reuther	750	104	154	98	15339	0	1106
Dr. Stefan Schmittmann	750	91	154	98	15339	0	1093
Martin Zielke	750	102	160	102	15937	0	1114
Total	5813	677	1186	756	118172	0	8432

资料来源：德国商业银行股份有限公司 2015 年年报。

注：a. 单位为千欧元；

b. 长期业绩薪酬滞后 5 年，根据此前 5 年业绩进行计算和支付。

国有企业治理之二——莱茵集团（RWE AG）

股权结构

与上述的德国商业银行由联邦政府持股不同，莱茵集团则为地方政府持股。德国北莱茵威斯特法伦州的几个市政府（包括该州的多特蒙德市、直辖市米尔汉姆市等）和县政府（包括 Rhein-Sieg County 等），通过设立持股公司 RWEB 共同持有莱茵集团 15%的普通股，为第一大股东（莱茵集团 2015 年年报）。另有两家机构投资者（Mondrian Investment Partners Ltd. 和 BlackRock Inc.）分别持有约 3%的股份，其他机构投资者（other institutional shareholders）共持有 65%的股份，私人投资者（private shareholders）持有 13%，员工（employee shareholders）持有剩余的 1%。

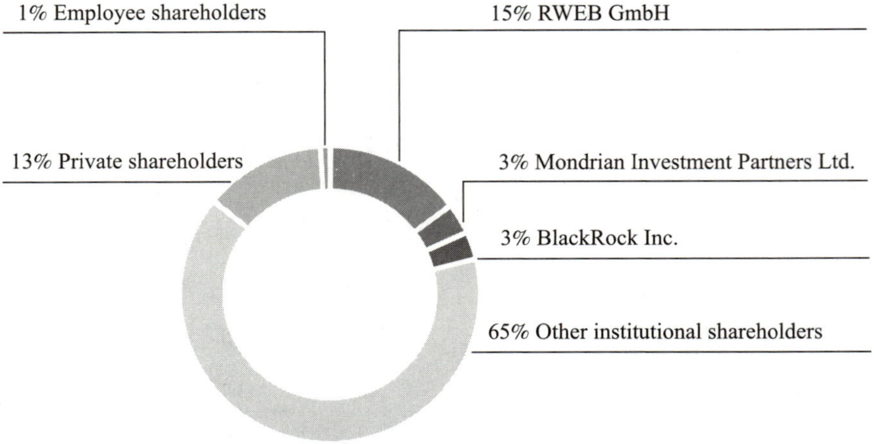

图 2-5　莱茵集团股东结构

资料来源：该公司 2015 年年报。

莱茵集团的治理

该公司监督委员会共有 20 名成员，10 名股东代表中有 4 名成员是第一大股东的代表（市县政府），包括现任多特蒙德市市长 Ulrich Sierau 以及 3 名已退休的市县政府官员（2015 年年报）。其他 6 名股东代表则与地方政府无关。

近年来，随着欧洲和国际经济增速放缓，能源需求急剧下降，作为德国最大能源提供商的莱茵集团出现了巨额亏损，2013 年未经调整的每股收益为亏损 4.49 欧元，2014 年扭亏为盈，但 2015 年又出现了每股 0.28 元的亏损（2013—2015 年年报）。在此情况下，公司推出了两项重大改革方案：第一，将公司新能源业务分拆并上市融资（仍控股 90%），希望新能源业务在新资金的支持下能获得更多利润，同时莱茵集团也希望待新能源公司的股价上涨后，再出售部分股权以增加现金流。第二，重新审视公司的投资和股利政策，拟定 2015 年暂停向普通股分红，对优先股也仅仅支付每股 0.13 欧元的最低股息（2015 年年报中的《CEO 报告》）。

大股东对上述两个改革方案做出了反应，对第一个方案，大股东持支持态度，但也提出了要求，即在分拆而新成立的公司中拥有一个监督委员会席位，不过由于新公司还在筹备上市，大股东是否能获得一个席位目前还不得而知。①

而对第二个方案提出了反对意见，因为不发放红利则意味着地方政府股东不得不减少财政预算。例如，若不发放红利，对原本就要安置6000名难民的股东之一的埃森市（Essen）而言，可谓雪上加霜。② 但即便大股东对不分红的方案不满，也未能通过监督委员会阻止管理委员会提出的方案。最终，在2016年4月的股东大会上，不向普通股分红的决议也得以通过（见2016年4月股东大会上的股息公告）。这表明地方政府作为莱茵集团的大股东，虽然需要有稳定的现金流用于各项开支，但在公司经营困难的情况下，地方政府也不能为了一己私利，而直接影响管理委员会的决策使得其提出分红方案。

因此，从上述事件可以看出，地方政府作为大股东并不直接插手控股企业的经营（例如上述的未能迫使管理委员会提出分红方案），该企业也与其他企业的运营无明显差别，公司由通过市场化方式聘请的管理委员会经营。而地方政府作为大股东主要通过在监督委员会提名和选举代表，对公司重大事项进行监督、对管理委员会的任命和建议，以及在股东大会上与其他股东一样（并无什么特权）进行投票等方式行使股东权利。

此外，从大股东持股比例与公司股东大会投票率（2015年年度大会为54.95%）的对比来看，大股东15%的股权并不足以控制股东大会。

该公司管理委员会成员的薪酬分为非业绩报酬（non-performance-based compensation）和业绩报酬（performance-based compensation），以主席Peter Terium为例，2015年的非业绩薪酬为191.6万欧元（固定工资140万欧元，非货币收入以及养老金等分别为3.6万欧元和48万欧元），业绩薪酬总额144.2万

① http://uk.reuters.com/article/uk-rwe-shareholders-idUKKCN0W422V

② https://www.bloomberg.com/news/articles/2016-03-07/rwe-shareholder-revolt-shows-battleground-widening-for-ceo

欧元（直接薪酬 139.5 万欧元，强制性部分 4.7 万欧元），最终的总薪酬为 335.8 万欧元。

表 2-6　莱茵集团管理委员会薪酬（2015）　　单位：千欧元

Short-term compensation	Peter Terium		Dr. Rolf Martin Schmitz		Dr. Bernhard Günther		Uwe Tigges		Total	
€ 1000	2015	2014	2015	2014	2015	2014	2015	2014	2015	2014
Non-performace-based compensation Fixed compensation	1400	1400	960	960	750	750	750	750	3860	3860
Fringe benefits (company car, accident insurance)	36	45	13	11	23	23	21	17	93	96
Other payments (pension instalments)	480	480	—	—	255	255	255	255	990	990
Total	1916	1925	973	971	1028	1028	1026	1022	4943	4946
Performance-based compensation Direct bonus payment	1395	1465	811	860	701	772	721	795	3628	3892
Remuneration for mandates	47	80	150	170	60	43	40	20	297	313
Bonus	1442	1545	961	1030	761	815	761	815	3925	4205
Total	3358	3470	1934	2001	1789	1843	1787	1837	8868	9151

资料来源：莱茵集团 2015 年年报。

实例 3　家族和国家作为主要股东的治理：控制权争夺

股权结构

以大众公司（Volkswagen AG）为例，其前三大股东掌握的股权分别占

52.2%、20%和17%。第一大股东保时捷控股公司拥有了过半数的投票权，而保时捷控股公司的100%股权属于保时捷家族有限公司，家族成员为创建者Ferdinand Porsche的儿孙和女儿（外孙）。①值得关注的是大众公司第二大股东为德国下萨克森州政府（State of Lower Saxony），持股比例也达到了20%。

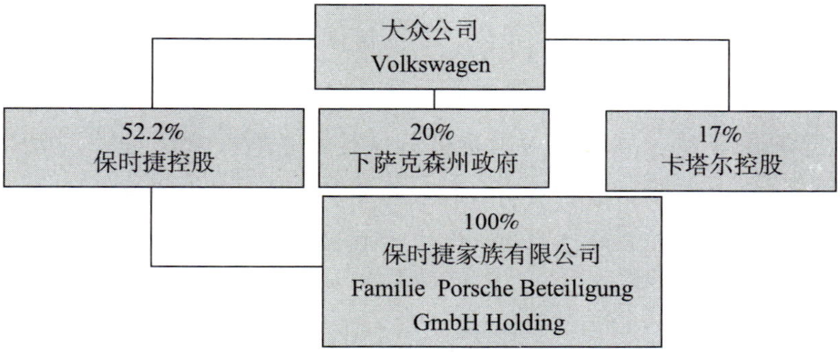

图2-6　大众公司主要股东概览

资料来源：根据各家公司年报、雅虎财经及其他相关财经报道整理而得。

表2-7　大众公司监督委员会成员构成情况（不包括员工代表）

股东	监督委员会席位数	占股东代表比例
保时捷控股	4	40%
下萨克森州政府	2	20%
卡塔尔控股	2	20%
累计	8	80%

资料来源：大众公司2015年年报。

从上表中可看出，大众公司的监督委员会共10个股东代表席位中的8个，即80%为前三大股东占据，其中持股52.2%的大股东保时捷家族则占据了4个席位。

① 保时捷控股公司网站对持股情况的披露：http://www.porsche-se.com/pho/en/investorrelations/mandatorypublications/stimmrechtsmitteilung/。

此处有必要指出的是，大众公司第二大股东下萨克森州政府派出的监督委员会成员每年的薪水若超过 6200 欧元，则应毫不拖延地将全部薪水上交下萨克森州政府（下萨克森州《公务员管制法》第 5 条第 3 款[①]），两名成员 2015 年薪水分别为 1.47 万欧元和 1.7 万欧元（2015 年年报）。

大众公司与《大众法》

大众公司成立于 20 世纪 30 年代，原为德国政府出资的国有企业，而创始人 Ferdinand Porsche 作为设计师和管理者，对公司发展发挥了重要作用。二战中大众转而生产军用车辆，战后作为国企被英国接管，后又交还给德国政府，随着联邦政府陆续卖出股票，最后政府股权仅有下萨克森州政府持有的约 20%。[②] 而创始人 Ferdinand Porsche 的家族于 2005 年开始逐渐增持大众股票，直至目前的 52.2%。

值得指出的是，针对大众公司在私有化中的控制权争夺，1960 年德国专门出台了《大众法》(全称:《大众股权向私人转移法》Law Concerning the Transfer of the Share Rights in Volkswagenwerk Limited Liability Company into Private Hands)，旨在维持政府的控制权。主要内容包括以下几个方面。

第一，任何股东无论持有多少股份，行使的表决权不得超过公司总表决权的 20%（《大众法》第 2 条第 1 款）。而当时的下萨克森州政府持有的股权稍稍超过 20%[③]，该条法律保证了其大股东地位。因欧盟委员会的起诉而在 2009 年修订时废止（见最新的《大众法》）。

第二，股东大会上的重大决议事项，须经 80%以上的多数票通过（《大众法》第 4 条第 3 款），而《股份法》只规定了 75%，这一条保证了持股 20%的下

---

① 该法律详细内容请进入下萨克森州信息平台 http://www.nds-voris.de/搜索 MinG ND。

② Tolliday S. Enterprise and State in the West German Wirtschaftswunder: Volkswagen and the Automobile Industry, 1939-1962 [J]. *Business History Review*, 1995, 69 (03): 273-350. Tolliday S. From "Beetle Monoculture" to the "German Model": the Transformation of Volkswagen, 1967-1991 [J]. *Business and Economic History*, 1995, 24 (2): 111-132.

③ Zumbansen P C, Saam D. The ECJ, Volkswagen and European Corporate Law: Reshaping the European Varieties of Capitalism [J]. *CLPE Research Paper*, 2007 (30).

萨克森州在重大事项上的一票否决权。虽然该条款也是欧盟委员会起诉时攻击的重要目标，但 2009 年修法时并未修改。

第三，只要还持有股份，则联邦政府和下萨克森州政府就有权分别向大众派出 2 名监督委员会成员（第 4 条第 1 款）。因为联邦政府最终出售了所有的大众公司股票[①]，这条法律实际上规定了下萨克森州可以在持股比例极低的情况下，向监督委员会派出 2 名成员。2009 年修订时被废止，但随后新增的公司章程第 11 条第 1 款规定，下萨克森州在持有不低于 15%普通股的情况下（直接或间接），可向大众派出 2 名监督委员会成员。

在实施 45 年后，欧盟委员会认为该法阻碍了欧盟内部资本的自由流动，与欧盟法律不符，因而在 2005 年对德国政府发起了诉讼。[②] 最终德国政府败诉，并对部分条款进行了修改。

保时捷家族与州政府的大众控制权之争

之一：保时捷的收购战

2005 年，也就是欧盟委员会认为《大众法》违背欧盟法律而提起诉讼的当年，创始人 Ferdinand Porsche 的后人保时捷家族开始增持大众公司股份，由原来的约 5%，增持至 18. 53%，2006 年持股达到 27. 4%，其后继续增持，至 2009 年 1 月已持有 50%以上。[③] 最近的一次增持发生在 2015 年 9 月，保时捷家族从铃木汽车受让大众 1. 5%股权，自此，保时捷控制了 52. 2%的投票权。

当保时捷家族在 2009 年年初控制了 50%以上的投票权时，保时捷家族与二股东下萨克森州政府（持股 20%）之间的控制权争夺进入了十分激烈的阶段。双方在 2009 年 12 月 3 日召开的特别股东大会上达成了妥协：一方面，规定修改

---

① 详细信息见大众公司大事记 http://www.volkswagenag.com/content/vwcorp/info_ center/en/themes/2011/04/Volkswagen_ Share_ celebrates_ its_ 50th_ birthday.bin.html/marginalparsys/textandimage/downloadFile/en_ 06+04+11_ Volkswagen+Aktie+50+Jahre.pdf。

② 同上。

③ Häcker, Joachim. "VW Porsche case study". http://www.dicf.de/fileadmin/user_ upload/sgbs/VW_ Porsche_ Case_ study_ final.pdf.

公司章程——只要下萨克森州政府持有15%以上的普通股，则下萨克森州就可以在监督委员会中拥有2个席位，从而限制了保时捷垄断监督委员会的可能；另一方面，保时捷家族的2名家族成员作为新当选的成员进入监督委员会。

之二：大股东稀释二股东权利的企图

2016年5月，双方重新开启控制权争夺战。大股东保时捷家族（4个监督委员会席位）联合三股东卡塔尔控股（2个监督委员会席位），在监督委员会会议上针对向优先股支付2015年股息的决议投了反对票，此举试图稀释二股东下萨克森州的表决权，因为按照规定，如果某年未获得股息，且第二年也未获得全额补偿的优先股将转为普通股而获得表决权（《股份法》第140条，以及2015年年报）。而大众公司目前拥有2.06亿股优先股，与2.95亿股普通股在数量上差距有限（2015年年报），因此，如果大众公司不向优先股支付股息，第二年也不全额补偿，则普通股将增至约5亿股，增幅约70%。这就意味着二股东下萨克森州20%的表决权将被稀释为约12%，而公司章程中规定的下萨克森州可向公司派出2名监督委员会成员的最低表决权要求是15%。

最终，下萨克森州政府获得了监督委员会中员工代表的支持，员工代表在20个席位中占据10个，再加上州政府自身的2个席位，共有12票支持向优先股股东支付股息，而反对者保时捷家族联合卡塔尔控股后也仅有6个席位。

实例4 家族企业的公司治理：放权、例外干预和分散化投资

德国DAX30指数30家公司中，有8家为家族企业，占比较高，其背后的原因有很多，其中，对遗产税的豁免可能是其中的重要影响因素。德国法律规定，继承人或受赠人在获得土地、森林、合伙企业的股权或公司制企业25%以上的股份（个人单独持有或通过联合持股协议多人持有）等资产后，若在5年内不出售所获得的资产（但是，在这些资产中非经营性的不动产、现金、金融资产和收藏品等不能超过50%），并且5年内直接工资支出总额不低于纳税（遗产税或赠与税）义务发生之前5年每年平均值的4倍，则可享受85%的豁免额。若

在7年内不出售该资产（但是，在这些资产中非经营性的不动产、现金、金融资产和收藏品等不能超过10%），且7年直接工资支出总额不低于此前每年均值7倍的，可享受100%的豁免额（《遗产税与赠与税法》第13a第1款和第8款第1、2、4句，第13b第1款和第2款第2句）。

股权结构

宝马公司46.7%的股份被匡特家族第四代成员Susanne Klatten和Stefan Quandt姐弟持有，其中，二者各自持有12.7%和17.6%，并共同继承了二者母亲留下的16.4%的不可分割的股权（二者共同拥有而不能分割到各自名下，见2015年年报）。除了匡特家族外，宝马公司其他单个股东持股比例较低。

公司治理

宝马公司监督委员会共有20名成员，员工代表和股东代表各占一半。而合计持股约47%的2名成员，则进入了监督委员会。

与东南亚家族企业的“亲力亲为”和欧美其他家族企业喜欢“指手画脚”不同，家族从第四代开始将企业交给职业经理人打理，正常情况下并不插手经营行为，而是奉行“例外干预”，仅通过监督委员会中的2个席位把握重大事项。1999年，这种例外干预出现了。宝马公司于1994年收购了英国罗孚汽车（Rover），但该收购并不成功，给宝马公司带来了亏损。在家族的坚持下，宝马公司出售了罗孚汽车的大部分业务（当然，mini系列是本次收购的亮点），并将主导收购案的管理委员会主席Bernd Pischetsrieder解雇。[①]

值得一提的是，宝马公司控制人叔父（第三代）那一支，则显现了家族企业传承和治理的另一种情况。这一支的第三代成员还未来得及对家族事业进行筹划便意外去世，其几个子女及配偶并无经营企业的意愿，于是将持有的约12%的奔驰股票以及其他公司的股票出售。从而将产业资本转换为金融资本，并成立金融控股公司聘请职业经理人来配置家族财产，投资领域包括股票、基金、

① 详细资料可查看https://en.wikipedia.org/wiki/Bernd_ Pischetsrieder。

地产和艺术品等，而对于实体企业的经营则从不涉及，最终实现了从管企业、管资产到管资本的转换。[①] 如今，这一支家族成员建立的控股公司还向德国其他富有家族提供资产管理服务。

以上主要从大股东控制视角看德国的持股结构，为了获得股权结构的完整认识，图 2-7 则给出了阿迪达斯 2016 年 2 月的股东结构。从图中可知，87%为机构投资者（institutional investors）持股，8%为私人和未披露类型的投资者（private investors and undisclosed holdings）持股，4%为库存股（treasury shares），不到 1%为管理委员会和监督委员会成员（members of adidas group executive and supervisory boards）持股。

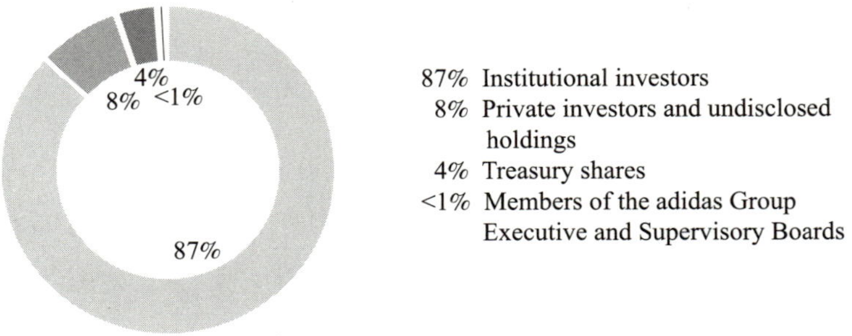

图 2-7　阿迪达斯公司股权结构（2016 年 2 月）

资料来源：adidas 官方网站 http://www.adidas-group.com/en/investors/share/shareholder-structure/。

（二）监督委员会

德国的监督委员会制度是全球独有的（欧洲的几个国家和中国只是借鉴了其部分制度），主要表现在两个方面：第一，在规模较小的公司的监督委员会中，员工代表占三分之一（雇员 500~2000 人的非家族、非宗教、非矿冶业等企

① 高皓、刘中兴、叶嘉伟：《匡特家族：宝马控股家族的 MFO 之路》，《新财富》，网址：http://www.xcf.cn/tt2/201507/t20150717_ 752996.htm。

业），在大型公司中甚至与股东代表数量相当（1000 人以上的矿冶行业企业和雇员 2000 人以上的非家族、非宗教、非矿冶业等企业），[①] 从而形成了对公司事务的实质性参与。[②] 此处需要特别指出的是，监督委员会中的员工代表，均由员工选举和任命，而无须经过股东大会。第二，监督委员会和管理委员会形成了双层结构，管理委员会负责经营管理（包括制定战略和日常经营），而监督委员会则主要负责监督、建议和任命管理委员会成员，二者不是上下级关系。而在其他国家，特别是英美等国家，德国监督委员会和管理委员会的职能合二为一，由董事会一个机构承担，独立董事则近似扮演了德国监督委员会的角色。

1. 成员构成

（1）员工代表（无须经过股东大会选举和任命）——同等参与和三分之一

1）同等参与

超过 2000 人的大多数企业或 1000 人以上的矿冶行业企业，监督委员会必须由同等人数的股东代表和员工代表组成，其中，员工代表中的大多数为本企业员工，并且工人、普通职员（组成企业职工委员会 works council，类似我国的工会，在企业里与雇主商议诸如工作时间、工作条件、员工福利等一些事务，实际上这也属于广义的员工参与，但还不属于参与公司治理）和高级职员（也有自己的组织）按比例分配席位，少量由企业员工从工会（trade union）中选举。此处有必要指出的是，德国工会与我国的工会有极大的差异。以德国最大的工会——德国工会联合会（DGB）为例，该组织是由五金工会，服务业工会，建筑、农业与环保业工会，矿山、化学与能源工会，教师科研工会，食品餐饮业工会，警察工会，铁路、交通运输业工会，这八个行业工会组成的全国性联合

---

① 实际上，矿冶行业规定了必须有中立于员工和股东的监督委员会成员，使得员工代表和股东代表的人数虽然相同，但并不真正地各占一半席位。详见《矿冶业参与共决法》第 4 条第 1 款和第 2 款。

② 实际上员工的参与除了推荐代表进入监督委员会（甚至可以推荐一名代表进入管理委员会）外，还通过职工委员会（works council）等参与诸如工作时间、工作条件、员工福利等一些事务的协商过程，但这些事务跟公司的经营管理的关系还不是十分密切，因此，本文中的员工参与主要是指员工代表进入监督委员会，从而对公司经营管理施加影响。

会，目前设有九个跨州的大区级机构，在每个大区级机构下再设置4~11个区域性分支机构，再下一级组织则为几百个市镇级的基层组织（详细信息请见DGB官方网站）。[①] 特别值得注意的是，工会与企业职工委员会虽在法律上是独立的，但工会常常对职工委员会提供业务指导和培训，而且职工委员会的大多数委员是工会成员，因此二者存在较为紧密的联系。[②]

1951年《矿冶业参与共决法》及1956年补充法规定了“同等参与”，规定在采矿和钢铁行业，规模1000人以上的企业，员工有权在监督委员会中与股东拥有相同的席位。《矿冶业参与共决法》第4条第1款规定，如监督委员会由11名成员组成，则该成员分为三类：4名股东代表、4名员工代表及3名其他成员。其中，3名其他成员中的2名，分别由股东和员工选举，第3个其他成员则由股东和员工共同选举。按照该条第2款的解释，第1款中提及的“其他成员”不允许为工会代表、雇主协会代表或者该类协会高级机构的代表，也不允许其和上述组织有长期的服务及业务供给关系；不能在选举前1年作为上述第1款提及的第1类人员；不能是企业的职工或者雇主；不能和企业有重要的经济利益关系。该法还规定在注册资本分别达到1000万欧元（原规定为20万马克）和2500万欧元（原规定为50万马克）的企业，可以在公司章程中规定监督委员会人数分别为15人（第9条第1款）和21人（第9条第2款），在这两种情况下，股东代表和员工代表的人数依然相同。

1976年，《参与共决法》（MitbestG）规定的“同等参与”将原只适用于矿冶行业的“同等参与”扩大至大多数大型公众公司。该法适用于员工人数超过2000名、不受《矿冶业参与共决法》调整的股份有限公司、股份两合公司、有限责任公司和经济互助协会（《参与共决法》第1条第1款和第3款）。按照该法第7条第1款的规定，该类企业的监督委员会成员的一半由公司员工选举产

---

① 德国工会联合会官方网站对其组织架构的介绍：http://en.dgb.de/structure-of-the-dgb。

② Goerke L，Pannenberg M. Trade union membership and work councils in West Germany ［J］. *Industrielle Beziehungen*，2007，14（2）：154-175.

生。依据公司员工人数，监督委员会的人数分别为 12 人（2000~10000 人）、16 人（10000~20000 人）和 20 人（20000 人以上）。第 7 条第 2 款规定，由公司员工选举产生的监督委员会成员中，必须多数为本公司员工，其余部分可以从工会产生。如果公司员工代表总人数分别为 6 人、8 人和 10 人，则其中来自工会的代表必须分别为 2 人、2 人和 3 人。此外，公司员工代表的席位应根据公司中工人和职员包括高级职员的人数比例分配（《参与共决法》第 15 条第2 款），从而使员工代表能够代表所有雇佣劳动者的利益。

选举方面，工人和职员包括高级职员分别选出工人代表、职员代表和高级职员代表（《参与共决法》第 15 条第 3 款第 1 句），若工人和职员的代表人（即选举监督委员会成员的选举人）以分别和秘密表决的方式决议以共同选举的方式进行选举的，可以举行共同选举（《参与共决法》第 15 条第 3 款第 2 句）。而工会代表则由工人和职员的代表人共同选举产生（《参与共决法》第 16 条）。监督委员会主席和副主席由监督委员会以其全体成员的三分之二多数选出（《参与共决法》第 27 条第 1 款）。如果该比例无法达到，则进行第二轮选举。在选举中，由股东代表选举监督委员会主席，职工代表选举监督委员会副主席（《参与共决法》第 27 条第 2 款）。由此可见，虽然《参与共决法》第 27 条第 1 款规定监督委员会主席和副主席由全体监督委员会成员共同选出，但在实践中，员工代表和股东代表出于各自利益考虑，很难选择对方成员为监督委员会主席，因而，最终的情况必然是进行第二轮选举，而第二轮选举的结果必然是从股东代表中产生主席，从员工代表中产生副主席。

关于监督委员会决议，只有监督委员会全体成员的一半以上参与表决的情况下，监督委员会做出的决议才是有效的。而由于监督委员会的成员人数多为偶数（2000 人以上的非矿冶业企业），很可能会出现票数相当的情况。《参与共决法》第 29 条第 2 款规定，在此情况下，需要进行第二轮投票，如果票数仍然相等，则监督委员会主席享有 2 票表决权，监督委员会副主席则不享有此种权利。由此可见，尽管在人数上股东代表和员工代表势均力敌，而实际上股东权利是被优先考虑的。[①] 此处需要指出的是，在投票陷入僵局时监督委员会主席享有 2 票的情况，并不适用于矿冶业企业，因为矿冶行业公司监督委员会人数不是偶数（根据注册资本大小，可分别为 11 人、15 人和 21 人，见上文）。

2）三分之一参与

“三分之一参与”指的是 500~2000 人的公司中，员工代表在监督委员会占有三分之一的席位。2004 年《监督委员会三分之一职工参与法》(DrittelbG) 规定了“三分之一参与”。该法适用于员工人数超过 500 名且不受《参与共决法》《矿冶业参与共决法》及其补充法调整的股份有限公司、股份两合公司、有限责任公司、互助保险协会和经济合作社。1994 年 8 月 10 日前登记注册的、职工人数少于 500 名的、非家族性公司的股份有限公司，也适用该法（第 1 条第 1 款和第 2 款)。上述所说的企业中，监督委员会成员的三分之一必须由员工代表组成（第 4 条第 1 款)。

如果监督委员会选举 1 名或者 2 名监督委员会员工成员，则他们必须是在企业工作的员工。选举 2 名以上的员工监督委员会成员，则必须至少有 2 名是在企业工作的员工，其余的员工监督委员会成员可以来自工会（第 4 条第 2 款)。员工监督委员会成员的席位应当按照男女员工的比例进行分配（第 4 条第 4 款)。

例外：上述几个有关参与共决的法律不适用于家族控制企业、媒体、宗教、工会和政治活动等类型的企业（《参与共决法》第 1 条第 4 款，《监督委员会三分之一职工参与法》第 1 条第 2 款等)。

3）员工参与监督委员会的理论和实证分析

根据 Alchian and Demsetz（1972）[②] 的理论，当控制权和产权都归所有者时，

---

① 1976《参与共决法》的法条的译文参考了杜景林、卢谌，《德国股份法，德国有限责任公司法，德国公司改组法，德国参与决定法》，中国政法大学出版社 2000 年版。

② Alchian A A, Demsetz H. Production, Information Costs, and Economic Organization [J]. *American Economic Review*, 1975, 62 (2): 21-41.

才能实现配置效率，因为员工参与企业决策，在某种意义上获得了一定的控制权，但员工并不是产权所有者，并不是经营结果的最终承受者，因此员工在监督委员会里要么卸责怠工，要么极有可能做出一些不利于所有者利益的决策，这是反对者的主要理由。赞成者则立足于资产专用性理论（威廉姆森，2004）[①]，认为员工的人力资本投资是针对本企业特点而进行的专用性投资，离开本企业，则该人力资本的价值和作用就会大大下降，在某种意义上员工与股东一样，也承担了（人力资本）投资带来的风险，因此，必须保证员工在企业事务中的一些话语权，否则，员工没有激励对自身的人力资本进行投资，从而阻碍企业的进步和经济增长。

德国以及德国之外特别是欧洲其他国家的学者对此做了大量的实证研究，试图探索员工参与监督委员会是否提高了公司的业绩和公司估值，但他们未能得出一致结论。Fauver and Fuerst（2006）[②] 发现了员工参与监督委员会的正面作用，笔者搜集了在德国交易所上市的近 1000 家公司的截面数据，发现员工参与监督委员会加强了对公司的监管，降低了代理成本（agency cost）。[③] 员工参与监督委员会还增加了企业的市场价值，并且公司内部对协调活动（coordination）的需求越强烈，则公司治理改善程度越大。值得指出的是，在单独考察（行业）工会代表时，笔者未能发现其改善治理、提高业绩的积极作用。可能的原因是，行业工会代表并无专业知识和技能作为支撑，在监督委员会中难以起到实效。

---

① 威廉姆森：《资本主义经济制度》，商务印书馆，2004 年版。

② Fauver L，Fuerst M E. Does good corporate governance include employee representation? Evidence from German corporate boards ［J］. *Journal of Financial Economics*，2006，82（3）：673-710.

③ 代理成本是在委托代理关系中产生的一系列成本，对其有多种定义，Jensen and Meckling（1976）的定义则较为流行，他们将代理成本分为三部分：一是委托人的监督成本，即委托人激励和监控代理人按委托人利益行事而耗费的成本；二是代理人的担保成本，即代理人保证不采取损害委托人行为的成本，以及若实施了损害行为，将给予赔偿的成本；三是剩余损失，即便有上述的监督和担保存在，代理人依然可能有偏离委托人利益最大化的行为，从而造成委托人的福利损失。详见 Jensen M C，Meckling W H. Theoryof the firm：Managerial behavior，agency costs and ownership structure ［J］. *Journal of financial economics*，1976，3（4）：305-360.

然而，Bermig and Frick（2010）[①] 则发现二者无相关性。他们选取了德国294家主要上市公司1998—2007年的面板数据，发现无论是将职工委员会和工会作为整体，还是分别考察职工委员会代表和（行业）工会代表的作用，均未发现他们对公司价值和业绩有实质性的影响。甚至有研究发现，员工参与共决对公司造成了负面影响。Petry（2009）[②] 使用事件研究方法（event study methodology），考察了140家德国公司在1976年实施《参与共决法》后的业绩情况，发现受该法影响较大的公司的业绩出现了下滑。同时，笔者还进一步考察了在1998—2008年监督委员会规模和构成出现变化的90家德国公司，发现新引入员工参与制度的公司出现了业绩滑坡，而当某家公司因为情况变化不再适用员工参与制度后，业绩则有所上升。

（2）股东代表

1）提名

监督委员会提名：监督委员会中的股东代表由监督委员向股东大会提供候选名单，最终由股东大会以简单多数的表决方式进行选举。《股份法》第101条第1款第1句规定，监督委员会成员由股东大会选任，除非其为应向监督委员会派出的，或者是职工监督委员会成员。第124条第3款第3项："对于监督委员会成员和审查人的选任，只应由监督委员会提出决议的建议。"[③]

股东提名：合计持有5%有表决权的股份（以下略去"有表决权"）或持股金额达50万欧元以上的股东，可以在股东大会上将议题列入议程并公布（《股份法》第122条第2款）。这些议题中可以包含选任监督委员会成员的内容（《股份法》第124第2款），但选任监督委员会成员的议题，须先由监督委员会

---

① Bermig A，Frick B. Board Size，Board Composition，and Firm Performance：Empirical Evidence from Germany［J］. *Ssrn Electronic Journal*，2010.

② Petry S. The wealth effects of labor representation on the board－evidence from German codetermination legislation［R］. *Ssrn Electronic Journal*，2009.

③ 本章中涉及的《股份法》法条参考了以下译文：胡晓静、杨代雄，《德国商事公司法》，法律出版社2014版。

提出决议的建议，再由股东大会投票（《股份法》第124条第3款）。

选举自由：《股份法》第101条第1款第2句规定，股东大会仅依据《矿冶业参与共决法》第6条和第8条的规定受选举建议的约束，可推断，只在例外情况下，选举才受选举建议的约束，正常情况下，股东的选举并不限于监督委员会建议的候选人，也不限于持股超过5%或50万欧元的股东已向股东大会提交的人选（虽然监督委员会要对该人选提出决议的建议）。《股份法》第126条第1款和第2款规定，股东可在股东大会召开之日的14天前，向公司递交对监督委员会和管理委员会就一个特定议题的建议的反提案（countermotion），经审核符合《股份法》的规定后，在公司网页上公布。上述的特定议题包含了对于监督委员会成员的选举事项，股东可在反提案中反对监督委员会推荐的人选，同时向股东大会推荐自己认为合适的人选，甚至可以推荐股东本人（详情见莱茵集团2016年4月召开的股东大会上的四个反提案）。

特殊情况：章程可规定特定股东或特定股票持有人可向监督委员会派出监督委员会成员（《股份法》第101条第2款）。例如，根据大众公司（Volkswagen）的《公司章程》第11条第1款，只要直接或间接持股比例不低于15%，下萨克森州（Lower Saxony）就有权向监督委员会派出2名成员。2013年，州政府向大众公司更换了其派出的监督委员会成员（大众公司2015年年报）。

2）实际的选举情况

上述法律规定的选举自由原则表明，一个大股东或几个拥有多数票的股东可以拥有监督委员会中大量股东监督委员会成员席位。因此，有德国学者认为，法律没有保证小股东或少数股东也可以拥有一个代表席位。在立法过程中，曾经详细并反复探讨了是否必须在法规中规定一个根据持股比例分配选举权的条款，但这一方案最终没有获得通过。这是德国法中的一个最重要的结构性决定。[①]

（3）监督委员会构成与投资者利益的保护

良好的公司治理包括多方面的内容，但其中尤为重要的一条是对投资者利

① ［德］莱塞尔、法伊尔：《德国资合公司法》，法律出版社2005年版。

益的保护，在众多文献中，对投资者利益的保护程度成为衡量一国企业或一家企业治理质量的关键内容。根据对投资者利益保护程度的差异，对世界各国的公司治理进行分类，甚至要比主流的银行主导模式和市场主导模式的分类更为科学（La Porta et al.，2000）[①]。在很多国家，外部人即中小股东和债权人的利益经常遭到内部人——有控制权的股东或经理人的侵占。因此，公司治理在一定程度上可理解为，一整套用于保护外部人利益免受内部人侵占的机制。[②]

也就是说，世界范围的公司治理实践都遇到了两大代理问题，第一类代理问题表现为股权较为分散的情况下，经理人逐渐掌控公司，股东失去话语权，从而出现经理人损害股东利益的情况（伯利和米恩斯，2005），[③] 这在英美大公司里较为常见。第二类代理问题则出现在股权集中度较高的情况下，大股东利用自身对公司的控制权（control right）大于现金流权（cash flow right）的优势，损害中小股东的利益，其中，利用关联交易掏空公司的隧道效应（tunneling）[④]就是典型的表现（Johnson，La Porta，Lopez-de-Silanes and Shleifer，2000）。[⑤]

从上文中可知，德国公司的股权集中度虽然高于英美大公司，但也逐渐呈分散化趋势（30 家最大公司中有 16 家属于分散持有的类型），那么在此情况下，一方面既要考虑经理人对股东利益的损害，另一方面也应防范大股东对中小股

① La Porta R，Lopez-De-Silanes F，Shleifer A，et al. Investor protection and corporate governance [J]. *Journal of Financial Economics*，2000，58（1-2）：3-27.

② 同上。

③ [美] 阿道夫·伯利、加德纳·米恩斯著，甘华鸣等译：《现代公司与私有资产》，商务印书馆 2005 年版。

④ 例如，某大股东在公司持股比例 60%，也就是现金流权为 60%，但控制权几乎为 100%，控制权大于现金流权。假定该大股东让该公司与自己 100%持有的另一家公司进行关联交易，并在交易中定一个不合理的价格，使得公司相对于市场价损失 100 万，总体上而言，大股东还是获益的，因为大股东在公司的损失为：60%×100 万=60 万，而 100%持有的公司获利 100 万，净得 40 万。上述这一做法，是大股东侵害小股东利益的典型表现，这在学术文章中被称为隧道效应。

⑤ Johnson，Simon，Rafael La Porta，Florencio Lopez - de - Silanes，and Andrei Shleifer，2000，Tunneling，*American Economic Review Papers and Proceedings* 90，22-27.

东利益的侵占问题。仔细审视德国公司治理的实践和法律，可以发现关于监督委员会的一些法规具有保护投资者特别是中小投资者利益的作用。

1）监督委员会成员的独立性要求

2015 年修订的《德国公司治理准则》（German Corporate Governance Code）的 5.4.2 对德国上市公司监督委员会成员的独立性做出了指导性的要求，虽无强制性，但若未遵守，须说明理由。具体建议如下：

监督委员会应包含自认为合适的一定数量的独立监督委员会成员。

以下情况的监督委员会成员不属于监督委员会的独立成员：若该监督委员会成员与公司、管理委员会、控股股东或控股股东的企业有私人或业务关系，并可能造成实质性而非暂时性利益冲突的。

本公司卸任的管理委员会成员最多只能有两人可以进入监督委员会。

准则中有两类条款，虽然都不是强制性要求，但有差别。一种是不遵守则要披露和说明理由的，另一种条款不遵守不用披露和说明理由。而对监督委员会成员独立性的要求则属于不遵守需要披露的那一种。①

从德国公司治理准则对监督委员会成员独立性的要求来看，一方面，在监督委员会中引入更多的独立成员逐渐成为共识，也给出了指导性的建议，且在实践中员工成员的独立性应是得到保证的。另一方面，还应看到独立性要求并未作为一项必须遵守的规则，若不遵守也仅仅是在年报中披露和解释不遵守的理由，且对于应有几名监督委员会成员具有独立性也未明确规定，只是让公司自行确定合适的独立监督委员会成员数量。

2）中小股东在监督委员会中的席位

有文献认为，法律没有保证德国上市公司的中小股东能够获得监督委员会

---

① 准则前言的第 10 段提到：准则中的有益建议在表述中使用了“应当”一词。（The recommendations of the Code are marked in the text by use of the word “shall”.）公司可以不遵守这些有益建议，但有义务每年披露执行的情况，并说明未能遵守的理由。即要么遵守，要么解释……（Companies can deviate from them, but are then obliged to disclose this annually and to justify the deviations, comply or explain.）另外，对于未遵守但无须披露的鼓励条款，准则使用了“可以”一词进行区分。（Furthermore, the Code contains suggestions which can be deviated from without disclosure; for this the Code uses the term “should”.）

席位（莱塞尔和法伊尔，2005）。[①] 在实践中，公众公司的监督委员会主要由银行管理委员会主席、公司前管理委员会成员、供应商和客户的管理委员会成员构成。而为了照顾中小股东的利益，通常也会给证券保护协会的代表保留 1 个席位。[②] 因此，监督委员会的成员构成并不有利于中小投资者利益的保护。

3）不能同时兼有管理委员会成员、监督委员会成员资格，防止内部人控制

分设管理委员会和监督委员会分别行使执行权和监督权，可以防止管理委员会成员、监督委员会成员滥用权力，损害公司利益。《股份法》第 105 条第 1 款："监督委员会成员不得同时作为公司的管理委员会成员、持续性的管理委员会成员代表、经理或者被授予全部业务经营权的全权代办人。"

4）实践中的监督委员会构成情况

本章从 DAX30 指数 30 家公司中，选取对监督委员会成员个人信息披露较为详细的 2 家公司，来说明监督委员会成员的构成是否符合规定。

例子 1：**德国汉高**监督委员会成员（详细情况见该公司 2015 年年报）

汉高监督委员会共有 16 名成员，股东代表和员工代表各 8 人，符合 2000 员工以上公司同等参与的规定。

主席：个人投资者。

副主席：汉高职工委员会总会（general works council）[③] 主席。

股东代表：个人投资者 4 个，天体物理学家 1 个，2 个其他公司管理委员会主席，1 个其他公司管理合伙人。

员工代表：职工委员会总会主席 1 名，职工委员会总、分会成员 4 名（工人和普通职员），高级职员代表（General Senior Staff Representative Committee）1 名，工会代表 2 名——均来自矿山、化学与能源行业工会的汉诺威分会（IG Bergbau，Chemie，Energie），符合 16 人监督委员会中有 2 人来自工会的规定。

---

① ［德］莱塞尔、法伊尔：《德国资合公司法》，法律出版社 2005 年版.

② 资料来源：Statistische Angaben bei Vogel aa0 120ff，转引自莱塞尔和法伊尔（2005）。

③ 大型公司设有总公司级别的职工委员会总会，以及各分公司的分会。

例子 2：**戴姆勒**公司（监督委员会人员信息请见戴姆勒 2015 年年报）

监督委员会共 20 名成员，股东代表和员工代表各占一半（符合同等参与的规定）。

股东代表：1 名来自格莱珉银行美国分行，7 名来自其他公司监督委员会或管理委员会，2 名银行监督委员会或管理委员会成员。

员工代表：职工委员会 6 人（工人和普通职员），五金行业工会（IG Metall）3 人（符合监督委员会 10 名员工代表中有 3 人来自工会的规定），工厂经理（Director，高级职员）1 人。

2. 监督委员会的职能[①]

一些文献认为，德国的监督委员会类似英美模式下的董事会（Fauver and Fuerst，2006）[②]，实际上二者还是存在差异的。德国监督委员会的主要职能在于监督管理委员会，而不像美国董事会那样拥有广泛的经营管理权。

（1）监督企业的经营管理

根据《股份法》第 111 条第 1 款："监督委员会应当对业务经营进行监督"的规定，监督委员会的职责是监督企业的经营和管理。第 2 款规定了监督委员会可以审查的具体事项，包括"账簿、文件以及财产标的，特别是公司的现金以及有价证券、商品的库存"。此外，监督委员会还应监督企业的经营决策，如经营计划、企业内部协调和管理人员任命等。

监督委员会还应就股东大会的议事日程提出相应的建议——第 124 条第 3 款："对于每个应由股东大会决议的议题，管理委员会和监督委员会应在公布中提出决议的建议，对于监督委员会成员和审查人的选任，只应由监督委员会提出决议的建议。"

监督委员会还要对管理委员会的报告发表评论或进行咨询。监督委员会可

① 对监督委员会职能这一部分的总结，参考了莱塞尔和法伊尔（2005）的相关内容。

② Fauver L，Fuerst M E. Does good corporate governance include employee representation? Evidence from German corporate boards [J]. *Journal of Financial Economics*，2006，82（3）：673-710.

以做出正式的决议，表明同意或反对管理委员会的某一措施，但这一决议对管理委员会无约束力。

如果在监督委员会和管理委员会之间出现了意见分歧，监督委员会原则上不能阻止管理委员会执行某一具体的业务措施。同样也不能命令管理委员会执行某一决议。因为监督委员会不是管理委员会的上级机关，而且它自己也没有独立的经营管理权，因为《股份法》第 111 条第 4 款第 1 项规定："业务经营不得交给监督委员会实施。"

特例：只有监督委员会拥有"同意保留权"的事项，监督委员会才能行使否决权——《股份法》第 111 条第 4 款第 2 项："章程或监督委员会应确定，特定种类的业务只能经其许可后实施。"

（2）审查年度报表

如果监督委员会认同了年度报表，那么，该报表就获得通过，股东大会也就不能再改动报表中的数据（《股份法》第 172 条："监督委员会批准年度决算的，只要管理委员会和监督委员会未决议将年度决算交由股东大会确认，年度决算即被确认。"）。如果监督委员会不批准管理委员会编制的年度报表，或如果管理委员会和监督委员会已经决议将年度报表交股东大会确认，那么股东大会就有最终的决定权（《股份法》第 173 条第 1 款）。

实践中的情况：以拜耳公司为例，公司 2015 年年报对监督委员会在一个财政年度的履职情况进行了总结，"监督委员会批准了公司的年度预算和财务框架。(…The Supervisory Board approves the annual budget and financial framework.）还通过了公司的财务报告（It also approves the financial statements of Bayer AG…）"。[①]

（3）同意保留权

1）法律规定：《股份法》第 111 条第 4 款第 2 项："章程或监督委员会应确定特定种类的业务只能经其许可后实施。"即公司章程或监督委员会自己可以规定，

① 详见拜耳公司 2015 年年报第 184 页。

某些特定类型的业务先要得到监督委员会的同意，管理委员会才能开展。

监督委员会不仅要审查该项措施或业务的合法性，还要判断其是否符合公司的经营目的、是否具有经济效益。如果监督委员会拒绝该项措施或业务，管理委员会可以召集股东大会，且股东大会四分之三的绝对多数否决监督委员会的反对意见后，管理委员会才可以实施该措施或业务（《股份法》第 111 条第 4 款第 3 项）。

但对于什么是“特定种类”的业务，《股份法》并未有明确界定，而《德国公司治理准则》的 3.3 给出了基本的说明：对于有重大影响的业务，公司章程或监督委员会应当明确必须由监督委员会批准才可实施的具体业务活动。这些业务包括从根本上改变企业财产、财务或者收益状况的决策和措施。（For transactions of fundamental importance，the Articles of Association or the Supervisory Board -the latter possibly also in individual cases-specify provisions requiring the approval of the Supervisory Board. They include decisions or measures which fundamentally change the asset，financial or earnings situations of the enterprise.）

2）实例

阿迪达斯公司

公司规定：阿迪达斯公司的《监督委员会议事规则》第 8 条规定了须经监督委员会批准，管理委员会方可实施的业务。现将前 6 条翻译如下：

第一，开展新的重大业务或剥离现有的重大业务，以及能够给公司结构和发展带来实质性影响的交易或措施。

第二，收购和出售涉及金额 2000 万欧元以上的公司重要资产、子公司和直接持股的企业。

第三，超过 2000 万欧元的业务而不论是以全球授权形式进入预算还是未进入预算：设立、撤销、收购及出售子公司和持股公司（包括减持股票），以及通过增发增资。

2000 万欧元以下的部分，管理委员会应当在准备季度报告时向监督委员会汇报上述业务全球授权的实施情况。

第四，出售超过 2000 万欧元的不动产或准不动产。

对于 1000 万~2000 万欧元的项目，管理委员会应当在准备季度报告时告知监督委员会。

第五，未列入预算并且金额大于 2000 万欧元的单项投资。

未列入预算的 1000 万~2000 万欧元的项目，管理委员会应在准备季度报告时告知监督委员会。

第六，发行非基于股票的债券或其他近似融资工具，如果单只债券（无论其是否为分级债券）发行金额达到或超过 5 亿欧元，或与公司融资计划相关的多只债券总发行金额达到或超过 5 亿欧元。

具体实践：阿迪达斯公司在其 2015 年年报中报告了上一财年须经监督委员会批准的交易事项。

在 3 月和 11 月举行的监督委员会会议上，管理委员会汇报了扩建位于黑措根奥拉赫园区的“体育世界”办公大楼的投资计划（即阿迪达斯总部办公大楼，笔者注），经过深入磋商和讨论，监督委员会于 11 月批准了该计划。

在 5 月的会议上，讨论了收购目前租用的，位于俄罗斯契诃夫市的极为重要的配送中心的战略和财务价值，最终，基于积极的盈利预期，监督委员会批准了该收购计划。

在 8 月的会议上，监督委员会成员详细讨论了管理委员会收购奥地利 Runtastic 公司①全部股权的计划。该公司拥有丰富的健康和健身应用软件，足以推进公司的数字市场业务，因此监督委员会批准了该项涉及金额达 2.2 亿欧元的收购计划。

西门子公司

西门子在其《监督委员会议事规则》（Bylaws for the Supervisory Board）的第

① 该公司网址为：https://www.runtastic.com/。

4 条第 3 款也明确了须经监督委员会批准的五项业务。

第一，包括财务和投资计划在内的年度计划，以及由此带来的预期人事发展情况。

第二，单项权益或资产的市场价值（若无市场价值则使用其账面价值）大于等于 3 亿欧元的收购、出售和重组业务。上述业务若低于 6 亿欧元，则由创新和财务委员会（为监督委员会下设机构）批准即可，大于等于 6 亿欧元的则须经过监督委员会的批准。

第三，单笔金额大于等于 3 亿欧元的财务活动（以下情况除外：日常管理流动性、现金、利息以及适当的股票风险的需要，以及根据发行条件购入债务工具）。上述业务若低于 6 亿欧元，则由创新和财务委员会批准即可，大于等于 6 亿欧元的则须经过监督委员会的批准。

第四，单笔金额大于等于 3 亿欧元的固定资产投资。上述业务若低于 6 亿欧元，则由创新和财务委员会批准即可，大于等于 6 亿欧元的则须经过监督委员会的批准。

第五，收窄或终止占集团公司上一财年总收入 4%的现有业务。

从上述两家公司的规定来看，需要监督委员会批准才能由管理委员会实施的业务主要有：重大收购、撤资、固定资产投资和重大发行（如债券发行）。但从两家公司具体规定看，西门子公司规定的须经批准的门槛多为 3 亿欧元，而阿迪达斯则多为 2000 万欧元，相差较大。这可能跟二者所处行业的特点有关。

（4）人事权

监督委员会有权选聘管理委员会成员和任命管理委员会主席；监督委员会还有权代表公司确定管理委员会成员的职责范围、决定管理委员会成员的薪酬、与管理委员会成员签订聘用合同。在特殊情况下，还有权提前解聘管理委员会成员（《股份法》第 84 条、87 条）。

表 2-8 拜耳公司管理委员会薪酬情况

Board of Management Compensation (German Commercial Code) [Table 3.16.2]

	Fixed annual compensation		Fringe benefits		Short-term variable cash compensation		Long-term variable cash compensation based on virtual Bayer shares [1]				Long-term stock-based cash compensation (Aspire) [2]		Aggregate compensation		Pension service cost [3]	
	2014	2015	2014	2015	2014	2015	2014	2014	2015	2015	2014	2015	2014	2015	2014	2015
	€ thousand	€ thousand	€ thousand	€ thousand	€ thousand	€ thousand	No. of shares	€ thousand	No. of shares	€ thousand	€ thousand	€ thousand	€ thousand	€ thousand	€ thousand	€ thousand
Serving members of the Board of Management as of December 31, 2015																
Dr. Marijn Dekkers (Chairman)	1,363	1,374	42	40	1,828	1,995	15,809	1,828	16,739	1,995	414	398	5,475	5,802	722	967
Werner Baumann [4]	899	906	67	47	1,051	1,237	9,088	1,051	10,377	1,237	273	262	3,341	3,689	204	227
Johannes Dietsch	240	725	22	44	280	917	2,424	280	7,698	917	-	210	822	2,813	65	220
Michael König	719	725	222	36	841	917	7,271	841	7,698	917	218	210	2,841	2,805	176	211
Kemal Malik	659	725	72	40	771	917	6,665	771	7,698	917	-	210	2,273	2,809	216	222
Former members																
Prof. Dr. Wolfgang Plischke [5]	238	-	18	-	280	-	2,485	287	-	-	73	-	896	-	2	-
Total	**4,118**	**4,455**	**443**	**207**	**5,051**	**5,983**	**43,742**	**5,058**	**50,210**	**5,983**	**978**	**1,290**	**15,648**	**17,918**	**1,385**	**1,847**

[1] Fair value at conversion date
[2] Fair value at grant date
[3] Including company contribution to Bayer-Pensionskasse VVaG or Rheinische Pensionskasse VVaG
[4] The increased variable compensation for Werner Baumann resulted mainly from his temporary duties as head of Bayer HealthCare in addition to his primary responsibilities as a member of the Board of Management.
[5] Prof. Dr. Plischke stepped down from the Board of Management as of midnight on April 29, 2014. In return for his acceptance of the early change made to the system of variable cash compensation in 2010, Prof. Dr. Plischke in 2014 received one additional virtual Bayer share resulting from the conversion of the STI into virtual Bayer shares.

资料来源：拜耳公司 2015 年年报。

上表给出了拜耳公司管理委员会的薪酬情况（表中的单位为千欧元），从中可发现，管理委员会成员的薪酬由多个部分组成，以管理委员会主席 Dr. Marijin Dekkers 2015 年薪酬为例，包括：1）固定年薪（fixed annual compensation）为 1363000 欧元，2）工资外福利（fringe benefit）40000 欧元，3）短期可变现金收入（Short-term variable cash compensation）1995000 欧元，4）基于虚拟股份的长期可变现金收入（Long-term variable cash compensation based on virtual Bayer shares）1995000 欧元，5）基于股票的长期现金收入（Long-term stock-based cash compensation）398000 欧元，五项合计总收入为 5802000 欧元。

安联 2015 年度报告中监督委员会报告（supervisory board report）的开头部分描述了监督委员会的主要职能是：1）监督公司经营管理，2）给管理委员会的业务活动提供建议，3）负责管理委员会的日常人事工作和继任计划。与《股份法》的规定完全契合。

在戴姆勒公司的监督委员会报告中，也有类似表述（2015 年年报第 48 页）：监督委员会就公司经营事项，持续地为管理委员会提供建议并对其经营进行监督。（It continually advised and supervised the Board of Management on the management of the company.）

3. 监督委员会开会次数的规定

通常情况下每年召集四次以上的会议。《股份法》第 110 条第 3 款："监督委员会必须每半年举行两次会议。非上市公司的监督委员会可以决议，每半年应该举行一次会议。"

在实践中，德国上市公司确实遵照了该项规定。

安联 2015 年年报《公司治理报告》（年报第 41 页）：监督委员会在 2015 财年举行了六次例会。（The Supervisory Board held six regular meetings in the 2015 financial year...）

4. 监督委员会的薪酬结构

表 2-9 给出了德国拜耳公司监督委员会成员的薪酬情况（Compensation），单位：千欧元。从中可看出，薪水构成为：固定薪酬（Fixed Compensation）加出席费（Attendance Fee），当然，收入的主要部分是固定薪酬。以监督委员会主席（chairman）Werner Wenning 为例，他在 2015 年的固定薪酬为 360000 欧元，出席费为 11000 欧元，总薪酬为 371000 欧元。①

① 监督委员会成员具体的薪酬规定，可见拜耳的《公司章程》，网址 http://www.investor.bayer.com/en/bayer-group/articles-of-incorporation/。

表 2-9 拜耳公司监督委员会成员薪资情况

Compensation of the Members of the Supervisory Board of Bayer AG in 2015 [Table 3.16.8]

	Fixed compensation		Attendance fee		Total	
	2014	2015	2014	2015	2014	2015
	€ thousand	€ thousand	€ thousand	€ thousand	€ thousand	€ thousand
Members of the Supervisory Board as of December 31, 2015						
Dr. Paul Achleitner	180	180	5	5	185	185
Dr. Simone Bagel-Trah	81	120	3	4	84	124
Dr. Clemens Börsig	120	120	4	4	124	124
André van Broich	120	129	5	6	125	135
Thomas Ebeling	120	120	4	4	124	124
Dr. Thomas Fischer	180	180	9	9	189	189
Reiner Hoffmann	180	180	8	5	188	185
Yüksel Karaaslan	120	135	5	6	125	141
Petra Kronen	150	150	5	6	155	156
Frank Löllgen[1]	–	19	–	1	–	20
Dr. Helmut Panke	155	180	5	8	160	188
Sue H. Rataj	120	120	4	5	124	125
Petra Reinbold-Knape	120	130	4	5	124	135
Michael Schmidt-Kiessling	120	120	5	5	125	125
Dr. Klaus Sturany	240	240	8	9	248	249
Werner Wenning (Chairman)	360	360	10	11	370	371
Heinz Georg Webers[2]	–	60	–	3	–	63
Prof. Dr. Otmar D. Wiestler[3]	0	49	0	3	0	52
Prof. Dr. Dr. Ernst-Ludwig Winnacker	120	137	5	6	125	143
Oliver Zühlke (Vice Chairman)[4]	150	195	5	9	155	204

资料来源：拜耳公司 2015 年年报。

5. 银行在监督委员会中的作用①

（1）有研究发现，银行在主要上市公司中的持股比例从 1994 年的 4.1%降为 2005 年的 0.4%，笔者认为主要原因是：2002 年颁布的法律取消了资本利得税，银行借此开始大量减持非金融企业的股票。② 然而，限于资料可得性，银行

① 银行在公司治理中的作用主要通过持股、在监督委员会中拥有席位以及在股东大会上代理投票来实现，此处代理投票权本应在股东大会部分介绍，但考虑到银行治理作用的完整表达，故放于此处一并介绍。

② Bermig A, Frick B. Board Size, Board Composition, and Firm Performance: Empirical Evidence from Germany [J]. *SSRN Working Paper Series*, 2010.

在上市公司中的持股情况暂未有最新数据。

(2) 本章发现，银行在监督委员会中的席位相比早期文献的统计数据有较大差距，本章统计的 DAX30 指数的 30 家公司中，银行成员最多 3 人，一般 1~2 名，也有 11 家公司里未发现银行派出的成员，全体银行成员占总席位的 5.34%，这与近期文献的 5.6%较为接近。[①]

(3) 银行的代理投票权

1) 现行法律

在代理投票制度下，已取得为股票存管于本行的客户在股东大会上行使代理投票权的银行（须取得客户的授权书），告知客户对股东大会上议案的投票建议，并询问客户是否有其他意愿，客户如有指示，则按客户指示投票，若无指示，则银行有两种选择：一是按自己陈述的建议投票；二是依据管理委员会或监督委员会的建议投票，若两个委员会意见不一，则按监督委员会的建议投票（《股份法》第 135 条第 1 款）。

此处还应指出的是，银行在取得客户的授权后，每年应向客户明确强调指出随时可以撤回代理权和变更代理人（《股份法》第 135 条第 1 款第 2 项和第 3 款）。不过，可以合理推断，基于成本的考虑，在实践中，客户一旦将代理权授予银行，就少有收回代理权或变更代理人的情况，除非银行在股东大会上的投票明显背离了股东的利益。

银行按自己的建议进行投票的，应及时告知股东其针对个别议题行使投票权的建议。对于上述建议，银行应以股东利益为导向，并采取预防措施，防止银行在其他领域的利益影响投票选择。银行还应任命一名管理层成员监督该义务的遵守以及投票权的规范行使（《股份法》第 135 条第 2 款）。

如果银行的管理委员会成员或员工为被投票公司监督委员会成员，或被投票公司管理委员会成员或员工为银行的监督委员会成员，则银行必须明确指明

---

① Bermig A, Frick B. Board Size, Board Composition, and Firm Performance: Empirical Evidence from Germany [J]. *SSRN Working Paper Series*, 2010.

该信息（《股份法》第 135 条第 2 款）。

特殊情况下，如果银行推断股东在知悉实际情况时，将倾向于以不同的方式行使投票权的，则银行可偏离客户的指示或自己的建议进行投票，但应通知股东并说明理由（《股份法》第 135 条第 3 款）。在银行自身的股东大会上，只有股东对个别议题做出了明确的指示时，银行才可行使代理投票权（《股份法》第 135 条第 3 款）。

2）代理投票权立法过程

1937 年之前，法律对银行取得代理投票权未有明确的规定，当时，银行只需要在通用条款中自行加入一项条款就可取得客户的全面授权。上述做法在当时十分普遍也未遭到明显的反对，因而银行取得了对公司强有力的控制。

1937 年的《股份法》也仅仅做了微调，银行依然能够按照自己的意愿，而无须依据客户的意愿进行投票。新法规定了客户必须以书面形式授权，并且该授权的最长期限为 15 个月。这就意味着银行不能自动取得客户的授权，同时，该授权若要延续，须每 15 个月重新办理授权手续。

二战后，占领德国的盟军认为银行的作用过于强大，将对其进行改革。作为妥协，银行业引入了新的规则，规定银行应在客户的指示下进行投票，若客户无明确指示，则银行也应以客户的利益为出发点进行投票。上述内容被写入了 1965 年修订的《股份法》中。

虽然经历了上述的立法改革，但限制银行在公司治理中作用的声音不断。1998 年的《企业控制和透明度法》对 1965《股份法》进行了修订，若银行在某家公司直接或间接持有 5%以上的股份，则银行在该公司不能行使代理投票权，除非银行的客户针对个别议案提出了明确的指示（见《企业控制和透明度法》第 21 条修订内容）。不过，考虑到小股东的投票率实在过低，立法者最终不得不寻求新的平衡，在随后新修订即现行的《股份法》中，将 5%的比例提高至 20%，同时，对于授权期限的规定，也由 15 个月变为“银行应每年向股东明确强调指出随时撤回代理权和变更代理人的可能性”（《股份法》第 135 条第 1 款第 2 项和第 3 款）。

从上述立法过程看，银行的代理投票权是被逐渐规范的，但在具体实施中，银行依然有较大的自由度。代理投票权可以在一定程度上缓解小股东集体行动的困境，增加股东对公司事务的关心和影响力。但在实践中，银行并不一定代表客户的利益行使投票权。一方面，在股东未给出投票指示时，银行往往并不以股东利益为中心①，而是关心如何能收回他们放出的贷款。另一方面，即便股东做出了明确的投票指示，银行也可相机抉择。因为《股份法》第 135 条第 3 款规定，如果银行推断股东在知悉实际情况时，将倾向于以不同的方式行使投票权的，则银行可偏离客户的指示进行投票，只需事后通知股东并说明理由即可。

3）代理投票权的实证研究

Edwardset al.（2000）② 通过手工搜集德国 156 家最大非金融企业（因数据可得性及可比性，笔者选取的 200 家公司经剔除后还余 156 家，其中上市公司 105 家，非上市公司 51 家）20 世纪 90 年代年度股东大会上的代理投票（proxy voting）数据，发现银行在这些公司的平均持股比例为 6.7%，而从客户处获得的代理投票权则稍大，占投票权的 8.5%，二者合计达 15.2%。

笔者进一步假定德国三大银行（big three）③ 可能有共同行动，在此情况下分析了三大银行合计拥有的上市公司代理投票权是否能对公司治理产生实质性影响。笔者发现，三大银行代理投票权在 83 家（79%）公司中处于 10%以下，在 17 家（16%）公司中处于 10%~20%，只在 5 家（5%）公司中占有 20%~30%。笔者还发现，三家银行合计的代理投票权只在 22 家公司中（10%~20%组和 20%~30%组）才能与公司第一大股东的投票权相接近。

① 转引自 Braendle U C. Shareholder Protection in the USA and Germany-On the Fallacy of LLSV [J]. *SSRN Working Paper Series*, 2005。

② 同上。

③ 三大银行分别是德意志银行、德累斯顿银行和德国商业银行，不过德累斯顿银行于 2009 年成为了德国商业银行的一部分。

表 2-10　德国三大银行合计拥有的代理投票权分布（20 世纪 90 年代）

组别	公司数量	百分比
10%以下	83	79%
10%～20%	17	16%
20%～30%	5	5%
合计	105	100%

资料来源：根据 Edwards et al.（2000）整理而得。
注：直接的数据来源或较新的数据暂未发现。

然而，一些研究得出的数据与上述文献却有较大差距，Baums 和 Fraune（1994）① 则发现，在 24 家主要的德国公司中（1992 年数据），银行合计拥有的代理投票权为 60.95%，这一数值大大超过 Edwards et al.（2000）一文中的数据。

双层委员会制度更细化了监督和经营管理职能，再辅以员工的广泛参与，以及银行对公司治理的主动介入，构成了德国公司治理的重要特色，虽然不能证实上述制度改善了德国的公司治理、提升了公司业绩，不过，战后德国经济一枝独秀引领欧洲，很难说与这一制度毫无关联。

（三）管理委员会

尽管德国的监督委员会在公司治理中发挥了重要作用，但公司的经营管理主要还是管理委员会的职责，公司的发展必须依靠优秀的管理委员会团队。

1. 管理委员会职能——独立负责

管理委员会拥有公司的管理权和代表权。《股份法》第 76 条第 1 款："管理委员会应自己负责经营公司。"第 1 款所用的是广义的"经营管理"，它不仅意味着管理委员会可以确定企业的经营策略和经营方向，而且意味着可以采取具体的经营措施。

① Baums T, Fraune C. Institutionelle Anleger und Publikumsgesellschaft: Eine empirische Untersuchung. Arbeitspapiere // Universität Osnabrück, Institut für Handels-und Wirtschaftsrecht; 94, 6, 1994.

安联2015年年报的《公司治理报告》对管理委员会主要职能说明如下：负责设定企业经营目标和企业战略方向（setting business objectives and the strategic direction），协调和监督经营部门，实施和监控风险管理系统，准备财务报告。

以上职能与英美企业经理层职能也有较大差异，德国管理委员会比英美经理层的权利要广泛，将德国的监督委员会类比于英美的董事会、管理委员会类比于英美的经理层是不合理的。

2. 管理委员会的义务（《股份法》第90条和91条）

管理委员会的主要义务有：簿记、建立监管系统、及早发现危及公司生存的情况、公开信息以及对监督委员会的报告义务。

安联2015年年报监督委员会报告的概览部分，对管理委员会须向监督委员会汇报的主要事项进行了说明：定期并及时报告实际业务进展与计划的偏离情况，准备财务报告并向监督委员会汇报。与《股份法》第90条和91条的规定基本一致。

3. 管理委员会的机构设置和工作流程

管理委员会可以由1人或者多人组成。注册资本超过300万欧元的公司，至少由2人组成，除非公司章程规定由1人组成（《股份法》第76条第2款）。而对于管理委员会内部机构的设置则由公司自主决定。

以宝马公司为例，其管理委员会目前共有8名成员，分别负责财务、发展、市场和售后（2名）、生产、采购与供应、人力资源（和产业关系）、主席（统筹全局）。管理委员会1周开会1次（宝马公司2015年年报第174页的《管理委员会工作流程》）。管理委员会还下设了三个委员会。

表 2-11　宝马公司管理委员会下设委员会概况

委员会	职能	会议次数	成员
经营委员会	将管理委员会的战略决策具化为生产计划	2 周 1 次	负责发展（主持会议）、采购与供应、生产（递补主持会议）、市场与售后（2 名委员）的成员
可持续发展委员会	制定可持续发展战略，并决定实施办法	半年 1 次	全体管理委员会成员+公司事务主管和负责环保可持续发展的代表（负责咨询）
经理事务委员会	处理经理人事务（包括公司管理架构、经理提名、晋升建议等）	最多 1 年 10 次	主席（主持会议）、人力资源成员；经理人层面的人力资源负责人（负责咨询）

资料来源：根据宝马公司 2015 年年报整理而得。

4. 管理委员会成员的选聘和解聘

监督委员会选任管理委员会成员，任期最多 5 年，允许多次选任或延长任职期限，每次最长 5 年（《股份法》第 84 条第 1 款）。数人被选为管理委员会成员的，监督委员会还可以任命 1 名管理委员会成员为管理委员会主席（《股份法》第 84 条第 2 款）。

特殊情况：选任 1 名职工管理委员会成员，负责企业人事工作和社会工作（依据 1976 年《参与共决法》第 33 条而设置，不受该系列法律管辖的公司不设职工管理委员会成员）。

管理委员会成员只有在重大事由（特别是指严重违反义务、丧失通常的业务执行能力或者通过股东大会撤销任命）出现时，才可被监督委员会撤销任命（《股份法》第 84 条第 3 款）。

（四）股东大会及大、小股东权利

1. 股东大会的召集

管理委员会和监督委员会召集：股东大会由管理委员会以简单多数决议召集（《股份法》第 121 条第 2 款第 1 项）。另外，如果出于公司利益需要，监督委员会内部可以简单多数决议而召集股东大会（《股份法》第111条第3款）。

（中小）股东召集：《股份法》第122条第1款规定："合计持有5%股份的股东以书面方式并说明目的和理由请求召开股东大会的，应召集股东大会；该请求应提交给管理委员会。章程可以针对股东大会召集请求权的行使规定其他的方式和更少的持股份额。准用第142条第2款第2项的规定。"

该法第142条第2款："股东大会拒绝了关于选任特别审查人对设立中的某个事件或经营中的某个发生不超过五年的事件进行审查的申请的，如果有事实表明在该事件中存在不忠实或者严重违反法律、章程的行为，经提出该申请时合计持有1%的股份或持股数额达到10万欧元的股东申请，法院应选任特别审查人。"

第122条第3款规定，第1款中股东的请求未被满足的，法院可以授权提出请求的股东召集股东大会或公布议题。法院同时可以指定会议主席。

2.（中小）股东的提案权、特别审查权、赔偿请求权、代理投票和股东大会无效决议的撤销权

（1）提案

合计持有5%的股份或持股金额达到50万欧元的股东，可以将议题列入议事日程并公布（《股份法》第122条第2款）。

第122条第3款规定，第1款中股东的请求未被满足的，法院可以授权提出请求的股东召集股东大会或公布议题。法院同时可以指定会议主席。

（2）特别审查权

持股1%或10万欧元以上的股东，可要求由特别审查人对公司设立过程中或过去五年中发生的任何经营管理行为进行特别审查，而特别审查人则由法院委任（《股份法》第142条第2款）。

（3）赔偿请求权

该规定与特别审查较为类似，合计持有1%的股份或持股数额达10万欧元的股东，可以向法院申请准许以自己的名义主张公司的赔偿请求权（《股份法》

第 148 条第 1 款）。

（4）代理投票

多数小股东的投票权是由受托银行来行使的，不过，近年来，一些其他机构包括一些民间组织也开始开展此项活动①。德国的机构投资者——例如保险公司和投资公司，虽然也持有股票，但并无投票义务，而养老基金在实践中还未发挥多少作用。②

（5）股东大会无效决议的撤销权

《股份法》第 243 条和第 249 条规定，若股东大会决议违背了法律或公司章程，任何股东③均可发起诉讼程序要求撤销该无效决议。

上述诉讼在德国非常普遍，是股东特别是中小股东维权的重要方式。2006—2008 年，有 12% 的德国上市公司都发生了这类诉讼（Vermeulen and Zetzsche，2010）④，不过有学者认为该诉讼也有被滥用之嫌（Baums，Drinhausen and Keinath，2011）⑤。

3. 对大股东的约束

（1）增持和减持的披露

德国《证券交易法》第 21 条规定，如果股东通过购买、出售或其他方式，使得直接或间接持有某家德国公司股票的投票权达到、超过或从大于等于变为小于 3%、5%、10%、15%、20%、25%、30%、50% 或 75%，则股东应当披露持有的投票权情况。并应毫无拖延地、最多不超过四个交易日将该变化情况报

① 详情见德国民间组织——德国股民协会主页 http://www.dsw-info.de/。

② Baums T. Shareholder Representation and Proxy Voting in the European Union: A Comparative Study [R]. Available at SSRN 10705, 1997.

③ 《股份法》第 245 条规定了享有无效决议撤销权人的范围，其中，对于股东而言，满足以下条件便可以提出：1. 出席股东大会，对决议投了反对票并记录在案；2. 被错误地不允许参加股东大会，或股东大会未依规定召集或决议议题未依规定公布。

④ Vermeulen E P M, Zetzsche D A. The Use and Abuse of Investor Suits-An Inquiry into the Dark Side of Shareholder Activism- [J]. *European Company and Financial Law Review*, 2010, 7 (1): 1-62.

⑤ Baums T, Drinhausen F, Keinath A. Anfechtungsklagen und Freigabeverfahren: Eine empirische Studie [J]. ZIP: *Zeitschrift für wirtschaftsrecht*, 2011, 32 (49): 2329-2352.

告公司以及联邦金融监管局。上述的报告期始于报告人知晓或被推定知晓其投票权达到、超过或低于上述规定的持股比例之时。

《证券交易法》第28条规定，以上报告义务未履行完期间，这些股权无表决权，如果是非故意的，则可以采取补救措施。但若是故意或因重大过失而违反了报告义务，则在履行完报告义务后还须延长六个月，方有表决权（如果仅仅是错误报告了表决权数量，且错误报告的数量小于实际表决权的10%，则不用延长六个月）。

该法第26条规定，公司在收到上述报告后，应毫不拖延地，在不超过3个交易日的时间内，发布报告的信息（从公司网站上的notification或announcement of voting rights可查询到该信息），并将该信息通报给监管部门（即联邦金融监管局，笔者注）。

以阿迪达斯公司为例，该公司于2016年5月6日在其公司网站上的“notification of voting rights”公布了一条股东持股变化信息。该股东由之前3%的投票权增至5.0003%，触发了5%的阈值。

越过或达到阈值的日期：2016年4月27日

发布日期：2016年5月6日

股东名称：FMR LLC美国，特拉华州

公布的主要持股变动信息如下：

表2-12 阿迪达斯公司持股变化

	来自股票的投票权	来自金融工具的投票权	总投票权	发行人总投票权	直接持有（3%以上）	间接持有（3%以上）
变动后情况	5.0003%	0	5.0003%	209216186	0	4.69%
变动前情况	3.27%	0	3.27%	—	—	—

注：该股东通过旗下的Fidelity Management & Research Company间接持有4.69%的股份，另通过旗下其他公司持有剩余部分约0.31%的股份。

此外，还有对持股人重要股份通知的规定。持股达到或超过10%的股东，须在20个交易日内，向公司告知通过收购股票所要实现的投资目标及收购所用资金的来源（即确定是自有资金还是其他资金）。若上述的投资目标发生变更，须在20个交易日内发出通知（《有价证券交易法》第27a第1款）。

投资目标主要内容为（《有价证券交易法》第27a第1款）：

第一，该投资是否有利于实现战略目标的转移或获得交易利润；

第二，该申报义务人是否计划在未来12个月内通过收购或其他方式获得更多表决权；

第三，该申报义务人是否力求对发行人的行政管理机构、领导机构和监督机构的全体人员施加影响；

第四，该申报义务人是否力求引起公司资本结构的实质性改变，尤其是致力于对内融资（股权融资）和对外融资的比例及股息政策的改变。

（2）强制要约收购

1）触发的持股比例

德国法律规定，直接或间接取得目标公司控股权（30%以上的股份——《有价证券收购法》第29条）的任何人，在向联邦金融监管局送达的要约文件被批准后，或要约文件开始生效过去10个工作日且未被金融监管局禁止，应当按指定的信息披露途径公布要约文件，触发强制要约（《有价证券收购法》第35条）。

2）收购对价

法律规定，收购价格不得低于以下两个价格中的较低者：一是要约人公布要约决定之前的三个月内目标公司股票的交易所平均交易价格，二是公布要约文件前六个月要约人及其一致行动人或其子公司收购目标公司股票的最高价格（《关于〈有价证券收购法〉的法令》即WpÜG Angebotsverordnung第3—6条）。

如果要约人（包括其一致行动人或其子公司）在公布要约文件后，未完成“要约发出后要约人公布信息的义务”——主要内容为要约人所持有的目标公司股份以及用以收购目标公司的有价证券（若以有价证券方式收购）等信息，在此期间若收购到目标公司的股份，并在价格上提出了或协议达成了高于要约文件中的既定价格，那么目标公司股东享有的对价也应根据二者价差增加（《有价证券收购法》第31条第4款）。此外，在完成“要约发出后要约人公布信息的义务”后的一年内，若要约人在交易所以外收购目标公司的股权，且在价格上提出或约定高于要约文件中的对价，则要约人有义务向接受要约的股权持有者以现金方式支付这一差额（《有价证券收购法》第31条第5款）。

3）对要约人提名权和表决权的限制

在由要约人召集的、旨在变更公司章程或决定公司领导机关构成的第一次股东大会上，如果要约人依照要约规定占有目标公司至少75%的表决权，则其提名权就不产生效力，且多数表决权股权只占1票（33b第2款第1项）。值得一提的是,《股份法》第179条恰好规定，修改公司章程须经在股东大会决议时被代表的股本的75%同意，章程可规定其他资本多数，但对公司经营范围的变更只能规定更高比例。

4）融资要求

要约人在公布要约文件之前，应当采取必要措施，以确保在对价的请求权到期之日能有完全履行要约所需的资金。要约预先规定了以货币作为支付对价的，则需要通过一名独立于要约人的投资服务公司以书面形式证明：要约人已经采取了必要的措施，以确保完全履行要约所需的资金（《有价证券收购法》第13条）。

若要约人未采取上述规定的必要措施而导致在付款期限到期时无法支付必要的资金的，要约接受人有权向上述的投资服务公司提出赔偿（《有价证券收购法》第13条）。

上述投资服务公司一般为欧洲的银行[①]，这表明除了自有资金外，银行信贷资金也可用于收购。

---

① 详见中信证券股份有限公司关于美的公司要约收购KUKA Aktiengesellschaft之独立财务顾问报告，2016年6月1日。

5）强制要约的豁免

不计入的表决权：继承、财产分割、配偶或三代内直系亲属间的无偿赠与；企业法律形式的变更；企业集团内部的结构调整（《有价证券收购法》第36条）。

免除要约义务：无意地达到了规定的持股比例，非控制目的，涉及对面临财务困境的目标公司的重组，目标公司股份减少导致持股比例增加，另一股东持有更多股权，按目前的股东出席率计算而难以在股东大会上获得50%以上的表决权等（《有价证券收购法》第37条和《关于〈有价证券收购法〉的法令》第9条）。

6）质押股票的投票权归属

德国《有价证券收购法》第30条第1款第3项提到，股权被质押后，质押权人可以在被授权的情况下取得这些股权的投票权，且质押权人可以不依赖于质押人的指示进行投票。①

三、德国公司治理对我国的启示

（一）从监督委员会和管理委员会的关系看控制权的最优配置

1. 一定程度的经营者支配

（1）法律层面

从现行法律规定可知立法者的立法初衷和其认为的理想的控制权（治理）模式：正常情况下给予管理委员会较大的权力，任其充分发挥企业家精神；但在重大业务的决策上，规定了监督委员会和股东大会的例外干预。

《股份法》第76条第1款、第111条第1款和第4款规定，公司经营权属于管理委员会，监督权属于监督委员会，监督委员会只参与预先规定的少数具体业务的决策（这些业务一般在章程或监督委员会议事规则中列示，详细内容请

① 但这部法律未说明在何种情况下，依照哪一条法律质押权人可以获得投票权的授权。

查看本章前文监督委员会“同意保留权”部分，关于阿迪达斯和西门子的例子），这些业务须经过监督委员会的同意方可实施，如果监督委员会否决该项措施或业务，管理委员会可以召集股东大会，且股东大会四分之三的绝对多数否决监督委员会的反对意见后，管理委员会就可以实施该措施或业务，而在其他情况下，监督委员会无权参与具体业务。

在前一版本《股份法》（1965 年颁布）制定过程中，曾有提议以股东民主（包含较多内容，但主要内容为，强调股东是公司的主人）之名，要求在法律中规定管理委员会应当对股东大会负有管理责任，但最终未被采纳。未被采纳的主要理由是：公司不是缩小版的国家，股东大会不是议会，管理委员会不是政府部门，公司应当由少数具备专有知识和技能的经营专家负责经营管理。①

（2）实践中的证据：两个委员会的薪酬设定与权利分配

从 DAX30 指数成分公司中市值最大的十家公司看，各家管理委员会成员的薪酬明显高于监督委员会成员，以委员会的主席为例，二者薪酬均值分别为 596.917 万欧元和 41.7919 万欧元，前者约为后者的 14.5 倍。从上述薪酬差距以及监督委员会成员具有兼职性质看，难以想象一年只开几次会议，拿着不足管理委员会十分之一薪水的监督委员会，能够主导公司的经营，如此看来，德国大公司（样本公司）具有较为明显的经营者（管理委员会）支配特征。

表 2-13　DAX30 指数市值前十大公司管理委员会和监督委员会主席薪酬对比

（单位：欧元）

公司名称	大股东持股	控制类型	市值（亿欧元）	监督委员会	管理委员会
拜耳	6.32%	分散	958	371000	5802000
SAP 公司	23.60%	个人或家族	902	341000	9279000
戴姆勒	6.80%	分散	830	447400	9678000

① Donnelly S, Gamble A, Jackson G, et al. The public interest and the company in Britain and Germany [J]. *London: Anglo-German Society for the Study of Industrial Society*, 2001.

（续表）

公司名称	大股东持股	控制类型	市值（亿欧元）	监督委员会	管理委员会
德国电信	28.42%	政府	769	284833	4593574
西门子	6.20%	分散	757	608000	5729000
安联	6.28%	分散	747	366700	4790000
大众	52.20%	个人或家族	696	—	4173156
巴斯夫	6.40%	分散	650	481300	4999000
宝马	46.80%	个人或家族	630	366041	6218971
大陆集团	46.00%	个人或家族	449	495000	4429000
均值				**417919**	**5969170**

资料来源：各家公司 2015 年年报。

注：大众公司监督委员会主席还在大众下属公司任职并获取薪水，导致其在大众公司获得的薪水较低，故此处省略该数据。

2. 国有企业与私营企业治理模式的趋同

（1）监督委员会和管理委员会

从德国国有企业的治理实践来看，在德国，国有企业与私营企业在公司经营方面并无明显差异。一方面，政府作为企业的大股东可以就监督委员会成员提名人选，但也要经过全体股东投票选举，而并不能直接安排自己的人员进入公司的监督委员会①；另一方面政府不能直接干预公司经营团队——管理委员会的人选，更不能直接干预管理委员会的经营（前述的莱茵集团例子表明，地方政府作为第一大股东，无法影响管理委员会提出的利润分配方案）。

（2）国有企业经营者的市场化薪酬

经营者薪酬的合理与否，一方面在很大程度上决定了国有企业是否可以挑选优秀的经营者团队，另一方面也决定了经营者工作的积极性。

德国国有企业经营者薪酬与私营企业并无明显差别，以市值最高（在 30 家

① 大众公司是一个例外。

中排第4，详见表2-1）的国有企业德国电信为例，2015年该公司管理委员会主席总薪水为459.3574万欧元，在前十大公司里，除了明显低于SAP公司（927.9万欧元）和戴姆勒公司（967.8万欧元）外，与其他7家公司的平均水平非常接近。市值第2（30家中排第21，详见表2-1）的国有企业德国邮政管理委员会主席2015年的薪酬也达到了552.9976万欧元①，与前述的前十大公司无明显差距，这表明，德国国有企业经营者的薪酬水平是完全市场化的。

与董事会负责决策及选聘经理人的英美体制相比，德国的双层委员会的制度安排在一定程度上有其合理性甚至有其优越性。管理委员会制度实现了对管理层的扩权和定型化，对公司经营和监督的职能界定清晰，让真正具有专有知识和技能的经营管理人员获得足够的经营权，包括制定中长期战略和负责具体的短期运营，减少外部非专业人士不必要的干扰（干扰的例子：一些国家的董事匆匆从各地赶来参加董事会，只花半天时间就草率地否决了职业经理人提出的专业的经营方案）。

不过，德国模式下，管理委员会成员均由监督委员会任命，而且管理委员会作为一个集体对经营负责，责任未能细化到人。而在英美体制下经营由CEO负责，并且CEO可以向董事会提名重要的经营班子成员。有理由相信，上述差别也会对经营人员产生不同的激励和约束，从而影响经营业绩。

（二）员工作为利益相关者对公司治理的实质性参与

员工通过在监督委员会中拥有席位，从而参与公司治理，是德国公司治理的一大特色。德国监督委员会中的员工代表之所以能真正发挥作用，主要在于以下原因：

第一，在实施员工参与制度的企业中，员工代表占监督委员会席位的1/3～1/2，如此高的比例保证了员工代表在监督委员会中拥有足够的话语权。

① 详见德国邮政2015年年报。

第二，员工代表的提名、选举和任命均由员工自行开展和决定，权利完全在员工手里，不受股东大会的约束，从而保证了员工代表在企业中的相对独立性。

员工作为企业重要的相关利益主体参与公司治理，可以带来以下好处。

第一，员工作为企业的重要利益主体，参与治理活动，可以使得企业的决策更加注重长远发展而不是短期利益。

第二，员工相对独立于股东、监督委员会中的股东代表和管理委员会，因此，理论上，员工代表一方面可以监督大股东的行为，另一方面，也能对作为经营者的管理委员会进行有效制约。

应当承认，任何一项制度都不是完美的。员工参与制度也可能带来负面影响，例如，企业决策可能更多地向员工倾斜，员工代表中包含的一些企业之外的非专业人士（少量工会代表）可能对监督委员会的决策无正面作用。

德国的员工参与对公司治理发挥了重要作用，反观我国仿效德国而建立的监事会制度，可以发现其中有很大的不同。

第一，我国的监事会仅有监督权，而无对董事会的任免权。

第二，我国监事会的规模较小，要求股份有限公司不低于 3 人（《公司法》第 117 条），而在实践中监事会人数很少达到两位数，A 股市值最大的工商银行有 8 名监事，市值位于前 20① 的万科仅有 3 名监事。② 而德国雇员数在 2000~10000 人、10000~20000 人、20000 人以上的企业，监督委员会人数分别为 12、16 和 20（详见本章管理委员会部分相关内容）。

第三，虽然我国的股份公司监事会中也有三分之一的职工监事，不过职工监事的代表性显然不够。以工商银行为例，2 名职工监事分别是总行部门级总经理和总行纪检副书记，二人此前都曾为省行的行长（工商银行 2015 年年报）；而反观德国，员工代表席位则在工人、普通职员与高级职员之间按规定比例分

---

① 2016 年 9 月初数据，交易软件使用的是华泰证券的通达信。

② 详情见上述两家公司 2015 年年报。

配（《参与共决法》第15条第2款）。

（三）银行通过代理投票权对公司治理的参与

1. 银行代理投票

银行代理投票一定程度上解决了小股东集体行动的困境，同时，作为专业的金融机构，又可以较好地把握对治理活动的介入程度，而不像小股东那么盲目，更为重要的是银行具备处理信息不对称问题的天然优势。

当然，由于银行在企业也有自身的利益，比如要保证贷款的安全、要承揽企业的各项业务，这些因素的存在，都有可能使得银行在代理投票的过程中过多地考虑自身利益，或为了获得企业的业务而偏向于企业的管理层，这是值得注意和规范之处。

对于我国而言，也存在着小股东参与度低，公司事务被大股东垄断的现象。如何通过提高金融机构（包括公募基金、保险）对公司治理活动的参与度，从而对大股东进行一定的制衡，并能在公司经营不佳时对经营层进行例外干预，是中国公司治理理论界和实务界面临的重大课题。当然，必须承认，虽然我国机构投资者的力量在不断增强，但与大股东还存在较大差距，即便参加公司事项的表决，也不足以对公司决策有实质性影响。

2. 公司治理立法的权衡

公司治理立法当中，非常重要的一点是对效率和（公平）利益保护的权衡，以德国对银行代理投票权的立法反复为例，批评者认为，银行已经通过直接持股、向监督委员会委派监督委员会成员等方式，对企业的公司治理实施了较大的影响，代理投票权应当受到限制。在1998年的《企业控制和透明度法》中，曾规定若银行在某家公司直接或间接持有5%以上的有表决权股份，则银行在该公司不能行使代理投票权，除非银行的客户针对个别议案提出了明确的指示

(见《企业控制和透明度法》第21条对《股份法》第135条的修正)[①]。

不过，考虑到小股东的投票率实在过低，缺乏对经营层的压力，影响公司发展，立法者最终不得不寻求新的平衡，在2001年新修订的法律中，将5%的比例提高至20%（详见《股份法》第135条第3款）。

① 详细信息请见德国联邦法律公报 Nr. 24 vom 30. 04. 1998，Gesetz zur Kontrolle und Transparenz im Unternehmensbereich（KonTraG），主页网址：http://www.bgbl.de/。

日本公司治理

董申　蔡倩

“法人相互持股”下的“经营者支配”是日本上市公司治理结构区别于欧美公司的最主要特征。股权分散且上市公司中普遍存在法人相互持股的现象也使得日本经济有了另一个别名“法人资本主义”(Corporate Capitalism)。在本章接下来的数据分析中我们可以看到，在日本上市公司股票的各主要持有主体中，法人取代了投资机构与个人投资者的位置成为最大的持股群体，与此相对应的则是由公司内部高级管理人员占压倒性多数的董事会成员结构，即“经营者支配”上市公司的治理模式。

以“法人相互持股”下“经营者支配”为核心的日本上市公司治理模式是一种“足不出户”的经营制度，它仅仅存在于日本国内，一方面很难用英美公司为主要研究对象的传统公司治理理论来对其进行解释和说明；另一方面，这种独特的上市公司治理结构不仅存在了半个多世纪，直至目前依然是日本上市公司治理结构的基本特征。

进入21世纪后，尽管对日本式经营的批判远远多于赞同，但不可否认的是战后日本经济的复兴及随后近30年的高速增长，就是在这种公司治理结构下完成的，并且这种模式还一度成为包括我国在内的许多国家试图学习和模仿的对象。尽管英美以董事会为核心的“一元化”公司内部治理结构被OECD等国际组织当作标准模式，但是在现实世界中，德式股份公司“监事会”“董事会”之下的“双重支配”构造，以及本章节所分析的以“法人相互持股”下的“经营者支配”为显著特征的日本上市公司治理结构仍旧在各自国家占据重要的位置。

出现这种现象的原因之一就是由于不同的发展路径以及历史、文化、宗教等复杂的社会原因，导致各国对公司治理问题上的基本认知和出发点存在差异。特别是在对“谁是上市公司的所有人”与“谁应是上市公司的支配者”这两个密切关联又相对独立的问题的判断上，上述国家的代表性学者对此通常会给出侧重点不同的答案。而不同的侧重点就是各国理论界对现代公司理论的基本认知及出发点的差异所在。

日本上市公司治理结构的形成有着特殊的历史背景，本章将首先介绍日本学界对现代公司理论的基本认知和思考逻辑及其形成的原因；然后通过分析上市公司股票各持有主体持股比例的变化及董事会成员的构成及产生方式，使读者对“法人相互持股”和“经营者支配”有基于数字统计的直观认识；在此之上，分析“法人相互持股”下“经营者支配”的实际状态以及日本独特的外部监督监视（Monitoring）机制的构成及原理；最后，介绍进入20世纪90年代后随着各类持股主体持有上市公司股份比例的变化，特别是外国法人持股比例提高后，对日本上市公司治理结构的影响。

一、日本学界主流对于上市公司所有权的社会性的基本认识及其历史原因

在研究日式公司内部治理结构的著名学者奥村宏（Okumura Hiroshi）看来，虽然从法律界定上判断股东是上市公司的所有人为标准答案，但对于上市公司来说，特别是股权高度分散的“公众公司”（与此相对的是存在明确控股股东的“家族企业”），“其所有人，即股东本身就是一个不确定且不断变化的主体，以前谁曾经是某家上市公司的股东是可以确认的，但是现在以及接下来谁是股东则很难说得清”。即便是强调“重视股东利益”，但从公司续存的角度上来看，股票市场的全体参与者都有可能成为股东，因此上市公司股东的概念是一个“覆盖全社会的数量巨大的不确定群体”。当“重视股东利益”中所说的“利益

方”成为“覆盖全社会的数量巨大的不确定群体”时，这种“重视”也就成为了“重视社会的全体利益”。同样的逻辑，如果说“上市公司的所有人是股东”，则意味着“上市公司是全社会的所有物”①。

自20世纪60年代后期以来机构投资者的出现与壮大使得欧美国家上市公司股票的集中度再次上升，但在一些代表性人物的分析中这种集中度的上升不仅没有降低上市公司的所有权的社会属性，反而使其得到了进一步的强化。如被日本经营学界尊为管理学大师的彼得·德鲁克（P. F Drucker）就在其著作《看不见的革命》的序言中称“如果社会主义被定义为劳动者拥有生产资料的话，那么美国第一次在某种意义上可被称为社会主义国家”。企业年金、年金基金、生命保险、信托资产管理等机构投资者所管理的全美劳动者们的资产通过持股在20世纪70年代中期已经掌握了美国全产业三分之一以上的股份，而进入90年代这一比例还在提高②。

突出强调上市公司所有权的社会性是日本学界与英美的最大区别之一。这种对现代公司理论基本认知的差异的产生与战后日本现代企业制度诞生的特殊背景“持股民主化”革命有着内在的联系。

二战结束前的日本，少数财阀垄断着社会生产资料。根据GHQ（占领军司令部，General Headquarters/Supreme Commander for the Allied Powers）下设的HCLC（控股公司清算委员会，Holding Company Liquidity Committee）的统计：截至1946年9月日本全国实收公司注册资本金323亿日元，其中四大财阀系企业实缴的资本金总额为79亿日元，占全国实收注册资本金的24.5%，十大财阀

① ［日］奥村宏：《二十一世纪的企业》，日本商业出版社2005年版，第47页。本章不对这种观点的对错作进一步的讨论，关于公众公司（上市公司）资产的社会性的问题在日本学界也一直存在争议，但作为代表性人物的核心观点，公众公司的资产具有社会性，重视所有人利益即应重视社会全体的利益，在日本国内公司理论学术界占主流地位。

② ［日］奥村宏：《二十一世纪的企业》，日本商业出版社2005年版，第60—61页。奥村宏引用部分的原著出处：P. F Drucker，*The Unseen Revolution*：*How Pension Fund Socialism Came to America*，Butterworth-Heinemann，January 1976，p2；*The Pension Fund Revolution*，Transaction Publishers；Reprint edition，January 1995，p3。

系企业的实缴资本金合计达到 114 亿日元，占全国的 35.3%。上述统计仅为财阀系独资及控股企业，不包括参股投资的企业①。由于财阀控制的企业基本是非公开企业（上市公司），HCLC 为简化程序，以注册资本金份额对上述财阀系企业、有资助战争行为的企业和行业垄断型企业进行清算②，实际收缴后变更所有人名义的公司资本金数量高达 184 亿日元，占同期全国公司总注册资本金的 57%。具体内容请参阅本段的章末注解③。

HCLC 对财阀系企业的“清算”实际上是剥夺了原财阀家族对生产资料的所有权，而此部分至少占当时日本全国公司总资产的一半以上。少数财阀垄断国民财富不仅被认为是日本对外战争的动力之一，也被认为是日本形成“产业近代化”“社会半近代化”的重要原因，在财阀掌握的生产资料的绝大部分被缴收后，GHQ 决定以“经济上的平等”来推动日本进入现代市民社会。

为了实现这一政策目标，HCLC 于 1948 年开始推进实施“持股民主化运动”，将缴收的资本金股份化，由证券公司承销，向企业员工及一般民众公开竞价发售④。为了防止股份的二次集中，规定以家庭为单位，任何家庭不得购买超过单一公司 1%以上的股份（含已持有的部分）⑤，同时财阀系家族三等亲以内

---

① 持股公司清理委员会第二调查科编：《日本财阀与其解体》，日本原（HARA）书房再版 1973 年版，第 97—98 页。

② 如某企业注册资本金为 1 亿日元，应征收其 99%的部分，则 9900 万日元的资本金的登记注册人变更为 HCLC，剩余资本金 100 万日元由原所有人所有，如原所有人为复数，则依照原比例分别所有。

③ 根据 1946 年第 233 号征收令收缴各财阀持股公司持有的子公司资本金 76 亿日元，母公司资本金 40 亿日元，其他出资及关联企业 14 亿日元；根据反垄断法收缴的行业型垄断公司 33 亿日元；抵交战争补偿税及财产税缴收的资本金部分 21 亿日元。持股公司清理委员会第二调查科编：《日本财阀与其解体》，日本原（HARA）书房再版 1973 年版，第 435 页。

④ 股份申购的优先顺序为：（1）公司及下属企业的员工；（2）公司、分公司、公司下属企业、工厂等所在地的居民；（3）剩余部分向符合规定的民众发售。三类主体购买股票的比例为：企业员工 31.4%，所在地居民 35.1%，其他民众 33.5%。日本大藏省：《第一次理财局证券年报》，1963 年版，第 12 页。

⑤ 依据第 657 号敕令，第 4、5 款。持股公司清理委员会第二调查科编：《日本财阀与其解体》，日本原（HARA）书房再版 1973 年版，第 433 页。

的家庭和被认定的“富裕家庭”均不得参与竞价购买①。

在此之上，根据1947年公布的《关于禁止私人独占及确保公正交易的法律》(1947年4月14日法第54号）第九条的规定，“禁止非金融法人通过保有其他公司的股票（包括员工持股的方式）支配其企业经营的行为”，第十条规定的例外情况为“无表决权的股票除外”但仍需“向公正交易委员会进行申请并由后者判断”②。也就是说非金融法人通过持有股票支配其他公司的行为被明令禁止，放弃表决权或没有表决权的情况除外。

对于金融类企业，同法第十一条将其分为两类：对于银行类，规定“不得持有与自身从事同种业务的公司的股票……保有其他非金融类公司股票时不得超过该公司已发行总量的5%”；对于证券公司专营的信托投资类业务，则规定“股票的表决权的拥有人为委托人”且“如果持有同一股票的时间在一年以上需要得到公正交易委员会的事前认可”③。上述法律规定说明，日本在限制了个人与非金融类法人之后，从法律上也限制了金融类法人通过持股控制上市公司的行为。在法律将持股上限规定为5%之下后，他们显然很难成为上市公司控股的股东，包括实际控制人。

在实施了这种强制剥夺与有偿转让，并在法律上严格限制自然人及法人（含金融法人）成为上市公司的控股股东后，GHQ于1949年4月核准了由HCLC处理的公司的股票进行上市交易。今天我们所说的日经225指数的统计也于同年开始。现代企业制度的标志是经营权与所有权的分离，二战结束前的日

---

① 持股公司清理委员会第二调查科编：《日本财阀与其解体》，日本原（HARA）书房再版1973年版，第298页。“三等亲”指包括：曾祖父母，外曾祖父母，舅，叔，伯，姑，姨，曾孙子女，外曾孙子女及姻亲：舅母，婶，姑父，姨父以内的亲属；“被视为等同财阀家族的富裕家庭”指有价证券，现金，存款合计在100万日元以上的家庭（第3项)；“拥有的建筑物的面积超过500坪（1650平方米）或建筑用地面积超过2000坪（6600平方米）或农地林地面积50町步以上者（约合50公顷）”(第4项)。

② 政府公告（官报)，第6072号，1947年4月14日。日本国会国立图书馆镜像资料中心：http://dl.ndl.go.jp/info:ndljp/pid/2962586/1。

③ 依据第657号敕令，第4、5款。持股公司清理委员会第二调查科编：《日本财阀与其解体》，日本原（HARA）书房再版1973年版，第433页。同令第十一条及第十一条附则3。

本企业经营是以财阀家族或企业所有者直接控制企业经营的近代企业制度，在HCLC的主导下，注册资本金规模前300的大型企业一夜之间被“现代公司化”了。根据汇总日本全国证券交易所①的原始数据统计显示：

表3-1 1949年日本各所有主体持有上市公司股票的比例

年度 \ 持有主体	中央及地方各级政府	非证券类金融机构	证券公司	非金融法人	个人股东
1949	2.8%	9.9%	12.6%	5.6%	69.1%

资料来源：http://www.sse.or.jp/data/27nen/2015youyaku.pdf
注：计算方法为以各所有主体持有的总股数除以全部上市公司发行的总股数。

尽管个人股东掌握了上市公司全部股份的近70%，但在“持股民主化”的政策下，个人股东对单一公司的持股比例不超过1%，而包括金融法人在内的法人股东，不仅持股比例较少，合计仅28.1%，且有明确的表决权权属的股票比例仅为9.9%（依政府公告，第6072号，只有金融机构保有的股票有明确的表决权）。

奥村对被解体的财阀类大企业第一大股东持股比例的研究显示，股票市场开放后的1950年结算年度（1951年4月），第一大股东持股比例最高的为三井矿山，其最大股东野村证券的持股比例为5.4%，其余企业的第一大股东的持股比例均在2%以下②。可以这样说，在经历了“持股民主化”运动后，日本的上市公司不存在实际控制人这类大股东，持股结构整体呈现为高度分散化。

关于表3-1所列的五类所有主体的持股比例变动及其原因，会在后文展开，在此要强调的是，被解体的财阀系企业及其他行业性垄断型企业从所由不足20个家族控制的金字塔型家族控股企业，一夜之间成为了由遍布全国众多零散分

① 具体为东京证券交易所、大阪证券交易所、名古屋证券交易所及札幌证券交易所，总计四家交易所。

② ［日］奥村宏：《法人资本主义的构造》，日本岩波书店2005年版，第44页。

布的小股东持股的公众公司①。同时，为了避免上市公司的股票出现大规模的二次集中，法律还严格限制自然人或法人通过提高持股比例来支配上市公司经营的行为。

日本国内学界对日本的现代公司内部治理结构的认识及分析原点也始于此。日本是一个严格保护私人财产所有权的社会，无论是自然人还是法人，在法律规定范围内保有的股票，都受到法律的保护。但是日本的现代企业制度从设计之初就表明了立场，对于股票自由流通交易的上市公司，试图以资本数量上的优势来控制或者说支配公司经营的行为，是制度设计者们所反对的。

在上述背景及制度框架内诞生的日本上市公司治理结构的研究中，日本学者强调上市公司股票权属的私人所有层面之上的“社会性”，显然不是突兀之举，在很大程度上可以说是基于日本现代企业制度诞生过程及防止私有资本对生产资料形成社会规模的二次垄断的制度设计的结果。

二、日本上市公司的股权构造的基本特征：股权分散下的以法人相互持股为主体的持股结构

一般来说上市公司股权的分散是一个漫长的过程。上市公司在初始状态即便是没有绝对控股股东，股权至少也是相对集中的，很难想象会出现上市时诸如三菱银行那样前五大股东持股比例分别为 1.4%、1.4%、0.9%、0.6%、0.5%，合计不足 5%的高度分散状况②。

上市公司的初始状态为股权高度分散化，是一种不符合经济学规律的现象。

---

① 在法律规定禁止财阀家族成员及富裕家庭竞价购买股票之下（依据第 657 号敕令，第 4、5 款），这种零散度被进一步加剧了，为了刺激民众购买 SCLC 手中股票的热情，申购最小单位为 1 股，证券公司的申购处甚至打出了“快来申购股票吧，一盒和平牌香烟的钱就可以成为股东”的横幅。其中，和平牌香烟为二战后发卖的廉价香烟，是当时廉价生活品的象征。1947 年日本全国人口 7800 万人，而登记的公众公司个人股东数量高达 420 万。日本内阁府经济企划厅研究所，经济试点分析报告第 12 号。［日］田中正继：《日本的公司内部治理机构——从构造分析的角度》，1998 年版，第 44 页。

② ［日］奥村宏：《法人资本主义的构造》，日本岩波书店 2005 年版，第 44 页。

当一种严重违背经济学规律的现象出现时，通常是人为因素或突发不可抗力的结果。从上一节介绍的 HCLC 的政策来看，这显然是其政策实施的必然结果。

日经 225 指数诞生于 1949 年。经历了“持股民主化”革命的日本，原本对公司拥有支配能力的财阀家族被人为剥夺了所有权，取代他们的是拥有上市公司发行股票总数量 69.6%的持股高度零散化的个人股东。为了进一步追求“经济上的平等”，上节已述，在股票首次公开申购时 HCLC 还将“富裕家庭”排除在外。这种做法对减少贫富差距显然是有一定的效果。日本从一个贫富差距巨大的财阀经济社会过渡到经济发达的市民社会，在经济高速增长的同时还能够保持与北欧国家媲美的基尼系数，也被认为与此有关（另一个则是禁止私人资本垄断土地的制度），但是这部分总计 2.2313 亿股的原始股，平均到 420 万个人股东的结果就是 54 股/个人股东[①]。

二战后日本股市的初始状态就是这样一个上市公司股权被人为高度分散的状态。70 年后的今天，尽管上市公司股票的集中度有所提高，但从东京证券主板上市公司（1814 家上市公司）第一大股东的持股比例来看，股权分散依然是日本上市公司的基本特征。东京证券交易所在其统计中按第一大股东持股比例将上市公司分为六大类别（表 3-2）。这种分类方式在国内可能不被认同，特别是将第一大持股比例在 33.3%以下的归为股权分散，不被认为存在可以控制公司的大股东（就是我们说的“无实际控制人”）的这一分类方式上。例如在前期“宝万之争”中，国内的普遍观点是尽管华润持有不足 30%的股权，但作为第一大股东，它应该可以控制公司，或者说可以影响公司经营，只是它自己放弃了这一权利。日本为何如此刚性地分类以及正确与否，本章不予进一步讨论，总之表 3-2 的“六分法”是东证的官方分类方式。

《东京上市公司治理白皮书》数据显示，截至 2014 年结算年度（2014 年 3

---

① 数据来源：原始股总数量源自《证券处理调整会议关于股份处理的报告》及《第一次财政局证券年报》；个人股东数量源自日本四大交易所联合汇编的《股票分布情况调查》中附表 2“个人股东数量的变化 1949—2014 年”。

月最后一个交易日），东京主板上市公司中，第一大股东持股比例在5%以下（不含5%）的公司，即股权极度分散的上市公司占比10.6%；高度分散：5%～10%以下（不含10%）的占比33.2%；股权分散：10%～20%以下（不含20%）的占比23.9%，上述三类上市公司合计占比67.7%。在此之上，股权较为分散的上市公司（第一大股东持股比例20%～33.3%以下）占比15.9%，与前三项合计占全部上市公司的83.6%（表3-2）。股权相对集中（第一大股东持股比例33.3%～50%以下）的占比9.6%，而大股东持股比例在50%以上的股权集中的公司仅占东证主板全部上市公司的6.6%。

表3-2 日本东京股票市场第一大股东持股率统计（截至2014年结算年度） 单位：%

持股比例 / 市场名称	5以下	5（含）～10以下	10（含）～20以下	20（含）～33.3以下	33.3（含）～50以下	50（含）～75以下
东京主板市场	10.6	33.2	23.9	15.9	9.6	6.6
东京中小板	3.9	20.6	27.9	24.4	12.5	10.8
JASDAQ	1.9	9.1	29.3	30.9	17.5	11.4
创业板	4.1	7.2	19.1	27.3	26.8	15.5

数据来源：东京证券交易所编，《东证上市公司白书2015》，第7页，截至2014结算年度。

注：（1）东京股票市场为全球第四大股票市场，由四部分组成：东京主板市场1814家上市公司，东京中小板市场545家上市公司，JSTAQ市场861家上市公司，创业板（mothers，又称孵化板）194家上市公司。

（2）东京证券交易所规定，单一股东持有的股票不得超过已发行股份的75%，超过后如在三个月内未能达到规定以下作退市处理。因此上表大股东持股比例统计终止项为50%～75%以下。

上市公司股权分散是经济发达国家股票市场的基本特征（这里不加“地区”的原因是我国台湾地区、香港地区以及从面积上说是地区，但行政上为城市国家的新加坡，股票市场上的股权集中度还是较高的），但与欧美市场有所区别的是，日本上市公司股票的主要持有方不是投资机构与个人投资者，取而代之的是各类法人。公司持有公司的股票的现象是日本经济社会的重要特征，不仅存在于上市公司之间，而且渗透了经济活动的各个层面。

就日本上市公司的股票所有构造的变化情况来看（章末表3-3），1949年股票市场开设到1950年的短短一年，个人股东持有的总股份比例便由69.1%下降到61.3%，下降了7.8%；同期非金融法人与非证券类金融法人持股比例则分别由5.6%上升至11%、9.9%上升至12.6%，两者合计持股比例合计达到23.6%，增加了8.1%；战后股票市场建立的第11个年头——1960年，个人股东持股比例与1949年相比下降了约三分之一，降至46.3%；非金融法人、非证券类金融法人合计持股比例达到48.4%，加上证券公司的3.7%，已经超过50%，持股比例合计52.1%。法人持股已经成为了日本上市公司持股的主要形式。

至泡沫经济崩溃的1990年结算年度，日本各类法人持有的股份占上市公司发行的总股份的比例分别为：非证券类金融机构45.2%、非金融类法人25.2%，两者合计高达70.4%（表3-3），剔除信托投资占比的3.6%、年金信托占比的0.9%后（表3-4），占比依然高达65.9%，与证券公司自有资金持有的1.7%合计后，全部上市公司已发行股票的67.6%被法人所拥有。

泡沫经济崩溃与随之而来的亚洲金融危机使日本金融机构的财务体制迅速恶化，各类金融机构不得不转让其持有的股票，用以缓解不良贷款问题。从1990年开始，各类金融机构持有的股票占比出现下降，2015年已低至24.8%，与1990年相比下降了20.4%；与此相对应的则是，外国法人持有的日本上市公司股票的占比快速上升，由1990年的4.2%上升到了26.7%，持有的股票比例提高22.5%，等于消化了各类金融机构转让的全部股票。

截至2015年结算年度，非金融法人持有的股票占上市公司发行股票额比例依然高达24.3%，与1990年的25.2%相比没有明显变化，而个人股东持有的股票比例则由股票市场开设之初的69.1%下降至21.7%；日本国内法人持有的上市公司的股份（非证券类金融机构、证券公司、非金融法人，剔除信托投资占比的4.6%、年金信托占比的1.4%）占比从1990年的65.9%下降到了45.4%，依然是日本上市公司股份最大持有者，而广义上的法人持股与外国法人持有的

26.7%合计后，则高达72.1%（章末表3-3、表3-4）。

欧美国家的股票市场中，各类机构投资者是持有股票的最大主体。相对于此，日本资本市场尽管也存在各类投资机构，但与法人相比，其持股比例明显偏低。表3-4的数据显示生命保险、财产保险、信托投资、年金信托，四类持股主体合计持有的股票占全部市场份额的比例仅为9.8%（2015年结算年度）。投资机构在股票市场虽持有相当份额的股票，但与法人持股份额相比，显然不可同日而语，从持股比例上看，法人是日本上市公司股票的最大的持有主体。对比本书英美部分的统计，这种区别非常突出，美国市场上机构投资者持有上市公司近七成的股票（法人持股与机构投资者持股的区别下节详述）。

导致日本上市公司出现以法人持股为主体的股票所有结构，归根结底还是制度设计的结果。日本股票市场的制度设计者们的初衷显然是希望建立一个由广大市民阶层普遍持股共同分享上市公司收益的“持股民主化”的社会。这种良好的出发点忽视了以下三个基本问题：(1) 股票上市流通后市民阶层是否会以主人翁的姿态长期持有股票；(2) 广大市民阶层为了购买廉价的原始股已经出现了举债的行为，上市流通后谁会是股票的买主；(3) 现代经济社会的基本所有主体至少有三个，私人、法人、包括集体所有在内的公有制主体，当限制住私人占有社会资本的比例时，会不会出现向其他所有主体的集中。

上市公司股票从个人股东向法人的迅速集中，一方面是由于持股的市民阶层在股市开设后大量套现所致；另一方面则是由于制度设计上的不严密以及对非证券类金融机构持股上限的提高。1947年公布的《关于禁止私人独占及确保公正交易的法律》（1947年4月14日法第54号，以下略称为“反私人独占法”）第九条的规定，“禁止非金融法人通过保有其他公司的股票（包括员工持股的方式）支配其企业经营的行为”，同法第十条规定的例外情况则为“无表决权的股票除外”，其上位法《商法》（现《公司法》）第二百二十条则规定，“禁止公司作为法人保有本公司的股票”。

制度设计上看似严格限制了法人的持股行为，但实际上还是为法人持股留下了口子。首先，持有其他公司而非本公司的股票与上位法《商法》不抵触；其次，即便是按照1947年颁布的反私人独占法，如果法人放弃表决权持有其他公司的股票也是合法的；最后，也是最重要的问题，在判断是否通过持有股票支配了对方企业的经营时，从持股比例上很难有明确的定义，即便是超过控股权比例，就如民营化后的日本邮政公社——现日本邮政集团的控股股东为日本财务大臣①，但公司董事会成员的提名权在国会的邮政民营化运营委员会，表决权在国会②，董事会成员及公司高级管理人员均由民间人士组成③，而财务大臣及其所代表的财务省尽管是控股股东，但无权干涉公司的经营，其持有股票的目的是财务投资，获得预期的收益④。

在非金融类法人大打擦边球时，对金融类法人的持股限制也同时开始有所松动。1949年非独占法第十一条进行修订，将原来的银行“保有其他非金融类公司股票时不得超过该公司已发行股票的5%”变更为“不得保有或者取得国内注册公司的股东大会投票权的5%以上的决议权”⑤。与其他法人相比，银行、保险公司等金融机构在现金流上拥有明显的优势，这种优势反映到股票市场上则是，如果不加以限制，它们可以利用充沛的现金流大量购入单一公司的股份，获得某些公司的控制权。本章的第一节已经论述，对于股票自由流通交易的上市公司，试图以资本数量上的优势来控制或者说支配公司经营的行为，是日本股市的制度设计者们所反对的。法律上对于金融机构持股的表决权限制，则是具体的表现之一。时至今日，尽管《反私人资本独占禁止法》(http://www.jftc.

---

① 日本邮政集团简介：http://www.japanpost.jp/corporate/about/。

② 《邮政民营化法案》，依第十九条规定，外部董事的提名由国会邮政民营化委员会担任，合计10名，外部董事组成的提名委员会负责提名内部董事，合计5名。http://law.e-gov.go.jp/htmldata/H17/H17HO097.html

③ 日本邮政公司高管及董事会构成链接：http://www.japanpost.jp/corporate/officers/。

④ 以存量发行的方式，依据市场状况，在10年内将股票全部卖出，确保1.3万亿日元的收入。日本财务省编：《财务省在日本邮政股票卖出时的作用》，2015年版，第5—8页。https://www.mof.go.jp/public_ relations/finance/201512b.pdf

⑤ 第十一条，关于银行及保险公司拥有的投票权的限制。日本公正交易委员会法律链接：http://www.jftc.go.jp/dk/guideline/lawdk.html#cms2sho。

go.jp/dk/guideline/lawdk.html#cms2sho）历经多次修改，但对于金融机构持股表决权限制的基本条款（第十一条）“关于银行及保险机构持有的股票的表决权的限制”，在 65 年后的今天依然没有放宽，规定为“银行及保险公司持有国内其他公司股票时，表决权的上限为，银行不得持有超过 5%（含）、保险公司不得超过 10%（含）”。

可见虽然日本实行主银行制度，但对银行持有股票后能享有的表决权上限规定得非常严格，小于等于 5%，即银行可以通过持有股票对公司有一定的发言权，但是想借助自身巨大的资金实力控制其他公司，则是制度所禁止的行为；而针对将资产主要用于投资收益的保险业，虽然对其持有的表决权比例放得要宽一些，小于等于 10%（当然以这个比例想控制公司也非常困难），但在其他方面如投资行为等则有明确的限制。

日本是商业保险大国，保险公司数量虽然不多，截至 2014 年年底，共有生命保险公司 42 家、财产保险公司 28 家，但其资金运用余额（保费收入—成本支出）则分别达到 3505830 亿日元、281000 亿日元，合计 3786830 亿日元（不含国民健康保险、年金保险等公共类险费收入）[①]，折合人民币 249173. 4 亿元人民币（以 2014 年人民币日元汇率均价 1 日元 = 0. 0658 元人民币计算），为同期我国商业保险公司资金运用余额 93314. 4 亿元人民币[②]的 2. 67 倍。

日本的 70 家商业保险公司尽管掌握着高达近 25 万亿元人民币的现金或现金等值物，但与近年来我国部分保险公司或为本公司大股东提供巨额资金支持其扩张资产，或直接、间接举牌上市公司大肆并购相比，它们在日本国内资本市场上一直是默默无闻的参与者，在有价证券市场也以被动性的财务投资为主，几乎不参与所谓的资本运作，保险公司的业务明确，着力于保险业务的创新和

---

① 数据来源《日本统计年鉴 2015 版》，第 16 章金融保险，表 16-20、表 16-21，数字为商业寿险与商业财险的合计。http://www.stat.go.jp/data/nihon/16.htm。

② 《中国统计年鉴 2015 版》，第 19 章金融业，表 19-22。http://www.stats.gov.cn/tjsj/ndsj/2015/indexch.htm。

发展，用今天我们流行的一个词来说就是保险公司皆“姓保”。

日本对保险公司投资行为的制度规制，具体说主要由以下5方面组成：(1) 严格规定保险公司对同一标的投资的额度，特别是当标的为本公司主要股东时，额度进一步被压缩；(2) 从法律上界定保险公司及其子公司不得从事与保险无关的业务；(3) 对保险公司保有单一公司的股票额度及表决权上限做出了明确限制；(4) 堵住保险公司资金通过信托计划、资管计划、理财产品等第三方托管绕过上述规制的通道；(5) 对短期保险理财产品［赎回封闭期两年以下（含两年）］的发行额度及资金运用方式的规范明确。

日本《保险业法实施规则》第48条第三款第2项1-2规定“对同一标的的投资比例合计不得超过总资产的10%，其中贷款不得超过总资产的3%”；同款同项1-3进一步规定，“对保险公司的主要股东的投资比例合计不得超过总资产的6%，其中贷款不得超过总资产的2%”；“当主要股东为同一行动人合计时，总投资比例合计不得超过总资产的6%，其中贷款亦不得超过总资产的2%”。依据日本《保险业法》第2条第三款第13项的规定，“主要股东”的定义为：“本法所指的主要股东基准值为股东大会表决权的20%及以上（根据公司的财务状况及营业内容，如被认为会对公司产生重要影响时，经内阁府金融厅判断，基准值可下调至15%及以上）。”

在日本，保险公司的主要股东想把保险公司变成为自己提供资金的渠道是很难实现的行为。首先资产运用的总额度是规定的，当主要股东作为投资标的时，为一般标的上限的60%，不得超过总资产的6%，而贷款的总额度更是被规定为总资产的2%以下（一般标的上限的2/3）；其次，当作为保险公司的资金运用标的时，制度的设计者们明显是对保险公司主要股东抱有很大的成见，即便是正常的投资及商业贷款，其额度与一般标的相比，已经被大打折扣，这等于是给了大股东们明显的信号，监管当局对其天生不信任，好自为之为妙；最后，大股东把股权分散到若干家也没有意义，上述法律已规定如果被认定为一致行动人，合计的上限比例不变。

在此之上，根据日本《保险业法》第100条的规定，保险公司及保险公司的子公司（持股比例大于等于50%）不得从事与保险及保险附加业务无关的其他业务，即“他业禁止”原则。而如何保证这一原则能够得以贯彻，则是上文所提到的《反私人资本独占禁止法》第十一条的规定，保险公司及其子公司所保有的股票所能享有的表决权最多为10%。如何禁止保险公司及其子公司从事其他行业，被日本用一个简单却有效的方法解决了，当表决权上限被设定到10%以后，支配其他公司的通道基本被封死。无法支配其他业种的公司，自然也就不能从事其他行业。

进入20世纪80年代后，随着各类信托产品、资管计划的出现，日本修订了《保险业法实施规则》的第49条，明文规定:“通过信托等方式进行资产运用时，依然受本法第47条、本法第48条第三款及第五款的限制。”此项修订是为杜绝保险公司及其子公司利用信托资管等，突破前文所述的对单一标的的投资及贷款上限规定的行为。这里制度的配套性也得到了体现，如果缺乏对第49条的修订，保险公司则可以通过第三方资产托管的形式，轻易突破第48条中“对同一标的投资比例合计不得超过总资产的10%，其中贷款不得超过总资产的3%”，以及“对保险公司的主要股东的投资比例合计不得超过总资产的6%，其中贷款不得超过总资产的2%”的限制。

针对另一类“创新型保险产品”，封闭赎回期在两年以内（含两年）的短期保险品种，基于其封闭赎回期间短的高风险特质，除了必须遵守上述各类规定外，另外增加了“隔水仓设计”及“保险收入上限”两项制度，以降低此类险种可能产生的对保险行业整体的负面影响。根据日本少额短期保险协会的制度介绍资料①,“少额”指保险最高赔付金额在1000万日元（含，约合65万元人民币）以下，封闭赎回期在两年以内（含）的险种。其中“隔水仓设计”指，从事少额短期保险应另行成立保险公司以区别保险公司既存的业务（以避免少

① 日本少额短期保险协会，少额短期保险制度综述。http//www.shougakutanki.jp/general/consumer/insurance.html

额短期保险险种发生兑付问题时牵连其他长期险种业务，引发赎回恐慌）；“保险收入上限”则是年度保险金收入不得超过50亿日元（约合3.25亿元人民币），被归类为小规模保险事业。在这样的限制下，此类保险的交投自然很难活跃，但是也解决了一个问题，杜绝了以保险为名义，揽储吸存，变相发售理财产品的行为。

保险公司“姓不姓保”，表面上看具体企业的行为选择，但归根结底是制度设计的结果。因为企业的行为是在制度框架内进行选择，如果给定的制度不仅给了保险公司打着保险的名义进行集资的空间，并且存在漏洞使得保险公司可以轻易地将资金用于各类资本运作，那么无论监管部门多么强调“保险姓保”的重要性，也无法杜绝部分保险公司明修栈道，暗度陈仓，以保险之名，或为大股东集资募资，或借保险产品行理财之实的行为。反之亦然，配套的制度系统已经打掉了大部分空间，相对堵住了各种漏洞，那么即便不强调保险公司要“坚持姓保”，绝大多数保险公司也会安分守己，专注于主业经营。掌握着巨大现金流的日本商业保险公司能够既避免被公司股东当作融资渠道，同时也不主动去做股票市场的弄潮儿搞举牌玩并购，而是恪守主业，将自身的保险业务做大做强，可以被看作是日本对保险公司的制度保护和对其行为的制度规制的结果。这点尤其值得我们当前进一步思考：当前保险业变相理财，大肆进行资本运作，所带来的系统性风险，是否是我们的制度性风险。

有什么样的制度，就会造就什么样的企业行为。日本法人相互持股的上市公司持股构造，是企业行为的结果，但是进一步思索企业为什么会这么做时，则会发现，制度使然。可以设想如果没有对保险公司、银行等掌握巨额现金流并拥有强大的持续性现金流获得能力的金融法人的表决权限制以及对单一标的的投资额度限制等制度设计，出现金融法人大量控制上市公司，甚至走到“金融资本控制产业资本”都极有可能。如果真的如此，那么今天展现在我们眼前的，则不是法人相互持股，而应该是最没落的资本主义持股方式——金融垄断资本主义。

上市公司股票的持有主体为法人的现象，从各国的统计数字来看并不普遍，日本是一个特例。这个特例的出现再次证明制度只要有口子就一定会被市场所利用，日本实施“持股民主化”并制定《反私人独占法》的主要目的是防止再次出现财阀家族控制全社会主要生产资料的情况，但是除了以财阀家族为代表的自然人以外，资本向现代经济社会的另一个重要的所有主体，法人集中的可能性却被忽视了。制度上的漏洞迅速被各类企业法人所利用，特殊历史背景下的政策性因素导致了今天我们看到股权分散下的法人相互持股这一上市公司股权所有形式。

三、日本上市公司的治理结构：“经营者支配”

现代公司理论的奠基者伯利与米恩斯在其著作《现代公司与私有财产》中对公司制度的发展有以下论述：“几乎没有控制权的所有权与几乎没有所有权的控制权，似乎是公司制度发展的必然[①]”。做出上述论断并非凭空猜测，而是二者根据对美国最大的约 200 家公司中股权高度分散的趋势分析，特别是对公司的实际控制状态考察后的结论。

“谁应是上市公司的支配者”与“谁是上市公司的所有者”之间有着紧密的联系。当上市公司的所有者为高度分散且数量巨大的不确定个体时，从法律角度上可以说该公司没有实际控制人，但是在现实中只要公司还在持续经营运转，就一定存在支配者控制着企业，他们不被称为“实际控制人”通常是因为所持有的股票不仅远远没有达到法律所规定的比例，甚至在相当多的情况下并不持有本公司的股票。

伯利和米恩斯将观察到的这种现象称为“经营者控制”[②]，日本上市公司中的“经营者支配”与“经营者控制”有很多类似的部分。在东京主板上市公司中，董事会平均人数 8.61 名，外部董事平均 1.24 人（占董事会成员比例

① ［美］A. A. 伯利、C. C. 米恩斯：《现代公司与私有财产》，商务印书馆 2007 年版，第 79 页。

② 同上书，第 93—95 页。

14.4%)，外部董事中独立董事仅为 0.89 人（占董事会成员比例 10.3%）[①]，公司内部高管人员担任董事的比例为 85.6%，在此之上总经理兼任董事会主席 Chairperson of Board）的比例还高达 75.5%[②]。外部董事在日本被规定为“不担任本公司及子公司的执行董事或‘执行役及支配人’（Operating Officer 或 Chief Operating Officer），以及在过去十年内未曾担任过上述职位的情况的人”[③]。由此可见，日本上市公司中所谓的“外部董事”其实指的是非公司内部经营者出身而担任公司董事的人，而这部分人在上市公司董事会中显然是绝对少数。

从主板上市公司的董事会成员结构看，截至 2014 年结算年度，主板上市公司的董事会成员中公司内部高级管理人员占比高达 85.6%，并且七成半的公司的董事会主席还是由总经理兼任。近年来的一些文章介绍说日本上市公司的“经营者支配”模式已经解体，日本公司的内部治理结构开始向美国标准靠拢，但至少从目前的统计数据上来看，与 20 世纪 90 年代末东京主板上市公司的董事会成员几乎全部由公司内部高级管理人员相比，对目前日本上市公司治理结构更为准确的描述应该是公司经营者对上市公司的绝对支配开始有所松动，董事会成员中公司高级管理人员的比例从近乎 100%下降至 85.6%。在东京主板上市公司中，非公司内部经营者出身的人占董事会成员的平均比例虽仅为 14.4%，很难对董事会决议形成实质性影响的水平（外部董事成员占比至少达到 33%以上，公司内部管理层的决议有被否决的可能，才被认为对董事会的决议有可能产生影响），但毕竟迈出了从无到有的第一步。

直至目前为止，东京主板上市公司显然还是由公司经营者控制的，但是日本上市公司的股权分散程度与伯利和米恩斯所观察到的现象还是有一定的差别。其中最明显的部分就表现在大股东所有的股权比例上。在后者的研究中，

---

① 统计数字为截至 2014 年结算年度，数据来源：董事会平均人数出自《东证上市公司治理白书》，第 20 页，外部董事及外部独立董事人数出自第 27 页。

② 同上书，第 19 页。

③ 日本《公司法》第 2 条第 15 项。日本法务省《公司法》链接：http://law.e-gov.go.jp/htmldata/H17/H17HO086.html。

美国有代表性的大型上市公司股权分散到了第一大股东持股比例不足2%甚至更低的水平，这时公司的内部经营者把持了董事会从而出现了“经营者控制”的现象。与此相对的是日本东京主板上市公司的股权虽然相对分散，从表3-2的统计数字上看，上市公司的确是股权分散，但前者远没有达到后者观察到的美国大公司股权的分散状态。为了强调这种前提上的差异，沿用日本学界的惯用说法，将日本上市公众公司的这种公司内部治理形态称为“经营者支配”。

造成日本上市公司普遍由“经营者支配”的现象，主要可以分为历史原因和持股构造上的原因。其中历史原因依旧是“持股民主化”革命造成的股权分散，而持股构造原因则是在其后形成的法人相互持股构造所导致。

就历史原因来说，对于从诞生到发展再到壮大，一直处于东家掌控之下的巨大财阀系企业，老东家被赶跑了，谁是新东家不仅企业的管理层们不知道，拿着企业不足百股的众多平民百姓们同样也不知道，并且也不认为自己是企业的所有人，仅仅是拿着股票高价待沽的临时持有人①，最直接的结果就是导致了原本有着明确所有者的构成日本经济社会主体部分的巨大财阀系企业成为了说不清到底是谁的财产的“无主之地”。

日本财阀系企业的董事会及高层管理人员虽然在此期间经历了大量的人员更替，但这种人员更替并非股东大会的决议，而是根据HCLC列出的财阀家族人员的名单进行的免职活动，后继人员由企业内部自行推选，最后由HCLC认定被推选者的非财阀家族身份后生效。

特殊的历史原因，导致日本的上市公司初始的治理结构就是“经营者支配”，然而近七十年过去后，这种治理结构依然得以延续，并且依旧是上市公司

① 一方面没有谁会认为自己因为拿了某公司几十股的股票就是该公司的主人；另一方面，人们对谁是新东家也毫不关心。关注的是自己手上的股票什么时候可以上市交易，交流更多的是以什么价格卖出去合适。至今为止，没有任何文献资料能够显示，获得股票的劳动者们有过或尝试过联合起来去推动“经营民主化”的行为。

最主要的经营模式，如果用制度一旦确立难以发生变化来解释，显然缺乏说服力。特别是在上文中我们已经分析过，在此期间上市公司的持有主体已经发生了根本性变化，由极度分散的个人所有转变为相对集中的法人所有。

股权的分散程度及大股东的持股比例是从伯利和米恩斯以来，研究公司治理结构时人们普遍关注的问题，而股东的身份特质对公司治理结构的影响在很多情况下被忽视了。

上市公司的主要大股东是家族或个人，还是法人乃至国家，其对上市公司所采取的行为显然有所不同。假定第一大股东持股比例为 20%。大股东是个人（或家族）时，由于公司经营状态直接关系到其个人资产的损益，即便其拥有的比例达不到相对控股的程度（不足 33. 3%，有在股东大会的否决权），如果他决定继续保有股票而不是卖出，那么利用股东大会，对董事会施加压力，要求更换董事会或公司高级管理人员改善经营状况是理所当然的事情。特别是在二战后新崛起的亚洲经济体中，作为大股东的个人及其家族成员直接担任上市公司总裁及公司重要管理岗位控制企业的例子也屡见不鲜，如我国香港地区的长江实业、韩国的三星集团等。

同样的事情放在机构投资者身上也会出现。从广义上讲，机构投资者（Institutional Investor）也是法人，但是这类法人相对特殊。在美国，机构投资者一般泛指依据《投资公司法》（Investment Company Act，1940）设立的通过资产运用，获取投资收益的法人，而在日本由于机构投资者数量相对较少，并未单独设立法律，而是在《金融交易法》第二条第三项第一号中将其规定为“从事符合内阁府政令第 10 条第一项所规定的 26 类投资行为的资产运用及管理的投资法人”。简单说，机构投资者就是不从事实体生产，而是以资产运用为手段，获取投资收益的法人。对于机构投资者来说，尽管其运用的资金是委托人的资产，持有上市公司股票时，公司经营状态虽不与其个人资产直接挂钩，但低投资回报率，甚至亏损所带来的资金赎回和更换资产管理人等巨大压力，有时也会迫使其不得不关注公司经营者的行为。机构投资者参与度最高的美国市场，投资机构对公司董事会施压，迫使公司更换董事会甚至经营者以提高公司盈利能力的例子也并非罕见（具体事例请参考本书美国部分的章节）。

与前两者形成鲜明对比的是上市公司的大股东为非机构投资者的“一般法人”（日文中将此类法人称为“事业法人”，Industrial or Business Corporation）的情况，特别是在不是单方持有一方股票而是互为的情况。奥村宏在其著作《股东大会》中用了近十页的专门章节，从日本上市公司法人持有的股票的表决权的归属、法人持有股票的目的、法人持有的股票的表决权实际效果三个方面做了专门的分析和讨论①。

法人持股时，代表法人投票的是该法人的“法人代表”，如果法人代表碰巧就是公司的控股股东或者大股东，可以被看作等同于上文所讲的个人（或家族）的情况。但实际状态是，当持股的法人本身也是上市公司时，法人代表持有较少的甚至不持有被自己所代表的“法人”的股票。这是较常见的情况。由于该“法人”是其他上市公司的大股东，投票权就自然而然地落到了这些“没有所有权的支配者手中”。

法人持股的目的又与机构投资者不同，后者的目的非常明确就是投资收益，即便它取得上市公司的全部股权，私有化退市也不是为了获得对企业的全部控制权，而是认为这样会获得更多的投资回报。法人持股的目的则极为复杂，日本上市公司的相互持股类型主要分为上下游企业相互持有股票、主营业务无关的公司持有对方的股票（如银行和非银行法人为代表的跨行业法人之间的大量相互持股行为）两个基本类型。前者具有一定“企业集团”的意义，后者则通常被解释为维护相对的稳定，但这种稳定在很大意义上应该是一种基于相对互不干涉的稳定。

二战后占领军司令部主导的清算运动虽然剥夺了控制日本经济的财阀家族对企业的所有权和控制权，随之而来的是法人相互持股现象的大量出现而带来

① ［日］奥村宏：《股东大会》，日本岩波书店 1998 年版，第 135—145 页。

的企业集团化，再次使原财阀系企业以互为股东的形式结合在了一起。“典型的日本大企业属于由产业企业和金融中介结构相互持有股票形成的企业集团，内部各个企业相互持股通常占所有权的一半。作为集团核心部门金融中介结构的主银行拥有集团内产业企业的5%的股票，而这些产业企业又拥有该银行的股票。”

美国学者马克·J. 洛在分析日本公司所有权结构中所描述的现象①，其实是财阀企业在成为“无主之地”后，公司管理层们自救行为的结果。前文所述的“持股民主化”运动一方面造成日本大型企业的股权高度分散化，另一方面又使得并不拥有企业股票的企业内部管理者们代替了“老东家”的位置，暂时控制董事会；在市场为他们找出“新东家”之前，想法设法为被自己控制的企业找到不会在成为大股东后将自己束之高阁乃至扫地出门的大股东，显然是明智之举；而由彼此知根知底，长期共事的原财阀系高级管理人担任董事会成员的法人来持有本公司的股票，则是一种相对安全的选择，特别是在自己也有能力通过控制的本企业董事会持有对方企业大量股票的前提之下。由此可见在排除财阀家族对企业的所有权和控制权后，以法人间相互持股为纽带形成的原财阀系企业集团，从一定意义上说，是企业经营者们为了维护企业不被新股东控制，而由他们支配企业的手段。

理论上“法人代表”在代表本法人行使投票权前，应该就具体问题与本公司的董事会讨论并达成一致意见，但是基于上述原因而形成的相互持股构造下，作为其他法人的股东的法人的董事会，成员们自己就是公司内部管理人员，本就厌恶在股东大会上唱反调的股东代表，如果要他们去做自己厌恶的人，在另一家上市公司的股东大会上去指手画脚，可能性不大。特别是相互持股这种制度诞生的原因，很大一部分就是为了排除对经营者们指手画脚的股东们，而互为大股东的持股结构，则暗含了以下内容：你不对我说东道西，我也不会对你

① ［美］马克·J. 洛著，郑文东、邸东辉、王雪佳译：《强管理者弱所有者》，上海远东出版社1999年版，第241页。

横加干涉，反之亦然。

这种法人相互持股的结构一旦形成就相对稳定，持有方不会不轻易卖出，并形成了独特的“通气文化”。卖出对方的股票如果不提前打招呼，会被看作违反商业习惯的行为。法人持股时，作为股东一般都会考虑到被持股方的心情，而这种“考虑”有时甚至到了会事前向对方解释为什么要卖出股票，并一起商量转让给谁比较合适的地步。对于上述现象的成因，奥村并没有做进一步的解释。就笔者看来，站在上市公司的经营者们的角度上，一方面，他们不希望大股东干涉自己的经营活动；另一方面，如果在股份转让更换大股东时他们能有一定的发言权则更为理想。这看来像是痴人说梦，但日本上市公司中大量存在的法人相互持股，为实现上述愿望提供了基础。之所以会形成法人大股东在转让股份前会与上市公司的经营者通气协商的商业习惯，应该是出于如果同样的情况发生在自己身上，持有本公司股票的法人股东也会遵守这一规则的前提。如果对方也持有自己的大量股票或者对方持有股票的公司持有大量本公司股票的话，即法人持股是一种相互持有而非单方，上述商业习惯的形成是对双方都有利的结果。

外界在评论日本公司时经常强调其团结性，特别是对于经营不善的上市公司，包括银行在内的其他法人众施援手，共同救济是经常被观察到的现象。然而支撑着这种“团结”的力量，其实还是相互持股造成的牵制。对于机构投资者和个人投资者来说，他们至少还拥有足够的“用脚投票”的权利，大不了卖出股票走人为上。但法人相互持股的情况下，行使“用脚投票”前必须要考虑以下三个问题：首先此行为会不会使本公司的股票遭受其他法人持股股东的抛售，导致企业的市值快速下降；其次，如果成了规则的破坏者，本公司的法人持股股东们会不会联合起来清算本届董事会成员；最后，与上两种情况相比，联合其他法人持股股东，支援经营不善的企业，维持其上市，由公司承担非经营性损失是否更为合理。

即便是男女之间也“没有无缘无故的爱”，放在资本市场更是如此。日本上市公司间的“相互体谅与团结”的背后，应该可以被认为是法人相互持股结构下的一种妥协。然而，由于现代公司理论研究对第一大股东身份性质与公司治理结构的关系之间的先天研究不足，很难在此为读者们提供一套完整的逻辑来参考。

可以肯定的一点是，在日本上市公司的股权中由法人持有的部分长期以来被看作一种稳定持股的方式。直到今天，日本各大交易所的报告中还将法人持股的股票称为“安定股”（Stable Stock），将投资机构及个人投资者持有的股票叫作“浮动股”（Floating Stock）。日本最大的证券公司野村证券在其编写的证券用语解释中（http://www.nomura.co.jp/terms/japan/anteikabunushi.html），将“安定股股东”定义为，“在持股股东中不受企业的业绩变化及股价的波动等短期要素影响，长期保有股票的持股方”；而将“浮动股”定义为“不以长期保有为持有目的，而是以获取通过买卖的投机利益，在市场上被频繁交易的股票”。日本将法人持有的上市公司股票称为“安定股”的原因在于，从实际交易上看，这部分股票几乎可以说被锁定了，“日本股市用于流通交易的股票只占其上市公司发行股份的30%~40%”一说，也是由此而来。

上市公司的股票主要由其他法人以“安定股”的方式持有所带来的优势是，上市公司的经营者们通常不必担心公司被敌意收购。尽管日本公司经常到海外并购他国的上市公司，但是在日本国内市场，直到今天也没有出现过敌意并购成功的案例，上市公司股票的主要持有者为法人被认为是主要原因①。特别是相互持股的情况下，持有一家公司股票的原因很多是出于对方也持有本公司的股票。作为防止对方转让本公司股权的谈判筹码，绝不是出高价就可以被第三方拿走的。

---

① 安定股东在日本的股东相互持股结构中，是以不转让股份为前提的。当持股的公司由于自身的问题不得不卖出股票时，按照约定要与被持股的公司商谈，由其寻找接手方。尽管日本在1971年已经允许TOB（公开收购上市公司），但是到目前为止，仅有数例并购案，并且这些并购是双方达成了某种协议后，由并购方在市场上公开收购。[日] 奥村宏：《二十一世纪的企业》，日本商业出版社2005年版，第18—25页。

对于股份公司来说，谁控制了董事会就可以认为谁控制了公司。法人相互持股是造成日本公司由经营者支配的最主要的客观原因。然而日本上市公司普遍出现的公司内部高级管理人员掌控董事会的现象，更有董事选举制度和股东大会投票制度以及股票交易制度等制度性要素。

日本《公司法施行规则》第二章第74条“关于董事的选任”规定：董事人选由董事提名，董事会推选，提交股东大会投票表决①。这一规定放在日本上市公司法人相互持股、互不干涉的特殊环境下，董事会成员由各公司的内部出身的高级管理人兼任，他们推选出来并提交股东大会的人选通常也是本公司出身的高管，这也是情理之中的事情。但是提名权与决定权绝非一回事，股东大会的投票者半数以上通过且没有超过三分之一反对，才能够得以实施。我们之所以说“经营者支配”是日本上市公司的基本特征的另一个主要原因是，在目前的股东大会投票制度下，被提名者被否决的可能性非常小，取而代之的高票通过是最一般的情况。

日本商事法务出版社出版的《基于有价证券报告书及股东大会临时报告书的上市公司治理结构的现状分析》显示，2015年结算年度，日本全国总计3249家上市公司的董事会向股东大会提交关于董事及高级管理人员候补人选的议案，全部获得通过，无一项被否决。在此之上，更令人惊叹的则是极高的赞成率（决议赞成票/全部有效投票）：全部议案的平均赞成率高达96.1%，其中关于公司法人代表更替人选的赞成率为95.3%、执行董事的赞成率为96.6%、非执行董事的赞成率为93.7%、非执行独立董事的赞成率为95.8%②。

控制了董事会就可以被看作控制了公司。董事会提名董事人员，而董事会80%以上的成员由公司内部人员组成，3249家上市公司的董事会成员信任及变

---

① 日本《公司法实施规则》，法律原文链接：http://law. e－gov. go. jp/htmldata/H18/H18F12001000012.html。

② ［日］中西敏和、关孝哉：《基于有价证券报告书及股东大会临时报告书的上市公司治理结构的现状分析》，商事法务出版社2016年版，第188、196页。

更提案不仅是全部被股东大会通过，并且是以 80%以上的高票赞成得以成立。“经营者支配”发展到这种极端状态，显然不是个别上市公司或者部分上市公司所主导的行为。

“法人资本主义”是日本经济社会的基本特征，维护企业经营的持续和连续性，是被上升到法律保护层面的问题。公司内部经营人员能够将股东大会变成高票赞成的过场，从一定意义上说也是法律制度所导致的结果。日本《公司法》第 309 条第一项规定，“召开股东大会表决时原则上须有 50%以上的股东出席，公司章程有约定的情况下，可下调至三分之一以上出席，出席者半数以上同意后生效（电子投票视为出席，含委托投票）”。而前文关于东京主板上市公司的统计数据则显示，法人相互持有的股票总数量占上市公司发行股票总数量的 45.4%。在 309 条的法律框架下，法人股东们完全有能力无视其他股东，召开股东大会，并高票通过提案。统计上的赞成率不到 100%，平均 90%多，能够说明的恐怕是中小股东在可以电子化投票的今天有一定的参与度。奥村宏等日本学者将日本上市公司的股东大会称为“形骸”(枯死的白骨)，也正是基于上述现实。

股东大会在很大意义上成为了过场后，以上市公司管理层为主要成员的董事会推选本公司内部出身的人接替董事职位和其他高级管理的职位，在股东大会顺利通过，从某种意义上说是必然的结果。从现实看，在股东大会上完全赞同对方的提案已经成为了法人持股股东的投票文化，甚至作为第一大股东，不出席股东大会，提交“委托书”的情况也时常发生。

前文我们已经列举过东京主板上市公司董事会成员中公司内部出身者的比例为 85.6%。这个数字说明了日本上市公司是由“经营者支配”的，在考虑到董事人选的推举和产生程序后，可以作以下基本结论：如果董事会成员和高级管理人员等上市公司高级人员的推选及投票通过门槛依旧维持现状，“经营者支配”将在未来的很长时间内，仍然是日本上市公司的基本特征之一。

董事人选的推荐及选举制度是造成日本上市公司形成经营者控制的一个重

要方面，其根基在于日本独特的法人相互持股的持股结构。这种持股构造自 20 世纪 50 年代末期形成到现在已经走过了半个多世纪。法人相互持股的构造得以延续，一方面是持股各方出于自身利益达成的默契，另一方面，从日本证券交易制度上来看，新参加者在没有与公司管理层达成共识前，试图通过购买股票取代原大股东，乃至控制公司股权，是非常困难的行为。至少到目前为止欧美市场上频繁上演的敌意收购，在日本没有成功的实例。

收购日本上市公司的难度大并非因为第一大股东持股比例高，而是由于其他制度性阻碍。东京主板上市公司近 46%的股票被复数的其他法人持有，然而具体到单个作为股东的法人，其持股率并不高。表 3-2 的统计数据显示，东京主板 1814 家上市公司中，第一大股东持股率不足 5%的占全部上市公司的 10. 6%，第一大股东持股率在 5%（含）以上但不足 10%的则占全部的 33. 2%，第一大股东持股率在 10%（含）以上但不足 20%的占比 23. 9%。也就是说，第一大股东持股率不足 10%的情况占全部上市公司的 43. 8%，而持股率不足 20%的情况合计高达 67. 7%。

仅从第一大股东持股比例上看，按照当前国内市场的举牌逻辑，东京股票市场应该是个适合“野蛮人”大展拳脚、大肆并购的地方，然而从事实上看，以突然袭击的方式短期内大量购入股票，取代原大股东的行为在日本股票市场除了那些后来经司法判断为违法交易的行为外，本世纪还没有其他案例。如“活力门公司”（LIVE DOOR）利用场外大宗交易制度购买日本放送公司的股票试图取代其原大股东，最终导致公司实际控制人被判刑入狱，交易无效。

非市场性的因素，制度要因在这里起到了关键作用，其中最有代表性的就是日本股票市场上设置的超低“公开收购义务”门槛。超低“公开收购义务”门槛主要是针对监控相对困难的市场外交易（不通过公开市场竞价而以持有人与购买者的协议价格而成交的股票交易，其涵盖面很宽，既包括了我们的大宗交易，也包括了在市场非交易时间段通过做市商和股票经纪进行的“时间外交易”）。针对市场外交易，“公开收购义务”的最低门槛被设定在了持股比例 5%

(含)以上。日本《证券交易法》[①] 第27条第2款第1项规定:"通过市场外交易从复数所有人短期内购买股票,持股比例超过5%时,须履行公开收购义务"(同款规定非上述情况,达到33.3%需履行公开收购义务),并履行同法同条第23款规定的"股票大量持有者必须在达到持股比例的5日内提交《大量保有报告书》的提交义务"。日本金融厅在其《公开收购制度概要》中[②],对"复数"的解释为"10人以上","短期"的定义则为"60日内"(包括节假日,下同)。

依照上述法律规定,如果有人想暗度陈仓,通过场外交易吸筹码以达到代替原大股东的地位,除非是与持股的大股东们已经达成了协议,否则很难从10个及以下的交易对象中获得足够的股权。而场外交易对象超过10人,且在60天内持股比例超过已发行股本的5%,则须履行的不仅是报告义务,更有公开收购的义务。

与场内竞价交易相比,以大宗交易为代表的市场外交易,其价格、成交量等交易信息是没有参加该项交易的其他股东们在事后才能知道的交易,具有很大的隐蔽性。在市场外交易中,公开收购义务的最低门槛被定在持股5%之后,取得5%(含)以上的股票也许并不困难,但在场外交易短期内取得后,如果不得不履行公开收购义务,显然不是明智的选择;而即便是通过场外交易所取得的股票不足5%,其他部分通过公开市场增持,在持股比例达到了5%后,仍须依同法同条第25款规定,"持股比例5%以上的股票大量保有者在发生超过发行股票1%以上的份额变动时(不区分市场内、外交易)必须在5日内提交《大量保有变动报告书》(含首次减少到5%以下的情况)"。

不要说是收购日本上市公司,即便是想取代现有的大股东(哪怕持股率不足10%),除非与公司董事会以及现有的主要法人持股方达成一致协议,否则难

---

① 《证券交易法》,法律原文链接:http://www.lawdata.org/law/htmldata/S23/S23HO025.html。

② 日本金融厅:《公开收购制度概要》,官网原文链接:http://www.fsa.go.jp/receipt/d_ hotline/02.pdf。

以成行，这是外界对日本股票市场的基本认识。60日内在从超过10个（含）股票持有者中累计取得股票超过5%必须履行公开收购义务，首先就在很大程度上堵住了通过非公开市场交易所能获得股权的空间；而此后的持股5%以上（非前项情况），每增持1%必须履行披露义务，进一步使得其他市场参与者们有时间做出反应。

在上述公开收购门槛和信息披露制度下，作为“安定股东”的法人的大股东地位谈不上受到法律保护，但法律制度上至少可以说是在刻意避免其地位在不自愿的情况下被取代。基于当前股票交易制度的设计所能得出的结论是，不能否定在资金实力足够的情况下有新的参加者打破法人相互持股、互为“安定股东”维系“经营者支配”的格局，但是其成本应该是巨大的，最可能的结果是陷入不得不进行公开收购的苦战；而对于行为人以及目标公司来说究竟会带来怎样的结果更是无法验证，因为至少在目前来说，还没实际案例。

法人相互持股、经营互不干涉的日本上市公司治理结构在经济高速增长、股价节节攀升时，一度被看作给公司内部经营者们足够的空间发挥其经营管理能力的模范样本。20世纪六七十年代，一大批日本企业在战后迅速崛起在一定程度上与这种安定的持股结构有关。至少在日本上市公司的高管们不必像大洋彼岸的美国同行们那样，为了应付各种各样的或敌意的、或要约的收购而焦头烂额，彼时，正是美国各种并购上演得最为激烈的时代。当对手们不得不将大量的精力投入到反并购、找救星、打官司等与企业经营没有实质性关联的活动中时（具体请参考本书美国部分的章节，特别是“并购的10年”的部分），法人相互持股这种安定的持股方式，为处于成长期和扩张期的日本企业的经营的基础。日本战后经济的高度增长来自于民间企业，而这其中的三菱、三井、松下、东芝、丰田、日产、NEC、富士重工、富士通等一大批我们熟悉的名称都在GHQ公布的财阀系列企业之列，如果法人相互持股、经营互不干涉的模式是无效或者说失败的，上述经济支柱企业不可能浴火重生，并作为龙头企业带动了战后日本经济增长的奇迹。

进入20世纪90年代，当日本经济增长失速甚至停滞，股市断崖式下跌却迟迟无法恢复前期高点后，日本企业经营不透明、忽视小股东利益、缺乏股东压力导致创新动力不足、经营保守，尤其是企业的高级人员（高管及董事会成员）“内部繁殖”等批判声则此起彼伏①。客观上讲，把日本经济增长停滞归罪于日本上市公司或者说更广义上的日本公司内部治理结构的说法，除了一些出没于各类媒体的评论人士外，无论是在日本学术界或者是国际学术界都没有可供参考的文献资料。这个道理就如同70年代英美经济滞胀的时代，虽然是英美公司内部治理结构相当混乱的时期，但是没有人把罪过归结于公司治理结构上一样，因为没有人能证明两者之间存在自洽的逻辑。一个最直接的例子，整个学术界都公认在过去的15年中中国上市公司的内部治理结构非常糟糕，但是中国的经济发展却显得与其没有关系。

特别是关于日本上市公司的高级人员的“内部繁殖”的问题（Internal Reproduction），这种现象通常被视为日本文化的顽疾。与英美上市公司的高级人员（英美上市公司高管及董事会成员中，本公司内部出身者的情况请参阅本书相关章节）外聘是最基本的模式不同，日本上市公司的最高经营责任者（CEO）、最高财务负责人（CFO）及董事会成员等通常为本公司内部的出身人员，从公司内部员工中选拔。说到“内部繁殖”就顾名思义地下结论，说它是日本企业经营陋习，不是一种负责任的发言。因为在外部股东压力缺失之下，“内部繁殖”的背后是内部竞争机制，相对于欧美以股权为基础争夺公司控制权的方式，“人事斗争”“派系争斗”“内部告发”等各种公司内部人与人的竞争构成了日本上市公司控制权争夺的主要方式。

上市公司的董事会成员由公司内部人员组成，这些内部人的基本利益一致，有合谋的基础，故会产生道德风险，侵害公司的利益。这类假设放在由经营者支配的日本公司中却得到了相左的验证。在终身雇佣体制下的日本公司中，构

① 公司的高级管理人员及董事会成员的绝大多数由本公司的内部人员构成，缺乏来自外部的新鲜血液，导致经营体制僵化、企业创新动力不足。但是这种论点多见于媒体评论，缺乏理论分析和实证研究。

成董事会成员的公司高级管理者们之间的利益不仅不一致，并且是竞争的关系。在大家都没有公司股票，或者说拥有的股票对股东大会的影响力均可忽略不计的情况下，由公司高管们组成的董事会是竞争的战场。首先，董事长或者总经理以及重要部门主管的位置由谁来做，在其内部是民主选举决定的，机会对于大家是平等的，已经构成了竞争的基本要素；其次，自己的重大过失或违规、违法行为如果被他人获知，轻则成为被对方要挟的筹码，重则会导致自己丧失在公司的权利，也就是这种竞争的主要手段之一是监督对方发现其所犯的错误，同时自身避免犯错；再次，每个参与者都是从公司底层做起，都有自己的一批嫡系，能否让他们“出世”（进入中高级管理层乃至董事会）关系着自身在公司地位，因此这种内部人事竞争和相互监督超出了个人的范围，实际上是公司内部派系间有组织的竞争与监督；最后，东方的“告密文化”在日本公司内部也是非常流行的，“内部告发”不仅会来自竞争对手，有时甚至会来自己方的阵营，特别是一些严重违规违法的行为，使得本派系的成员认识到一旦泄露将成为陪葬品时，这类由自己人进行的“内部告发”通常不可避免。

基于以上四个基本事实，在经营者支配的日本公司中，支配公司的内部人的基本利益是一致的假设，显然无法成立。与欧美企业的高级管理者们不同，日本公司的高管对公司的依附性极强，几乎没有人员流动性，公司内部的升迁、地位的上升及权力的扩大是他们的根本利益所在。而要实现上述利益的基本条件是，不仅对公司的贡献不能比竞争对手差得太多，更不能有出格的行为成为对方的把柄，并能够发现对方的失误。

很多人不理解，在缺乏股东声音和监督的情况下，由公司内部人控制的日本上市公司为何少有丑闻。其实答案非常简单，在被对手和对手手下的人紧紧盯着，寻找过失以便取代自己的情况下，具有基本理性的人首先都不太可能实施太出格的行为；其次，一旦有此类行为的结果通常就是被对手取代。这种来自公司内部以人事竞争为目的的内部监督，与来自股东的外部监督相比，孰优孰劣，鉴于本章的篇幅以及非学术专业文章等限制，不进一步展开。但是我们至少可以肯定一点，“内部繁殖”在日本的经营者支配的公司治理结构下，所带来的是内部的人才竞争，而这种竞争客观上使得公司内部形成了非正式的相互监督的文化。出现问题的经营者，所面对的问题不是如何应对股东们的质疑或指责，而是来自内部的竞争，会被竞争对手所取代。

没有公司的股票，没有股权激励，经营者兢兢业业，小心翼翼地工作，是日本的公司文化。在日本的“经营者支配”的公司治理结构下，内部竞争和与此紧密相关的内部相互监督文化，使得日本公司在来自股东的外部监督严重不足的情况下，依然能够有效运转。而这一事实也说明了另一个问题，来自内部人员的相互竞争，如果是以相互监督发现对方不足为主要竞争手段，“经营者支配”未尝不是一种行之有效的公司治理结构。

四、法人相互持股结构下对“经营者支配”的监视监督机制

强调投资机构在上市公司治理结构中的监督监视（Monitoring）作用，是近年来公司治理理论研究中的热点问题。然而对于以法人相互持股为基本股权构造的日本上市公司来说，期望投资机构有效发挥其监督监视作用，还有很长的路要走。据表3-4的数据显示，投资机构（信托投资+年金信托）持有的全部上市公司的股票占比最高的年份也不过7.5%（1960年），到2015年，占比仅为6%。在法人持股比例高居不下的情况下，且法人持股者作为“安定股东”很少参与股票买卖，机构投资者所能获得的股份数额非常有限，机构投资者所能买卖的部分基本就是“浮动股”——掌握在个人投资者和其他机构投资者手中的部分。

要发挥机构投资者对上市公司治理的监视作用，首先机构投资者要成为上市公司发行股票的主要持有主体。从日本上市公司股份的持有结构上来看，要走的路还非常漫长。为制作表3-4，在阅读日本编写的原始数据资料时，笔者曾有以下疑惑：生命保险公司、财产保险公司持股比例为何与信托投资、年金信托分别列项，通常这两类也被看作机构投资者（尽管这两类公司的持股在上市

公司已发行总股份数中占比更低，2015 年分别为 2.8%和 1%）。多方查询后得到的回答是，大型保险公司的大股东以其他上市公司为主体，从法人相互持股的角度上，需要与信托投资和年金信托区分（后者与欧美的机构投资者属于同一类型）。在此之上，即便是加上这两类公司持有的上市公司的股份，四类持有者合计也仅为 9.8%，不影响本章的分析和判断。

来自股东的监视或者监督，在日本上市公司中被认为是非常薄弱的。尤其是上市公司董事会成员近九成是公司内部人员，近八成的董事会主席由总经理兼任的统计数字，进一步说明了牢牢控制着上市公司的是来自公司内部的经营管理者们。

然而控制或者支配与监督、监视是完全不同的概念。尽管我们强调日本上市公司是由企业经营者支配，董事会成员的构成比也证明了这一现象的普遍性。但是企业被经营者支配不意味着对企业经营者就没有来自股东的监视制度、股东们缺乏基本的监督机能。

对日本上市公司过往的研究主要是基于主银行对上市公司经营者的监视作用的假说，目前国内对日本公司治理结构的分析仍基本在这个框架中进行，然而随着泡沫经济的破裂而引发的日本金融系统的大规模不良债权问题，严重动摇了第一个假说的成立根基。如果这种监视与监督是有效的，不良债权问题应该是个别现象，而当不良债权问题普遍到日本七大商业银行不得不请求政府动用财政资金资助其重组为三大银团时，只能说明银行对自己贷出去的钱的风险把握都失控了，更不要说能够对企业实行有效的外部监视。

这一假说设定的基本条件是，主银行作为企业长期稳定的债权人对债务人的经营活动进行持续性的外部监视。然而当不良债权问题发生后，人们发现主银行与上市公司的关系并不是假说的条件那样单纯。其中，银行持有的上市公司的股票所使用的是自有资金而非储户存款，当上市公司的业绩出现恶化，股票价格下跌，给银行带来的直接后果是自有资本的减损及资本充足率的不足，在股票价格已经出现下跌势头时，作为大股东抛出股票如果造成加速下跌还会给自身带来更大的麻烦；另一方面对于上市公司来说，在经济泡沫期高涨的股价使其通过向银行质押股票获得了大量的现金流，其中相当大的部分被用于商业地产投资，而当地产泡沫破裂后，这部分资金难以回收，如果此时被质押的股票再出现大规模的价格下跌，同时企业又无力追加担保而遭到银行的抛售，无异于多米诺的第一张骨牌轰然而倒，将银行及企业推向万劫不复的深渊。在维持上市公司股票价格的这一核心问题上，两者的利益可说是高度一致，休戚与共。①

1998 年亚洲金融危机后，银行系统的不良债权到了不得不清理时，另一个长期存在却被忽视的事实被放在了桌面上，那就是银行的大股东究竟是谁？当不得不去正视上市公司法人才是银行的主要股东时，主要金融机构的 90% 的股权被其他非金融法人持有，市场上用于交易的“浮动股”只有 10%②。这进一步加深了人们的疑惑：银行的这种股权结构下，主银行是否起到过对作为自己股东的那些上市公司的有效的外部监视？而这种持股结构反而为另一种假说相互持股削弱了主银行对持股企业贷款的审查机能提供了支撑材料。

今天谈到日本的主银行制度，人们更多讲到的主要是在经济高速发展期，主银行为企业提供了充足的低成本的资金，并促进了跨行业及上下游企业间的信息交换，支持了日本企业的迅猛发展，而不再强调其外部监视作用。

从日本上市公司“经营者支配”的初始状态及演变过程看，法人相互持股对上市公司最大影响应该是以互不干涉作为交换条件下的平衡，但是这种互不

---

① 一个相对简单的例子。银行 M 与上市公司 A 和 B，A 将持有的 B 公司的股票质押给了 M，B 将持有的 A 的股票质押给了 M。而在主银行制度下，除了质押的部分外，M 同时还用自有资金持有大量的 A、B 两公司的股票，A、B 两公司也以自有资金持有 M 的股票。在上述情况下，M 与 A 和 B 已然成了利益共同体，而绝非设想的主银行与企业之间是长期稳定的债权人与债务人的关系。长期稳定的债权人与债务人的关系，多存在于与银行之间没有相互持股关系的非上市股份公司，在这种情况下银行对股份公司的外部监视技能是可以期待的，但对相互持股的上市公司，直接套用长期稳定债权人与债务人的逻辑关系，显然存在问题。

② 日本内阁府经济企划厅研究所，经济试点分析报告第 12 号。[日] 田中正继：《日本的公司内部治理机构——从构造分析的角度》，1998 年版，第 19 页。

干涉并不意味着放弃知情权而任由对方为所欲为，其中最具有代表性的制度就是日本的“监察役会”(Board of Corporate Auditors) 制度。

上市公司的主要股东是其他企业法人，而这些企业法人有权利提名“监察役”对持股公司董事会的决议过程及决议的实际实施状况进行监督和监视，并且在出现违反法律的行为时，法律授予了“监察役会”中止董事会职能并代表其任职的公司起诉董事会的权利。

根据日本《有价证券上市交易规则》第 437 条的规定，所有上市公司中必须设立“监察役会”,“监察役”成员由股东推荐，任期四年，股东大会决议后生效。附则进一步规定,“监察役会”成员的 50%以上必须由外部人员组成，其中一人担任全职“监察役”，公司董事会成员、高级管理人员、财务人员不得兼任“监察役”。

日本的“监察役会”是一种类似德国“监事会”的制度设计。其中“监察役会”对董事会的人选没有提名权和决定权是与德国监事会权限的最大区别，但从组织构成看，两者有很多类似点，如监事会成员至少有一半为公司外部人员组成，成员中至少有一个为专职人员、禁止公司高级管理人及董事会成员兼任“监察役”等。

根据日本“监察役”协会编制的图解日本“监察役”制度①,“监察役会”不负责对公司日常经营状况的监督与监视，其两个基本职能为：(1) 对董事会的决议形成过程实施监督与监视。(2) 对董事会执行董事会决议及股东大会决议的情况进行监督与监察。“监察役会”的具体权限如下：

依照《公司法》第 381 条的第 1 项的规定，董事会不得在没有“监察役”在场的情况下形成决议；“监察役”有权要求提供其认为与董事会决议案有关的报告资料及相关公司的业务、财产状况（第 2 项）；有调查公司子公司的权限(第 3 项)。

---

① 日本监察役协会，图解日本监察役制度。链接：https://www.kansa.or.jp/system/post-1.html。

同法第 383 条则规定，“监察役”有义务出席董事会并对决议履行意见陈述义务（第 1 项），并有权利要求召开或者自行召集董事召开董事会（第 2 项）以及有权中止董事会的职能并代表公司对董事会提请法律诉讼（第 386 条）。在此之上，《公司法》第 423 条进一步规定，如果由于业务上的倦怠，造成公司蒙受损失时，有赔偿义务。

在此之上，《公司法》第 437 条规定“监察役会”中非本公司出身的外部人员不得低于 50%。从实际统计数字来看，截止到 2014 年结算年度，东京市场全部上市公司中平均每家有“监察役”3. 39 名，其中外部“监察役”平均每家 2. 47 名，外部“监察役”占“监察役会”的成员比例达 72. 8%①，与由公司内部经营者占绝大多数的董事会形成了鲜明的对比。

外部“监察役”的具体构成为，来自其他企业的人员占比 55. 6%、律师 18. 7%、公认会计师 13. 1%、“税理士”(国家税务资格拥有者，a Licensed Tax Accountant) 6. 5%、学者 2. 3%②。以上文中的平均每家上市公司有“监察役”3. 39 名计算，东京主板市场上市公司的“监察役会”的成员中有 40. 5%是来自其他企业的外部监察人员（2. 47×55. 6%/3. 39），从人员占比上看，持股法人派遣人员监督对方的董事会是普遍的现象。

与欧美上市公司习惯找德高望重的社会名流或其他公司高管兼任独立董事不同，日本的公司更倾向于指派本公司经验丰富的管理人员或者本公司的会计师、法律顾问等去其他企业担任“监察役”。这些派遣的“监察役”虽然从上市公司拿工资，但他们不是上市公司的内部人员，提名也是由持股的法人股东来决定，特别是任期四年满后，还要回到原来的企业就职上班。公司的董事会在人事权、待遇及今后的职业生涯上，都对其没有实质的影响力，反倒是在其担任“监察役”的四年中，如果出了问题，他们没有尽到监视义务，即便是卸任后被查出来，都会对其回到原企业后的职业生涯造成非常不好的影响。

---

① 东京证券交易所编：《东证上市公司治理白书》，2015 年版，第 37—38 页。

② 同上书，第 40 页。

梳理上述法律后，可以得出以下基本结论：日本上市公司的特点是经营归经营，监督监视归法人持股股东。以法人持股股东为主体的股东们对于公司的控制权，也就是具体的经营战略和方针以及公司的运转不加干涉，权限属于公司部经营人员占绝对多数组成的董事会。从上市公司“监察役会”与董事会的关系上看，在公司的控制权问题上，很大程度上尊重了由内部经营者组成的董事会的独立性，对董事会成员提名不介入、成员决定不干预、对公司日常经营也不插手，即“经营归经营”。

另一方面，对董事会决议形成及执行的过程它要进行监督和监视，董事会决定了新的投资项目或者市场战略后，与董事会决议案有关的报告资料及相关公司的业务、财产状况它有调查权（同《公司法》第381条第2项），也拥有暂时中止董事会召集临时股东大会表决乃至代表公司起诉董事会的权限。也就是说“经营归经营”的对价是，他们必须处于法人持股股东派遣的“监视役”的监督和监视之下，并且后者拥有不需要经其认可地处置他们违规行为的权利——暂停其职能交第三方即临时股东大会或司法机关判断。

很多文章强调日本企业的经营者由于是从基层做起，对企业有非常强的责任心，在终身雇佣、年功序列的体制下，很有可能出现对企业有深厚感情并具有高度责任感的企业经营者，但是这对解释日本上市公司长期处于经营者支配的状态下有效运转的原因十分无力。高尚者永远都是少数，否则也就称不上高尚了。对公司支配者们的行为有效地监督才是回答这一问题的答案。

在研究现代公司治理问题时，公司究竟由谁支配或者说该由谁来支配可能并不是一个重要的问题，尽管它一直是研究和争论的焦点；而真正重要的问题，如何去有效监督支配者，却在很多时候被忽视了。

我们之所以这么说是因为在现实的经济生活中，由控股股东直接支配的上市公司，如果缺乏对控股股东行为的有效监督，侵害其他公众股股东的利益，甚至将股市当成ATM机，掏空公司后走人的现象也并不罕见；与此相对的是，如以新加坡淡马锡为代表的主权基金，100%的所有者国家并不支配基金，但是很好地处理了对支配者的事前资格确认、运营中的监视与监督及对事后风险的追责问题，所有人当撒手大仙也并没有出现问题；日本同样也是一个例子，从东京上市公司的持股构造和董事会成员构成上来看，公司内部经营者控制上市公司是普遍现象，日本公司缺乏创新、经营保守、战略转型缓慢等关于其经营战略上的批评不绝于耳，但是除了指责其内部留存多、分红率与美国公司相比明显偏低以外，虽然是公司经营者们控制着董事会，也并没有发生其他的显著问题。

更深入的讨论，由其他企业的派遣人员占较大比例的“监察役会”对上市公司董事会的监视作用的实证研究，在日本也是相对空白的领域。董事会的决策和执行的过程，本身就是一个黑箱，即便是公司内部人员，不到一定的级别也无从知晓。而对这两个过程的监视与监督，则更为隐秘。

公司治理结构中的外部监督机制本身就是一个不断变化的过程，见招拆招的务实性原则才是应该遵循的基本原则，而机制的有效与否，最终是从市场行为来判断。“魔高一尺，道高一丈”的机制下，内部交易、内部人道德风险、大股东侵害公司利益等行为，虽然无法避免但绝不会是市场行为的主流；反之，“道高一尺，魔高一丈”的公司治理的外部监督机制下，市场还会维持运转，甚至交投活跃，但是各类违规交易，利益侵害行为必定是司空见惯，层出不穷。

日本上市公司行为及日本股票市场交易行为的规范性是有目共睹的，可以这样讲，它是一个几乎没有什么丑闻的市场（当然和德国公司一样，隐瞒制品技术缺陷和公司个别项目亏损的行为并没有杜绝，偶尔也会发生几起），这点其实已经充分说明了“监察役会”制度的实际效果。3200 多家上市公司，主要由经营者等内部人支配，董事会由他们控制，外部监督来自“监察役会”，尽管近年来对其创新不足、转型缓慢、经营保守的批评不断增加，但公司行为及股票市场上的交易行为可以说非常规范，制度的有效性可见一斑。

五、外国法人持股比例的上升对日本上市公司治理结构的影响

本章在第三小节强调过，尽管股东的身份特质的差异所导致的股东行为的

不同长期以来被公司治理理论所忽视，但在现实生活中的情况是即便持股比例相同，不同的身份特质的股东，其对上市公司的行为取向往往会有所不同。同为法人持股，外国法人的公司治理文化显然与日本国内法人不同，特别是与日本国内法人相比，其持股是单向的，即外国法人单方面持有日本上市公司的股票而不是相互持股。不同的公司治理文化背景及持股状态之下，随着外国法人持有的日本上市公司比例的提高，日本上市公司的治理结构也开始有了缓慢的变化。

本章末表 3-3 的数据显示，外国法人持有日本上市公司股票的比例，在泡沫经济破裂前一直处于相对较低的水平。1955 至 1990 年，尽管外国法人的持股比例总体呈上升水平，但最高的年份（1985 年）持有的比例也仅为 5.7%。但在进入 20 世纪 90 年代后，外国法人逐渐成为日本上市公司的重要持股方。截至 2015 年结算年度，外国法人持有的日本上市公司的股票比例已经高达 26.7%，超过了日本国内非证券类金融机构持股比例的 24.8%和非金融类法人的 24.3%，成为了最大的单一持有群体，当然在合计上远低于日本国内法人持股总比例的 51.4%（表 3-3 中三类日本国内法人持股比例加总）。

外国法人持股比例的上升给日本上市公司治理结构带来的最大变化就是，在一部分外国法人持股比例较高的上市公司中，引入了“指名委员会”制度。与传统的日本上市公司董事会成员由董事会提名、经股东大会投票后生效所不同的是，公司董事会不再拥有对董事人选的提名权而由“指名委员会”负责董事的提名。

根据日本董事会协会（JACD）的统计，截至 2016 年 8 月 1 日，导入“指名委员会”制度的上市公司总计 71 家，其中东京主板上市公司 61 家，中小板上市公司 2 家，孵化板 2 家，JASTAQ 5 家，创业板 1 家。尽管总数不足全部上市公司数量的 2%，但是这种变化无异于“法人相互持股”下“经营者支配”的巨大冰山的一角开始融化。

至少在这 71 家上市公司中，由公司内部人组成董事会并由其提名董事会人选的体制，在形式上被摧毁了。之所以说是在形式上被摧毁，是因为在“提名委员会”的人选决定权上，日本国内的持股法人仍然具有强大的发言权。日本《公司法》及《证券交易法》对“提名委员会”的设立与否及人选确定没有统一的硬性规定，由各公司根据自己的内部章程（约定条款）确定。对于制定或修改公司内部章程，公司法则有明确规定需要超过三分之二的股东的同意；而外国持股法人之所以要求设置“提名委员会”打破日本上市公司治理结构的传统格局，恰恰是因为其持有相当数量的股票但又达不到控股的比例。因此这种“提名委员会”的设立，可以看作是日本国内持股法人与海外持股法人之间的相互妥协，海外持股法人可以不遵守日本国内持股法人的互不干涉原则，但是期待这种相互妥协之下产生的“指名委员会”从根本上改变“经营者支配”的治理结构，显然是力量不足，更多的是为外国持股法人在董事会人选中保留若干提名权。

“指名委员会”制度的导入更大的意义在于其破冰作用，长期以来迟迟无法推动的日本上市公司治理的结构性改革终于有了突破，法人股东们墨守的陈规有了规则破坏者，但是由于这部分公司占全部上市公司的比例过低，甚至连个案研究都失去了指导意义。

日本上市公司由“经营者支配”的现状短期内不会发生本质性变化，毕竟人们很难指望一个近九成人员是公司内部人组成的董事会向股东大会推荐非本公司出身的人担任董事或者企业的最高经营者，而“指名委员会”制度，虽然属于个案，但却是迈出了重要的一步。当然，在“经营者支配”已经根深蒂固的日本，这种舶来的制度是否会水土不服，更需要时间的检验。

对于日本公司治理结构的研究，在学术界其实是一个相对不足的领域。这种特殊的公司治理结构是特定历史背景下的产物，几乎没有向第三国移植的可能性，故而难以成为国际学术界关注的焦点。在此之上，从20世纪90年代中期以来长达二十多年的经济增长失速，使得人们对日本企业治理结构的研究更加失去了兴趣。英美为代表的基于股东主义的公司治理理论则是占据了国内学术界的主流位置。

本章介绍和分析日本上市公司的治理结构并非是要强调它有何优越性或者指出它的缺陷，因为公司治理结构不是一个一成不变的制度，包括英美在内的发达国家，在不同时期，不同持股构造下的公司治理结构都是有所不同的。公司治理结构非常特殊，因时而异，因地而异。过去发挥过重要作用的，今天未必适用；在其他国家有效运转的，引进后或许导致更大的混乱。

最后要强调的是对于“公司内部人支配企业就是原罪，就是大逆不道”这个问题，从日本走过的路看来，显然不是，在经营者支配下，它创造了经济发展的奇迹，诞生了一批具有极强国际竞争力的大型企业。目前，日本经济增长虽然面临着各种各样的问题，战后崛起的日本企业也面临着转型和升级的巨大挑战，但是客观上说，时至今日日本企业的国际竞争力仍然是任何经济实体及同行都不敢忽视的，而支配企业的主要方式依旧是“经营者支配”，即被国内很多人视为大逆不道的内部人控制。

当然本章也绝非否定对日本上市公司治理结构的各种批评，“经营者支配”是基于特殊历史背景下产生的公司治理结构，在半个多世纪后还在延续，世界变了那么多，它却几乎一成不变，显然会出现问题。但是，在日本战后经济复兴的过程中，这种可以为公司经营者提供安定、连续的经营环境且不受股东短期利益追求干扰的公司治理结构，在特定时期的积极意义也绝对不可忽视。傅高义在其著作《日本是第一》(Japan As No. 1) 中曾就此做过专门的解读，建议有兴趣进一步了解这种经营文化的读者可以去阅读。

表 3-3　1949—2015 年结算年度日本股票市场各主要主体持有股票的份额　单位：%

持有主体 / 年度	中央及地方各级政府	非证券类金融机构	证券公司	非金融法人	外国法人	个人股东
1949	2. 8	9. 9	12. 6	5. 6	—	69. 1
1950	3. 1	12. 6	11. 9	11. 0	—	61. 3
1955	0. 4	23. 6	7. 9	13. 2	1. 7	53. 2

（续表）

年度＼持有主体	中央及地方各级政府	非证券类金融机构	证券公司	非金融法人	外国法人	个人股东
1960	0.2	30.6	3.7	17.8	1.3	46.3
1965	0.2	29.6	5.8	18.4	1.8	44.8
1970	0.2	32.3	1.2	23.1	3.2	39.9
1975	0.2	36.0	1.4	26.3	2.6	33.5
1980	0.2	38.8	1.7	26.0	4.0	29.2
1985	0.8	42.2	2.0	24.1	5.7	25.2
1990	0.6	45.2	1.7	25.2	4.2	23.1
1995	0.6	41.4	1.4	23.6	9.4	23.6
2000	0.4	37.0	0.8	22.3	13.2	26.3
2005	0.1	17.5	1.9	20.4	20.5	39.6
2010	0.2	22.5	1.8	24.3	22.2	29.1
2015	0.2	24.8	2.3	24.3	26.7	21.7

数据来源：http://www.sse.or.jp/data/27nen/2015youyaku.pdf

注：(1) 计算方法为以各所有主体持有的总股数除以上市公司发行的总股数。(2) 非证券类金融机构的具体构成及分类持股比例参见表 3-4。(3) 2005 年个人股东持股比例突然上升是由于以 Live Door 为代表的 JASTAQ 上市公司实行大比例的股票分拆（1∶10 以上）导致统计上个人股东持股数量的大幅上升。但这类公司随后因为各种原因出现了退市潮，个人股东持股总量又迅速下降。

表 3-4　1949—2015 年结算年度非证券类金融机构各主要部门持有股票的份额　单位：%

年度＼部门	银行类金融机构	生命保险	财产保险	信托投资	年金信托	其他
1949	9.9	—	—	—	—	—
1950	12.6	—	—	—	—	—
1955	19.5	—	—	4.1	—	—
1960	23.1	—	—	7.5	—	—
1965	23.4	—	—	5.6	—	—

（续表）

年度＼部门	银行类金融机构	生命保险	财产保险	信托投资	年金信托	其他
1970	15.8	11.1	4.0	1.4	—	1.8
1975	18.2	11.5	4.7	1.6	—	1.9
1980	20.5	12.5	4.9	1.5	0.4	2.2
1985	22.2	13.5	4.5	1.3	0.7	2.6
1990	23.4	13.2	4.1	3.6	0.9	1.8
1995	22.4	11.2	3.6	2.1	1.8	1.2
2000	20.1	7.6	2.8	2.2	4.3	0.8
2003	16.6	4.9	2.3	3.2	4.1	0.8
2005	8.6	2.0	0.9	3.8	2.2	1.9
2010	12.1	3.1	1.3	3.3	2.7	0.7
2015	15.0	2.8	1.0	4.6	1.4	0.7

数据来源：http://www.sse.or.jp/data/27nen/2015youyaku.pdf

注：(1) 计算方法为以各所有主体持有的总股数除以上市公司发行的总股数。(2) 2005 年非证券类金融机构持股比例迅速下降的原因同表 3-3 注 (2)。(3) 其他非证券类金融机构指信用金库、信用社等。

法国公司治理

傅 捷　　李秀萍

法国公司治理经历了一个漫长而多变的过程。作为法国公司治理的基础，法国《公司法》已经进行了数次立法改革，其中最重要的《商法典》也是由拿破仑时期的旧《商法典》到去法典化，到2000年年初开始再法典化，政府采用"授权法令"的形式重新制定了新的《商法典》。法国公司类型主要包括民事合伙、商事公司和特别公司，而商事公司根据其形式或者宗旨在《商法典》中又分为合名公司（Société en nom collectif）、普通两合公司（Société en commandite simple）、有限责任公司（Société à reponsabilité limitée）以及可发行股票的公司（Société par action）[①]，上述的合名公司、普通两合公司、有限责任公司均不能发行股票，只有可发行股票的公司中包含的股份两合公司（Société en commandite par action）、股份有限公司（Société anonyme）以及简化的股份有限公司（Société par actions simplifiée）可以发行股票。公司治理的问题主要集中在公众公司或称为上市公司的公司治理原则。法国公司治理特别是股份有限公司最大的特点是为公司领导与管理规定了两种可选择的制度：一种是设立单一董事会的单层委员会制度，另一种是借鉴德国设立的双层委员会制度，设立一个"管

① Art. L210-1 Code de commerce. 法国商法典网站地址：https://www.legifrance.gouv.fr/affichCode.do;jsessionid=B12010E5791F3A50267D6D0A79931AE2.tpdila14v_ 3?idSectionTA=LEGISCTA000006133175&cidTexte=LEGITEXT000005634379&dateTexte=20161124。

理委员会”的同时设立一个“监督委员会”对其进行监督控制。

法国的股份有限公司最早以官方法律文件进行规范出现在1807年法国颁布的《商法典》，要求设立股份有限公司需经政府批准（直至1867年允许股份有限公司自由设立）。1940年法国借鉴了1937年德国盛行的体系，以法律的形式确立了董事会的行政管理权、董事长的公司管理权（将公司的管理委托给董事长兼总经理一个人）以及股东大会选举董事会的权力（但股东大会不能侵犯董事会权力），其特点就是董事长和总经理的权力集中在一个人手上，而后由于法案遭到严厉批评，1943年3月4日法案允许董事会任命一个副总经理（不一定是董事）具有董事长授予的权力；1966年7月24日法国议会颁布的第66-537法律，法国对股份公司的运作提供了两种模式选择：一种就是原股份公司的单层委员会制公司治理结构，另一种则是参考德国模式的双层委员会制的公司治理结构。而这种可以选择模式的制度也沿用至今。此后由于金融市场的发展以及欧盟对于公司特别是公众公司的规定，法国的商法典又经过了多次修改至今。

一、股权结构

在研究法国公司治理特别是公众公司的控制权和经营权问题前，对于法国目前公众公司股权结构的现状需要有一个整体的认识。本文选取了泛欧证券交易所中的巴黎证券交易所CAC40指数成分股票对法国的股权结构概况做一个代表性的分析。巴黎CAC40指数中的40只股票为巴黎证交所上市的前100大市值的上市公司中选出前35大的公司，另外5家从市值排名36到45的公司选出，它们的股价反映出了法国证券市场的价格波动，在这40家大型上市公司中（详见表4-1），有17家公司未发现有明显控制权的股东①，有9家公司为家族直接或间接作为第一大股东控制公司（其中米其林最为特殊，公司为股份两合公司，米其林家族作为无限责任股东掌握公司的内部决策），有5家公司为明显的法国

① 分类依据投票权比例是否达到10%的标准判断其是否有控制权：La Porta R，Lopezdesilanes F，Shleifer A，Corporate Ownership Around the World［J］. *Journal of Finance*，1999，54（2）：471-517。

政府控制的国有企业，有7家公司为各种投资机构作为大股东，有2家公司为其他公司作为第一大股东。可以发现，在40家大型上市公司中，没有明显掌握控制权的股东的公司占比42.5%，家族企业掌控的公司大约占比22.5%，法国政府掌控的公司大约为12.5%。总体看来，与英美上市公司多数股权较为分散不同，法国公司只有大约半数为股权分散型，故而法国的公司治理也和英美略有不同。

表4-1　法国CAC40指数中40家公司概况（2016年8月29日）

公司名称	市值（亿欧元）	控制类型
TOTAL（道达尔）	1071.58	分散持股
L'OREAL（欧莱雅）	949.38	Bettencourt（家族）
SANOFI（赛诺菲）	886.71	分散持股
LVMH（路易威登）	780.64	Group Arnault（家族）
BNP PARIBAS ACT. A（巴黎银行）	556.67	机构持股
DANONE（达能）	446.33	分散持股
AXA（安盛）	436.96	公司持股
VINCI（法国万喜集团）	399.76	机构持股
AIRBUS GROUP（空中客车集团）	393.91	机构持股
SCHNEIDER ELECTRIC（施耐德电气）	360.35	分散持股
ORANGE（法国电信）	359.37	国家持股
ENGIE（法国燃气集团）	344.34	国家持股
AIR LIQUIDE（液化空气集团）	337.88	机构持股
NOKIA（诺基亚）	292.94	分散持股
LAFARGEHOLCIM LTD（拉法基豪瑞水泥商）	282.15	分散持股（个人大股东）
PERNOD RICARD（法国保乐力加集团）	270.73	分散持股
SAFRAN（赛峰集团）	257.43	国家持股
SOCIETE GENERALE（法国兴业银行）	255.21	分散持股
ESSILOR INTL.（依视路）	244.15	分散持股

（续表）

公司名称	市值（亿欧元）	控制类型
UNIBAIL-RODAMCO（尤尼百-洛当科）	240.59	分散持股
CREDIT AGRICOLE（法国农业银行）	229.26	机构持股
VIVENDI（维旺迪环球集团）	220.39	Bollore 集团（家族）
SAINT GOBAIN（圣戈班集团）	214.77	分散持股
RENAULT（雷诺）	213.65	国家持股
KERING（开云集团）	213.34	Pinault（家族）
MICHELIN（米其林）	172.28	米其林家族控制（股份两合公司）
ARCELORMITTAL（安赛乐米塔尔）	170.3	机构持股
CARREFOUR（家乐福）	167.05	Moulin（家族）
SODEXO（法国索迪斯）	160.04	Bellon（家族）
PUBLICIS GROUPE SA（阳狮集团）	151.25	分散持股（个人大股东）
CAP GEMINI（凯捷管理顾问）	149.71	分散持股
LEGRAND（罗格朗）	142.72	分散持股
KLEPIERRE（地产集团）	131.3	公司持股
VALEO（法雷奥）	108.38	分散持股
VEOLIA ENVIRON.（威立雅环境集团）	107.85	分散持股
PEUGEOT（标致）	107.3	国家持股
SOLVAY（索尔维集团）	102.56	Solvac（家族）
BOUYGUES（布伊格）	96.6	BOUYGUES（家族）
ACCOR（雅高酒店集团）	96.47	机构持股
TECHNIP（德西尼布）	64.56	分散持股

资料来源：泛欧交易所官方网站及各公司年报整理，由于各公司市值随着股价波动故表格市值为表头所标日期当天，http://www.boursedeparis.fr/products/indices/FR0003500008-XPAR/market-information。

从巴黎 CAC40 指数的 40 家公司能够收集到的前三大股东的持股比例的数据来看（详见表 4-2），家族控制型企业中，排除了米其林这个特殊的存在（部分为无限责任制股权），剩下的 8 家家族控制型企业的第一大股东均为该家族或是家族完全掌控的公司，他们的平均持股达到了28.39%，股权相对集中；法国政府控制的5家大型企业中，除标致法国政府控股13.68%与东风汽车（香港）持股比例持平外，其他4家均为第一大股东，5家上市公司的平均持股比率达到了20.41%；而机构或是公司持股的股权结构不算分散的9家大型上市公司中，由于公告的持股把许多机构持股计算合并在一起造成占比非常大（甚至达到70%以上），无法判断具体的第一大持股机构及其比例，但是其中5家确定的第一大股东为机构或公司持股的，平均持股达到了27.78%；对于剩下的17家股权分散型上市公司，第一大股东持股比例平均约为7.30%。

表4-2 法国CAC40指数中40家公司持股结构（2016年8月）

巴黎CAC40（按市值高到低排序）	第一大股东持股比例	第二大股东持股比例	第三大股东持股比例	2016年股东大会平均参与投票率
TOTAL（道达尔）	5.11%	4.90%	4.70%	60.36%
SANOFI（赛诺菲）	9.05%	5.59%	1.28%	63.27%
DANONE（达能）	9.99%	6.00%	2.30%	54.53%
SCHNEIDER ELECTRIC（施耐德电气）	4.99%	4.93%	4.00%	64.77%
NOKIA（诺基亚）	2.02%	0.74%	0.64%	53.63%
LAFARGEHOLCIM LTD（拉法基豪瑞水泥商）	11.38%	9.43%	4.77%	70.84%
PERNOD RICARD（法国保乐力加集团）	9.95%	9.49%	9.26%	72.78%
SOCIETE GENERALE（法国兴业银行）	6.83%	6.22%	5.37%	56.97%
ESSILOR INTL.（依视路）	8.20%	1.30%	—	56.69%
UNIBAIL-RODAMCO（尤尼百-洛当科）	9.98%	0.30%	0.24%	65.33%

（续表）

巴黎 CAC40（按市值高到低排序）	第一大股东持股比例	第二大股东持股比例	第三大股东持股比例	2016 年股东大会平均参与投票率
SAINT GOBAIN（圣戈班集团）	7.60%	6.38%	5.08%	62.83%
PUBLICIS GROUPE SA（阳狮集团）	7.50%	5.03%	0.55%	65.44%
CAP GEMINI（凯捷管理顾问）	7.14%	5.60%	0.50%	63.40%
LEGRAND（罗格朗）	5.28%	4.10%	—	72.68%
VALEO（法雷奥）	5.19%	5.06%	2.08%	63.38%
VEOLIA ENVIRON.（威立雅环境集团）	8.62%	4.83%	4.63%	63.69%
TECHNIP（德西尼布）	5.29%	5.20%	5.11%	47.44%
分散型公司平均值	**7.30%**	**5.01%**	**3.37%**	**62.24%**
L'OREAL（欧莱雅）	32.94%	23.07%	0.82%	80.22%
LVMH（路易威登）	46.64%	52.50%③	0.86%	70.05%
VIVENDI（维旺迪环球集团）	15.32%	14.53%	4.72%	59.36%
KERING（开云集团）	40.89%	7.09%	4.97%	80.04%
MICHELIN（米其林）	21.40%⑥	13.80%⑤	6.69%	44.60%
CARREFOUR（家乐福）	11.51%	8.05%	5.23%	68.31%
SODEXO（法国索迪斯）	37.71%	3.09%	2.83%	78.27%
SOLVAY（索尔维集团）	30.00%	3.00%	3.00%	58.16%
BOUYGUES（布伊格）	21.44%	20.85%⑦	20.40%	82.37%
BNP PARIBAS ACT. A（巴黎银行）	44.80%①	25.80%②	10.20%	63.37%
AXA（安盛）	14.13%	6.15%	5.87%	56.71%
VINCI（法国万喜集团）	72.50%④	7.390%⑤	5.80%	58.09%
AIRBUS GROUP（空中客车集团）	73.70%④	11.00%	11.00%	65.91%
AIR LIQUIDE（液化空气集团）	46.00%②	36.00%⑤	4.65%	46.83%
CREDIT AGRICOLE（法国农业银行）	56.70%	29.96%⑥	9.53%	74.20%
ARCELORMITTAL（安赛乐米塔尔）	62.15%③	37.38%	—	61.26%

（续表）

巴黎 CAC40（按市值高到低排序）	第一大股东持股比例	第二大股东持股比例	第三大股东持股比例	2016 年股东大会平均参与投票率
KLEPIERRE（地产集团）	20.33%	13.49%	5.03%	74.16%
ACCOR（雅高酒店集团）	10.38%	9.22%	8.39%	65.95%
ORANGE（法国电信）	13.44%	9.60%	4.99%	67.45%
ENGIE（法国燃气集团）	32.76%	2.72%	2.33%	78.69%
SAFRAN（赛峰集团）	22.41%	8.07%	4.33%	73.96%
RENAULT（雷诺）	19.74%	15.00%	3.10%	72.72%
PEUGEOT（标致）	37.51%②	13.68%	13.68%	71.88%
集中型公司平均值	**34.10%**	**16.15%**	**6.29%**	**67.50%**
总平均值	**22.71%**	**11.41%**	**5.11%**	**65.26%**

注：数字标符为公示的一类型投资者，非单个投资人，其中每个类型的个体所持股并没有具体公示，故而标注的百分比并不能计为某个大股东持股。①Investisseurs Institutionnels Européens 欧洲机构投资者；②Investisseurs institutionnels étrangers 外国机构投资者；③Autres actionnaires 其他股东；④Investisseurs Institutionnels 机构投资者；⑤Actionnaires Individuels 个人股东；⑥Investisseurs Institutionnels Français 法国机构投资者；⑦Actionnaires Français 法国股东。

资料来源：泛欧交易所官方网站及各公司年报整理。

对比公司股东大会的投票率和股东持股比例可以间接看出大股东对于公司的控制权把控情况。表 4-2 可以看出，巴黎 CAC40 指数的 40 家上市公司截止 2016 年 8 月，股东大会的投票率平均为 65.26%，投票率最高为布伊格集团的 82.37%，最低为米其林集团的 44.60%。具体到不同类型的上市公司，分散型持股的公司平均投票率 62.24%低于集中型公司 67.50%的平均投票率，在分散型持股的上市公司中扣除前三大股东后的平均投票率也达到了 46.56%。可以看出分散型持股的上市公司股东大会参与公司决策的投票数远大于第一大股东所持有的票数，其影响股东大会决策的难度更大，有更多的机构投资者或是中小股东参与到公司的决策中来。反观集中型持股的公司股东大会投票情况，在平均投票率与分散型公司相差不大的情况下，前三大股东所掌握的投票权较之分散型公司更多，股东大会的决策更多的是占大部分投票权的大股东所做出的。

二、法国公司治理的特点

（一）公司可以自由选择单层或双层委员会制的公司治理结构

法国公司治理最大的特点就是为股份有限公司提供了选择自己公司治理结构的权利。法国股份有限公司传统的治理结构是单层委员会制度，而且在早期的公司治理，公司的董事长和总经理权力都集中在一人手上，这就造成了“集中式”管理模式，经营决策的权力大部分集中在董事长身上（这方面在现在的法律也有改善，法律规定公司可以选择董事长兼任总经理但受总经理的条款约束，或者董事会专门再任命总经理①）。1966 年开始，法国参考了德国的监事会制公司治理结构后，法国的法律给予了公司章程自由修改公司治理模式的权力。所以法国现代的公司治理可以选择只设立董事会的单层治理模式，也可以选择设立了管理委员会（Directoire）和监督委员会（Conseil de sunvéillance）的双层治理模式②。

而在实践中法国的公司对于这两种治理结构的选择，1967—1978 年有 69134 家企业选择了股份公司形式，5426 家（7.8%）的公司是按双层治理模式组建的，其中 3038 家（4.4%）是直接组建，2388 家（3.4%）是通过改制来的。在此期间，636 家选择双层治理结构的企业放弃了这个模式回到单层治理模式。从 1978 年起，采用双层治理模式的企业比例跌到了 2.31%，相反科尔费里公司调

---

① Art. L225-51-1 Code de commerce，法国商法典。

② 很多文章和书籍介绍法国公司时称单层治理模式为“董事会”，双层治理模式为“董事会”加“监事会”，没有区分地将双层的 Directoire 和单层的 Conseil d'administration 都译为“董事会”，让人简单地理解为双层治理模式只是在“董事会”里加了一个“监事会”，故而这里将在双层委员会制下的 Directoire 称为“管理委员会”，而 Conseil de sunvéillance 与国内的监事会在职能权力等上大有不同，为了加以区分称为“监督委员会”。

查结果表明股票交易市场一级市场17%的公司已经转变为双层治理结构①。到了2004年年底，巴黎CAC40指数股里有76%还是选择了传统的单层治理模式，并且在这些公司中，只有22%的公司将董事长与总经理的权力分离②。而到了2014年，巴黎CAC40指数股里有86.5%的公司选择了传统的治理模式，就算是把样本扩充到SBF120指数股，选择单层治理模式的公司也达到了81.3%，选择双层治理模式的CAC40和SBF120指数成分公司分别只有10.8%和15%。具体详见表4-3。

表4-3 法国代表性上市公司对公司治理模式和董事会经营模式的选择

公司治理及董事会经营模式	SBF120		CAC40	
	2013年	2014年	2013年	2014年
选择单层董事会以及董事长和总经理为一个人	58.90%	52.30%	72.20%	67.60%
选择单层董事会以及董事长和总经理为不同人	20.60%	29.00%	13.90%	18.90%
选择双层董事会治理结构	15.80%	15.00%	11.10%	10.80%
上市公司为股份两合公司	4.70%	3.70%	2.80%	2.70%
合计	100%	100%	100%	100%

资料来源：Rapport annuel du Haut comité de gouvernement d'entreprise sur le Code Afep-Medef, Afep-Medef, Octobre 2015。

到了2016年8月，最新的巴黎CAC40指数股显示，有15%的公司选择了双层治理模式，另外85%选择单层治理模式的公司中，有55%的公司董事长和总经理为一个人，30%的公司另外委派了总经理，详见表4-4。

法国可供选择的单层或双层委员会制度与其他代表国家的异同

虽然法国在公司治理上不仅有模仿英美模式的单层治理模式也有模仿德国

---

① ［法］贝特朗-理查、多米尼克-米艾莱，张汉麟、何松森、杜晋钧等译：《公司治理》，经济管理出版社2011版，第81—82页。

② Gérard CHARREAUX, Peter WIRTZ, Corporate Governance in France [J]. *FARGO - Centre de recherche en Finance, ARchitecture et Gouvernance des Organisations*, 2007, P7-8.

的双层治理模式，但是相较于英美或是德国，以上两种治理模式又与上述国家有些许不同，可以说是部分借鉴了他国的制度。

采用单层委员会制度时与英美主要是美国的异同：与英美等国类似，公司设有董事会，董事会被赋予了监督及任免管理层，也被赋予了做公司决策的权利，但是法国董事会的构成及董事会的一些强制性规定与美国等不同。相较于美国单层董事会制度下最为特别的独立董事占董事会大多数席位，特别是美国的纽交所及纳斯达克交易所都要求上市公司独立董事要超过半数这些规定不同，法国没有明确的在法律上对公司的独立董事做出明确的要求，而在一些法国大型的上市公司中也有一些公司的独立董事并没有达到董事会的半数。与此同时，法国在单层委员会制度下又融合了德国员工参与公司治理的特点，规定了公司雇员达到一定人数的公司董事会需要包括 1 到 2 名的员工董事，而员工持有公司股票达到一定比例也可以有代表员工股东的董事。对于提高董事会行使职权的效率，美国的两大交易所都对董事会规定采取委员会制度，要求上市公司董事会必须由独立董事组成三大委员会，法国对此只确定了董事会或是相应情况下监督委员会的在其内部组成若干委员会的要求①。另外，法国的法律相较于美国又对公司董事会有一些强制性的规定，比如董事会组成人数的上下限，董事会对于成员年龄的限制，对于男女性别的平衡，同时法国的法律还规定公司可以在章程强制要求公司董事会成员持有公司一定数量的股票（虽然很多公司规定的数额不大，使得这条规定对于激励董事进行更好的经营管理并没有多大实际效用）。

采用双层委员会制度时与德国的异同：法国于 1966 年开始部分借鉴了德国的监事会制度，增加了公司治理可以选择双层委员会制度，即管理委员会和监督委员会制度。虽然法国的双层委员会制度与德国类似，都设有管理委员会和监督委员会，但是与德国的双层结构相比，法国的管理委员会更像是单层委员

① Art. R225-56，R225-56. Code de commerce.

会制度时的总经理领导的管理层。德国公司治理时，监事会或者说监督委员会主要负责监督、建议和任命管理委员会成员，而管理委员会负责公司的制定战略和日常经营，二者不是上下级关系，对于二者出现的分歧，原则上监督委员会不能阻止管理委员会执行某一具体业务措施，虽然监督委员会有部分事项的“同意保留权”，但是管理委员会可以召集股东大会投票争取超过 3/4 的票数支持自己实施措施，监督委员会在此情况下否决权也无效。法国方面，监督委员会虽然不再参与公司的日常经营而是对管理委员会实行经常性监督，但是法律强制性规定一些公司事项须经监督委员会批准，而且公司的章程也可规定另一些具体事项须经批准，同时对于管理委员会的免职可以在公司章程中规定直接由监督委员会免职。从以上种种看来，法国的监督委员会跟管理委员会更像是上下级关系，管理委员会更像是一个群体性决策的总经理。另外，与德国公司一大特点的员工对公司事务的实质性参与不同，法国虽然也有相关规定，但是深究下来员工参与公司治理的程度并不高，法国的员工在双层治理模式下监督委员会的席位远不如德国多。

（二）董事会或者监督委员会中的员工代表

法国对于员工参与公司治理方面也部分借鉴了德国，但是相较于德国同等参与强制规定公司雇员参与公司治理甚至占有监督委员会三分之一席位或与股东代表人数相等，法国对于员工参与公司治理只是提供了公司选择的权利，对于雇员超过一定规模的公司也只是规定了必须有 1 个（董事会或监督委员会成员不超过 12 人）或者 2 个（成员超过 12 人）员工选出的代表。法国的员工参与公司治理有三种方式：第一种是公司认定为中小企业的董事（监事）可以为公司雇员，但是其必须是薪金雇员并且不能超过其他董事（监事）的三分之一；第二种方式为法律赋予公司选择员工是否参加公司治理的权利，只要这种董事（监事）不超过 4 个人（上市公司 5 人）和不超过其他董事（监事）的三分之一即可，但是对于雇员超过 5000 人的公司至少要有 1 人，如果董事会超过 12 人要有2人；第三种方式为有持有公司股份超过公司资本3%的公司员工，应召开股东大会决定是否从员工股东或者持有公司股份的企业共同投资基金监事会成员中选举董事（监事），但是如果已经有员工董事（监事）的情况可以自由选择。从上述方式可以看出，虽然法国部分借鉴了德国的员工参与，但是并没有像德国有这么强烈的强制性，更多的时候只是提供给公司选择的权利。究其原因是，法国认为共同决策会导致公司角色的混乱，而德国的共同决策制度只是德国特定历史阶段的产物。

（三）法国公司治理对于一些方面的强制性规定

与英美等国相比，法国对股份公司的公司治理提出了一些强制性的规定。例如：除了法人董事（监事），公司禁止任何管理层和亲属以任何形式向公司借贷或提供担保；禁止上市公司不考虑受益人业绩来给予各项报酬、补偿金和利益；上市公司董事（监事）男女比例不得低于40%，超过八人的董事会（监督委员会）男女差额不得超过两人；除了涉及日常业务外，公司和公司的任何管理层或是超过10%表决权的股东或是股东公司订立的任何协议都要经过董事会（监督委员会）批准等。

（四）法国公司对于公司治理规则多样化

由于法国的法律赋予了公司对公司治理的选择权，所以法国的公司治理规则多样化也随之出现，出现了法国公司既有英美等国股权分散型的市场模式公司治理，也有德国双层治理模式。不仅仅对于公司治理结构的选择，在公司治理的其他方面，法国的法律也赋予了公司很多选择的权利。例如：公司可以选择在章程强制规定董事会或相应情况下的监督委员会成员必须持有公司一定数量的股票，也就是“股权董事”；公司在单层治理模式下对于公司总的领导事务可以选择由董事长负责并承担责任（董事长+CEO）或者由董事会任命的具有总经理头衔的另一自然人负责并承担；再比如公司对于员工参与公司治理的员工董事（监事）的选举方式也可以有多种选择；公司章程也可以选择在双层治理模式下时赋予监督委员会直接免职管理委员会成员而不需经过股东大会的权利，也就是变相地给予了监督委员会更大的权利可以直接任免管理委员会的成员等。

三、法国公司治理的现状

法国现有公司法对股份有限公司的领导和管理提供了设立单一董事会的单层委员会制度和借鉴联邦德国的双层委员会制度两种管理结构模式。单层委员会制度是法国传统的公司管理制度，公司设立单一的“董事会”（conseil d'administration），并不设立“监事会”；而双层委员会制度中公司设立一个“领导委员会”或称为“管理委员会”（directoire），同时设立一个“监督委员会”（conseil de survéillance）。而在法律规定中，股份公司可以在公司章程中自由选择和切换这两种治理模式。

单层委员会和双层委员会制度的公司治理模式最大的不同就在于前一种模式只设有单独的董事会，由董事会决定公司的活动导向并确保实施，同时董事会还具有监管职能，负责其认为适当的监督和审核（对董事长或者总经理）。而双层委员会制度的治理模式下，公司设立有管理委员会和监督委员会，管理委员会代表公司进行经营管理，而监督委员会对管理委员会的活动实施经常性监督，特殊的事项需由监督委员会批准并且其对于管理委员会有建议甚至直接任免的权利。

（一）“单层委员会制度”下的董事会

在单层委员会制度下，董事会无论是否是上市公司皆由 3~18 人组成（如果是公司合并三年内可以为 3~24 人，具体由公司章程规定），对于少于 3 人的董事会要立刻召集普通股东大会增补成员，对于多于 3 人少于章程规定的应该在三个月内增补成员。同时董事会对于年龄、男女比例等也有相关规定。例如年龄超过 70 岁的董事人数不得超过三分之一，上市公司男女比例不得低于 40%、超过 8 人男女董事差额不超过 2 人等。董事会成员的构成可以细分为普通董事、薪金雇员选举的董事、股东薪金雇员董事、法人董事以及法人董事代表。其中普通董事、法人董事以及其代表需计算最多以及最少成员和男女比例平衡，可以看为一般公司正常设立的董事；而薪金雇员选举的董事和股东薪金雇员董事属于公司达到一些条件后才是必须设立的，法律规定的董事总人数的限制以及男女比例平衡的条款，并不适用于这类董事。

（1）普通董事

由公司创立大会或者普通股东大会任命的正常董事，这类董事与其他董事的最大不同在于，法国法律规定公司章程可以强制要求每一位董事持有本公司一定数量的股票，即为“股权董事”①。

普通董事由公司创立大会或普通股东大会任命，公司首任董事由章程指定，在公司合并或分立期间，董事需由特别股东大会任命②。董事的任职期限由章程确定，最多不超过六年。除章程特别规定外，董事可以连选连任。

普通董事可以随时由普通股东大会解除职务。

（2）薪金雇员选举的董事

公司章程可以规定董事会包括公司人员或者其子公司人员选举的董事，即为代表薪金雇员的董事，这些董事不能多于 4 人（上市公司不得多于 5 人，不得超过其他董事总人数的 1/3），当这类董事人数大于等于 2 人时，至少要有 1 个是工程师、干部或类似人员。这些董事并不计入法律对董事会规定的最多最少人数以及男女平衡规定时统计的人数。对于大型的公司来说还有更为严格的要求，具体为本土公司连续两年长期的薪金雇员人数超过 5000 人，本土公司或国外公司加上它们的子公司的长期薪金雇员至少 1 万人，它们有义务设立企业委员会（雇用 50 人以上的公司），并且应当指定代表薪金雇员的董事。当它们的正常设立的董事少于 12 人时，代表薪金雇员的董事至少为 1 人，而当正常董

① Art. L225-25. Code de commerce.

② Art. L225-18. Code de commerce.

事人数超过 12 人时，代表薪金雇员的董事至少为 2 人[①]。

代表薪金雇员的董事必须持有与公司或者其子公司订立的与实际岗位相对应的劳动合同至少两年，被任命为董事的该雇员并不因此丧失劳动合同的权益。代表薪金雇员董事的提名由一个或几个有代表性的工会组织提出，或者按选举人 1/20 的比例提出（雇员超过 2000 人的按 1%比例推选候选人），大型公司的候选人名单由一个或数个有代表性的薪金雇员组织提出[②]。

薪金雇员董事的选举方式为特别股东大会进行章程修改按下列方式之一选举：1. 在法国境内的公司及其子公司里组织选举；2. 由集团委员会、企业中心委员会或企业委员会进行指定；3. 仅需一名代表薪金雇员董事时，由法国境内公司及其子公司中得票最多的工会组织指定人选，需两名时，由得票最多的前两个工会组织各指定一名；4. 在至少需要两名董事时，在以上三种方式之一指定其中一名董事，另一名董事由欧洲企业委员会指定，对于欧洲公司可以由有代表性的薪金雇员组织或是欧洲公司委员会指定。如果在两个会计年度的第二个会计年度终结后六个月内还未修改章程选举，则代表薪金雇员董事按第一种方式指定。

在劳动合同已满三个月的薪金雇员有选举投票权，投票采用秘密方式。在至少有一个席位是工程师、干部或类似人员时，全体有选举权的雇员分为两大选举人团组分别进行投票，一组由工程师、干部或类似人员组成，另一组由其他薪金雇员组成，公司章程根据人员结构确定分配给每一团组的可选席位。

薪金雇员选举的董事任期由公司章程确定，但不得超过六年，可以连选连任，章程另有规定除外。该董事不得兼任任何工会代表、企业委员会成员等职务，也不得兼任欧洲企业委员会成员。该董事享有适于履行其职务的培训机会，费用由公司负担。代表薪金雇员的董事离职方式有两种：一种当劳动合同被解

---

① Art. L225-27, L225-27-1. Code de commerce.

② Art. L225-28. Code de commerce.

除时亦终止担任董事；另一种因为履职过程中有过错免职则需要董事会多数成员请求并经大审法院依紧急审理程序做出裁定。

（3）股东薪金雇员董事

在上市公司，如果董事会报告确认公司人员持有的股份达到公司资本的3%时，由持股股东提出建议，股东大会应从作为股东的薪金雇员中或者是持有公司股份的企业共同投资基金的监事会成员的薪金雇员当中任命一至数名董事，且不计入董事最多或最少人数要求，任期不超过六年，到期或劳动合同中断均停止其任职。但是如果公司董事会已有一名或数名薪金雇员选举的董事时，不强制要求选举①。

（4）法人董事以及法人董事代表

法人可以被任命为公司的董事，并指定一名常任代表，常任代表的条件职责等与其他普通董事一致，且法人承担连带责任。

（二）“双层委员会制度”下的管理委员会

在参考德国双层治理模式的管理结构下，法国公司治理中的管理委员会更像是行使前面提到的单层委员会制度下的总经理的职能，不同之处在于管理委员会是一个集体执行机构，并且每年会计年度终结后是由管理委员会向监督委员会提供年度报告和公司账目、公司运营等，再由监督委员会向股东大会提交报告和意见。

管理委员会的构成不超过五人（上市公司为七人），甚至注册资本不足15万欧元的股份有限公司管理委员会职能可以仅由一人行使，这个人即为唯一总经理。而管理委员会的成员必须是自然人，他们可以从股东之外挑选。管理委员会的任职期限为2~6年，章程未规定的情况下为4年，年龄限制为65岁。

对于管理委员会的任免：管理委员会全体都是由监督委员会任命，并且委

---

① Art. L225-23. Code de commerce.

托其中一人为管理委员会主席；管理委员会的免职要经由股东大会，但是公司章程可以赋予监督委员会解除他们职务的权利。

对于管理委员会的职能：管理委员会在除明文规定属于监督委员会和股东大会的权限之外，在公司宗旨范围内享有在任何情况下代表公司进行活动的最广泛的权利。管理委员会依章程规定的条件进行审议并做出决定。而公司章程会规定具体列举哪些业务要事先得到监督委员会的批准。

管理委员会主席或相应情况下唯一总经理在同第三人的关系中代表公司，但公司章程可以授权监督委员会赋予一名或数名管理委员会的其他成员以同样的代表权，这些成员具有总经理职衔。同一自然人不得同时担任除子公司或是两家非上市公司以外一个以上的公司的管理委员会成员或唯一总经理。监督委员会的成员也不得兼任管理委员会的成员。

在上市公司里，禁止不考虑受益人业绩条件而给予各项报酬、补偿金与利益，应当根据受益人作为成员的管理委员会所属公司本身的业绩来评价受益人的业绩。

（三）"双层委员会制度"下的监督委员会

在"双层委员会制度"下的监督委员会，许多规定都类似于单层管理模式下的董事会，有些许不同的就是监督委员会的职责不再像董事会需要处理公司所有大方向上的问题，而主要是对管理委员会管理公司的活动实施经常性的监督，对公司的部分行为拥有决策权。

1. 监督委员会的构成

与单层管理模式下的董事会一样，监督委员会由 3~18 名成员组成（公司合并期间三年内 3~24 人），年龄超过 70 岁的监事人数不得超过 1/3，在上市公司男女比例不得低于 40%、超过 8 人男女监事差额不超过 2 人等。

而监督委员会的监事成员也类似于董事细分为普通监事、薪金雇员选举的监事、股东薪金雇员监事和法人监事及其常任代表。普通监事、法人监事及常任代表作为一般公司正常设立的监事，而薪金雇员选举的监事和股东薪金雇员监事在一定条件时才强制性要求设立。但是监事会的任何成员都不能再兼任公司管理委员会的成员。

（1）普通监事、法人监事及其常任代表

监事会这类成员的任免都是由公司创立大会或普通股东大会决定的，任职期限不超过六年，具体也由章程规定，可以连选连任。而公司章程可以规定每一位这类监事强制性持有公司一定数量的股票①。

法人可以被任命为监事会成员，但是应当指定一名常任代表，常任代表的条件职责等与其他普通监事一致，且法人承担连带责任。

（2）薪金雇员选举的监事

同样类似的，公司章程可以规定监督委员会成员包括公司人员或者其子公司人员选举的代表薪金雇员的监事，这类监事不能多于四人，也不得超过其他成员人数的三分之一，当这类监事人数大于等于两人时候，至少要有一个是工程师、干部或类似人员。这些监事并不计入法律对监督委员会规定的最多最少人数以及男女平衡规定时统计的人数。对于大型的公司来说还有更为严格的要求，具体为本土公司连续两年长期的薪金雇员人数超过 5000 人，本土公司或国外公司加上它们的子公司的长期薪金雇员至少 1 万人，它们有义务设立企业委员会（雇佣 50 人以上的公司），并且应当指定代表薪金雇员的监事。当它们的正常设立的监事少于 12 人时，代表薪金雇员的监事至少为 1 人，而当正常监事人数超过 12 人时，代表薪金雇员的监事至少为 2 人②。

代表薪金雇员的监事必须持有与公司或者其子公司订立的与实际岗位相对应的至少两年的劳动合同，被任命为监事的该雇员并不因此丧失劳动合同的权益③。代表薪金雇员监事的提名由一个或几个有代表性的工会组织提出，或者按

---

① Art. L225-72. Code de commerce.

② Art. L225-79, L225-79-2. Code de commerce.

③ Art. L225-80. Code de commerce.

选举人 1/20 的比例提出（雇员超过 2000 人的按 1%比例推选候选人），大型公司的候选人名单由一个或数个有代表性的薪金雇员组织提出。

薪金雇员监事的选举方式、选举权、被选举权、选举人团体的组成、投票方式、异议的提出、劳动合同的保护等跟“单层委员会制度”下的代表薪金雇员董事的规定一样，详见前文。

薪金雇员选举的监事任期由公司章程确定，但不得超过六年，可以连选连任，章程另有规定除外。该监事不得兼任任何工会代表、企业委员会成员等职务，也不得兼任欧洲企业委员会成员。代表薪金雇员的监事离职方式有两种：一种当劳动合同被解除时亦终止担任监事；另一种因为履职过程中有过错免职则需要监事会多数成员请求并经大审法院依紧急审理程序做出裁定。

（3）股东薪金雇员监事

同样的，在上市公司，如果管理委员会报告确认公司人员持有的股份达到公司资本的 3%时，由持股股东提出建议，股东大会应从作为股东的薪金雇员中或者是持有公司股份的企业共同投资基金的监事会成员的薪金雇员中任命一至数名监事会成员，且不计入监事会最多或最少人数要求，任期不超过六年，到期或劳动合同中断均停止其任职。但是如果公司监事会已有一名或数名薪金雇员选举的监事时，不强制要求选举①。

2. 监事会的职能

（1）对管理委员会管理公司的活动实施经常性监督

公司章程规定哪些业务活动的签约应当事先得到监事会批准，凡是涉及性质为不动产的财产转让、全部或部分参股的转让、各种担保的设定以及提供保证、票据担保和其他担保必须经过监事会批准。而且在一年中的任何时间监事会都可以进行其认为适当的审核与监督，监事会可以随时要求向其提交其认为完成监督任务“有必要的”文件。特别是，管理委员会至少每一季度要向监事

① Art. L225-71. Code de commerce.

会提交一份报告①。

（2）监事会对公司重要决策的决定

除在正常条件下订立的仅涉及日常业务活动的协议，公司与其管理委员会或监事会成员之一或者与其持有超过10%表决权的股东之间直接或者通过中间人订立的任何协议，或者在涉及作为股东的公司时，控制该公司的公司与上述所指人直接或通过中间人订立的任何协议，均须事先提交监事会批准。如公司管理委员会或监事会的某一成员是某一企业的领导人（所有人、无限责任股东、经理、董事、监事会成员等），则该企业与公司之间订立的所有协议也应事先提交监事会批准②。

（3）监事会其他的一些权利

上市公司中监事会审核管理委员会每年提交的报告和年度账目，并向股东大会提交关于公司治理、公司账目、公司分析、会计监察人意见等的报告。

对公司男女就业与工资平等等方面的政策审议。

对公司注册地址的变迁进行决定并提交股东大会等。

3. 监事会会议

监事会只有在至少二分之一成员出席会议情况下审议有效。除章程规定更高多数要求外，监事会决议按出席会议或委托代表出席会议的成员的多数票做出，票数相等时会议主席的表决票起决定性作用，章程另有规定除外。

4. 监事会薪酬

监事会成员不得从公司收受任何经常性或非经常性报酬，只有在以下三种情况可以收取报酬：1. 监事会主席和副主席召集监事会会议并领导会议进行审议与讨论并通过的，可以给予主席和副主席报酬；2. 股东大会决定的以出席会议补贴的形式每年给予监事会成员固定数额的报酬；3. 监事会对另行交付其成

① Art. L225-68. Code de commerce.

② Art. L225-86. Code de commerce.

员完成的任务或委托事项给额外的报酬。除了公司员工持股达到一定比例选出的薪金雇员股东监事和公司雇用达到一定人数必须选举薪金雇员监事选出的监事外，与公司有劳动合同关系的监事会成员人数不得超过在职监事会成员的三分之一①。

5. 监事会主席

监事会从其内部选举监事会主席 1 名、副主席 1 名，应均为自然人，期限与其担任监事的期限相同，负责召集监事会会议并领导会议进行审议与讨论，监事会如打算做出此项决定，可以确定给予主席、副主席的报酬。

6. 监事会其他的一些限制

同一自然人在法国领土设立的股份有限公司的监事会担任监事不得超过 5 个，集团公司算作 1 个，但是在集团公司内部董事职务也不得超过 5 个②。

除由法人担任的管理委员会成员及监事会成员外，禁止其他管理委员会成员和监事会成员及他们的配偶、直系血亲和一切中间人以任何的形式向公司进行借贷，让公司同意通过往来账户或其他方式透支款项，或由公司为其对第三人承担的义务提供担保或认可担保有效。

（四）股东大会

法国股东大会分为普通股东大会（assemblée générale ordinaire d'actionnaires）、特别股东大会（assemblée générale extraordinaire d'actionnaires）、专门股东大会（assemblée spéciale d'actionnaires）。

1. 股东大会的主要职责

特别股东大会是唯一有权修改公司章程各项条款的，特别股东大会可以变更公司国籍。

专门股东大会是持有特定种类股票的股东召开的会议。股东大会做出改变

① Art. L225-85. Code de commerce.

② Art. L225-77. Code de commerce.

与某种（特定）股份相关的权益的决定只有得到这一类股东专门大会才能施行普通股东大会做出除了修改公司章程与改变公司国籍事项外与公司有关的各种决定。普通股东大会至少每年召开一次，并应在会计年度终结后的六个月内召开。公司董事会（管理委员会）向股东大会提交报告和公司年度账目（集团合并结算账目以及与此相关报告）。

普通股东大会主要行使的权利：1. 对于董事（单层委员会制）或者监事（双层委员会制）的任命和解除职务；2. 董事会（监督委员会）批准的非正常情况下非日常业务活动的协议；3. 对于未经董事会（监督委员会）批准的协议造成公司损害后对协议无效不予追究的表决；4. 股东大会决议给予出席会议的董事（监事）活动报酬①。

2. 股东大会的召集

在上市公司第一次召集即召开的特别股东大会只有在出席会议或委托代理人出席会议的股东至少持有 1/4 表决权股份时，审议才能有效；第二次召集才召开特别股东大会至少应有持 1/5 表决权股份的股东或委托代理人出席才能进行有效审议，若未达到，最晚推延至在其召集之后 2 个月召开。非上市公司章程须规定要求更高的人数比例②。

在上市公司第一次召集即召开的专门股东大会只有在出席会议或委托代理人出席会议的股东至少持有 1/3 拟改变权益的表决权股份时，审议才能有效；第二次召集才召开特别股东大会至少应有持 1/5 上述股份的股东或委托代理人出席才能进行有效审议，若未达到，最晚推延至在其召集之后 2 个月召开。非上市公司章程的规定要求更高的人数比例③。

在上市公司第一次召集即召开的普通股东大会只有在出席会议或委托代理人出席会议的股东至少持有 1/5 表决权股份时，审议才能有效，非上市公司章

① Art. L225-100. Code de commerce.
② Art. L225-96. Code de commerce.
③ Art. L225-99. Code de commerce.

程的规定要求更高的人数比例；第二次召集才召开的普通股东大会对参会法定人数未做任何要求①。

普通股东大会由董事会召集，在公司选择“双层委员会制度”时由监事会召集。未召集的情况下可以由以下人员召集：(1) 会计监察人；(2) 紧急情况下任何利害关系人或者应至少持有公司5%资本的一名或数名股东请求，或者由股东协会的请求；(3) 清算人；(4) 公开出价收购或公开出价交换滞后或在控股权整体转让以后，占资本或表决权多数的股东②。

3. 股东大会的议程和决议

特别股东大会做出审议决定必须经过出席股东大会的股东或委托代理人所拥有的表决权的2/3才能通过。

专门股东大会做出审议决定必须经过出席股东大会的股东或委托代理人所拥有的表决权的2/3才能通过。

普通股东大会做出审议决定必须经过出席股东大会的股东或委托代理人所拥有的表决权的1/2才能通过。

股东大会的议程由会议召集人确定。至少持有5%资本的一名或数名股东或是股东协会有权利要求将其提出的问题或决议草案载入股东大会议事日程并通知各股东③。股东大会不得审议未载入议事日程的问题，但是股东大会可以在任何情况下解除一名或者数名董事会（监督委员会）成员的职务并进行替补。

4. 股东的表决权

与股票相关的表决权，在普通股东大会上属于用益权人，在特别股东大会上属于虚有权人。共有股份需由其中一人或由唯一的委托代理人为代表出席股东大会，已用于设质的股票，表决权由所有人行使，为此应债务人请求，质权人将其作为出质物而占有的股票予以寄托。公司章程可以做出不同规定。

---

① Art. L225-98. Code de commerce.

② Art. L225-103. Code de commerce.

③ Art. L225-105. Code de commerce.

与资本股或收益股相关联的表决权与其所代表的资本份额成正比，每股至少享有一票表决权①。以下情况除外：(1) 在大会就是否赞同某项实物出资或给予某项特别利益进行审议时，实物出资人及特别利益受益人的股份不计入投票数；(2) 对股金已全部缴纳并以同一股东名义记名登记至少两年的股票，公司章程或以后召开的股东大会可以分派一种双重表决权，向该股东无偿派送的记名股亦可授予双重表决权②，2004 年 3 月 29 日颁布法律之后制定公司章程做出相反规定的除外，非法国国籍或是欧盟国籍的股东也除外；(3) 若从记名股转为无记名股或是以所有权形式转让给他人的股份（除继承、夫妻共同财产清算以及生前对配偶或属于继承人系列之内的亲属进行的赠与而引起的转让除外），将丧失之前的双重表决权。

公司章程可以限制每一股东在股东大会上拥有的表决权数目，但以针对无表决权优先股以外的所有股份进行不区分类别的相同限制为条件。但是如果发出公开要约收购的公司持有目标公司的资本份额或表决权数量至少等于修改公司章程所要求的表决权数时，作为目标公司章程所限制的每一股东的表决权数目在收购要约终止后的第一次股东大会时停止其效力③。

任何股东均可以通过函寄表决票的方式进行投票。邮寄返回的表决票应在股东大会会议召开前为公司所收悉才能计入法定人数。表决票上没有标明任何表决意向或没有表示弃权者均视为投否决票。公司章程有规定的可以以鉴别音像的视听或电讯方式参加股东大会会议。

5. 股东的代理投票

除了上市公司或公司股票进入多边交易系统交易的公司股东可以由其选择任何其他自然人或法人为其代理外，股东的代理人只能是另一股东、其配偶或者与之订立“紧密关系民事协议”的人为代理（例外：非法国长居居民股东可

① Art. L225-122. Code de commerce.
② Art. L225-123. Code de commerce.
③ Art. L225-125. Code de commerce.

以由为他们的利益登记的中间人为代理人参加股东大会转达他们的表决投票)。

在上市公司任何主动请求代理他人并直接或间接以任何形式任何方法向某一股东或多名股东提议自己同意接受代理以取得代表这些股东时可以公开其对股东大会上提出的决议草案的投票意向，此时对于其接受的没有任何明确投票指令的委托授权均由其按照公开的投票意向行使表决权[1]。

6. 股东的知情权

任何股东均有权对于董事会（管理委员会）对公司业务进展和管理状况提交的必要文件和材料书面提出问题，董事会（管理委员会）有义务在股东大会期间做出答复。

任何股东均可参加特别股东大会，持有特定种类股票的股东均可参加专门股东大会。任何股东均有权获得向其通报的以下文件：(1) 年度账目、董事名单或管理委员会成员、监事会成员名单以及集团结算账目；(2) 董事会（管理委员会）向股东大会提交的各项报告以及会计监察人报告；(3) 提议的决议案文本及提出议案的原因说明，有关董事会或监事会成员候选人的情况介绍；(4) 会计监察人核定的支付给公司内最高薪酬人员的报酬总额。

7. 部分记名股

公司董事长、总经理、管理委员会成员、在公司担任董事或监事的自然人或法人以及担任法人的常任代表有义务将属于本人、未与其别居的配偶或未接触亲权的未成年子女持有的本公司及其子公司母公司或母公司其他子公司发行的准许进入规范市场交易的股票转为记名股或者予以寄托。否则其行使的投票权或是进行的任何股息支付均无效。

在股票准许进入规范市场交易的公司，进行记名登记至少两年并持有至少5%（资本为75万欧元至450万欧元至少持有4%；资本为450万欧元至750万欧元至少持有3%；资本为750万欧元至1500万欧元至少持有1%；资本超过

---

① Art. L225-106-2. Code de commerce.

1500 万欧元至少持有 1%）表决权的股东，可以组成旨在公司内部代表其利益的股东协会[①]。这些协会行使的权利有：(1) 召集股东大会；(2) 提出“问题或决议草案”载入股东大会的议事日程；(3) 就公司及子公司管理中的一项或数项活动书面提出问题；(4) 针对董事或总经理提起追究责任的公司起诉。

（五）上市公司大股东的约束

为了保护中小股东以及公司的利益，法律对法国上市公司大股东或是意图成为上市公司大股东的投资者的增减持或是公司收购的信息披露以及收购制度做出了相关的限制。

1. 增持和减持的披露

除了投资服务提供者在相关规定范围内以外的任何人以对公司股票一次或多次暂时转让的名义或者以可以取得这些股票的任何交易活动的名义，单独或者与他人协同持有超过 2%表决权数的行为，需要在公司股东大会召开前三天零时之前向公司以及法国金融市场主管机关告知其取得的股票数量、转让人的身份、交易合同的日期和到期日以及表决权的协议[②]。

而在上市公司任何自然人或法人单独或协同行动占有公司股票数量不论超过或是低于注册资本或者表决权的 1/20、1/10、1/5、3/20、3/10、1/3、1/2、2/3、18/20、19/20 时，都应将其持有的公司股票或表决权数告知公司、金融市场主管机关和公众。特别是，在持股数超过公司资本或表决权的 1/10、3/20、1/5 或 1/4 界限时，不仅要告知持股数，还应提交资金筹措方式、单独还是协同、停止收购还是打算取得公司控制权的意图、对公司采取何种战略及具体措施、是否要任命自己或他人进入公司董事会或者监事会等管理层等的说明，并且如果在六个月内打算改变意图的还需向公司、金融主管及公众通报。如果违

① Art. L225-120. Code de commerce.

② Art. L225-126. Code de commerce.

反这些规定，在股东大会两年内失去表决权[1]。

2. 要约收购

法国于2003年合并了证券交易委员会（Commission des Opérations de Bourse，简称COB）、金融市场委员会（CMF）和金融管理纪律委员会（Conseil de Discipline de la Gestion Financiere，简称CDGF），成立了金融市场管理局（Autorité des Marchés Financiers，简称AMF）来负责证券投资服务的法制规范和监督以及证券投资人员的资格及行为规范。法国的上市公司要约收购必须遵守金融市场管理局制定的法律法规（2006年3月法国颁布了《公开要约收购法》[2]）。要约收购是取得上市公司控制权的一种手段，其分为自愿收购和强制收购。

（1）公开要约收购

公开要约收购（OPA）或公开换股收购（OPE）即以现金方式（OPA）来获得股份或是用其他证券来交换公司股份（OPE），其规则是规制自愿购买在法国受规制市场交易的公司股票的一套制度体系。需要特别指出的是，为了针对即将展开的要约收购传播虚假信息，《公开要约收购法》做出了特殊的法律规定。法国的金融主管机构AMF对任何有合理理由相信其准备进行要约收购的人都可能会要求其宣布意图，如果其收购预案违背了提交的意图可能会在6个月内禁止提交要约收购的方案。

要约前阶段及要约收购的提交

要约前阶段被定义为从金融市场管理局（AMF）发表公告宣布收购人收购预案起至发售开始之前的这段时间，收购预案由收购公司指定的一个或多个经批准的投资服务提供者（主要是银行）通过信函提交给金融市场管理局，提交者须保证要约收购的不可撤销性。在收购公司发布信息公函并获得金融市场管

---

① Art. L233-7. Code de commerce.

② Loi 2006-387 du 31 mars 2006 relative aux offres publiques d'acquisition.

理局的批准后，要约收购即展开。

特别指出的是，法律在提交的要约收购预案中强化了股东和员工的信息知情权。披露的义务包含了目标公司和收购公司介绍、价格或评价的估价因素、收购金额、交易融资模式及对相关公司资产等的影响、收购者在未来12个月的意图、收购公司关于人事用工方面的趋向、资本数据和证券情况等。而为了强化目标公司员工的信息知情权，收购发起公司应向目标企业委员会发布信息公函，以此来保证目标公司员工的信息知情权。

要约收购的期限及价格

公开要约收购或公开换股收购的期限至少是25个交易日，从最后一次信息公函的发布开始算起。在敌意收购的情况下，要约收购最长只能持续35个交易日。原则上当发起自愿收购时，价格或汇兑平价是由收购公司单方面意愿确定的，价格的确定依据客观管用的估价标准，此标准由金融市场管理机构以及诸如交易所行市、营业额、证券和净资产收益率以及公司前景等因素综合而成。

（2）强制要约收购

在一些例外情形下，为了保障全体股东的平等，允许他们在企业控制权出现变化时卖出股票，法律强制发起人向目标公司全体股东发出公开收购的要约，即为强制要约收购。

强制要约收购的触发

1）在法国受规制市场中进行交易的公司，当股东单独或者联合一致行动人持有公司30%以上的资本或表决权股权份额时，该股东应立即告知法国金融市场管理局并对所有资本证券发出公开收购要约；2）当股东单独或联合直接或间接持有30%到50%的资本或表决权股权份额，并在一年内增加2%的股权时，也需要提交强制收购要约。也就是说，当股东持有超过公司股份或表决权超过30%时需要履行强制要约收购，并且在之后每继续增持2%股权时都需履行强制要约收购的义务[①]。

强制要约收购的价格

与自愿收购相同，强制要约也可以以现金或是股权交换的形式，只需金融市场管理局声明接受其条件，但是对于强制要约收购的价格，法律做出了强制性的规定，要约中所提议的价格至少等同于要约者在要约提出前 12 个月内单独或联合支付的最高价，以此来尽可能最好地保障股东的权益[②]。

强制要约收购的豁免

金融市场管理局也会允许例外豁免强制性的要约收购，但是金融市场管理局应该对超过触发点，资本与表决权分配的情况进行说明，甚至对股东大会所批准的操作的条件进行说明。具体的豁免条件为：1. 自然人间的免费转让；2. 旨在为处于财政困境的公司增加资本而在股东大会批准下进行的认购；3. 在股东大会批准下进行的企业合并或投资运作；4. 在股东大会批准下进行的企业合并或投资运作同相关公司股东间达成的构成一致行动的协议的合并；5. 目标公司资本证券或表决权份额总量的减少；6. 认购者或 1/3 股东单独或联合持有公司大多数的表决权；7. 在公司或属于同一团体的人之间进行重新分级或类似于重新分级。

（3）反要约收购防御措施

在针对上市公司发出公开要约收购期间，目标公司的董事会或是经监事会批准的管理委员会，可以在股东大会批准后在公司利益的限度内做出任何决定来使要约收购失败，但是在要约开始之前股东大会给予授权而采取的措施有可能导致收购失败的，应该在要约期间中止执行[③]。

被作为收购对象的上市公司还可以按法定人数和多数票举行特别股东大会决定以更优惠的条件发行本公司的认股权证并分派给要约收购之前已经持有公

---

① ［法］安娜·多米尼克·梅维尔，姜影等译：《法国金融法》，法律出版社 2014 版，第 243—244 页。

② Art. L433-3. Code monétaire et financier.

③ Art. L233-32，L233-33. Code de commerce.

司股票的股东，或者授权董事会或管理委员会行使这一职权。这种配股认购的行为可以使得收购方在标的公司的持股比例大幅下降。

同时法律也规定目标公司章程所设立的股份转让限制条款不具有对抗要约收购者的效力；而在目标公司为采取或批准可能使收购失败的任何措施而召开的股东大会，公司章程中限制行使与公司股票相关的表决权的任何条款的效力暂时终止①。

四、法国国家控制型企业的公司治理

虽然法国是市场经济为主体的国家，但是不可否认其一定程度信奉政府干预经济的国家主义，法国的国有企业甚至在私有化程度较高的今日依然在经济体中扮演着十分重要的角色。法国的国有资本运作主要由法国国家参股局（Agence des Participations de l'Etat，简称 APE）负责，截至 2015 年 4 月，国家参股了 77 家企业集团，共计市值大约 1100 亿欧元，其中持有上市公司股份 13 家共计约 831 亿欧元，最小的持股 1.1%（CNP Assurance），最多的持股 84.49%（EDF），平均持股 27.92%。持股的企业涉及航空、军事、能源、交通、服务、视听传播等多个领域，合计营业额约 1430 亿欧元，分红达 41 亿欧元，净资产 1028 亿欧元②。法国政府对国家参股企业的治理和控制根据国家参与程度的深浅，具体到法律上即国家持有公司资本的多少，进行分类管理，对政府占股比例高的国有企业（主要为关系到国计民生主要任务，为经济社会发展提供服务而不是盈利的企业）主要由国家委派进行经营管理以保障其良好的运营及作用；对市场竞争型的企业，政府的干预相对较少，只是进行一定的监督；而对于小型的国有企业，政府在其拥有一定所有权的权利下进行正常的监督投资等，并不过多参与公司经营管理。政府参与公司治理或是国企型企业的公司治理，也

① Art. L233-34～L233-37. Code de commerce.

② RAPPORT RELATIF À L'ÉTAT ACTIONNAIRE：ANNEXE AU PROJET DE LOI DE FINANCES POUR 2016. http://www.performance-publique.budget.gouv.fr/

可以选择单层或者双层治理结构，也有员工参与，这些都与上述普通企业相似，但是也有不同。在国企性质的公司里董事会（监督委员会）有着国家参与，具体表现为两种形式：1. 国家可以提名董事会（监督委员会）董事（监事）成员；2. 国家可以指派代表进驻董事会（监督委员会）。

（一）国家指派的代表

政府直接、独资或是联合国家机构持有公司50%以上资本的公司，政府委派一名代表到董事会（监督委员会）。政府直接持股占10%以上资本的公司，政府可以同样指派一名代表到审议机构。另外，政府或是其产业或商业机构直接或间接参股某个公司，可以提案或协商，由主管机构任命相当于董事会（监督委员会）成员的代表①。

法国最高行政法院颁布的法令规定关于政府委派代表的条件。

政府代表席位跟其他董事（监事）遵守相同的法律拥有相同的权利。

政府代表可以实行和其他董事一样规则的最多成员限制。

政府代表的所有薪酬由国家预算拨款。

政府代表计入男女董事比例。

政府代表不用强制持有公司股票。

（二）政府提名的董事（监事）成员②

1. 政府直接持有资本10%～50%的公司，在其持股百分比的限制范围内有一到数名董事（监事）席位是保留给政府提名的。在董事会（监督委员会）成

---

① Ordonnance n° 2014-948 du 20 août 2014 relative à la gouvernance et aux opérations sur le capital des ociétés à participation publique：Titre II，Chap 1，section 2，Art 4. https://www.legifrance.gouv.fr/affichTexte.do?cidTexte=JORFTEXT000029391551&fastPos=1&fastReqId=1830356059&categorieLien=cid&oldAction=rech-Texte.

② Ordonnance n° 2014-948 du 20 août 2014 relative à la gouvernance et aux opérations sur le capital des ociétés à participation publique：Titre II，Chap 1，section 3，Art 6.

员超过 10 个的情况下为政府保留的席位至少要有 2 个。如果政府的提名被公司主管机构拒绝，政府可以在下一次普通股东大会申请批准，如果不通过之前拒绝的审议仍然有效。

2. 政府或是其产业或商业机构独资或联营、直接或间接参股某个公司，可以按规定向公司的主管机构提名任命一个或多个董事会（监督委员会）成员。

3. 在前两个规定中政府提名并成功被任命的董事（监事）成员拥有国家公职人员的身份，他们和其他成员受同样的规则限制，他们代表的是国家作为股东的利益。

4. 这类董事（监事）不用强制持有公司股票。

（三）员工代表①

1. 政府直接持有资本超过 50%并且在过去的 24 个月平均薪金雇员多于 50 人的公司，董事会（监督委员会）至少要有 1/3 代表员工的董事（监事）。

2. 其他公司的员工代表指派如有必要遵照法国《商法典》普通公司的规定。

3. 第 1 条所述余下的公司遵循《商法典》里的员工代表和员工股东董事规定，并计入里面的不超过 1/3 原则。

员工代表同样不计入男女平衡，章程规定任期最多不超过六年，可连选连任。

（四）国家控股超 50%公司的非强制性规定

国企有服务国家的职责或者任务，所签订的合约并不一定要遵循《商法典》里超过 10%投票权股东签订协议就要董事会（监督委员会）批准的规定，但是还是要事先提交给董事会（监督委员会）。

---

① Ordonnance n° 2014-948 du 20 août 2014 relative à la gouvernance et aux opérations sur le capital des ociétés à participation publique: Titre II, Chap 1, section 4.

（五）董事长及总经理[①]

董事长（监事长）出现空缺或者政府全资控股的公司里，可以特别地由已经被任命为委员会成员的政府公职人员中选任。

在主要目的为持有证券并且资产全属于政府以简化的可以发行股票的公司设立的公司，政府可以指派董事长或者委托社会人士领导公司，权利参考前面国家指派代表。

政府占资50%以上的公司董事会可以选择董事长兼CEO模式或者是分开，公司章程可以明确声明违背本条规定。

在政府直接占资50%以上的公司，公司领导由如下方式任命：

1. 选择单层治理结构时，董事长和总经理为一人时由法令提名董事会任命，董事长总经理不为一人时总经理由董事会提名法令任命；

2. 选择双层治理结构时，管理委员会主席由监事会提名法令任命。

在主要目的为持有证券并且资产全属于政府的简化的股份有限公司（简化股份有限公司是法国的一种公司类型）与此类似。

以上人员的解任由政府颁布的法令解任。

（六）其他规定

部分为全体公司出资只为持有证券而资产全部属于政府的公司，当政府出资超过一定门槛，改由政府直接持有。

法国最高行政法院颁布的法令明确当前条款使用的条件。

五、法国不同类型上市公司实例分析

为了进一步明确法国的上市公司对于前述公司治理的实践情况，本节选举

---

① Ordonnance n° 2014-948 du 20 août 2014 relative à la gouvernance et aux opérations sur le capital des ociétés à participation publique：Titre II，Chap 2.

了来自巴黎 CAC40 指数或 CAC NEXT 20 指数成分公司里三种类型的上市公司进行实例分析来验证在实际运用中法国大型上市公司的公司治理，包括了市值最高的两家分散型、三家国家控制型（持股超过 50%、20%及 10%）和市值最高的一家族型公司，六家公司分别是道达尔（TOTAL）、达能（DANONE）、法国电力集团（EDF）、法国电信（ORANGE）、雷诺（RENAULT）以及欧莱雅（L'OREAL）。

（一）分散型公司

TOTAL（道达尔）

道达尔作为法国市值最高的上市公司，为全球四大石油化工公司之一，市值达到 1113.64 亿欧元（2016 年 9 月 7 日），参考巴黎证交所所在的泛欧交易所官网，截至 2016 年 6 月 15 日，道达尔公司员工持股达到 4.9%，公司自我控制（Autocontrôle）持股 4.7%，BlackRock 持股 4.5%，比利时投资公司 Groupe Bruxelles Lambert 持股 2.5%，剩下的大多为未记名股东，持股类型属于分散型持股。根据公司 2015 年年报更具体的披露情况，截至 2015 年 12 月 31 日，美国黑岩集团（BlackRock）持有公司 5.5%的股权，拥有理论投票权 4.6%；员工持股 4.9%，拥有理论投票权 8.3%；一致行动人 GBL 和 LOVERVAL Finance 持有公司合计 3.3%股权，拥有理论投票权 3.1%（Groupe Bruxelles Lambert 为 Desmarais et Frère - Bourgeois 家族持有，GBL 直接或间接持有 LOVERVAL Finance，这两家公司在道达尔董事会有席位可以委派法人代表）；公司自我控制持股（主要通过子公司持股）4.7%，拥有理论投票权 8%；其他股东持股 81.6%，拥有理论投票权 76%，这其中有 1.49%的记名股票以及 7.2%的美国存托股份（理论投票权 6.6%）。

公司治理结构

道达尔公司选择的是单层治理结构，设有董事会（Conseil d'administration），2008 年起道达尔开始参照 Afep - Medef 上市公司治理准则 *n'entretient aucune relation de quelque nature que ce soit avec la Société*, *son Groupe ou sa direction*, *qui puisse compromettre l'exercice de sa liberté de jugement* ，对公司董事的独立性有一定要求，公司的每个董事要摒弃外界对于他施加的压力，保证其分析、判断、行动决策的独立性，公司的治理和行为准则委员会每年会向董事会提交一份公司具有独立性的董事的名单。董事会目前共计 12 名董事成员，其中有 8 名独立性董事，1 名代表雇员股东的董事和 1 名由企业中心委员会挑选的雇员代表作为董事。参照 Afep-Medef 上市公司治理法规，截至 2014 年 12 月 31 日公司董事会的独立董事占到了 58.3%，在 2014 年间召开了 10 次董事会议，出席率为 91.9%；2015 年召集了 9 次董事会议，出席率 94.9%。

道达尔董事会要求董事任职期间每人至少持有 1000 股公司股票（除代表雇员股东和代表雇员的董事，但是代表雇员股东的董事必须至少持有 1 股或者是等额的基金），董事会一年至少开会四次。董事会包含持有公司 3%以上的代表雇员股东的董事，其由持有股份的股东或企业投资共同基金提名（至少两个候选人）由普通股东大会任命，董事会可以对候选人名单提出自己的建议；董事会包含代表雇员的董事 1 到 2 名，其中 1 名由企业中心委员会指定，如果董事会超过 12 人，需要任命的另一人由欧洲企业委员会指定，这类董事必须持有与实际岗位相对应的至少两年的劳动合同；剩余的其他董事由公司的治理和行为准则委员会提名，股东大会审议通过任命。

道达尔公司的总经理（同时也是董事长）负责领导公司高管层，高管层分为执行委员会（Comité exécutif）和集团业绩委员会（Comité Performance Groupe）。执行委员会具体施行董事会制定的策略方向并批准相关的投资行为，但是超过公司股本 3%的投资行为要经过董事会批准，超过 1%的要告知并提供信息给董事会；集团业绩委员会主要负责审查和分析集团的 HSE（环境、安全和健康）、融资、管理运作。

DANONE（达能）

达能集团是总部设在法国的一家跨国食品公司，是全球前十大食品集团，主营鲜乳制品、婴儿营养品、饮用水和饮料、临床营养品，旗下拥有达能、依云、多美滋、脉动、乐百氏、碧悠、牛栏等诸多知名品牌，市值达到约 420 亿欧元。参考巴黎证交所所在的泛欧交易所官网，截至 2015 年 12 月 31 日，Massachusetts Financial Services 持有公司 12.8%的股票，拥有公开的投票权 10.8%；Groupe Sofina et Henex 持有公司 2.2%股票，拥有公开的投票权 3.3%；First Eagle Investment Management 持股 2.3%，拥有公开的投票权 2.3%；Amundi Asset Management 持股 1.7%，拥有公开的投票权 1.8%；Harris Associates 和 Group CDC 分别持股 1.7%，分别拥有公开的投票权 1.7%；Norges Bank 持股 1.4%，拥有公开投票权 1.5%；Natixis Asset Management 持股 1.6%，拥有公开投票权 0.8%；FCPE 持股 1.3%，拥有公开投票权 2.5%；公司自我控制持股合计 6.1%，没有投票权。

公司治理结构

达能集团公司治理结构为单层模式，设有董事会并参照 Afep-Medef 上市公司治理准则中对公司独立董事的要求，董事会目前共计 16 名董事成员，其中有 11 位独立董事，2 名代表公司雇员的董事，1 名董事长，1 名副董事长兼公司总经理，另有 1 名非独立董事。董事会一年至少召开五次董事会议，超过半数董事出席审议才有效，审议结果遵循多数票，如果同票则由会议主席决定。达能集团要求董事会成员任职期间每人至少持有公司 4000 股股票（除代表雇员的董事），董事会包含代表雇员的董事 1 到 2 名，其中 1 名由企业中心委员会指定，如果董事会超过 12 人，需要任命的另一人由欧洲企业委员会指定。

达能公司从 2014 年 9 月开始将公司董事长及总经理的职权分离，总经理同时当任的是公司董事会的副董事长负责领导公司的执行委员会（Comité exécutif），主要确保公司方针的有效性，确保所有子公司的协调性，制定公司营运计划和核准其预算，确保董事会制定的战略得到实施，但是需经过董事会批准的影响公司的重大行为除外。

（二）国家控制型公司

EDF（法国电力集团）

法国电力集团（Electricite De France，简称 EDF）为世界最大的电力生产厂家之一，其负责全法的发、输、配电业务，后发展成为集核能、热能、水电和可再生能源方面的世界级工业竞争力的大型企业，其性质为法国国家控制的国有企业。法国电力集团市值大约 213 亿欧元，参考泛欧交易所官网，截至 2016 年4 月 8 日，法国政府持有公司股票达到 84.94%，公司员工持股 1.64%，公司自我控制（Autocontrôle）持股 0.12%。根据公司 2015 年年报更具体的披露情况，截至 2015 年 12 月 31 日，法国政府持股 84.94%，拥有投票权 85.04%；机构和个人持股 13.3%（其中法国机构持股 2.43%，除法国外欧洲机构持股 3.66%，其余机构持股 4.94%，个人持股 2.28%），拥有投票权 13.32%；员工持股 1.64%，拥有投票权 1.64%；公司自我控制持股 0.12%，没有投票权。

公司治理结构

法国电力集团的治理结构为单层董事会制，公司设有董事会，公司依照法律有关政府部门民主化的规定，由《公司章程》规定董事会由 3～18 人组成，其中包含股东大会任命的董事，如有需要由政府提名，还包含 1 名由部长选任的政府代表，以及 1/3 由员工选举的董事。公司董事会现状包含 18 个成员，其中6 人为股东大会任命的董事，5 人为政府提名的董事，1 人为政府任命的代表，6 人为员工选举的董事。公司参照 AFEP/MEDEF 准则的建议中独立董事在董事会至少要占 1/3，由于 6 名员工董事不计入独立董事占比的基数，另外 1 名董事长以及 6 名政府提名或是直接代表政府的董事不符合独立董事的标准，2015 年公司独立董事有 4 人，刚好占董事会除员工董事外 12 人的 1/3。法国电力集团并没有强制董事持有公司一定数量的股票，2015 年董事会共召集了 11 次董事会议，与会率平均为 96.3%。

法国电力集团的董事长兼总经理由董事会提名后经过候选人听证会、国民议会和参议院的常设委员会意见后由总统颁布法令任命。总经理可以任命不超过5个总经理助理，总经理负责领导公司的执行委员会（Comité exécutif），享有除规定给予股东大会及董事会权利以外以公司名义开展活动的最广泛的权利，但是需经过董事会批准的影响公司的重大行为除外。

ORANGE（法国电信）

法国电信为法国市值最高的国家控股型公司，是法国最大的电信运营商，集合了电信、移动通信、光纤通信、卫星通信等多项业务，公司市值达到364.82亿欧元。参考巴黎证交所所在的泛欧交易所官网，截至2016年4月8日，ORANGE公司法国政府持股达到13.44%，法国国家投资银行Bpifrance Participations持股9.6%，员工持股4.99%，欧洲资产管理巨头Amundi持股3.91%，持股类型属于国家控制型企业。根据公司2015年年报更具体的披露情况，截至2015年12月31日，法国国家投资银行（Bpifrance）持有公司9.6%的股权，拥有投票权9.6%；法国政府持股13.45%，拥有投票权13.45%，两者共计国家部门持股23.05%，拥有23.05%的投票权。2016年4月3日，法国政府和法国国家投资银行由于持有记名股票满两年拥有双重投票权；公司员工集体持股4.99%，拥有投票权4.99%；其他股东持股71.96%，拥有投票权71.96%。

公司治理结构

ORANGE选择的是单层治理模式，并且董事长和总经理同为一人，集团设有董事会，董事会的主要职责被定义为对关于公司策略、经济、社会、金融和技术有关的大方向的决策并通过总经理确保其得到有效地执行。公司参照Afep-Medef 2015年11月上市公司治理准则中的独立董事应超过1/3，在15名董事中有7名独立董事并且每年由公司的治理和社会及环境责任委员会（Comité de Gouvernance et de Responsabilité Sociale et Environnementale）提案，董事会审查公司董事的独立性。董事会由15名成员组成，除董事长外其中7人为独立董事，3名董事代表的是政府（由政府提名），3名为员工代表，1名为员工股东代表。

ORANGE要求所有董事（员工代表董事和政府代表董事除外）至少持有公

司 1000 股股票，董事会至少半数成员出席决议才有效，多数票决议通过。如果同票，会议主席有决定权。董事会依靠下设的 3 个成员由董事会成员组成的特别委员会来行使职权。审计委员会、治理和社会及环境责任委员会（原为薪酬、选拔和治理委员会）、改革和技术委员会，这三个委员会的任务是向董事会阐明自己的观点并协助董事会做决策，它们的职能和权限由董事会内部规章限定，每个委员会至少要有 1 名代表政府的董事和 1 名代表员工的董事。审计委员会至少需要 3 人，由治理和社会及环境责任委员会提名董事会指定。审计委员会主席应在独立董事中选举，该委员会的主要任务是负责内部控制及会计方面、金融领域的信息往来和出资方面、投资撤资方面的运作、控制风险保障审计的合法性防止欺诈等方面。治理和社会及环境责任委员会也至少需要 3 人，由该委员会的主席提名董事会指定，该委员会的主要任务集中在提名、薪酬、公司的社会责任及公司治理方面，其中在提名方面该委员会有提名董事会成员和主席以及董事会下设的 3 个委员会的成员和主席的权利。改革和技术委员会主要负责审查：集团创新和技术方面的发展方向（特别是长期投资的大项目的地理、目标、增值等）、董事会策略以及同行业其他公司定位的分析、技术合伙的策略。除此之外，该委员会还研究公司关于产品、服务、应用增值方面的创新，以及通过适合的指标研究公司的绩效。

董事会任命总经理，ORANGE 选择的是董事长兼任总经理，总经理可以提名后由董事会任命不超过 5 个总经理助理，在总经理同意下董事会确定总经理助理的权利范围来协助总经理管理公司。总经理领导的执行委员会组成公司的经理层，共有 12 名成员，其中除去总经理，另有 3 名副经理和 3 名总经理助理，他们分别负责不同的区域以及不同的公司业务。

RENAULT（雷诺）

法国雷诺汽车公司作为法国最大的汽车生产商之一成立于 1898 年，于一战中生产枪支弹药、飞机和轻型坦克，并在战后成为法国最大的工业企业之一，但是由于二战中为德国法西斯生产武器和军火，于 1944 年 9 月被法国政府接管并于1945年收归国有，由政府委派董事长组成管理机构，成为了法国国营汽车公司，后法国政府于1986年开始放开让雷诺民营化，至1996年完成民营化并更名Renault. SA，但是政府还是占有雷诺公司近20%的股份。雷诺公司市值大约213亿元，参考泛欧交易所官网，截至2016年6月16日，雷诺汽车公司法国政府持股达到19.74%，日本汽车厂商日产（Nissan Finance）持有公司股份15%，戴勒姆（Daimler）持股3.1%，员工持股达到2.08%，公司自我控制持股（Autocontrôle）1.21%。根据公司2015年年报更具体的披露情况，截至2015年12月31日，法国政府持股19.74%（于2015年4月由15.01%增持至19.74%），拥有投票权23.56%；日本汽车厂商日产（Nissan Finance）持股15%，由于日产和雷诺互相持股，故而日产没有投票权；戴勒姆（Daimler）持股3.1%，拥有投票权3.7%；公司员工持股2.08%，拥有投票权2.48%；公司自我控制（Autocontrôle）持股1.21%，没有投票权；其他股东持股58.87%，拥有投票权70.26%。截至上述日期，雷诺公司持股者中有50.19%的机构投资者，包含了8.51%的法国机构投资者和41.68%的外国机构投资者，前十名的法国或外国机构投资者合计占股16.4%。

公司治理结构

雷诺汽车公司选择的是单层的治理结构，公司设有董事会，并选举一名董事长兼总经理（2009年开始），董事会由19名成员组成，其中3名为代表员工的董事，1名为持股员工提名的代表员工股东的董事，2名由第二大股东日产尼桑提名的董事，2名由政府决议指定的代表政府的董事，剩下的11人除了董事长外都为独立董事，他们由公司治理和提名委员会向董事会推荐并由股东大会任命。除去员工董事和员工股东董事，雷诺的独立董事占董事会比例66.7%（雷诺参照AFEP/MEDEF准则的建议，公司董事会独立董事至少占50%），非独立董事占比33.3%，并且有6名外籍董事。董事会一年至少召开一次董事会议，董事会要求除代表政府和员工及员工股东外的董事持有一定数量的公司股票，如果没有，需用出席会议的费用来购买，董事会至少半数成员出席决议有效，多数票决议通过，若同票，除任命和撤销董事长外的决议由会议主席决定。

雷诺公司的董事会主要职责为制定公司活动的方向并确保其得到实施，并且通过审议处理除明确规定属于股东大会权利外涉及公司良好运作的所有问题，进行其认为适当的监督与审核，评定董事会董事的独立性以及筹备和召开股东大会并制定议程。董事会通过下设的五个委员会来协助其完成职责：审计、风险及合规委员会，薪酬委员会，公司治理和提名委员会，国际化策略委员会和产业策略委员会。审计、风险及合规委员会要求除员工董事或员工股东董事外至少 2/3 的独立董事，并且成员需要有金融或会计方面的能力，该委员会主席只能从独立董事中选举，并且公司的董事长不能担任该委员会的成员。审计、风险及合规委员会的主要职责是关于审计、风险控制和公司组织安排方面，公司保护和预防措施方面，公司行为准则方面，公司金融方面以及公司会计稽核方面的审查。薪酬委员会要求大多数成员为独立董事，必须包含一个员工或员工股东董事，并且该委员会主席只能从独立董事中选举，公司的董事长不能担任该委员会的成员。薪酬委员会主要的职责为确定公司领导层的薪酬和利益。公司治理和提名委员会也要求大部分成员为独立董事并且该委员会主席只能从独立董事中选举，公司的董事长不能担任该委员会的成员。公司治理和提名委员会的主要职责是为设立公司挑选董事、董事长以及是否分离董事长和总经理职权的程序，提名公司董事、董事长、总经理及他们的连任或是空缺后的提名问题，提名董事会下设的委员会的主席、成员及他们的权限，跟进公司治理是否遵从 AFEP/MEDEF 准则并说明公司没有遵从其中准则的原因。国际化策略委员会的主席也必须在独立董事中挑选，该委员会的主要职责为研究董事长（总经理）提出的公司国际化发展或是合作的战略方向，为董事会审查和分析国际化方面的方案并提出自己的意见，跟进国际化方面的方案并提供给董事会报告。产业策略委员会的主席必须在独立董事中选举，其主要职责为复查包括对环境影响在内的公司关于产业战略的大方向，复查公司的主要安排及各种扩张或是缩减的方案，研究公司制造和供应的行业竞争力，研究与公司产业策略相背离的战略协议、合伙及外部购置或是转让行为的方案，研究董事会决定的产业策略的主要方向，每年一次研究开始着手推进的关于车辆和发动机的大方案。

公司的总经理和董事长为一人，总经理享有除规定给予股东大会及董事会权利以外以公司名义开展活动的最广泛的权利，总经理可以提名不超过 3 名总经理助理，在总经理同意下董事会确定总经理助理一定范围的权利来协助总经理管理公司。总经理领导公司全体领导性质的委员会（un ensemble de Comités de direction），这些委员会并非董事会下设的五个委员会，为公司的具体操作和决策机构。它们分为两层，第一层为公司执行委员会（Comité exécutif Groupe）（负责公司的方向和战略决策）及一些专门的委员会（例如产品方案委员会）；第二层委员会为通过领域、区域及职能细分的委员会（例如工程质量、计划、程序、制造和后勤、贸易、购买等）。特别地，当总经理外部发展、参与购买或者撤销等行为超过 2.5 亿欧元时必须经董事会批准，超过 6000 万欧元时就要告知董事会。

（三）家族控制型公司

L'OREAL（欧莱雅）

法国欧莱雅集团为世界最大的化妆品公司之一，公司市值达到约 950 亿欧元，同时欧莱雅最大股东为 Bettencourt 家族，故而为法国市值最高的家族控制型上市公司。参考巴黎证交所所在的泛欧交易所官网，截至 2016 年 6 月 10 日，欧莱雅公司 Bettencourt 家族持股达到 32.94%，雀巢公司持有欧莱雅股票 23.07%，员工类型（Plan d'Epargne d'Entreprise 企业储蓄计划）持股 0.82%，公司自我控制（Autocontrôle）持股 0.53%，其他股东合计持股 42.59%，持股类型属于家族控制型。根据公司 2015 年年报更具体的披露情况，截至 2015 年 12 月 31 日，Bettencourt Meyers 家族持有公司 32.99%的股权，为第一大股东，拥有投票权 32.99%，雀巢公司持股 23.07%，拥有投票权 23.07%，Bettencourt 家族和雀巢公司为一致行动人持有公司合计 56.06%股权，拥有投票权 56.06%；员工类型（Plan d'Epargne d'Entreprise 企业储蓄计划）持股 0.82%，拥有投票权 0.82%；公司自我控制持股 0.53%，拥有投票权 0.53%；其他股东持股 42.59%（其中国际机构持股 30.15%，法国机构持股 7.46%，个人持股 4.98%），拥有投票权 42.59%。

公司治理结构

欧莱雅的公司治理模式为单层董事会制度，但是在董事长和总经理的选择上在 2006—2011 年时是区分开的，但是 2011 年以后董事长和总经理同为 Jean-Paul 一人并连任至今。董事会共计 15 名成员，除董事长外，5 名董事来自于大股东（其中 3 名源自 Bettencourt 家族，另外 2 名源自雀巢公司，并且在这 5 名成员中选出 2 名副董事长，Bettencourt 家族和雀巢各占 1 席），7 名成员为独立董事，2 名成员为代表员工的董事（1 名为欧莱雅的企业中心委员会任命，1 名为欧洲企业委员会任命）。

欧莱雅董事会要求股东大会任命的董事至少持有公司 5 股的股票，董事会一年至少召集五次会议。

欧莱雅公司总经理享有除法律明确规定属于股东大会与董事会权利外在任何情况下以公司名义开展活动的最广泛的权利。但是董事会限定一部分总经理的权利，一些影响公司合并账目，特别是总金额超过 2.5 亿欧元的公司交易，偏离公司习惯性行为的新的交易超过 5000 万欧元，都需呈报董事会批准，而且所有的交易的结果和交易动机也需要通告董事会。总经理可以向董事会提名一名至数名总经理助理，总经理负责领导公司的管理层（执行委员会 Comité exécutif），欧莱雅公司执行委员会现有 16 名成员负责不同的区域或是不同的职责。

中外对比

汲　铮

企业是现代社会经济的细胞，是市场经济的主体，是推动技术不断创新的载体。有效的公司治理之于企业能够提高信用、增强活力，之于整个经济能够改善效率，促进资源配置，让经济扎实前行。从实践来看，世界上公司治理模式主要有英美以董事会为核心的单层治理模式、德国“监事会”“董事会”下的双层治理模式、东南亚的家族治理模式以及以“经营者支配”为显著特征的日本模式。中国的公司治理模式形式上受英美与日德影响颇深，实质上则相差甚远，更多地表现为“一股独大”的大股东控制，这一点与东南亚的情况更为接近。

“一股独大”的形成与资本市场的成熟度、经济发展的阶段都不无关系，但不可忽视的重要因素是公司治理制度框架。简而言之，目前这套控股股东垄断董事会、监事会进而控制公众公司，缺乏中小股东和其他利益相关的监督的公司治理制度，正是大股东控制的制度基础，也是我国公司治理制度的“痛点”之所在。在剖析公司治理制度之前，有必要呈现目前中国A股上市公司的股权结构。某种意义上来讲，有什么样的股权结构就有相应的公司治理结构。不同股权结构所对应的公司治理问题的侧重点不同，就会孕育出不同的特色的公司治理制度。下面首先来看下我国的证券市场的主要特征。

一、大股东控制的股权结构背景

1932年伯利和米恩斯（Berle and Means）在《现代公司与私有产权》中发现，在公众公司股权分散下，所有权和控制权的持续分离可能会使管理者对公司进行掠夺，他们称之为“管理者控制”(management control)，即公司的资本所有权分散在一些小股东手中，但控制权却集中在公司管理者手中。近年来，La Portaetal（1999年）对全世界27个发达经济体的研究表明，在公司治理世界范围的实践中，公司股权结构并非如B-M发现的那样，许多国家存在着唯一的终极控股股东，其用相对较小的现金流权就掌握了公司的控制权，进而侵害中小股东的利益，这种现象在笔者其后的章节被称为“隧道效应”(tunneling)。两篇里程碑文献从不同的股权结构引出了公司治理中两类经典的委托代理问题，那么，A股市场的结构是更接近前者的描述，还是与后者相吻合呢？接下来，简要梳理下我国证券市场的特征：

第一，从上市公司的股权结构整体上看，国有企业的“一支独秀”和民营企业的家族控制是我国证券市场的显著特点。截至2014年3月31日，我国39.73%的上市公司为国有控股上市公司，占A股总市值的57.2%。自然人控股上市公司1317家，占A股公司总数的51.9%[①]。

《2012年度沪市上市公司治理专题调查和研究报告》数据显示，根据沪市上市公司2012年年报披露，实际控制人为国务院国资委、地方国资委、中央部委以及地方各级政府（部门）的上市公司总数为597家，占沪市上市公司总数的62.58%。2012年自然人控制的上市公司共计294家，占比30.82%[②]。同年，《2012年深市上市公司治理情况报告》显示，从所有制形态来看，63%的主板公司、15.7%的中小板公司是国有控股，而创业板最低，仅有4.5%是国有控股的。

---

① 中国上市公司协会编著：《中国上市公司治理报告》，经济管理出版社2014年版。

② 上海证券交易所资本市场研究所：《2012年度沪市上市公司治理专题调查和研究报告》，《中国证券网·上海证券报》，http：//stock. sohu. com/20131023/n388713540. shtml。

从民营控股公司的实际控制人类型来看，58.5%的中小板公司和49.6%的创业板公司是由单一自然人控制的；27.9%的中小板公司和30.4%的创业板公司是由家族控制的。如果将单一自然人控制的企业看作是广义的家族控制企业，那么，两个板块80%以上的公司都属于家族控制企业①。

此处笔者要特别指出的是无论是国有控股，还是家族控股，实际上在研究公司治理问题时都是大股东控股。实际控制人的所有制类型不同，在公司治理上并没有本质的区别，只是因大股东治理出发点的不同而形成各异的治理模式，产生不同的结果。

第二，从上市公司的市值排名前一百公司来看，2015年末市值排名100强公司总市值达21.7万亿，占A股总市值的40.97%。截至2016年8月29日收盘，排名上市公司百强中，根据通达信客户端显示，有64家企业的控股股东或实际控制人为中央或地方国企，占据绝对多数；16家为自然人股东或家族，1家为外资企业；剩余19家企业并未显示控股股东或实际控制人，其几乎都是商业银行、证券公司，万科在列。其中商业银行这种状况的形成很大程度上与银监会对中小商业银行的主要股东包括战略投资者持股比例的限制以及银行法对买入超过百分之五股份需报监管机构批准的规定有关②。

第三，从市场参与主体的数量来看，个人投资者还是占据绝对优势。根据中国证券登记结算有限公司（以下简称：中登公司）2016年2月的结算统计月报，期末投资者数量10161.08万，其中自然人10132.09万人，占比99.71%，非自然人投资者28.99万人。近六成投资者在近一年内参与了二级市场交易。从是否参与二级市场集中交易的角度看，5969.02万人近一年内参与了二级市场

① 深交所公司治理研究中心：《2012年深市上市公司治理情况报告》，证券时报网，http://news.stcn.com/2013/0812/10668936.shtml。

② 《中华人民共和国商业银行法》第二十八条，任何单位和个人购买商业银行股份总额百分之五以上的，应当事先经国务院银行业监督管理机构批准。

交易，占期末投资者数的58.74%，其中期末持有证券的投资者数量为5145.53万人①。2015年参与过二级市场交易的投资者占我国城镇就业人员的14.77%，占城镇常住人口的7.74%②，若以家庭计，占比还会大幅提高。另一方面，有人根据前述月度数据计算，2月底持1000万以下市值股票的个人投资者占市场总市值的比例多于五分之一。可见，我国的证券市场对普通家庭的影响之广之深，这也可以部分解释国家股灾中救市、新股发行市场化改革慎之又慎的原因，也正因为如此，完善公司治理，切实保护中小投资者在我国更显得尤为重要。

此外，近年来在国外公司治理中越来越重要的机构投资者在我国还不构成主要力量。在境外机构投资者规模上，以养老金、共同基金、保险基金等为代表的多元化机构投资者队伍持股比重接近50%，而我国近十年来的平均水平仅为13%左右③。这也在一定程度制约机构投资者参与到上市公司的治理中。

综上所述，从我国的资本市场股权结构来看，我们的市场大股东占主导，机构投资者在发展，中小散户深度参与。因此，从股权结构看，我们的公司治理制度发力的重点，肯定应该是规制大股东，保护中小股东。显然，目前的制度设计与此背道而驰。

二、大股东控制的制度背景

从公司治理的结构来看，不同于英美的单层董事会制度，我国的公司治理模式为平行双会制（如图5-1），设立董事会，同时也设立监事会。但与德国的双层委员会模式不同，我国的董事会和监事会地位平等，成员全部由股东选举产生。形式上，构成一个完整的权力、决策与监督机构。事实上，诚如上文所

① 中国证券登记结算有限公司：《中国结算统计月报（2016年2月）》，http://www.chinaclear.cn/zdjs/xtjbg/center_ tjbg.shtml。

② 城镇常住人口以及城镇就业人口来源于《2015年国民经济和社会发展统计公报》，http://www.stats.gov.cn/tjsj/zxfb/201602/t20160229_ 1323991.html。

③ 蒋健蓉、钱康宁、龚芳：《中国股市投资者全景图：个人账户高达99.71%》，申万宏源，http://finance.sina.com.cn/money/smjj/smdt/2016-04-01/doc-ifxqxcnr5189753.shtml。

述，证券市场大股东股权比例已然占优，在上市公司的治理中占尽主动。而目前的公司治理法律制度①又不完善，股东通过董事会牢牢地掌控公司，致使上市公司“一股独大”现象广泛存在。

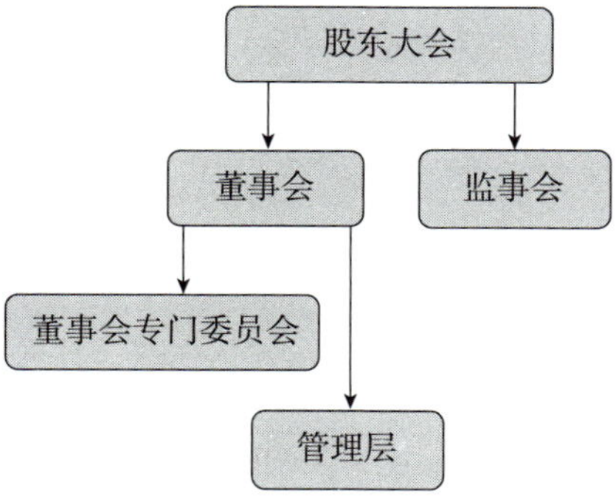

图 5-1　我国的公司治理模式图

接下来，先看下官方对上市公司控股权的诠释，根据《上市公司收购管理办法》第八十四条，有下列情形之一的，为拥有上市公司控制权：(1) 投资者为上市公司持股 50%以上的控股股东；(2) 投资者可以实际支配上市公司股份表决权超过 30%；(3) 投资者通过实际支配上市公司股份表决权能够决定公司董事会半数以上成员选任；(4) 投资者依其可实际支配的上市公司股份表决权足以对公司股东大会的决议产生重大影响；(5) 中国证监会认定的其他情形。如表 5-1 所示，虽然持股超过 50%的上市公司仅占 15.63%，但是考虑到我国证券市场并无多重投票权的设计，优先股也是 2014 年才力推的，无投票权的股票少之又少，那么持股超过 30%的股东一般也可实际左右上市公司。持股未到 30%的股东究竟怎么样通过实际支配上市公司股份表决权决定公司半数以上成员选任的，就得从我国公司治理董事会的选任治理中探寻答案了。

① 中国的公司治理法律制度主要包括《公司法》《证券法》等基本法律，《国务院批转证监会关于提高上市公司质量意见的通知》等行政法规，以及《上市公司治理准则》等部门规章。

表 5-1 A 股上市公司第一大股东持股比例结构图

第一大股东持股比例	公司家数	占上市公司总数比例
>50. 00%	451	15. 63%
40. 01%~50. 00%	466	16. 15%
30. 01%~40. 00%	673	23. 33%
20. 01%~30. 00%	761	26. 38%
10. 01%~20. 00%	485	16. 81%
<10. 00%	49	1. 70%
合计	2885	100%

数据来源：Wind 资讯，2016 年 8 月 2 日。

（一）董事会的大股东控制

董事会是上市公司的决策机构，《公司法》规定，股份有限公司设董事会，其成员为 5 人至 19 人。根据社科院世界经济与政治所公司治理研究中心的《2012 年中国上市公司 100 强公司治理评价》的统计，中国百强上市公司董事会平均为 11. 54 人，其中执行董事 2. 99 人，非执行董事 4. 26 人，独立董事 4. 29 人。其中，执行董事占比 25. 91%，独立董事占比为 37. 18%，刚刚达到法规独立董事占董事会比例必须达到三分之一的要求。董事会是现代公司治理的中枢机构，那么被委以重任的董事选任自然是重中之重。接下来我们就来梳理一下董事提名以及投票表决的相关制度规定。

关于董事的提名。除了独立董事外，其他董事的提名法律法规并未有明确规定。独立董事的提名，依据中国证监会 2001 年发布的《关于在上市公司建立独立董事制度的指导意见》，上市公司董事会、监事会、单独或者合并持有上市公司已发行股份 1%以上的股东可以提出独立董事候选人，并经股东大会选举决定。对于非独立董事提名，目前《公司法》等各项法律法规中均未有直接涉及的条款。但也有些学者将《公司法》第一百零二条关于股东提案权的规定作为股东提名董事的法律依据，“单独或者合计持有公司百分之三以上股份的股东，可以在股东大会召开十日前提出临时提案并书面提交董事会”。那么，依据该条，单独或者合计持有公司3%以上股份的股东，可在股东大会召开10日前提出董事候选人名单并书面提交董事会。此外，证监会发布的《上市公司章程指引》(2014年修订）提及“公司应当在章程中规定董事、监事提名的方式和程序，以及累积投票制的相关事宜”，但未有进一步明确规定。

关于投票机制。股东出席股东大会会议，所持每一股份有一表决权。股东大会做出决议，必须经出席会议的股东所持表决权过半数通过（《公司法》第一百零三条)。对于董监事的提名,《公司法》第一百零五条规定，股东大会选举董事、监事，可以依照公司章程的规定或者股东大会的决议，实行累积投票制。累积投票制是指股东大会选举董事或者监事时，每一股份拥有与应选董事或者监事人数相同的表决权，股东拥有的表决权可以集中使用。目前，累积投票制并非强制规则，上市公司可在公司章程中自行规定采用与否。但《上市公司治理准则》第三十一条规定，控股股东控股比例在30%以上的上市公司，应当采用累积投票制。累积投票制度可以一定程度上限制大股东利用股权优势操纵董事选举，相较“一股一票”表决制度更利于保护股权相对劣势的股东，但必须指出的是，这种制度的有效性也是建立在中小股东持有或合计持有一定数量的股票为前提的。由于我国中小投资者自身股权比例极低，即便有公司采取累积投票制，对投票结果也不会有积极的影响。

实践中，各公司一般在《公司章程》或《董事会议事规则》中对非独立董事的提名和选举办法进行明确。其中最核心的是持股比例和持股期限的规定，以及是否规定必须采用累积投票制。对于非独立董事提名的持股比例最低也为3%，持股比例的限制已将中小投资者排除在外，董事的提名多半会把持在大股东手中。在投票表决过程中，失去提名权的表决，也就是走走形式罢了。

表 5-2 部分公司董事、监事提名权的资格要求和投票办法

公司	持股比例	持股期限	累积投票
工商银行	5%	无	无规定
中国石化	3%	无	必须
中国银行	5%	无	无规定
招商银行	3%	无	可实行
万科 A	3%	180 天	无规定
山东黄金	5%	180 天	可实行
金地集团	10%	1 年	可实行
中国重汽	5%	无	可实行
光电股份	3%	无	可实行
承德露露	10%	无	必须
沃森生物	3%	无	必须
世纪游轮	3%	无	必须
四川长虹	5%	无	可实行

资料来源：各公司《公司章程》或《董监事会议事规则》等，由笔者整理。

此外，对于寄望用以维护中小投资者权益，优化董事会构成，减轻内部人控制独立董事，虽规定单独或合并持有已发行股份 1%以上的股东就可以提名独董，但实践中可行性并不高。一方面，即便对于提名独立董事所要求的 1%股份，对于绝大多数投资者也是可望而不可即的。另一方面，合并持股超 1%提名候选人，显然操作起来交易成本太高，可行性不强，亦很难实现。现实中本应代表中小股东利益的独立董事，绝大多数公司是由实际控制人、控股股东、董事会来提名候选人的，这样，绝大多数独立董事选任依然体现的是控股股东的意愿。

依据深交所《2012 年深市上市公司治理情况报告》，“2012 年，除了主板公司外，中小板和创业板公司没有出现独立董事投反对票、弃权票和质疑的情况”。主板也仅有一家公司投过一次反对票，一家公司的独立董事投过两次弃权票。上交所《沪市上市公司 2011 年度董监高履职情况分析》显示，报告期内，共有 26 家公司的 38 位独立董事对相关事项提出异议，分别占沪市上市公司总数的 2.77%以及独立董事总数的 1.23%。由此可见，独立董事从提名开始就丧失了独立性，就不要指望其在履任中发挥更大的作用了。

最后，必须要指出的是，中小股的股东大会的低投票率，也是促成了董事的提名与选聘最终由大股东包办的重要因素。在 2005 年推出网络投票前，中小股东投票率只有 1%左右。实行网络投票后，至 2009 年其平均投票参与率升至 13.2%①。另据报道，2010 年深交所上市公司累计召开股东大会 2411 次，其中提供网络投票方式召开的股东大会 358 次，平均投票率为 52.11%，平均参会股东 205 人；未提供网络投票的股东大会 2053 次，平均投票率 33.13%，平均参会股东 7.5 人②。2010 年以后的沪深市场整体投票率数据缺失，相关机构以及学者再无披露。鉴于时间和数据可得性，为尽可能说明股东投票率的完整图画，只能选取当下数据，幸好近年并没有影响投票率数据的事件发生以及政策颁布，因此，数据对 2010 年后投票率实际情况有一定的代表性。为客观以及不失一般性，选取 2016 年 9 月 23 日收盘按市值排名 A 股上市公司中第 1、200、400……2800 家公司，共 15 家上市公司来参看最近一次的年度股东大会的投票率。从表 5-3 可见，出席上市公司年度股东大会的股东持有的股份占比平均为 46.19%，其中控股股东持股占比平均为 39.14%，前十大股东持股占比平均为 57.59%。在年度股东大会的控股股东所持股份占出席股东大会的比例平均为 84.74%，股东大会不可避免成为控股股东的“一言堂”。这在一定程度上，也削弱了其他股东的参与率，从样本数据来看，就连机构投资者对股东大会的参与率也非常低，更别说中小股东。

可见，即便采取了成本较低的网络投票方式，平均投票率已然过半，按照

① 孔东民等:《冷漠是理性的吗？中小股东参与、公司治理与投资者保护》,《经济学（季刊）》2013 年第 1 期。

② http://finance.people.com.cn/GB/13066205.html

股东大会过半数表决权通过决议的规则，控股股东仅仅需要不到30%的股份就能左右股东大会所做出的决议；倘若是一般的未提供网络投票的股东大会，33.13%的投票率意味着大股东所持股份20%就可以予取予求了。当然这是以其他持股股东对其未形成明显威胁为前提的，而事实也确是如此①。

表5-3　A股15家上市公司2015年度股东大会投票情况

序号	公司名称	出席股东大会总人数	出席股东大会股份占比	网络投票人数	网络投票占比	控股股东持股比例	前十大股东占比
1	工商银行A股	63	69.42%			69.31%	97.03%
	工商银行H股	3160	9.38%				
2	金风科技A股	32	41.52%	24	0.01%	13.74%	59.90%
	金风科技H股	3	3.89%				
3	合力泰	7	29.86%	0	0	21.68%	57.45%
4	山西汾酒	16	71.19%	3	0.38%	69.97%	79.93%
5	华天科技	64	36.77%	62	8.77%	27.75%	43.09%
6	春兴精工	16	43.19%	13	0.05%	42.96%	59.43%
7	双良节能	9	51.52%			49.72%	58.70%
8	钢研高钠	10	47.48%	7	0.53%	47.08%	54.63%
9	江苏国泰	63	48.92%	28	1.69%	30.40%	46.73%
10	瑞和股份	7	54.15%	0	0	53.23%	64.06%
11	佐力药业	21	34.89%	9	0.09%	32.26%	46.51%
12	华英农业	6	25.66%	3	9.49%	15.73%	48.80%
13	岭南控股	5	51.56%	1	0.0001%	51.55%	59.98%
14	九有股份	14	30.76%	10	0.95%	19.06%	35.91%

① 笔者在A股全部上市公司第一大股东占股比例10%~20%中，选取市值排名前十、中间十位和后十位的公司做了统计，30家公司中有14家公司排名前四位的股东构成一致行动人；其余公司的第一大股东占前四大股东的比例平均为53.13%。

（续表）

序号	公司名称	出席股东大会总人数	出席股东大会股份占比	网络投票人数	网络投票占比	控股股东持股比例	前十大股东占比
15	浪莎股份	1	42.68%	0	0	42.68%	51.65%
	均值		46.19%			39.14%	57.59%

注：1. 笔者选取2016年9月23日收盘按市值排名A股上市公司中第1、200、400……2800家公司，共15家公司。

2. 投票率的数据来源于各上市公司2015年股东大会的法律意见书，江苏国泰为2016年第一次临时股东大会的法律意见书。

3. 控股股东持股比例统计选取资料可得的一致行动人持股比例，若不可得，则选取第一大股东持股比例。投票率选择除个别公司都为年度股东大会，因此股东持股数据来源于2016年一季报数据。

综上所述，鉴于我国现阶段的股权特征，现行的董事会的董事提名和选聘制度容易使董事会完全置于控股股东的掌控中，形成内部人控制。

（二）监事会有效监督的缺失

监事会制度在中国由来已久，随着市场化改革确立，早在1992年《股份有限公司规范意见》就有提及，1994年就写入《公司法》。但一直以来，法规法律对监事会制度的规定都比较笼统，并没有相关部门和监管机构颁布具体可操作性的指引或细则出台，制度建设上的相对落后一定程度上制约其监督作用的履行。关于监事会多年以来也多停留在形式上，即满足一些监管的硬性规定。股份有限公司要设监事会，其成员不得少于三人。其中职工代表比例不得低于三分之一，公司的董事、高级高管人员不得兼任监事。（《公司法》第一百一十七条）监事任期一般为三年，可连选连任。实际上，据《2012年中国上市公司100强公司治理评价》统计，百强上市公司监事会规模平均为5.35人，其中外部监事2.02人和职工代表监事1.88人，占比略高于三分之一。

上市公司监事会应向全体股东负责，对公司财务以及公司董事、经理和其他高级管理人员履行职责的合法合规性进行监督，维护公司及股东的合法权益。

这是《上市公司治理准则》对监事会的定位，但随着2001年中国证监会在境内上市公司正式建立独立董事制度以及2002年《上市公司治理准则》中的董事会专门委员会制度确立，监事会的权责与两项制度多有交叉和重合，使监事会的定位更加模糊。在实际运行中，据《2012年中国上市公司100强公司治理评价》中统计，百强公司只有44家企业可以查到明确和书面的《监事会组织和议事规则》或《监事会工作手册》。可见，监事会制度在形式上的规范都不尽如人意，实践中流于形式也就在所难免了。

此外，监事会成为“花瓶”和“橡皮图章”的另一重要因素是监事的提名和选举机制。对于监事的提名和选举，《公司法》《上市公司治理准则》等法律法规都未有明确提及。直至去年，《上市公司监事会工作指引》(2015)第七条明确规定，监事会中的股东代表监事由股东提名，经股东大会表决产生。职工代表监事由公司职工通过职工代表大会、职工大会或者其他形式民主选举产生。独立监事、外部监事（如有）可由股东或国家相关法律法规规定的机构、单位提名，经股东大会表决产生。股东大会就选举两名以上监事进行表决时，宜实行累积投票制。

2012年底全国上市公司监事总数9461人，其中职工代表监事为3405人，非职工代表6056人，非职工代表中2168人来自公司内部，公司内部监事人数5573人，占全体监事的59%①。股东监事来自于股东提名，一般由大股东包办。职工监事来自于企业内部非高管人员，员工的前途命运都受制于大股东控制的经营管理层。外部监事多是国资背景企业由政府派驻企业，实际上来说也是大股东的利益代言，只不过大股东是国家罢了。剩下的独立监事从设立的初衷或可发挥些作用，但同样存在与独立董事一样的问题。独立监事从何而来？即便“三公”而来，专业出众，但仅凭着一年三五次会议就能切实发挥作用，确有些强人所难。可见，由这些人组合而来的监事会实施监督，效果可想而知。

---

① 中国上市公司协会编著:《中国上市公司治理报告》，经济管理出版社2014年版。

三、他山之石或可攻玉

从以上的分析可以看出，中国的公司治理制度的设计使控股股东通过董事、监事的提名和选举掌控董事会、监事会，而独立董事、监事会制度的监督又流于形式。进而，董事会选聘的管理层要不是控股股东选派、直接任命，董事会走走过场；要不干脆就是董事长直接参与公司的日常管理，总经理就是其高级助理。因此，困扰现代公司因所有权与经营权分离而产生的股东与管理层间的利益冲突问题在中国并不特别突出，反而是控制权与现金流权分离后，掌握控制权的大股东往往为了谋取切身利益牺牲中小股东利益才是普遍现象。宝能瞄准的恰恰是万科的控制权，更确切地说，看重的是万科充盈的现金流、品牌价值，以及未来利用控制权优势可以牟取的更大利益。

中国公司治理制度看似博采众长，构成了形式上最为丰富的治理结构，既有英美单层治理结构的制度核心独立董事制度和委员会制度，又有德国双层治理结构中有效制衡的监督机构监事会。但是如此多的要素组合在一起，非但没有产生一加一大于二的加成效果，反而产生了合成谬误，连各自原本的制度设计预期也未曾达到。那么，到底是因“生于淮北则为枳”，还是制度舶来过程中，只得皮毛，未得精髓？

美国采用的是单一董事会制度[①]，独立董事制度是其单层治理结构的核心，内部公司治理的有效性都是建立在独立董事能够独立、有效地在整个公司治理中发挥作用。整套的制度设计也是围绕这个原则搭建的。独立董事是董事会的主体，美国纽约交易所和纳斯达克交易所规定独立董事占董事会均为大多数。据《华尔街日报》统计，在美国所有上市公司董事会中，独立董事占比达到了66%；对于标普500指数成分股的上市公司来说，这一数字为72%。当前美国大公司的独立董事是由不同领域的精英组成，精通商业和管理，多为别家公司的

① 美国独立董事制度资料来源于本书前面章节中美国公司治理模式的介绍，具体法律法规请参见该部分。

现任或前任首席执行官。

美国首任董事由股东大会完成，但继任的董事则是由专门的提名委员会完成，再提请股东大会表决。提名委员会成员全部由独立董事组成，这种由独立董事推荐和提名董事的机制确保了独立董事在任职前就具有一定的独立性。在提名推荐环节股东原先是不得染指的，但近年来经过不断博弈，也由公司修改章程，允许满足一定条件的股东提名独立董事。例如，苹果公司新修订的章程规定，连续三年持有3%以上的股份的股东，或者不多于20名股东组成一个超过3%股份的团体，有资格提名董事，股东提名的董事候选人不得超过董事会人数的20%。苹果公司一共有八名董事，按照此规定，股东最多只能提名一名候选人。

监事会，更准确地表达为监督委员会，其移植于德国的公司治理制度①。与盎格鲁-撒克逊模式不同，德国采用的是双层结构，股东大会选任监事，由监事构成的监督委员会选任董事，由董事构成的管理委员会负责公司的经营管理（包括制定战略和日常经营）。德国监督委员会始于19世纪早期，直至1870年，监督委员会以法律的形式规定其成为必设机构，一直沿用至今。监督委员会的主要职能为负责监督、建议和任命管理委员会成员，其中监事分为股东代表监事和职工代表监事。

法律规定，根据注册资本和职工人数不同，监督委员会人数构成一般为11人到20人不等，其中雇员数500~2000人的非矿冶行业企业，员工代表在监督委员会占有三分之一；超过2000雇员的企业或1000人以上的矿冶行业企业，监督委员会必须由同等人数的股东代表和职工代表组成。监督委员会中股东代表由股东提名，监督委员会审议并提出决议的建议，再向股东大会提供候选名单，最终由股东大会以简单多数的表决方式进行选举。职工代表则由公司职工选举产生，必须多数为本公司职工，其余部分由职工从工会选举产生。公司职工代

① 德国监事会制度资料来源于本书德国公司治理模式的介绍，具体法律法规请参见该部分。

表的席位应根据公司中工人和职员包括高级管理职员的人数比例分配。从而使职工代表能够代表所有雇佣劳动者的利益。可见，德国的公司治理模式非常重视职工的参与。

从以上对美国独立董事（英国与美国类同）与德国监事会制度的介绍可见，这两种制度在移植、本土化的过程中都缺失了原有机制中最为核心的部分，致使制度流于形式。这里必须指出的是，每个国家和地区的制度形成跟自身的历史、政治环境等多方面因素都密切有关，甚至与偶然事件都不无关系。美国独立董事制度的有效性一定程度上得益于美国完善的司法制度，使股东事后规制成为可行，也对独立董事履职时的尽责性起到积极作用。同时，德国的监事会制度的员工高参与度也跟历史偶然性和工会组织在欧洲的强大不无关系。因此，在做制度引进时，肯定要充分结合本国的制度环境，否则即使完整拷贝了看似先进的制度，到头来也避免不了画虎不成反类犬的窘境。

四、结　语

综上所述，我国的公司治理制度的不完善使控股股东有机会去侵占其他中小股东的利益。那么，该如何减少控股股东与小股东之间的代理冲突呢？一个重要的策略是改善法律环境，完善公司治理结构，使得要侵占小股东利益变得更加困难。这样，控股股东的控制权的私人收益所剩无几；相反，控股股东对自己的利益被侵占的担心比较少，他们愿意通过出售自己的一部分股票减少自己的所有权，以筹集资金或进行多元化投资。因此，所有权集中是对小股东的法律保护较差的产物①，所有权和经营权的分离是现代企业的发展趋势，尤其大型企业更是如此，同时也是公司治理进步的彰显。缺乏这种分离以及大家族控

---

① La Porta R，Lopezdesilanes F，Shleifer A，Corporate Ownership Around the World［J］. *Journal of Finance*，1999，54（2）：471-517.

制盛行，是金融不发达的表现[①]。而那些有较强股东权利保护、更为分散的股权持有结构的国家通常会有大型的股票市场和更好的经济变现。因此，当下完善公司治理结构以较好地保护小股东刻不容缓。

① Shleifer, Andrei, and Robert W. Vishny. Stock market driven acquisitions [J]. *Journal of financial Economics*, 2003, 70 (3): 295-311.

图书在版编目（CIP）数据

万科模式：控制权之争与公司治理 / 华生 著. —北京：东方出版社，2017. 2
ISBN 978-7-5060-9498-6

Ⅰ. ①万…　Ⅱ. ①华…　Ⅲ. ①公司—企业管理—研究　Ⅳ. ①F276. 6

中国版本图书馆 CIP 数据核字（2017）第 031166 号

万科模式：控制权之争与公司治理
（WANKE MOSHI：KONGZHIQUAN ZHIZHENG YU GONGSI ZHILI）

作　　者：华　生
策　　划：轩辕改之
责任编辑：姬　利　王晓枫　李文婷
出　　版：东方出版社
发　　行：人民东方出版传媒有限公司
地　　址：北京市东城区东四十条 113 号
邮政编码：100007
印　　刷：三河市金泰源印务有限公司
版　　次：2017 年 5 月第 1 版
印　　次：2017 年 5 月第 3 次印刷
印　　数：17 001—27 000 册
开　　本：710 毫米×1000 毫米　1/16
印　　张：27
字　　数：570 千字
书　　号：ISBN 978-7-5060-9498-6
定　　价：49. 00 元
发行电话：（010）85924663　85924644　85924641

如有印装质量问题，请拨打电话：（010）85924602　85924603